# Communication in History
Stone Age Symbols to Social Media
( 7th edition )

未名社科·学术面对面

# 传播的历史

## 从石器时代的符号到社交媒体

（第七版）

〔加〕保罗·海尔（Paul Heyer） 彼得·厄克特（Peter Urquhart） 编

董 璐 何道宽 陈继静 王树国 译

著作权合同登记号　图字：01-2023-3052

图书在版编目(CIP)数据

传播的历史：从石器时代的符号到社交媒体：第七版/(加)保罗·海尔(Paul Heyer)，(加)彼得·厄克特(Peter Urquhart)编；董璐等译. —北京：北京大学出版社，2023.11

（未名社科. 学术面对面）

ISBN 978-7-301-34670-9

Ⅰ.①传… Ⅱ.①保… ②彼… ③董… Ⅲ.①传播学—历史 Ⅳ.①G206-091

中国国家版本馆 CIP 数据核字(2023)第 226183 号

*Communication in History：Stone Age Symbols to Social Media* 7th edition by Paul Heyer and Peter Urquhart
Copyright © 2019 Taylor & Francis
Authorized translation from English language edition published by Routledge Inc., a member of the Taylor & Francis Group. All rights reserved.
Simplified Chinese edition copyright © 2023 by Peking University Press. This edition is authorized for sale throughout China. No part of the publication may be reproduced or distributed by any means, or stored in a database or retrieval system.

本书中文简体字翻译版授权由北京大学出版社独家出版并限在中国地区销售。未经出版者许可，不得以任何方式复制或发行本书的任何部分。

本书封面贴有 Taylor & Francis 公司防伪标签，无标签者不得销售。

| | |
|---|---|
| 书　　　名 | 传播的历史：从石器时代的符号到社交媒体（第七版）<br>CHUANBO DE LISHI：CONG SHIQI SHIDAI DE FUHAO DAO SHEJIAO MEITI(DI-QI BAN) |
| 著作责任者 | 〔加〕保罗·海尔（Paul Heyer）　〔加〕彼得·厄克特（Peter Urquhart）　编<br>董　璐　何道宽　陈继静　王树国　译 |
| 责 任 编 辑 | 韩月明　武　岳 |
| 标 准 书 号 | ISBN 978-7-301-34670-9 |
| 出 版 发 行 | 北京大学出版社 |
| 地　　　址 | 北京市海淀区成府路 205 号　100871 |
| 网　　　址 | http://www.pup.cn |
| 新 浪 微 博 | @北京大学出版社　@未名社科-北大图书 |
| 微信公众号 | 北京大学出版社　北大出版社社科图书 |
| 电 子 邮 箱 | 编辑部 ss@pup.cn　总编室 zpup@pup.cn |
| 电　　　话 | 邮购部 010-62752015　发行部 010-62750672　编辑部 010-62753121 |
| 印 刷 者 | 河北文福旺印刷有限公司 |
| 经 销 者 | 新华书店<br>787 毫米×1092 毫米　16 开本　22 印张　469 千字<br>2023 年 11 月第 1 版　2023 年 11 月第 1 次印刷 |
| 定　　　价 | 89.00 元 |

未经许可，不得以任何方式复制或抄袭本书之部分或全部内容。
版权所有，侵权必究
举报电话：010-62752024　电子邮箱：fd@pup.cn
图书如有印装质量问题，请与出版部联系，电话：010-62756370

# 序　言

小威拉德·罗兰(Willard D. Rowland, Jr.)*

　　传播史研究正经历着第二次重大变迁。研究当代媒介和文化的学者越来越关注在历史长河中构建出现代传播的人类历史及环境，也正是这种兴趣重新塑造了对传播史的研究。这本文选对这一转变有着至关重要，却也姗姗来迟的贡献。

　　长久以来，传播的历史只是关于印刷的故事，如伟大的出版人、新闻人的精美传记，或是对其他某些特别的传媒机构及其主要特征的叙述，以及某个网络、传媒人物或电影类型的编年史。这类作品中最优秀的著作已经试图在更广阔的社会背景下进行描述，考察现象之间的联系，例如电子媒介与政治经济模式之间的关系，尽管这样做的还尚属少数。在传播的历史中，第一次重大变迁是对政治、法律、经济和文化等宽泛领域的传播进行更细致的考察，使之更加有规律地、更加紧密地与各种元素结合在一起，从而编织成一幅特殊的新闻业及传播的历史图景。

　　如果说第一次重大变迁横向地拓展了参考构架，将传播史放置于一个广阔的社会背景中加以思考，那么第二次重大变迁则是纵向地开拓了参考构架，以整个人类历史为背景，以年代为顺序思索传播系统，以此来检验传播在人类及其文明的发展这一更宏大的历史进程中所扮演的角色。

　　若以此为划分基础，那么这本书主要探讨的是传播史的第二次重大变迁。两位编者从前辈学者，如沃尔特·翁(Walter Ong)、伊丽莎白·爱森斯坦(Elizabeth Eisenstein)和哈罗德·英尼斯(Harold Innis)的研究中获得了本书的线索。这些传播史学家置身于人类文明的背景，提出了他们对几乎所有传播技术范式的敏锐见解，这也加深了对现今迅速变化的人类经历的理解。

　　这本书也提出了传播史研究中的一些关键原则。首先，传播史研究试图将所有当代的媒介和传播技术都看作人类基本的、与生俱来的传播能力的延伸。本书拒绝将现代传媒的硬件和用途从漫长而复杂的历史长河中割裂出来，而是将电视摄像机、个人电脑和卫星等看作人类历史的一部分；在这个过程中，人类持续地拓展他们某些特别的强项和直觉，以创造出意义和符号互动的系统。从这个角度来看，现代媒介技术只是最新的技术形式而已，虽然非常重要，但是并未超越远古人类的传播技术形式中已经包括的各种类型的言语、手势、戏剧和社会仪式。

---

\* 小威拉德·罗兰，科罗拉多大学博尔德分校(The University of Colorado, Boulder)新闻与大众传播学院前院长、荣誉退休教授。——译者(本书页下注均为译者注，后文不再标注)

其次，在人类历史的不同阶段，不同的"技术专家"有着完全不同的表现，他们对人类的生产能力也因此产生了各不相同的影响。这些影响体现在个体特别的认知结构、人类社会关系的正式模式与控制这些领域的传播形式或传播系统的密切关联上。没有书写、印刷或电子媒介的口头文化看上去更"偏重"某种特别的感觉模式和解释能力，它使得看、听，以及分辨的方式都大大不同于由其他传播形式占主导时的方式。随着时间的流逝，传播形式的发展也促进和推动了社会组织的重大变革，影响了——即使不是决定了——政治意见的形成，以及法律、宗教和经济的结构。因此，人类全部的经历似乎很大程度上依赖在每个时代占优势地位的某种或某几种传播形式。

最后，如果传播系统与人类主要的思维模式和经历有着如此强烈的联系，那么传播的历史将比其他学科的历史在人类历史中占有更为中心的地位。自19世纪晚期以来，历史研究就开始与社会学和人类学等其他主要的研究领域进行分工，同时不断有新的历史研究领域被"创造"出来。也就是说，我们有多种历史，比如政治史、社会史、经济史，甚至文化史。所有这些历史门类都在竞争，希望获得基础历史的地位，基础历史将是其他历史得以构建的地基。而现在传播史从更深远的人类文明的视角出发，正在超越其他竞争者。现今的传播史通过其表现形式不仅展现了传播模式、系统和技术的高度重要性，也体现了其在人类历史中核心且关键的地位。基于这种认识，历史中的其他分支可能不得不被改写。

总结这几条原则可以看到，对于传播史的研究不仅对历史学本身具有深入而广泛的意义，而且有益于传播学研究和对媒介的探索。至少它强调了传播理论研究的重要性，以及它在全面理解人类行为和社会经历中所占据的中心地位。因此，这本书可以被看作一个广泛课题的一部分，这个课题展示了传播研究为有关文化与技术之间的关系的讨论——一个在今天变得日益重要的话题——所作出的贡献。

这本从历史视野出发的著作作出了以上贡献，但是也很快会有许多重要的新问题和新的关注点由此产生。例如，如果传播的不同形式和媒介体验是人类经验发展的中心，那么它们产生了多少根本性的影响？而这样的论点又与技术决定论有什么本质的区别？新近的传播研究和技术哲学研究都强烈地提醒我们反对技术决定论的观点。

或者，另外的问题可能是，如果我们更深入地回溯传播的历史，将更多的注意力放在人类文明的起源上，那么我们应该向回走多远？我们通常想到传播的"进化"就是一个三部曲的演进过程，从口头文化到印刷文化，再到电子文化。但是，大量当代人类学研究指出了在前口语时代身势语的强大传播能力。这种通过手势、身体姿势、动作和符号进行表意的传播，可能是先于演讲和语言的正规传播模式。那么，我们的古希腊传统和长久以来一直影响西方学术意识的雄辩术，是否强化了口语发展对于思想和文化进化的作用？如果确有强化作用的话，那么前口语文化应该被放置到历史的图景中，加入已被确立的三部曲，至少形成一部四重唱。

然而，方法论在这里是个巨大的难题。描述口语文化的特征已经足够困难，因为对于历史的理解都是围绕着文献记录进行的。在留有文字记载或人类物质遗产之前的人类的历程,都支离破碎成模糊而神秘的史前史。我们如何才能从口语以及前口语文化的迷雾中拨云见日,从而发展出成熟的能力,以对那一时期的传播特性有更为确定的认知和理解呢?

此外,不同传播时代的过渡期又是怎样的呢?无论是三部曲还是四重唱,都假设一种传播文化或传统与另一种之间有明确的界限。而事实是,随着我们对传播文化和形式的转换及过渡的问题研究得越多,我们就越深地陷入英国诗人约翰·多恩(John Donne)的困境——如何找到白天与黑夜的分界线?比如,西方抄写文化到底有多长的历史?口语文化到底是什么样的情形?我们如何看待印刷文化?这些看法如果不是决定性的,那它们在多大程度上引导着印刷文化的发展?这些问题在我们所处的时代里并非微不足道,因为我们目前还正处在我们所认为的"电子文化"的相当早的阶段。

我们对传播历程的理解总是带有一定的西方文化中心主义的色彩,该如何纠正这样的偏差?我们恰好正在不断认识东方的语言和媒介历程的起源,这令一直把欧洲和北美的有记载的历史作为传播编年史主线的我们多有不安。与此同时,我们又刚刚接触南半球的另一种了不起的文明发展史,他们的口语和书写历史将为我们对传播历史的研究带来大量丰富的,也可能是令人困惑的资料。

还有,什么是传播的进步和发展呢?通常,我们将印刷文化看作口语和书写传播模式的进步。但真的如此吗?这样的观点是否有违许多标准呢?在这样的变迁过程中,会失去什么呢?而后,对于当代的变化我们应该做些什么呢?我们对于现代传播技术的特性及其影响力的看法一直在"它是救世主"和"它是恶魔"这两个极端之间游移不定。在传播几乎无处不在的环境中,我们是否能静心思索一下,什么是更好的或是更糟糕的?或者,就在提出该问题的这一刻,我们真的能说清楚某一种传播方式的切实影响力吗?

并不是说阅读了戴维·克劳利(David Crowley)(在前版中)和保罗·海尔(Paul Heyer)编选的读物就能回答这些问题,他们也无须完成这项任务。但是,这本书从传播历史的角度出发,为我们呈现了丰富而且引人入胜的视角。它也使教授给学生更为复杂的媒介和传播技术的历史变得容易,为人们理解相关历史提供了更为冷静和专业的框架。它还有助于加强传播学研究和历史研究的新的学术关联。

# 前　言

　　新的传播媒介——字母表、印刷品、广播电视、互联网——何以产生？新媒介如何影响了现有的媒介？新媒介又如何影响了日常社会生活？反过来，媒介实践又如何受到社会与文化的影响？

　　这些都是过去25年来《传播的历史》试图解答的问题。在此期间，本书主编戴维·克劳利和保罗·海尔不断收到师生反馈：这一研究主题对他们的研究兴趣与专业发展已经变得越来越重要。在他们的鼓励下和劳特利奇出版社（Routledge）的支持下，海尔和彼得·厄克特（Peter Urquhart）编写了新版——第七版。本版收录了一些近期的优秀学术成果，从历史角度对 Twitter 等新媒体形式进行了梳理，还增加了关于媒介史的新章节，探索了早期媒体与当代传播之间的联系。这幅包罗万象的画卷集结了各领域公认的杰出专家的成果。不过，新版的目标与旧版相比并没有太大变化：促使学生在更广阔的人类历史背景下，思考传播媒介的使用及其后果对人类行为发展与社会经验积累的影响。读完本书，读者就能了解媒介所能发挥的巨大影响：既能维护社会秩序，也能大力推动变革。

　　有关媒介在历史中扮演的角色，涉及的话题实在太过广泛；我们甚至相信，由任何一位作者独立编写的教科书都难以做到面面俱到。从一开始，克劳利和海尔就觉得最好的方式是出版一本由优秀成果组成的文集，文章作者的研究兴趣或直接相关，或互为补充。与前几个版本一样，所有的研究者都试图向我们展示各种媒介及其发展形态的特点和对人类的影响。毫不奇怪，撰稿人来自不同的学科。传播史，有时也被称为媒介史，尽管是传播学和文化研究的核心领域，但也与建筑学、考古学、人类学、历史学、新闻学、文学批评、政治学和社会学等众多学科相互关联，并从这些学科中汲取灵感。

## 本版新增

　　新增文章的作者包括理查德·布奇（Richard Butsch）、加里·埃德加顿（Gary Edgarton）、保罗·海尔和爱丽丝·马威克（Alice E. Marwick）。还有一些文章的作者在前几个版本中曾经出现过，包括沃尔特·翁、汤姆·斯丹迪奇（Tom Standage）、米切尔·斯蒂芬斯（Mitchell Stephens）。

　　我们将第七版分为八个部分，从史前时代开始，到当今数字时代结束。学生们往往会发现,每个部分之内的作者会互相引用其他作者的著作,不同部分之间的作者也会相互引用。因此,我们相信你会发现,本书八个部分之内和相互之间都有着极强的联系。

为了更好地帮助学生理解这些联系并全面综述本书的主题,我们在各部分之前加入了导言。导言的目的是阐明后续文章的原理,解释关键概念,交代前因后果,或是引用背景资料以帮助读者更好地理解某篇文章。在各部分的结尾,我们提供了几个供学习和讨论的问题。全书的末尾还附有一个简短的推荐阅读书目,供读者延伸阅读。

## 致谢

要特别感谢戴维·克劳利,从 25 年前开始,他就开始和我(海尔)共同主编本书此前的所有版本。这是一段相当长的合作期,见证了人们对这个研究领域的兴趣日渐增长。多年以来,作为在麦吉尔大学(McGill University)的同事,戴维和我在传播史领域有着共同的研究和教学兴趣。我们想找到一种适合学生的入门性教材,但寻而无果。不过在众多学科中存在各种有见地的研究,涵盖了传播史领域的各个方面。戴维建议,与其到处寻找或自主撰写一部概述该领域的著作,不如精心构思一部文集,也许能更好地阐述这一主题。于是就有了《传播的历史》。

如今戴维不再是本书的共同主编,好在他的衣钵已经传给了他曾经的学生、我的同事彼得·厄克特。而且在我们修订新版时,戴维的影响依然存在。他为我们提供了富有洞察力的建议(也在一些章的导言中留下了他的深刻见解)。令我们欣喜的是,已经有一些读者将本书奉为经典。

最后,我们想要提及多年来许多为这一项目的进展提供过鼓励和帮助的人。感谢艾莉森·比勒(Alison Beale)、阿诺克·比朗格(Anouk Belanger)、戴维·布莱克(David Black)、里安农·布里(Rhianon Bury)、比尔·布克顿(Bill Buxton)、艾拉·赫梅莱夫斯卡(Ella Chmielewska)、伊安·丘恩(Ian Chunn)、哈特·科恩(Hart Cohen)、隆·杜宾斯基(Lon Dubinski)、德瑞克·德科尔科夫(Derrick de Kerckhove)、简·狄克森(Jane Dickson)、艾琳·爱德华兹(Elin Edwards)、布鲁斯·弗格森(Bruce Ferguson)、乔纳森·芬恩(Jonathan Finn)、吉布·富尔斯(Jib Fowles)、凯瑟琳·加拉尔诺(Kathleen Galarneau)、罗伯特·格雷厄姆(Robert Graham)、琳恩·黑塞(Lynne Hissey)、西尔维娅·黄(Sylvia Hoang)、理查德·赫伯特·豪(Richard Herbert Howe)、杰西·亨特(Jesse Hunter)、伊沃娜·欧文-扎瑞卡(Iwona Irwin-Zarecka)、里斯·杰弗瑞(Liss Jeffrey)、詹姆斯·约翰斯顿(James B. Johnston)、斯蒂芬·克恩(Stephen Kern)、比尔·莱斯(Bill Leiss)、罗利·洛里默(Rowly Lorimer)、奥亚·马伊莱西(Oya Majlesi)、肖纳·麦卡比(Shauna McCabe)、戴维·米切尔(David Mitchell)、艾拉·奈曼(Ira Nayman)、让·奥格尔维(Jean Ogilvie)、约翰·罗兰森(John Rowlandson)、莉斯·奥伊梅特(Lise Ouimet)、赫伯特·皮姆洛特(Herbert Pimlot)、菲洛泽·拉杰伊(Firoozeh Radjei)、格特鲁德·罗宾逊(Gertrude Robinson)、维克·罗兰德(Wik Rowland)、莱斯利·沙德(Leslie Shade)、布莱恩·休史密斯(Brian Shoesmith)、埃德·斯洛派克(Ed Slopek)、斯蒂夫·斯塔克(Steve Stack)、乔纳森·斯特恩(Jonathan Sterne)、格雷厄姆·汤普森(Graham Thompson)、费尔·维托内(Phil Vitone)、已故的詹姆斯·王(James Wong)、达雷·维斯勒尔(Darren Wershler)、盖厄斯·吉尔伯特(Gaius Gilbert)、丽萨·萨姆纳(Lisa Sumner)、马丁·道丁(Martin Dowding)、安德鲁·赫尔曼(Andrew Herman)、芭芭拉·詹金斯(Barbara Jenkins)、埃琳·麦克里奥德(Erin Macleod)、乔纳森·芬恩(Jonathan Finn)和杰德·米勒(Jade Miller)。

我们也要感谢以下机构提供的帮助:加拿大国家档案馆(the National Archives of Canada)、麦吉尔大学艺术史和传播学研究所(McGill University, Art History and Communication Studies)、威尔弗里德·劳里埃大学传播学研究系(Wilfrid Laurier University, Department of Communication Studies)、多伦多大学麦克卢汉文化与技术项目(University of Toronto, McLuhan Program in Culture and Technology),以及互联网集团(The InterNet Group)。

我们还要感谢劳特利奇出版社的编辑劳拉·布里斯克曼(Laura Briskman)、助理编辑妮科尔·萨拉查(Nicole Salazar)以及其他优秀的编辑。

# 目　　录

## 第一部分　早期文明的媒介

**第1章　文字的先驱** …… 丹尼丝·施曼特-贝萨拉特（Denise Schmandt-Besserat）/5
　　象征物与符号 …… 5
　　旧石器时代早期和中期的象征物 …… 6
　　旧石器时代晚期和中石器时代的象征物 …… 6
　　新石器时代的象征物 …… 8
　　传播与数据储存的转折点 …… 11

**第2章　古代帝国的媒介** …… 哈罗德·英尼斯（Harold Innis）/14
　　从石头到莎草纸 …… 14
　　文字的影响与权利平等 …… 15
　　变革的效应 …… 17
　　苏美尔城邦 …… 18
　　泥版与楔形文字 …… 18
　　泥版与社会组织 …… 20

**第3章　无文字的文明——印加人与结绳记事**
　　…… 马西娅·阿舍尔（Marcia Ascher）、罗伯特·阿舍尔（Robert Ascher）/22

**第4章　文字的起源** …… 安德鲁·罗宾逊（Andrew Robinson）/29
　　文字的功能 …… 30
　　文字的起源 …… 32
　　文字的发展 …… 32
　　文本、言语和语言 …… 33
　　现代版"象形文字" …… 34

**第一部分·讨论题** …… 38

## 第二部分　西方的读写传统

**第 5 章　希腊遗产** …………………… 埃里克·哈弗洛克(Eric Havelock)/42
　　印刷机普及之前的读者 ……………………………………………………… 45

**第 6 章　文字与字母表的作用** ……………… 罗伯特·洛根(Robert K. Logan)/49
　　文字与字母表的作用：信息加工的新模式 ………………………………… 49
　　零与位置数字系统 …………………………………………………………… 50
　　数学语言 ……………………………………………………………………… 52
　　定量和定性符号与分析的影响 ……………………………………………… 52

**第 7 章　文字对意识的重构** ………………………… 沃尔特·翁(Walter Ong)/56
　　独立话语的新世界 …………………………………………………………… 56
　　柏拉图、文字与电脑 ………………………………………………………… 57
　　文字是技术 …………………………………………………………………… 58
　　什么是"文字"或"真正的文字"？ …………………………………………… 60

**第 8 章　中世纪的交流与信仰**
　　……… 詹姆斯·伯克(James Burke)、罗伯特·奥恩斯坦(Robert Ornstein)/63

**第二部分·讨论题** …………………………………………………………………… 70

## 第三部分　印刷革命

**第 9 章　纸张和雕版印刷术从中国来到欧洲**
　　………………………………………………… 托马斯·卡特(Thomas F. Carter)/74
　　雕版印刷的起源 ……………………………………………………………… 77

**第 10 章　印刷术的发明** ……………………… 刘易斯·芒福德(Lewis Mumford)/83

**第 11 章　早期的现代读写能力** ……………… 哈维·格拉夫(Harvey J. Graff)/88
　　印刷、改革和宗教运动 ……………………………………………………… 88
　　北美殖民地民众的读写能力 ………………………………………………… 93

**第 12 章　哗众取宠与新闻** …………… 米切尔·斯蒂芬斯(Mitchell Stephens)/98
　　煽情新闻 ……………………………………………………………………… 98
　　道德说教 ……………………………………………………………………… 101

第三部分·讨论题 ·················································· 104

## 第四部分　电流创造连线世界

第 13 章　时间、空间和电报 ················ 詹姆斯·凯瑞(James W. Carey)/108

第 14 章　新新闻 ······························ 迈克尔·舒德森(Michael Schudson)/115
　　　作为娱乐的新闻业：约瑟夫·普利策和《纽约世界报》················ 116
　　　作为信息的新闻：《纽约时报》的兴起 ······························ 119

第 15 章　电话接管指挥 ···················· 克劳德·费舍尔(Claude S. Fischer)/123
　　　建立电话业 ······························································ 123
　　　垄断时期：1880—1893 年 ··············································· 124

第 16 章　消费的梦想世界 ············ 罗莎琳德·威廉姆斯(Rosalynd Williams)/130
　　　特罗卡迪罗广场上的学校 ············································· 130
　　　1900 年世博会的重大意义 ············································· 133
　　　百货商店里的异国情调 ················································· 134
　　　电子仙境 ································································ 135

第 17 章　无线电世界 ··························· 斯蒂芬·克恩(Stephen Kern)/138

第四部分·讨论题 ·················································· 142

## 第五部分　图像与声音

第 18 章　早期的图片新闻 ····················· 乌尔里希·科勒(Ulrich Keller)/146
　　　照片新闻业的结构性要素 ············································· 148

第 19 章　刻下声音 ····························· 丽萨·吉特尔曼(Lisa Gitelman)/155

第 20 章　制造留声机 ······················· 乔纳森·斯特恩(Jonathan Sterne)/160
　　　可塑性、家庭生活和公共传播 ··········································· 160

第 21 章　早期的电影 ························· 丹尼尔·齐特罗姆(Daniel Czitrom)/165

第 22 章　电影中的谈话 ························· 斯科特·艾曼(Scott Eyman)/173

第五部分·讨论题 ·················································· 182

## 第六部分  无线电时代

第 23 章　无线电广播中的公众之声
　　·················· 约翰·达勒姆·彼得斯(John Durham Peters)/186

第 24 章　早期的广播 ············ 苏珊·道格拉斯(Susan J. Douglas)/191

第 25 章　节目的黄金时代 ········ 克里斯托夫·斯特林(Christopher Sterling)
　　　　　　　　　　　　　　　　　约翰·基特罗斯(John M. Kittross)/198
　　广播剧 ···································································· 200
　　政治广播 ································································ 204

第 26 章　奥森·威尔斯的《星球大战》广播 ········ 保罗·海尔(Paul Heyer)/206

第 27 章　广播的声音 ············ 米歇尔·希尔姆斯(Michele Hilmes)/212
　　广播协作网的悲哀 ······················································ 217

第 28 章　电视时代的广播
　　········ 彼得·福纳塔莱(Peter Fornatale)、约书亚·米尔斯(Joshua E. Mills)/221

第六部分·讨论题 ······························································ 227

## 第七部分  电 视 时 代

第 29 章　电视初现 ···················· 威廉·鲍迪(William Boddy)/232
　　制造业 ···································································· 233
　　捍卫商业电视 ···························································· 233
　　培训电视受众 ···························································· 235
　　寻求国家信号 ···························································· 236
　　美国家庭开始喜欢电视 ················································ 237
　　社会影响 ································································ 239
　　电视界面临的政治压力 ················································ 240

第 30 章　新语言 ···················· 埃德蒙德·卡彭特(Edmund Carpenter)/244

第 31 章　为电视让路 ·················· 林恩·斯皮格尔(Lynn Spigel)/252
　　家庭团聚 ································································ 253

| 第32章 | 从动荡到寂静 | 加里·埃德加顿（Gary Edgarton）/260 |
|---|---|---|
| 第33章 | 笨蛋电视、粉丝和电视迷 | 理查德·布奇（Richard Butsch）/269 |

  笨蛋与电视 … 269

第七部分·讨论题 … 274

## 第八部分　数字时代的新媒介与旧媒介

第34章　媒介如何成为新媒介 …… 列弗·迈诺维奇（Lev Manovich）/279

第35章　互联网的普及 …… 珍妮特·阿贝特（Janet Abbate）/283
  全球图景 … 283
  万维网 … 286
  建造万维网 … 287

第36章　万维网 …… 杰伊·戴维·博尔特（Jay David Bolter）
             理查德·克卢辛（Richard Grusin）/290
  文字和图像设计 … 290
  万维网的各种补救措施 … 291
  网络摄像机 … 294

第37章　Web 2.0 的文化史 …… 爱丽丝·马威克（Alice E. Marwick）/297
  谈论（技术）革命？ … 299
  众多起源，而非一源 … 300

第38章　社交媒体的历史重现 …… 汤姆·斯坦迪奇（Tom Standage）/302

第八部分·讨论题 … 308

注释 … 309

推荐阅读 … 332

鸣谢 … 335

# 第 一 部 分

## 早期文明的媒介

无论什么时候，只要提起诸如"媒介"或"传播"这些概念，许多人想到的都是科技无所不在的世界。传播学领域的研究者可能会追溯到更为久远的历史，想到两百多年前出现的报纸、15世纪发明的印刷媒介，或是古希腊字母的起源。然而，传播媒介实际上更加古老——比刚刚提到的要古老得多。在这部分，我们将从旧石器时代（Old Stone Age）对物质文化的象征性使用开始，了解这些媒介在早期发展过程中的重要方面。

什么是最早的传播媒介？这个问题恐怕无法得到科学的解答，但是其答案却是可以想象的。几乎从我们史前时期的祖先用木头、骨头、石头制造工具以帮助他们在物理意义上适应外在环境的变化开始，他们可能就已经在制作"用于思考的工具"了。这类工具最早的形态，可能只是一根刻有记号的表示附近地区鹿群数量的木棍，或者是用来标识所在领地重要事项的原木或石头。而在这里，重要的是这个过程，人类通过创造传播（传播的手段或媒介）扩大了他们的交流范围（这个过程）。

传播是信息和讯息的交换，是一种活动。大约在10万年前，我们的祖先最开始是通过非语言手势进行交流，而后又将语言体系加入进来。随着他们的世界变得越来越复杂，共同拥有的群体记忆不足以帮助他们记住各种重要的事项了。他们时常需要所谓的体外记忆，也就是储存在人脑之外的记忆。因此，"传播行为"的增加导致了"传播媒介"的出现——人类需要开发媒介，来储存和提取日益增多的信息量。今天的芯片就是这一类介质，它是我们所假想的刻有记号的木棍的直系后裔。

有大量令人印象深刻的证据显示，在史前阶段——大约从公元前50000年到公元前10000年之间，无论是传播活动，还是传播媒介都已经出现了。最引人注目的例子是在欧洲西南部发现的精美的洞穴壁画。关于这些壁画的照片，如许多艺术史图书中的照片，并没有做出准确的呈现。这些壁画的位置不便于观看——并非我们习惯的平面上的水平和垂直方向对齐的观看方式，而是类似于近代研究中因纽特人的艺术作品和感知模式。也许，除了在闪烁的油灯下参观洞穴（大部分情况下对公众关闭），我们最接近体验这些作品的原始冲击力的方式，就是通过沃纳·赫佐格（Werner Hertzog）在2010年拍摄的令人叹为观止的电影《被遗忘的梦之洞穴》（*Caves of Forgotten Dreams*），这部电影最初是通过特殊的三维工艺拍摄和照明的。

最终，人类的交流超越了旧石器时代的图像和物品制作，人类转而过上了更稳定、更少游牧的生活。狩猎让位于农业，人类进入了新石器时代。随之而来的是一种新的交流方式——文字。丹尼丝·施曼特-贝萨拉特（Denise Schmandt-Besserat）在第一篇文章中概述了这一转变的开端。施曼特-贝萨拉特的论证并不是以最新的考古发现为依据的，相反，她以一种新的传播研究方法重新阐释了先前的发现。她从公元前10000年开始，一直追踪到公元前4世纪，研究了在两河流域和埃及地区重要的近东文明（Near Eastern Civilization）的兴起——人们通常认为，这是由于文字的发明才成为可能的。

施曼特-贝萨拉特提出了相当有说服力的论据，在文字出现之前，旧大陆（Old

World)的一些社会已经开始记录经济方面的交易了,在这些贸易往来中,使用的是 1 厘米到 3 厘米大小、经过烧制的黏土符物。通常,人们将这些人工制品解释为符咒、玩具或工具,施曼特-贝萨拉特在评论这样的解释时,向读者展示了一些极其有趣的考古发现,然后她独辟蹊径,提出了与传统观点不同的解释视角。她指出,许多此类的符物,类似于所谓的表意文字的字母,即约定俗成的符号,从外形上看并不像这些符号所代表的事物(与其所代表的事物外形类似的字符被称作"象形文字")。表意符号是世界上第一种成熟的文字系统——发轫于公元前 3500 年的苏美尔楔形文字(Sumerian)——的基础。因此,如果她的假设是正确的,那么这就意味着,这些符物是三维立体文字的一种抽象形式,它们被用来回应社会和经济变革必然导致的一种更为复杂的生活方式——文明社会。

我们所收录的第二篇文章来自哈罗德·英尼斯(Harold Innis,1894—1952),他探讨了在埃及和两河流域的帝国建立之后,传播领域发生了些什么。英尼斯是加拿大政治经济学家,后来转而研究传播理论。他在芝加哥大学(University of Chicago)读书期间所学到的传播学观点,时常会在他的早期经济学著作中呈现出来。不过,在他去世前不久出版的两部作品——《帝国与传播》(*Empire and Communication*)(1950)和《传播的偏向》(*Bias of Communication*)(1951)——真正标志着他转向了传播史的研究。英尼斯比 20 世纪的其他任何学者都更为强烈地主张,传播史这个领域应该获得学科或子学科的地位。虽然他几乎探索了有关传播和传播历史的各个方面,但是他的研究主线集中于媒介在古代帝国和早期西方文明的组织中的作用。

英尼斯围绕一系列核心概念详细阐述了他的传播史,其中有些可以从我们所收录的这篇文章中找到。这里最为重要的概念,可能是与时间、空间相关的概念。英尼斯认为,旧大陆的每一种文明都有特定的文化取向——或为时间偏向,或为空间偏向。这种取向部分源于该文化所使用的主要媒介的特性及用途。比如,古埃及所使用的石头是耐久的"时间偏向"媒介,有利于神圣王权的集中化的绝对统治。从象形文字的使用到精确得令人惊讶的日历的出现——农耕周期正是以此为轴心而转动起来的,这些都进一步证明了这种偏向。莎草纸是一种轻巧、便于携带的"空间偏向"媒介,它适合对广袤的疆域进行管理,莎草纸的出现,导致埃及的格局也发生了改变。随着领土的扩张,僧侣阶级的权力随之扩大,疆土更加广阔的帝国也应运而生,这样的帝国需要能够熟练使用新媒介的行政官僚。

接下来的文章来自马西娅·阿舍尔(Marcia Ascher)和罗伯特·阿舍尔(Robert Ascher),这篇文章关注了直到最近都被大部分传播史研究者所忽略的一个领域:美洲新大陆(New World)的古文明。阿舍尔夫妇将注意力放在有别于其他新大陆文明(例如玛雅人和阿兹特克人)的印加人(Incas)身上,他们没有文字。文字难道不是文明和国家一级的复杂组织存在的必备条件吗?两位作者指出了这个至今广为流行的观念的错误之处。他们令人信服地证明,使文明成为可能的并不是文字本身,而是能够有效且全面记录信息的媒介。在古代秘鲁的印加人中,结绳文字"基普"(Quipu)就发挥了这样的功能。秘鲁的这种结绳文字，由不同长度、粗细、颜色的绳子组成，可以打结或者编织。这其中的每一个要素都构成了信息，分别用来记录庄稼收成、税收、人口普查以及其他各种信息，这些信息对维持一个不断扩张的帝国的官僚主义至关重要。

阿舍尔夫妇的文章提到了一个非常有趣的观点，有关这一点，英尼斯在此之前也有所提及——结绳文字"基普"是轻巧、便利的媒介，适用于对疆域辽阔的领土的管理；而且，事实上，力行扩张主义的印加帝国，在统治中的确非常倚重结绳文字"基普"。尽管英尼斯的研究并没有提到印加人，但是他们的"文字"的确是"空间偏向"媒介的经典代表。而深受英尼斯影响的阿舍尔夫妇的研究成果支持了前者这一有趣而有用的概念。

在这部分所收录的最后一篇文章里，安德鲁·罗宾逊（Andrew Robinson）提出一些到目前为止恐怕仍未解决的问题，例如，像黏土符物之类的三维立体记录系统与之后的二维文字及字母表系统之间的相互关系，而后者标志着世界范围内的文字演化。罗宾逊探讨了人们针对书面语言体系和口头语言体系之间的联系展开的争论，并且经研究发现，在不同的语言当中，文字形式和口语形式（语标符号与表音符号）以完全不同的方式产生关联。他也指出，当今社会的全球化浪潮可能需要新的传播形式（他提出公共场所对象形符号的日益增长的需要），这种传播形式将既不依赖口语，也不借助书面语。罗宾逊还向我们展示了古文字中的一些原理，比如象形的手法，这些原理至今仍然伴随着我们——无论是在路标上，还是在电脑键盘上。

# 第 1 章　文字的先驱

丹尼丝·施曼特-贝萨拉特（Denise Schmandt-Besserat）

考古学家丹尼丝·施曼特-贝萨拉特执教于得克萨斯大学奥斯汀分校（University of Texas, Austin）。她研究的是衍生出文字的早期符号系统，这些成果正对诸多领域的研究者产生影响。

人是通过符号，而不是事物本身进行思考的，在这个过程中，个体走出了具体的经验世界，而进入了时间和空间均被放大的、由各种概念关联所构成的世界，时间世界跨越了记忆中事物的范围，空间世界超越了已知地方的范围。

——哈罗德·英尼斯[1]

处理数据、解读其意义，是考古研究的基本工作……在有关黏土符物系统的考古发现，以及我对其所做出的假设的基础上，我将在更大范围内去思考符号的重要性，即其在交流、社会结构和认知技能方面的意义。

这篇文章研究的是黏土符物在其他史前象征符号系统中的地位。首先，我将介绍从旧石器时代到新石器时代符号系统的一些重要特征，然后，我将分析符物对其"前辈"的继承，以及它们如何让符号的使用发生革命性的变化，又是如何预示了文字的出现。

## 象征物与符号

象征物（Symbols）是具有特定含义，从而使我们能够产生、表达和交流思想的事物。比如，在我们的社会里，黑色象征死亡，星条旗代表美国，十字架意味着基督教。

符号（Signs）是象征物的一个子范畴。和象征物一样，符号也是传达意义的事物；但与象征物不同的是，符号承载着有限、精确、清晰的信息。比如，我们可以比较代表死亡的"黑色"这个象征物和符号"I"。"黑色"这个象征物承载着深刻而含糊不清的含义；相反，"I"是一个符号，毫无歧义地指代数字"1"。象征物与符号的用法不同：象征物帮助我们形成并且深思某些概念，而符号则是与具体行为相关联的交流工具。[2]

因为使用象征物是人类行为的特征，所以，象征物无疑与人类一样古老。[3] 从人类起源之初,象征物就是所有人的知识、经验和信念的集成。同时,人类从一开始就凭借符号进行交流。因此,象征物与符号是理解各种文化的钥匙。

然而,象征物不可能永远存世,通常来说,其寿命不会长于创造它们的社会的寿命。这是因为,它们首先承载的是被任意指定的含义。比如,在我们的文化里,黑色让人们想到死亡,而在另一种文化里,黑色可能恰恰代表着生命。象征物的根本特性就是,它们的意义无法依靠感官感知,也无法从符合逻辑的方式解释,而只能够从其使用者那里学到。[4] 由此带来的结果就是,当一种文化消亡后,遗世的象征物就变得高深莫测,因为传授它们的含义的人已经不复存在。因此,史前社会的象征物遗存下来的极少,而且,即便留存下来,通常也是无法解读的。

## 旧石器时代早期和中期的象征物

尽管早在距今 60 万年前的旧石器时代(Paleolithic)初期就已经有人在近东居住,但却没有象征物从如此久远的年代流传下来。能够证明在近东地区使用象征物最早的考古材料,是旧石器时代中期尼安德特人(Neanderthal)的遗存,时间则晚至公元前 60000—前 25000 年。有三类证据可以证实这一点。第一类证据是在以色列加夫扎(Qafzeh)的洞穴里出土的赭石。[5] 当然,我们无从确知在那时赭石到底被用来做什么,不过红颜色表达的应该是某种象征意义,而不是出于功能上的考虑;而且有人猜测,赭石在那时可能被用来在身体上进行彩绘。第二类证据包括在墓穴里发现的花卉或驯鹿角等殉葬品,例如,在公元前 60000 年沙尼达尔(Shanidar)[6] 和加夫扎[7] 的墓葬中就有这样的随葬品。尽管我们可能永远都无法知晓那些赭石、花卉和驯鹿角对于尼安德特人究竟意味着什么,不过人们通常认为,红颜色和随葬品是承载巫术—宗教含义的象征物。由此可见,近东最早使用象征物的证据显示,它们具有仪式性功能。第三类证据是有刻痕的骨头碎片,那上面往往有平行线条之类的图案,克巴拉(Kebara)洞穴里就出土了这样的骨头碎片。[8] 这些有刻痕的骨头碎片之所以重要,是因为它们是迄今为止所发现的近东最早的人造符号。在沙尼达尔的尼安德特人为从自然界中唾手可得的颜料和花卉赋予意义的时候,克巴拉的居民已经开始在物质材料上涂涂画画,以传递想法。

## 旧石器时代晚期和中石器时代的象征物

同样的象征物传统在旧石器时代晚期和中石器时代(Mesolithic)继续流传。人们经常可以发现赭石的使用[9],而且在以色列的海约宁(Hayonim)(约前 28000)[10]、黎巴嫩的吉塔(Jiita)[11] 和科萨尔阿基尔(Ksar Akil)(约前 15000—前 12000)的遗址群落里，也都发现了有刻痕的骨器。在科萨尔阿基尔发现了一个大约10厘米长的骨锥，那上面约有170道刻痕，它们纵向排列，形成各自独立的四列……今天在海约宁遗址[12]和黎凡特(Levant)的纳图夫人(Natufian)遗址，仍然可以看到诸如此类的人工制品；[13]甚至从大约公元前10000年生活在内盖夫(Negev)的人群遗址里，也能找到这样的遗迹。[14]与此同时，从黎凡特到伊拉克的遗址出土的卵石、石灰石和骨制工具上，也有平行的刻痕。[15]

在旧石器时代晚期，有一种新的图标象征物在西亚地区出现了。大约在公元前28000年的时候，海约宁地区出现了一些石板，上面有用精细的线条勾勒出的马的形象，它们可以算作新的图标象征物的代表。[16]在土耳其的贝尔蒂比(Beldibi)洞穴(约前15000—前12000)里，发现了用燧石描绘的公牛和鹿[17]，在卵石上也可以找到类似的图像。[18]

旧石器时代和中石器时代有刻痕的石器以及动物形象究竟具有哪些功能，对此我们只能加以猜测。安德烈·勒鲁瓦-古兰(André Leroi-Gourhan)认为，那些图像符号是代表着巫术—宗教意义的象征物。根据他的说法，这些动物形象指向超自然现象，每一种动物都体现了复杂的宇宙观。[19]勒鲁瓦-古兰主张，一方面，这些动物形象是承载着深刻意义的象征符号，它们被用来作为思考的工具，并且使得把握抽象的宇宙论观念成为可能。另一方面，从考古学发展起来的早期岁月开始，有刻痕的骨器就被解释为记账标签，每一个刻痕都代表着需要记住的一件事情。[20]根据亚历山大·马沙克(Alexander Marshack)最近提出的理论，这些人工制品是太阴历，每雕刻一条线就表示月亮出现了一次。[21]这些线条符号一直被认为指代单独、具体的实物。因此，我建议，我们可以把这些刻痕当作促进具有某些特殊用途的知识积累的符号。如果这些假设正确的话，那么这些记账标签就证明了，在近东地区，最晚从旧石器时代中期就已经开始使用符号了；如果这个证据反映了客观事实的话，那么在仪式中使用符号的阶段之后，紧随而来的，就是通过使用符号传递实际信息的阶段。

如果那些有刻痕的骨片的确是记账标签的话，那么在克巴拉、海约宁、科萨尔阿基尔和吉塔所发现的旧石器时代和中石器时代的线形记号就相当有趣，因为它们代表近东人首次尝试储存并传播具体的信息。这是"数据处理过程"的第一步，它标志着两个方面的非凡贡献。第一，记账标签告别了仪式象征物的用途，而用于处理具体的数据。它们将可感知到的物理现象——比如月相的连续变化——转化为符号，而不是激发人想象看不见摸不着的宇宙论观念。第二，这些刻痕用几种方式表示抽象的数据。

（1）它们将具体的信息转化为抽象的记号；

（2）它们将数据从其语境中分离出来，如把观月的景观从其他同时发生的所有事件——比如气象情况或社会情况——中分离出来；

（3）它们将知识与认识者分离开来，就像沃尔特·翁(Walter Ong)[22]和马歇尔·麦克卢汉(Marshall McLuhan)所指出的那样，它们用"冷"与静态的视觉方式，而不是用"热"与灵活的口头媒介呈现数据，后一种方式还涉及音量的高低和身体的姿态。[23]

由此产生的结果就是,在科萨尔阿基尔和吉塔发现的图像符号,不仅催生了记录、处理和交流数据的新方式,而且在处理信息的过程中出现了前所未有的客观性。

不过,记账标签始终都是一种粗糙的工具,因为那些刻痕的所指并不明晰,可能暗示各种各样、无穷无尽的理解。马沙克设想,这些符号代表月相;而其他人则推断,它们记录着猎杀动物的次数。然而,我们没有办法验证其含义。实际上,刻下记账标签的人清楚,有刻痕的骨器只是用来记录相关事物数量方面的信息,但究竟是什么事物,就是难解之谜了。这些数量信息的基本记录原理是一一对应的原理,一道刻痕代表着一个数量单位。此外,记账标签只使用一种记号,即一种刻痕,因此它们一次只能处理一类信息。一片骨器只能够记录一种信息,记录第二套数据就需要第二片骨器。因此,这种简单的记账标签方式只适合仅有少量清晰事项需要记录的社区,就像在旧石器时代晚期那样。

当然,在公元前10000年之前,计数的骨器可能根本不是储存信息的唯一工具。进而言之,就像在许多没有文字的社会里一样,在旧石器时代和中石器时代,人们很有可能用卵石、树枝或谷粒计数。如果确实如此的话,那么这些计数工具与记账标签一样不完备。首先,与骨器上的刻痕一样,卵石不能表示计数的是何物。只有雕下刻痕或垒卵石的当事人才知道,他统计的是什么东西的数量。其次,由于没有特指,卵石、树枝等每次只能记录一个范畴的数量。一堆卵石或一块骨头可以记录几个连续的日子;但是,假如同时又要记录例如动物的数量的话,那么就需要另一堆卵石或另一块骨头。最后,即最后一点不足是,这些功能不严谨的计数器和符物一样,计数方法是一对一的,一块卵石、一根树枝代表一个数量单位,不可能代表抽象的数字。比如,一块卵石代表一天,两块卵石代表两天,如此等等。一方面,卵石之类的散落的计数工具由于操作方便,因而有助于处理数据。但是,另一方面,在积累和保存数据方面,有刻痕的骨器更有效率,因为刻痕是永久性的,而且不可能七零八落、散落开来。

## 新石器时代的象征物

近东最早的农耕社区延续了古老的象征物传统。早期的农夫将驯鹿角放在住宅的地基里,并且用颜料涂抹室内的地面。[24] 他们也举办下葬仪式,而且有时用到赭石。[25] 在那个时候,也出现了用黏土制作的人和动物形状的小雕像。[26] 最终,有刻痕的骨器也成了村落集群生活中必不可少的一个部分。[27] 不过,农耕活动催生了两种新的象征物——毫无疑问,它们都是新经济和新生活方式的产物。新的象征物和以前的任何象征物在形式和内容上都大为不同。它们是用黏土制成的完全不同的形状,每一块都代表着某一种产品的精确数量。

**新形状**

  符物最主要的特性是，它们完全是人工制造的。与卵石、树枝或谷粒为物品计数的次级功能不同，也与记账标签通过对一块骨头稍作加工后用它来传达含义相反，符物是人工制品，是用无固定形状的一团黏土制成的特定形体，比如锥体、球体、圆盘、圆柱体、四面体等，用于实现传递和记录信息这一独特目的。

  符物是传递信息的全新媒介。这种观念上的飞跃给每一种形体——比如锥体、球体或圆盘——赋予了特定的意义。因此，符物和记账标签上的刻痕不一样，因为那些刻痕有无限的解释可能性，而每一种黏土符物就是一种独特的符号，具有单一、独立、明确的含义。记账标签一旦脱离语境就毫无意义；而符物则相反，任何了解相关系统的人都可以理解其意义。因此，符物预示着象形文字的来临：每一件符物代表着一个单独的概念。和后来苏美尔地区的楔形文字相仿，符物是"概念符号"[28]。

  不过，符物这种新媒介最新颖的特点是它创造了一个**系统**。它们不仅仅是承载着独特含义的某一类符物，而且是由相互关联的所有类别的符物组成的一整套系统，其中每一类符物都各自具有独特的意义。比如，除了表示小型谷物计量器的圆锥之外，还有表示大型谷物计量器的圆球、表示油料计量器的卵圆形等。该系统使人能够同时处理不同范畴的信息，这就产生了前所未有的复杂的数据加工。于是，准确而无限量地储存有关各种各样事物的信息就成为可能，人不必再冒风险去依赖自己的记忆力。除此之外，这个系统是开放的，也就是说，必要时可以创造新的符物，将其添加到这一系统之中；于是，不断增加的全部符物将系统推向更加复杂的新疆域。

  实际上，这种符物系统是人类史上第一种代码体系，是用以传输信息的最早的符号系统。第一，这些符物的所有形状是系统化的，换言之，各种形状的符物，在有条不紊的反复使用中，总是对应着相应的含义。比如，一个球体始终表示一种谷物计量器。第二，我们可以假设，符物的使用有一套基本的句法规则。比如，可能会出现诸如此类的场景：计量器一字排开放在会计师的桌子上，展现出井然有序的等级，代表最大数量单位的符物放在最右边。苏美尔人就是这样计量的：从右到左，在泥版上排列一套符号，而且我们可以合理地推断，这一排列法是从以前使用符物的传统中继承下来的。符物的系统化的事实，也对符物数量的增加产生了巨大的影响。这样的符物系统转化为成熟的代码，从一个社群传播到另一个社群，最终传遍了整个近东地区；而在这个普及的过程当中，它们始终保存了原来的意义。

  符物系统的出现和发展，只在很小程度上可以归因于旧石器时代和中石器时代。制作这些计量器选用的材料不同于前世——黏土一直是被猎人和采集人所忽视的材料。实践证明，黏土是特别优质的材料，因为大自然供应着充足的黏土，而且这种材料容易加工。由于黏土在潮湿时具有非凡的可塑性，因而既没有工具，也不具备特别高超的技能的村民们，可以用黏土制作出各种形状的计量器，而且，在把它们放在太阳下晾晒，或在明火及炉子里烘干之后，它们就可以永久定型了。

这样的可移动计量单位，大概是符物从远古继承下来的少数特征之一，这可能是从前人用卵石、贝壳、树枝或谷粒计数的做法中得到的启示。这种形式的符物提升了数据处理能力，因为小巧的符物可以随意排列组合，重新组成不同的组合或者规模；相反，记账标签上的刻痕是固定的、不可更改的。

但是，到目前为止，在旧石器时代和中石器时代遗址中还没有发现形状各异的符物的前身。在人类历史上，这种计量器首次拥有了随意组合的优点，它能够把基本的几何形体组成一套系统，包括球形、圆锥体、圆柱体、四面体、三角形、四边形和立方体（立方体极少见）。[29] 我们很难判断，在这些形状中，哪些是受到日常生活中的商品的启发而制作出来的，哪些是完全抽象的。在抽象的形状中，圆柱体和小扁豆似的碟形就具有很强的随意性，它们要么代表一个计量单位，要么表示一群动物。而其他的形状，比如圆锥体和卵圆体则大概具有具象性。圆锥体是谷物计量器，卵圆体是油料计量器；圆锥体这一计量器模拟的可能是小杯子，卵圆体的计量器模拟的可能是尖顶的小罐。另一些动物头形状的符物自然是描摹动物的。

**新内容**

符物系统所传递的信息类型也很独特。旧石器时代的图像艺术大概使人想起宇宙的星象，旧石器时代和中石器时代的记账标签也可能曾被用于记录时间，然而符物则用来表示经济数据；每一枚符物可能表示某一种商品的精确数量。正如前文所阐述的那样，用来计量谷物的圆锥体和球体，可能分别相当于我们今天所用的升和蒲式耳；圆柱体和小扁豆似的碟形显示动物的数量；四面体是计量工作的数量单位；如此等等。

除此之外，与只记录数量信息的记账标签不同，符物还要传达性质方面的信息。符物的形状标出了被计数物品的类型，与此同时，符物的数量对应着被计量物品的数量。比如，一蒲式耳的谷物用一个球体来表示，两蒲式耳的谷物就用两个球体来表示，五蒲式耳就对应五个球体（见图1.1）。由此可见，和此前出现的记账标签一样，符物系统的基础还是简单的一对一原理。这使得在计量庞大的数量时，符物系统就显得很笨拙，因为一对一的模拟识别，使得人们只能够确定小的集合。不过，也有少数特殊的符物，它们可以代表物体的集合。比如，小扁豆似的碟形就代表"一群"动物（大概是十只羊）。又比如，大的四面体表示的可能是一个星期的工作量或是一帮人的工作量，与其相比，小的四面体就表示一个人一天的工作量。

符物缺乏将被计量的物品与数字分离开来的能力，例如，一个球体表示"一蒲式耳谷物"，三个球体就表示"一蒲式耳谷物，一蒲式耳谷物，一蒲式耳谷物"。符物没有抽象出数字的功能，这使得一堆被计量的东西需要同等数量的特有形状的符物，因而这个系统显得很笨拙。况且，为了满足越来越多类别的物品的计量需求，符物的类型和子类型的数量，也必须随着时间的流逝而不断增加。于是，当计数绵羊的符物不足以满足需要时，专用于计数公羊、母羊和羔羊的符物就出现了。符号种类的不断增加必然导致系统的崩溃。

图1.1　可能是伊朗苏萨(Susa)出土的符物袋,袋上的符标显示袋里装的符物。© RMN-Grand Palais/Art Resource,NY.

在整个近东地区,新石器时代的黏土符物系统取代了旧石器时代的刻痕记账标签,因为这样的符物具有以下优点:

A. 符物系统简便易用。

(1) 黏土是常见材料,加工时无须特殊技能或工具;

(2) 符物的形状常见,易于复制;

(3) 符物系统的基础是一对一的原理,这是最简单的处理数据的方法;

(4) 符物代表商品的数量单位,独立于语音,在任何方言环境下都意义明确。

B. 这样的代码可以衍生出新的数据加工和传播功能。

(1) 这是最早的记录工具,能够加工和储存无限量的数据;

(2) 它使信息加工更加灵活,使得随心所欲地加减数据和修改数据成为可能;

(3) 它使得仔细查阅复杂的数据成为可能,从而提高了决策的合理度和理性度。

……这一代码的出现恰逢其时。它满足了农业生产中所产生的计数和记账的新需求。这是蔓延整个近东地区的"新石器革命"的内在组成部分,凡是实现了农耕的地方,都必然采用了这样的代码系统。

## 传播与数据储存的转折点

新石器时代的符物系统,可以被认为是传播与数据处理的演化过程的第二步。它紧随旧石器时代和中石器时代的记忆工具而出现,出现在象形文字随着城市兴起而被发明出来之前。因而,这类符物在记账标签和象形文字之间发挥着起承转合的作用。它们借用了旧石器"前辈"——比如用于计数的记账标签或者卵石——中的某些元素。同时,计数器已经在很多重要的层面上预示着文字的到来。

符物系统从旧石器时代和中石器时代的记号标签中继承的要素,是从具体事物中抽象出数据的原理。和记账标签一样,符物将具体的信息转化为抽象的记号,使数据脱离其语境,使知识与拥有知识者分离开来,并且增强了客观性。可移动的小型计数器在形态上可能继承了以前用卵石、贝壳、种子计数的方法。更为重要的是,符物从记账标签和卵石那里继承了一种笨拙的原理,即一对一的转换数量的方式。

此外,符物又是一种新的象征物,它为象形文字的发明奠定了基础,尤其是通过以下若干特征预示了苏美尔文字的来临。[30]

(1) **语义性**:每一个符物都有意义,都传递信息。

(2) **独立性**:符物所传递的信息是具体的。像每一个象形文字一样,每一符物的形状都被赋予了独特的含义。例如,一个有切面的卵圆形如同 ATU 733 符号一样,表示一个数量单位的油料。

(3) **系统化**:每一种符物的形状都被有条不紊地反复使用,以便承载同样的意义,比如,一个有切面的卵圆形总是表示同样容量的油料。

(4) **代码化**:符物系统包括各种各样互相联系的成分。除了表示少量谷物的圆柱体之外,还会用球体表示大量谷物,卵圆形代表一罐油,圆柱体代表一头动物,如此等等。因此,符物系统首次使人能够同时处理涉及不同项目的信息。

(5) **开放性**:通过制作新形状的表示新概念的符物,符物的总体数量可以任意增加。符物可以组合成任何集合。这就使储存无限量项目的无限量信息成为可能。

(6) **任意性**:许多符物的形式是抽象的;比如圆柱形和小扁豆似的碟形分别代表一头和 10 头(?)动物。其他的符物也是任意的指代;比如,脖子上戴着颈圈的动物头部表示的是狗。

(7) **非连续性**:外形相似的符物可以指不相关的概念。比如,小扁豆似的碟形代表 10 头(?)动物,而平坦的碟形表示大容量的谷物。

(8) **独立于语音**:符物是表示商品数量单位的概念符号。它们独立于口语和语音,操不同语言的人都可以理解。

(9) **句法**:符物根据一套规则被加以组织。例如,有证据显示,同类的计量器被摆成一列,其中最大的数量单位放在最右侧。

(10) **经济内容**:像最早的文字文本一样,符物仅用于处理实物商品。若干世纪以后,大约到公元前 2900 年,文字才开始记录历史事件和宗教文献。

符物系统的主要缺陷是它的形式。一方面,三维形体使之具有可以触摸、易操作的优势。另一方面,符物的体积构成其弱点。这些计量器虽然不大,但是当要计量的数目巨大时,它们使用起来就非常麻烦了。正如图 1.1 所展示的那样,少量的符物被装入一个个口袋,由此可见,这个系统仅限于记录少量的商品。此外,符物还难以进行永久性记录,因为一组组细小的物体容易分离散乱,难以长期保持特定的顺序。最后,符物的效率低,因为每一种商品都需要用专一的符物来表示,因而所需的计数器总量就必须随着物品种类的增加而日益增多。总之,因为符物系统由松散的三维计数器组成,所以在记录各种商品的少量交易时,这一系统足以顺利运行,但它不适合传递更为复杂的讯息。在确定交易中授受双方的身份时,还需要使用其他的手段——比如印章。

象形文字泥版依次从符物系统那里继承了基于概念符号的代码、基本的句法和经济内容。文字实现了数据储存和传播的四大革新,革除了符物系统的诸多不足。第一,与松散组合的三维符物不同,象形文字能够永久地保留信息。第二,在泥版上划分出特别的区域,记录特定的数据,可以使它们容纳更多样化的信息。比如,表示授受双方的符号一直都固定放在表示商品的符号下方。因此,即便没有指代动词和介词的符号,书写人也能够记录这样的信息:"十只羊(接收自)库尔里(Kurli)。"第三,文字终结了反复使用象征物一对一原则的局面,比如表示"羊"(ATU 761/ZATU 571)或"油"(ATU 733/ZATU 393)的符号、数字被发明出来。此后,这些新符号与表示商品的符号一道表示所涉及的数量。第四,即最后一种革新是,文字通过成为表音系统,克服了概念符号系统的不足,而且,这样的革新不仅减少了符号的总量,还使得文字向人类所有活动领域打开了大门。

史前近东地区的视觉符号发轫于莫斯特(Mousterian)时期,即大约在公元前60000年至公元前25000年。包括葬礼祭物,可能还有文身的颜料在内的符号,表明尼安德特人开发出各种仪式以表达抽象的概念。[31] 有关符号的最早的证据是有刻痕的记账标签,它们也出现在旧石器时代中期。假设考古资料反映的是真实的情况,该资料表明,那些符号系统既用于仪式,同时也是对具体信息的记录。

史前近东地区的信息加工大约始于公元前30000年,其演化过程经历了三个主要阶段,每一阶段数据的处理日益具体。第一阶段大约在公元前30000年到公元前12000年之间,即旧石器时代中期和晚期,当时的记账标签指代的是非特定实物的一个数量单位。第二阶段是在新石器时代早期,大约在公元前8000年,符物表示特定商品的精确数量单位。第三阶段是文字发明时期,这项发明出现在城市兴起时期,大约在公元前3100年;有了文字以后,记录和传播交易双方的名字就可能了,以前这样的记录用的是个人的印章。

新石器时代的符物构成信息加工的第二步,这是信息处理的一个重大转折点。这些符物从旧石器时代的记录工具中继承了抽象数据的方法。这种符物系统可以被视为第一次用符号来管理日常生活中所涉及的具体商品;相反,旧石器时代的象征物表现的是仪式,而那时的记账标签(大概)是用来记录时间的。黏土符号这种简单却熠熠生辉的发明是用来表现基本概念的,它提供了最早的辅助语言。这一发明为传播开辟了极其重要的新通道,并直接推动了文字的发明。

# 第 2 章　古代帝国的媒介

哈罗德·英尼斯(Harold Innis)

　　哈罗德·英尼斯是世界知名的加拿大学者。他曾在芝加哥大学攻读经济学，晚年，他在传播史领域进行广泛的探索和研究。他的两部传播史著作《帝国与传播》和《传播的偏向》已成为经典。

## 从石头到莎草纸

　　埃及文明发展进程中发生的重大历史动荡，包括从绝对王权向比较民主的组织机构的转变，同时发生的还有从倚重石头为传播媒介向倚重莎草纸为传播媒介的转移。就像金字塔所展示的那样，石头曾经是威望的基础。[1] 莎草纸可以追溯到第一王朝，写满文字的莎草纸卷可以追溯到第五王朝(前 2680—前 2540，或前 2750—前 2625)。

### 莎草纸技术

　　与石头相反，莎草纸这种书写媒介极其轻便。用来制作莎草纸的是一种叫纸莎草(Cyperus papyrus)的植物，这种植物只生长在尼罗河(Nile)三角洲地区，当时的人们在它生长的沼泽边将它制成书写材料。新鲜的草秆被切成需要的长度，剥去绿皮，然后削成厚实的长条，平行并列，轻轻地摊在吸水布上。吸水布上再铺一层莎草片，上面又盖一张吸水布。然后用木槌捶击大约两个小时，使莎草片凝成一张薄纸，最后把纸压平、晾干。这些纸可以连在一起做成纸卷，有时可以将纸卷做得很长。这是一种轻便的商品，可以远距离运输。[2]

　　灯芯草(Funcus maritimus)被做成用来书写的笔。灯芯草被切成长度 6 英寸①到 16 英寸，直径约 1/16 英寸至 1/10 英寸大小。灯芯草的一头被削出斜面，反复挫擦以将纤维分离出来。[3] 抄写员的调墨盘有两个槽，分别盛红墨水和黑墨水，盘上还有一个水槽。他用僧侣们使用的文字抄写，从右至左书写，将文字或纵向或横向排列，每行或每列的尺寸都相等，从而构成了一页。莎草纸卷被握在左手，渐次展开。[4]

---

①　1 英寸＝25.4 毫米。

**思想获得轻灵性**

石头上的文字是用直线线条或者弧线线条锲刻的，篇章构成四方形，上下垂直；与之相反，莎草纸上的文字则可以是草书，以便于快速书写。"当在石头上镌刻象形文字的时候，工匠仔细地造型，并且进行恰当的装饰。在木头或莎草纸上书写时，文字变得更简洁，形态也更为圆润……草书体或僧侣体则更是匆匆挥就，连笔、省略笔画、一气呵成……它们不再像图画，而成为手书文字。"[5]

"由于摆脱了石头这个沉重的媒介"，思想获得了轻灵的属性。"所有的环境都激发了人们的兴趣、观察和反思。"[6] 手写文字的显著增多，使得文字、思想与活动的世俗化也随之发生。在埃及的古王国（Old Kingdom）到新王国（New Kingdom）之间所发生的社会革命，有一个显著的标志，那就是雄辩之才如滔滔流水，世俗文学取代了宗教文学。

**抄写员组织**

过去，文字只局限于政治、财政、巫术和宗教等目的。随着莎草纸被越来越广泛地使用，以及象形文字不断简化——以满足更快的草书书写、写作和阅读量不断增加的要求——行政管理也变得更加高效。抄写员和公务员成为有序的市政服务机构的一员，他们负责从农民那里征收并管理税金、地租和贡赋，而且他们要把账目做得让同事能够看得懂，让人间的神明——他们的最高上司——也能看得懂。

公元前2000年之后，中央政府雇用了一大批抄写员。识字被认为是飞黄腾达和平步青云的踏脚石。抄写员成为一个不对普通人开放的阶级，书写成为享受特权的职业。"他们进入议会，坐在议员当中……每位抄写员都能够享用王室供应的膳食。"[7] "把书写牢记在心上，你就可以使自己完全不用干任何繁重的体力活，还可以成为德高望重的文职官员。抄写员不必承担吃力的苦差。"[8] "而且抄写员指挥所有的人干活。对于他而言，不存在纳税的问题，因为他的贡赋就是他在抄写中的付出。对他而言，不需要缴纳任何税费。"[9]

## 文字的影响与权利平等

**新宗教**

民主革命之后出现了文字的普及，与此同时，也出现了狂热且持久的崇拜荷鲁斯（Horus）和奥西里斯（Osiris）的新宗教。对太阳神拉（Ra）的崇拜已经纯粹政治化了，而且人们在这位政治仲裁者的地位的沧桑起落之外，发现了生命的终极意义和完满性。[10] 奥西里斯是尼罗河神，他为了拯救人类而被杀，因而他成为善神、先王，并且也是他的儿子荷鲁斯的楷模。作为农业神,奥西里斯直面死亡,并且战胜了死亡。他的妻子伊西斯(Isis)是巫神。她制定法典,当丈夫奥西里斯征战世界时,她治理天下。伊西斯说服太阳神拉透露自己的名字。[11] 因为有关名字的认识赋予了诸神进行自我控制的神秘力量,所以她在知道了拉和其他神的名字以后,就拥有了控制他们的力量。到十二王朝时期,奥西里斯成为太阳神拉的灵魂,成为隐藏在拉身上的伟大的名字。所以,奥西里斯能够分享太阳神拉至上的宗教权威,并且映射出尼罗河与太阳的双重影响。昼与夜连成一体——奥西里斯代表昨天与死亡,拉则是明天和生命。下葬仪式由伊西斯所发明,最先用在奥西里斯身上。相对于不朽性,莫雷(Moret)将葬礼描述为:"这是埃及神曾经送给世界的最宝贵的发明。"[12]

## 巫术与文字

奥西里斯的辅佐神是月神透特(Thoth),透特是神圣的文书和高级行政官。在盘点了言语和文字之后,他成为"创造性声音之主,语词和书籍之师"[13],他是不可思议的文字的发明者。奥西里斯成为通俗文学和僧侣文学的中心人物,这些作品是用来向人们讲授神圣的权利和义务的,语词充满了力量。神的名字成为存在的本质,抄写员发挥着神一样的影响力。因为宗教和巫术两者都是神圣的,所以它们各立门户。僧侣念颂祈祷文,向神献祭;与此同时,巫师却绕开祈祷和献祭而直接使用力量或骗术。家庭崇拜在对奥西里斯的狂热中保存下来;出于对现实利益的考虑,人们也使用巫术。知道一个人的名字,就有了控制他的手段;说出一个人的名字,就是用声音造出一个精神意象;写下一个人的名字,就是画出一个实际存在的形象。在创造性语词的多种活动中,巫术渗透到形而上的观念之中。多神教被保存下来,名字成为诸神的精神展现。巫术文学和流行故事传承了有关宇宙中伟大的诸神的传说。

## 权力再分配

国王在这次变革中得到实惠,他们成为国王—诸神一体的化身,代表着鹰神(Falcon)、荷鲁斯-塞特(Horus-Seth)、拉、拉-哈拉基提(Ra-Harakhti)、奥西里斯、伊西斯之子荷鲁斯,以及统治着埃及的主神阿蒙-拉(Amon-Ra)。国王的虔诚在人民中掀起了信仰的巨浪。仪式使他能够指定一个代理人来扮演先知的角色。权力转交给了专职祭司。他们首先代表国王,并且每天都在神庙里主持仪式。对太阳神拉和天上神灵的崇拜仅限于僧侣和神庙。阿图姆神(Atum)的祭司将神的天启浓缩在神圣的礼拜仪式中,而狂热的崇拜使得在神庙中摆放生动鲜活的雕像成为必需。

## 变革的效应

### 入侵

从倚重石头转向倚重莎草纸的同时，政治制度和宗教制度也发生了变化。这些变化为埃及文明带来了非同寻常的压力。埃及很快就在外族的入侵下崩溃。这些外族装备了新的攻击性武器。他们用长剑、强弓和远程武器，击溃了埃及人用战斧和短剑构成的防守。叙利亚(Syrian)的闪米特人(Semitic)在希克索斯王朝(Hyksos)——或称牧羊王朝的率领下，带着青铜的或者甚至可能是铁制的武器，骑着战马或是坐着双轮敞篷战车占领了埃及，并在公元前1660年到公元前1580年间统治着那里。

### 文化抵抗

埃及的文化元素在抵制异质文化入侵的过程中，促进了文化的重组，并且发动了反攻。征服者接受了象形文字和埃及的习俗。而埃及文化的复杂性，使得埃及人能够抵制并驱逐入侵的异族。他们可能是从西方的利比亚人(Libyan)那里得到了马匹[14]，并学会了制造轻便的四轮敞篷马车，因而在公元前1580年之后，尼罗河流域终于得到了解放。公元前1478年，图特摩斯三世(Thutmose Ⅲ)在美吉多(Megiddo)大获全胜，给希克索斯王朝以致命的最后一击。在第十八王朝的统治下(公元前1580年—公元前1345年)，新底比斯王国(New Theban Kingdom)建立起来了。

### 祭司、财产与权力

在新王国时期，法老定都底比斯(Thebes)，这是文明的东方的大都市。法老恢复了王权，侵占了神庙的财产，并且结束了神职人员分封割据的局面。与王权集中相伴而生的是宗教的集中。诸神都"化为太阳神"。底比斯家族之神阿蒙，在公元前1600年以后成为阿蒙-拉，并成为凌驾于埃及一切神之上的主神。帝国扩张的胜利使得祭司攫取了领土并牢牢地站稳脚跟，他们的权势也随之日益增加。王室家族内部争夺王权的问题又赋予了祭司额外的权力。

### 巫术与医药

在驱逐了希克索斯人之后，莎草纸的使用迅速增加。透特崇拜在新王国时期，以及在驱逐希克索斯人的过程中，发挥了重要的作用。透特成为巫术之神。他的名字具有巨大的权势和魔力。他的名号被视为符咒，足以抵抗或驱赶邪恶的精灵。到公元前2200年左右，医药和外科手术取得长足的进展，因为木乃伊的制作使得人体解剖知识得到普及，而且，几乎无所不在的有关医学的偏见也被克服。不过，希克索斯人入侵以后，医学成为仪式和固定的程式，[15]而这为希腊的医生和亚历山大城(Alexandria)的解剖学家开辟了道路……

图2.1　埃及纳尼(Nany)莎草纸画卷的一个部分。整个画卷长17英寸,高2.5英寸,绘制于大约公元前1039—前991年,发现于1928—1929年间;罗杰斯基金会(Rogers Fund)赞助;收藏于美国纽约大都会艺术博物馆(展品编号30.3.31)。© The Metropolitan Museum of Art and Photo SCALA,Florence.

## 苏美尔城邦

在埃及,测量时间和预测尼罗河汛期的能力成为权力的基础。在美索不达米亚南部的底格里斯河(Tigris)与幼发拉底河(Euphrates)的河谷地带,两条河流[16]经过改造后被用于灌溉,而且得到了有序的控制,因此并不需要对于它们的汛期进行相当精确的预测。苏美尔是一个由小城邦组成的国家,大祭司是神的直接代表。城市之神是国王,而管理俗世的统治者是一位佃农,他拥有管理市民的地位和权力。

这意味着苏美尔文字的发明与记账或者制作清单有关,可以说,它也是数学发展的产物。现存最早的泥版,包括大量的法律合同、买卖契约和土地交易文书,反映出世俗和功利的兴趣。清单、库存目录、记录、神庙和小城邦的账目等,都说明作为资本家、地主和银行家的神的兴趣所在。随着收入的增加,同事和继任者能够看懂的复杂的记账和文书体系就不可或缺了。庙堂的管理机构就变成了持续运转的、永久性的公司。随着神庙不断发展其组织机构,并且占有越来越多的土地,它们也积累了逐渐增多的资源,其内部分工也变得越来越细密。专业化和财富的增加带来了竞争和冲突。

## 泥版与楔形文字

在巴比伦尼亚(Babylonia)和亚述(Assyria)找到的冲积平原黏土被用来制作砖

块，也可以做成在上面进行书写的媒介。现代考古发现了大量的文字记录，有助于我们阐释苏美尔及其后的文明的重要特征。而且，这些特征可能反映了某种由传播材料的特质导致的偏向。另一方面，尽管这样的偏向只是传播材料偶然带来的副产品，但是它指明了该文明的显著特征。

图 2.2　古巴比伦时期的圆柱形印章及其印记。上帝之子阿姆茹（Amurru）。安大略皇家博物馆（Royal Ontario Museum）藏品。© ROM.

在书写之前，先要将上等黏土反复揉搓，做成薄片或薄版。由于泥版干得很快，而又必须在湿润的黏土上刻写，因而写的时候要快速而且准确。[17] 几乎像刀一样锋利的芦苇秆，可以在泥版上刻出笔画纤细的象形文字，而且在这里也采用了易于刻写在石头上的线形文字。但是，在用芦笔划出直线时，笔容易把泥版黏起来，而且圆筒形的芦笔可能会垂直或倾斜地陷入黏土。大约在公元前 2000 年，出现了笔杆呈四方形、笔尖呈三角形、长短和今天的铅笔差不多、笔端削去一角呈斜面的芦笔。这种芦笔的关键是锋利的边缘，因而如果笔尖用力刻写，就会在泥版上刻出楔形线条。如果轻轻地用这种芦笔在泥版上刻写，就需要划出许多短线条，才能够形成一个字符。

省力的原理要求减少刻画的次数，所以泥版上象形文字的痕迹如今已荡然无存。黏土这种媒介本身就要求从象形文字变为井然有序的模式。"图画和文字之间的鸿沟因此被填平。"[18] 楔形文字的特征是三角形，是由平行的线条集合而成的。线条长短深浅不一。楔形文字带来的麻烦，以及泥版的尺寸逐渐加大，导致书写者手握泥版的角度发生了变化，这一切都使文字加速走向程式化。手握泥版角度的变化[19] 决定着笔画或者楔形的走向，并且使象形文字转变为符号的过程也随之加速。[20] 象形文字的程式化开始于最常用的符号，于是楔形的笔画很快就取代了一般的线条。象形文字不足以表现长篇的宗教文本或历史文本，于是许多符号被用来代表音节。

到公元前 2900 年，文字的形态和符号的运用都趋于成熟；而到了公元前 2825 年，书写的走向和词语的排列，都依照它们在句中的逻辑位置而固定下来了。符号在大型泥版上分区排列。书写的方向是从左至右，笔画的走向也是从左至右，行与行之间平行排列。圆形筒可以在湿润的泥版上滚压，形成连续的印记。在一个多数人都不识字的社群里，硬石圆柱体印刻出来的各种各样的图案，可以被用作代表个人的标志，也可以被用作表示所有权的记号。人们把私章挂在脖子上，把它盖在涉及财产和归属的契约上。

具象的象形文字体系包含了表达大量事物、设计复杂而精巧的词。为了表示对原始意义的改进,符号被加入图画——大约使用了 2000 个符号。到公元前 2900 年,随着音节符号——大部分是单音节符号——被引入词汇表,符号的数量大概减少为 600 个。这些符号中,大约有 100 个表示元音,但是没有表现单个的辅音的符号,也没有形成字母表。楔形文字部分是音节文字,部分是表意文字,或者一个字就是一个词语。许多符号是多音节的,而且具有不止一种含义。苏美尔文字没有性的区分,而且常常忽略数、人称和时态的变化。单词或音节是一种符号的思想还没有完全形成。象形文字和表意文字已经具有表示语音的抽象价值,研究文字和研究语言被联系起来。

　　晒干的泥版容易变形;不过,用火烤干就克服了这一缺陷。只有不容易毁坏的泥版,才能够确保商务函件和私人信札不被篡改。尽管泥版具有能够长期使用这种令人赞叹的优势,然而因为它的笨重,所以不适合用作远距离传播的媒介。泥版的这种基本特性,使得我们今天有可能看到从分散各处的社区所流传下来的永久的记录。

## 泥版与社会组织

### 宗教权力

　　适合远距离传播的文字重视书写上的统一性,以及对稳定且被认可的符号规范的发展。广泛的商业活动需要大量专业的书记员或大批识字、会写字的人。复杂文字的书写意味着长期的训练,因而需要建立专门的学校。神庙的账目和祭司的姓名清单被编成了课本。为了培养书记员和行政人员,专门的学校和培训中心成立了,这些学校常常和神庙有联系,它们尤其强调对语法和数学的训练。

图 2.3　泥版及其封套,波斯(Persian)晚期,约为公元前 400 年。© ROM.

由于作为教育基础的书写受到僧侣、书吏、教师和法官的控制,所以宗教观点被看作普遍通用的知识,并且在司法判决中被视为理所当然的依据。书记员负责记录神庙浩繁的账目往来,也要在宗教法庭上记下审判的细节。实际上,与法律相关的民事生活的每一个方面都被记录下来,契约各签约方和证人都通过盖上印章来表示确认。在每一个城市,法庭的判决成为民法的基础。神庙增加、崇拜力量延伸,使得僧侣的力量和权威也随之增加。黏土的特性有利于文字的规范、城市的去中心化、神庙中组织的延续和宗教控制。特别是不同社区之间的贸易往来所提出的记账的需求,以及对数学的运用,都进一步推动了抽象思维的发展。

祭司和神庙组织手中的财富和权力都在日益增加,与此同时,数学和文字也得到发展,这可能导致了城邦之间残酷的战争接连而起,专门的军队和雇佣兵也随之出现。可以看到,宗教组织对文字和教育的控制导致了对技术变革和军事力量的忽视。神庙政府或由僧侣组成的委员会没有能力直接指挥战争,于是,与僧侣比肩而立的世俗政府应运而生。世俗政府享有至上的权力,它把王公带进神的世界。

# 第 3 章  无文字的文明
## ——印加人与结绳记事

马西娅·阿舍尔(Marcia Ascher)
罗伯特·阿舍尔(Robert Ascher)

  马西娅·阿舍尔是数学教授,罗伯特·阿舍尔是人类学教授。他们感兴趣的课题是,作为美洲新大陆主要文化之一的印加文化,是如何在没有文字的情况下,凭借本章所描绘的独特的结绳文字"基普"创造"文明"的。所有研究传播媒介的学者可能都会对阿舍尔夫妇的专著《印加人结绳文字的密码》(*Code of Quipu*)产生兴趣。

  "基普"是一组打结的绳子。绳子一般是棉制的,经常被染上一种或多种颜色。"基普"被握在手里时并不起眼;显然,在我们的文化里,这样的一组绳子可能会被误解为一堆破布条(见图 3.1)。对西班牙人而言,印加人的结绳文字,相当于澳洲土著人眼中的西方飞机。

  在过去的时代里,印加人每搬迁到一个地方,都会进行人口普查,然后把结果记录在"基普"上。金矿的产量、劳动力的构成、贡税的数量和种类、库房的藏品,直到最新的丑闻,全都记录在"基普"上。当权力从一位印加萨巴(Sapa)传给下一任时,就会整理记录在"基普"上的信息,以便描述新国王的前任们的丰功伟绩。"基普"可能在印加人掌权之前就已经出现了。但是在印加人那里,它们成为治国理政术的一部分。谢萨(Cieza)著书讴歌印加王的文治武功,在论述"基普"的那一章中得出这样的结论:"印加'基普'的井然有序是印加王的功绩,他们统治帝国,使之在各方面达到巅峰状态,我们从这一结绳记事系统和其他更伟大的成就中可以看出来。'基普'使得这种文化不断进步。"

  "基普"有几个极其重要的特征……首先,"**基普**"**可以横向编织**。看电影时,我们一般在片头看见"鸣谢",在片尾看见"剧终"。面对一堆混乱的胶片时,即使不懂它们的含义,我们还是可能会用这两个词。有了这两个词以后,那些毫无头绪的片段就可以按照同一方向来排序了。所有的观看和分析行为,都是建立在相同的放映方向基础之上的。因而,这里包含了诸如"**在……之前**"和"**在……之后**"之类的概念。与之类似的是,一条主要的"基普"是有方向的。"基普"记录人知道一条绳子的哪一端是开始、哪一端是结尾;我们可以假定,他们打着松松垮垮的圆圈的一端是开始,打着死结的另一端则是结尾。

其次,"基普"还可以纵向编织。纵向悬垂向下的绳子与横向水平延伸的绳子结成了"丁"字形,悬垂向下的绳子被认为是在下面的,而横向延伸的绳子则在上面。在这里,出现了诸如"在……之上"和"在……之下"之类的概念,由此,表示上方和下方的语词也用得上了。

最后,"基普"是**分层次的**;系在主绳上的绳子处在第一个层次,附着在这一层次上的辅绳构成第二个层次,辅绳上的附属绳子构成第三个层次,如此等等。"基普"是由绳子以及绳子之间的间隔所构成的。在最后一道工序完成、每一根绳子各就各位之前,绳子是容易被移来移去的。由此,绳子间大大小小的空间,是总体构建中被有意安排的一个部分。

图3.1 "基普"一例。"基普"是古印加帝国在整个南美洲安第斯山地区(Andean)的使用的早期传播媒介。© President and Fellows of Harvard College, Peabody Museum of Archaeology and Ethnology, PM♯ 41-52-30/2938.

这些属性的关键在于:根据绳子的垂直方向、层次及其在主绳上的相对位置,以及它们是不是辅绳、它们在同一个层次中的相对地位的不同,这些绳子被赋予不同的含义。这就像是当一个人走进影院,如果银幕上已经出现了动作而不是开场字幕的时候,他就会怀疑自己错过了开头。同理,解读"基普"时,如果主绳两端的圆圈和打出的结中有一个缺失,解读它的人就可能怀疑这一块"基普"的意思不完全;如果悬垂的绳子的末端没有打结的尖头,解读者就可以推测,悬垂的绳子并不完整。

每一根绳子都有特定的位置和颜色。颜色是"基普"这个符号系统的基础。颜色的编码即颜色的使用,代表的是另一层含义,而不是颜色本身。这一点广为人知。但颜色系统的用法各有不同。

交通灯里的红色和绿色在西方文化中具有普遍的意义。一般来说,红色是停,绿色是行。而且,这一共同的理解融入了西方社会的交通规则。这个颜色系统简单而具体,无疑,驾车人没有自行赋予这些颜色以新含义的自由。

还有几种复杂的颜色系统用于西方文化的其他领域,比如电子工业领域。国际电子技术委员会(International Electrotechnical Commission)推荐的电阻器颜色已经被许多国家采用,成为其电子工业的标准。电阻器被广泛用于电器里,因为电路中不同部位的电流量可以通过安装电阻器来调节。在国际标准里,每一个电阻器上都有四条色带。在这个系统里,一共运用了 12 种颜色,每一种颜色都代表特定的数量值,而且每一条色带都具有特定的意义。第一条和第二条色带读作数字(比如,紫罗兰色=7、白色=9,因而当第一条色带为紫罗兰色、第二条色带为白色时就表示 79);第三条色带显示 10 的几次方(比如红色=2,因而当第一条色带为紫罗兰色、第二条色带为白色、第三条色带为红色的时候就意味着 79×10×10);第四条色带描绘精确的数量值(比如银色=10%,因而当第一条色带为紫罗兰色、第二条色带为白色、第三条色带为红色、第四条色带为银色的时候就意味着 7900 欧姆加减 10%)。如果将颜色意义与位置意义加以组合,可以表征的信息就大大增加了。

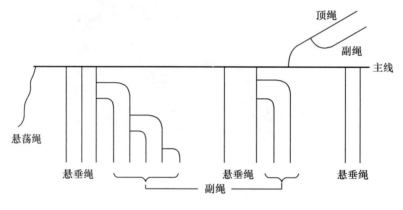

图 3.2 "基普"应用示意图
(图由作者自制)

显而易见,如果用字母拼写交通信号,或在电阻器上印刷语词,其效果就比不上使用颜色。设计交通信号时,远距离的可视性和引起快速反应的效果是重要的标准。在元件密密麻麻的紧凑空间里,去寻找并辨认电阻器上的微型文字是很困难的。在指认时,用手指指出正确的元件非常重要,而有了色彩代码以后,这就很容易了。这些编码系统既有用,又具有稳固的一致性。这样的系统是由一些集体,而不是个体的用户所确定的,因此这也决定了它的使用范围。

请考虑另一种表征形式,即在物理学公式里使用字母:

$$V=\frac{RT}{P}; \quad V=IR; \quad V=\frac{ds}{dt}。$$

在这些公式里,$V$ 表示容量、电压或速度,因为这些公式来自物理学中三种不同的语境,分别在讨论气体、电力和运动的问题。每一个 $V$ 代表什么意思,或者每一个公式代表什么意思,当然取决于人们的知识语境。不过,我们可以改变公式中的简写符号。在波义耳定律(Boyle's Law)的第一个公式里,我们可以不用 $V$、$T$、$P$、$R$,而是,比如说用 $a$、$b$、$c$、$d$ 分别代表容积、温度、压力和通用气体常数。然而,鉴于气体的性能,我们不能随意改变 $a$、$b$、$c$、$d$ 之间的关系,所以我们不能说:

$$a=\frac{dc}{b}。$$

同理,随着颜色系统描绘的语境数量的增加,随着关系表述数量的增加,系统的复杂性也不断增强。

在交通灯和电阻器的颜色系统中,如果问红色有何意义,会产生**某种**确定的答案。不过,在物理学中,$V$ 没有固定的意义;对缅因州捕龙虾的渔夫来说,红色也没有特殊的意义。然而,在当下具体的语境中,当谈论到气体或某个特定的港口时,相应的字面或者颜色的含义还是相当清楚的。"基普"的颜色系统和后面谈到的这些系统一样,既丰富又灵活,不会有单一、特定的答案。大体上说,"基普"记录人设计每一块"基普"时,都使用一个特定的颜色系统,这一系统将一些绳子联系起来,使之与其他绳子有所区别。一个"基普"所用颜色的多少,取决于它要区别的意义的多少。颜色的总体模式体现了绳子所表征的关系。紧密排列、互相联系的绳子,所用的颜色编码系统和电阻器的颜色系统有相似之处,这就是将视觉功能和触觉功能联系在一起。此外请回想一下,"基普"的绳子分为不同的层次,有不同的指向,也有相对的位置。"基普"系统与电阻器颜色系统的另一个相同的特征是,颜色的意义和位置的意义是互相联系的。

"基普"记录人用的纱线是用各种染料加工的。把染色的纱线编织在一起,又可以产生更多的颜色。两根单色纱线编在一起会产生红白相间的棒棒糖效果;也可以将两根单色纱线以相反的扭转方向编织在一起,从而产生斑驳的色彩;还可将两根单色纱线编织成两种颜色各占一半的样子。于是,用上述方式编织的绳子又可以再编织起来构成新的颜色。只需三种颜色的纱线,比如红色的、黄色的和蓝色的,就可以产生条纹、斑驳和组合的效果,可以编织出颜色完全不同的绳子:纯红、纯黄和纯蓝的绳子;红黄条纹、红蓝条纹和黄蓝条纹的绳子;红黄相间、红蓝相间和黄蓝相间的绳子;还有红上黄下、黄上红下、红上蓝下、蓝上红下、黄上蓝下、蓝上黄下的绳子。从这 15 种绳子中挑出若干根,再用上述三种操作方法中的某种进行编织,就又可以生成更多的品种。

在有些情况下,"基普"记录人在一根绳子上组合两种颜色,从而使颜色编码非常细腻,如此,他就保留了两种颜色的意义,而不是让这根绳子负载新的意义。在这种情况下,一根单色的绳子中的某一段,与另一根纱线搓成条纹的颜色,或者与另一根纱线搓成斑驳的颜色。于是,整根绳子是一种意义,插入的一段是另一种意义。

在大多数情况下,绳子上都打了若干结,结扣代表数量的多少。而我们可以确信的是,在给绳子打结之前,先要准备完整的、无结的"基普"。首先要完成"基普"的总体设计和构造,包括绳子的连接类型、相对位置、颜色的挑选,甚至包括带有个性色彩的最后的装饰。在有些情况下,"基普"和其他绳子构成一个组合。一些组合里包含着处于不同加工阶段的"基普",既有初级加工的"基普",也有业已完成尚未打结的空白"基普",还有带有一些或所有结扣的、完全加工好了的"基普"。凡是脱离了"基普"的有结扣的绳子,显然是"基普"损坏以后脱落下来的绳子。

"基普"记录人需要什么特殊才能呢?他在印加帝国的官僚体制里处于什么样的地位呢?一位"基普"记录人以什么方式区别于其他的记录人呢?他们需要什么样的知识呢?这些问题饶有趣味,都是需要予以解答的。通向答案的道路,常常就像匮乏的信息所构成的细线或虚线,而且其间还有许多断裂的鸿沟,例如,外来文化的引进就形成虚线里的空白。最后,即便回答了所有问题,呈现给我们的"基普"记录人的图像仍然是云遮雾罩、晦暗不清的。

记录者所用的材料通常是染色的纱线,有时也会用毛线,这使我们对其能力有所了解。如果将记录者使用的材料与其他文明里的类似记录者所用材料做一番比较,他们的能力就显而易见了。

在人类历史上,许多材料曾被用来记录信息。石头、兽皮、黏土、丝绸,还有植物的不同部分——比如树干、树皮、树叶和树浆等,都曾用于记事。在某种文明中,用作媒介的材料常常在这种文明所处的环境中随处可见。(一个地区同时使用多种媒介是晚近出现的现象。即使是用两种媒介,也总有一种媒介占主导地位,并终将取代另一种媒介。)每一种媒介都有一系列特别的性能。为了和"基谱"记录者所使用的纱线和毛线相比较,我们挑选苏美尔抄写员所用的泥版和埃及抄书人所用的莎草纸来进行详细的分析。

苏美尔抄写员生活在今天的伊拉克南部,年代约为公元前2700年到公元前1700年之间。他们所用的黏土取自河岸。人们将黏土捏制成不同尺寸的泥版——小的像邮票那么大,大的则是枕头的大小。(由于功能各异,黏土被制成平板、棱柱或圆筒形。)书写人在泥版上画出一条条横跨整个泥版的横线,以规范书写。这样就完成了记录前的准备工作。他们用的书写工具是苇管做的硬笔——它大约有一根短铅笔那样的长度,一端被削尖,以便在柔软湿润的泥版上能刻出楔形的划痕。如果抄写员生活的年代是在楔形文字流行的1000多年中的前半期,那么他们纵向进行刻写,也就是按照自上而下的方向抄写。后来,他们从左到右横向抄写。泥版的一面写满之后,书写人将其上下颠倒,翻过来在背面书写。书写必须要快,因为黏土干得快,会变得坚硬而难以刻写;一旦泥版硬结,抹掉、添加等任何修改也都不再可能。一块泥版不够书写,或者抄写员还没来得及写完泥版就干了的话,他就开始用第二块继续抄写。书写完毕以后，他将泥版置于阳光下曝晒，或在炉窑中焙烧，以便书写的文字永久定型……

　　大约在同样的年代里，埃及的抄书人使用的媒介是莎草纸。莎草纸取材于高大的纸莎草的茎干；这种草生长在沼泽低洼地，十分繁茂。刚刚割下来的纸莎草的茎干被切成段，去掉外皮，里面柔软的茎肉被平铺展开，捶打，直至成为纸张。秆芯里面的天然树胶是黏合剂。一张莎草纸大约6英寸宽、9英寸长，呈白色或浅色，表面闪亮、光滑，而且有韧性。晾干的莎草纸可以用胶黏合连成卷，例如，20张纸可以黏结成6英尺长的条幅。埃及抄书人用软笔和墨水书写。做软笔时，他们切取一截长1英尺的灯芯草，将一头削尖，击打以分离其纤维。他的墨水实际上是一些小饼，像现代的水彩颜料，其用法也与水彩相当。黑墨是用炊具刮下的烟灰制成的，红墨原料则来自赭石。埃及的抄书人在书写时能轻快地从莎草纸的右侧移向左侧。

　　"基普"记录人和苏美尔及埃及书写人的明显差别是，"基普"记录人不用书写工具。做记录时，他们用手指头在"基普"的空间里操作，比如在打结的过程中，他将一条绳子变成了包含大量信息的记录。一切操作都不是预备步骤，整个过程都是记录的过程。相反，苏美尔人需要手握硬笔，埃及人则拿着软笔，书写要经过学习才能掌握，而且学习的内容包括对触感的培训。"基普"记录人的记录方式是一种直接构造的方式，它在很大程度上需要敏感的触觉。实际上，"基普"的总体美和触觉相连；记录的方式和记录本身都富有很强的节奏感——前者是有节律的行为，后者产生了韵律分明的成果。我们很少意识到触觉的潜力，而且通常意识不到触觉和节奏的关系。然而，凡是熟悉抚摸的人，对触觉和节奏之间的联系都能够立即心领神会。实际上，触觉的敏感始于胎儿感觉到的环境的脉动，触觉早在其他感官发育之前就得到开发了。

　　颜色是另一种明显的反差：苏美尔人不用颜色，埃及人用两种颜色（黑色和红色），印加人用数以百计的颜色。三种记录方式都需要敏锐的视力；但唯有"基普"记录人不得不识别并牢记颜色的差异，以便有效地加以利用。他们的颜色"词汇量"很大，不是简单的红色、绿色、白色等，而是各种红色、各种绿色、各种白色。面对这个庞大的颜色库，他的任务是挑选、组合和安排各种颜色，从而通过不同的模式，表达他所记录的任何事项。面对"基普"时，很难立即理解其所表达的含义，因为毕竟各种颜色的运用过于复杂了。"基普"记录人及生活在安第斯山脉的人之所以能理解复杂的颜色，那是因为他们在日常生活中，总是能够看到各种颜色的纺织品——这是他们日常经验的一部分，这就像是我们能够理解复调音乐，是由于我们经常听到这类音乐。一位绘画史专家可以通过音乐意象理解画作，而我们的文化中的另一些人，也可能将对安第斯山区的彩色构图的理解翻译为音乐作品。在他们的音乐意象的底层，潜隐着一种形式化的模式和结构，而它们还可能被翻译成数学语言。

　　第三种差异大概是最重要的差异。苏美尔人和埃及人都在平面上记录。在这方面，莎草纸优于泥版。比如，莎草纸可以加长或剪短，其尺寸因此而改变；而泥版一旦做成，其尺寸大小就无法改变了。"基普"和莎草纸及泥版截然不同，"基普"的绳子完全不构成任何平面。莎草纸或泥版上的书写，多多少少都是一个连续的过程，抄写的方向或从上到下，或从右到左，或从左到右。这是一种线性的构图。与此相反，"基普"的记录则是非线性的，这样的非线性，是所用材料产生的结果。一组绳子占有的空间没有特定的方向；在"基普"记录人将绳子编织在一起的过程中，"基普"的空间就由绳子打结的位置决定了。这些结点的确定，不必遵守固定的从左到右或从右到左的序列。绳子的相对位置由结点的位置决定；而且正是绳子的相对位置连同其颜色和上面的结点，决定了"基普"所记录的含义。由此可见，其基本原理是，"基普"记录人必须有能力用颜色在三维空间中，构想并实施他要记录的意义。

"基普"记录人可以恰如其分地被安置在印加王国所发展起来的官僚体制中的某个位置，但问题是，究竟是什么样的位置？从理论上说，他应该拥有享受特权的地位。那么事实到底是怎样的呢？的确有一个强有力的佐证，支持着我们理论上的设想。

印加王国拥有庞大的机构、常备军，以及作为国家应有的其他特征，并且在那里存在一个官僚体制，管理着国家的各项事务。用马克斯·韦伯的话说，官僚行政管理"……根本上说是在知识的基础上实行控制"。在此，所需要的知识都被记录下来了。这些记录加上行使"官方职能"的人，构成负责国家事务的"政府机构"。管理机构记录一切可以记录的事情，尤其是那些可以量化的事情：例如，居住在某地的居民人数、某村纳税的情况、河水上涨的日子。官僚体制相信自己管理行为的合理性，而这些记录也令执政者心安理得。记录越多，官僚体制处理事务的经验就越丰富，对国家的控制权就越大。官僚体制的记录本身就是这个科层体系的专有财产，而且官僚们竭尽全力保持着记录的这种特性。

在印加王国，"基普"记录人为官僚体制做记录。比如，他知道，一组村落里有多少男子适合服兵役，多少人可以被派去采矿，他还知道其他很多有趣的事情。他的工作就是处理特殊的、秘密的信息，所以他享有特权。我们认为，他应该是比普通人更为重要的；不过，他的地位不如真正重要的人，后者要么是对其所生活的社区拥有统治权的人，要么是监督、管理着普通印加人的人。

# 第4章　文字的起源

安德鲁·罗宾逊（Andrew Robinson）

安德鲁·罗宾逊是伊顿学院（Eton College）皇家学者、《泰晤士报高等教育增刊》（*The Times Higher Education Supplement*）文学编辑，著有《世界的形貌：地球测绘和发现》（*The Shape of the World: The Mapping and Discovery of the Earth*）、《唤醒沉睡的文字》（*The Story of Writing*），本文节选自《唤醒沉睡的文字》。

文字是人类历史上最伟大的发明之一，也许正是这个最伟大的发明使人类的历史成为可能。然而，大多数使用文字的人却将文字视为理所当然之物。我们在学校里凭借字母表或者（如果生活在中国或日本的话）依靠方块字和假名学习文字。成年以后，我们很少驻足思考，我们将思想转化为纸上、屏幕上的符号，或者是电脑硬盘里的信息比特时，究竟需要经历什么样的脑力和体力过程。很少有人清楚地记得，我们是如何学会书写的。

一页外文文字对我们而言，完全如同天书一般无法理解，而这就有力地提醒了我

图4.1　石灰石残片上的象形文字，埃及第三王朝时期，约为公元前2686—前2613年。皇家安大略博物馆藏品。© ROM.

们,学会使用文字是多么了不起的成就。诸如埃及的象形文字、近东地区的楔形文字之类已经消亡的文字,带给我们的是极其神奇的印象。四五千年前的祖先,是通过什么方式学会书写的?他们是如何把符号编码成言语和思想的?在这些符号沉寂了数千年之后,我们又将如何破解(或试图破解)它们?今天的文字体系是否和古代的文字有着完全不同的运行机理?中国的汉字和日本的假名的原理是什么?它们是否类似于古代的象形文字?象形文字有胜过字母文字的相对优势吗?最后要问的是,最早使用文字的人是什么样的人?而他们又将什么样的信息、思想和感情永久地保存下来了?

## 文字的功能

　　写字和识字,往往被认为是能够带来诸多好处的能力。毋庸置疑,读书识字者比目不识丁者有更大的成功概率。然而,纵观人类历史也可以发现,文字传播也有黑暗的一面——尽管这一面不是那么显眼。文字既被用来讲真话,同样可以被用来撒谎;既被用来教育人,又可以用作迷惑他人的工具;既能够认知的范围,又能够使心智慵懒。

　　苏格拉底曾经在一个有关埃及透特神的故事中,一针见血地挑明了我们对文字爱恨交织的矛盾情感。这个故事说,透特发明了文字,于是去觐见国王,希望国王高度赞赏他的这项能够开启心智的发明;国王告诉透特:"你作为文字之父,出于爱反而把与文字本来拥有的能力相悖的力量也添加了进来……你发明的不是记忆的长生不老药,而是帮助记忆的手段;你传授给学生的是智慧的皮毛,而不是真正的智慧——因为他们能够无师自通地去读许多东西,这样表面上来看,他们似乎知道许多事情,而事实上他们对大多数事物都一无所知。"20世纪晚期的世界,文字信息无所不在,整个世界被信息技术所包围,而且这些信息技术的速度、便利性和威力都令人震惊;在这样一个时代,古人这些睿智之语如洪钟巨响、余音绕梁。

　　政治领袖一直在利用文字做宣传。大约4000年前,在黑色玄武岩上镌刻的著名的巴比伦(Babylon)汉谟拉比(Hammurabi)法典,与20世纪90年代伊拉克的宣传口号和广告牌,虽然使用了完全不同的文字,但所传递的信息是相似的。汉谟拉比自称"强大的国王、巴比伦的国王、阿姆茹(Amurru)全境的国王、苏美尔和阿卡得(Akkad)的国王、天下五湖四海的国王";他向臣民许诺,如果守法,所有的人都会受益。韦尔斯(H. G. Wells)的《世界史纲》(*Short History of the World*)指出:"文字记录协定、法律和敕令。拥有文字的国家将比之前的城邦拥有更大的规模。祭司或国王的敕令和印鉴可以广泛传播,超越他的目力、嗓音所能传到的地方,而且在他的身后流传下去。"

　　然而,遗憾的是,巴比伦和亚述的楔形文字、埃及的象形文字和中美洲玛雅人

(Mayan)宫殿和神庙墙上的浮雕象形文字都被用于宣传:使人民记住谁是领袖,其成就多么伟大,其权威多么至高无上。埃及凯尔奈克(Karnak)神庙的外墙上,雕刻着公元前1285年左右,拉美西斯二世(Rameses Ⅱ)在叙利亚卡叠什(Kadesh)与赫梯人(Hittites)作战的场面;墙上镌刻的象形文字记述了法老和赫梯王的和约,庆祝埃及人的伟大胜利。然而,赫梯首都博阿兹科伊(Boghazköy)镌刻着另一个版本的和约,把这场决战描绘为赫梯人的胜利!

渴望不朽,自古以来是人们从事写作的首要动机。例如,在伊特鲁里亚人(Etruscans)传世的数以千计的断文残篇中,大多数是葬礼的铭文。由于这些铭文是用希腊字母书写的,因而我们可以辨认死者的姓名、死亡的日期和地点;但那是我们对那些重要人物的谜一样的语言的仅有的一点点知识,他们借用希腊字母,将其传递给罗马人,而后罗马人又把这些字母传遍欧洲大地。破解他们的语言犹如瞎子摸象,就像仅仅靠解读墓碑文字来学习英语一样。

文字的另一个用途是预测未来。一切古代社会都痴迷于猜测未来会怎样。写作使人能够将自己的忧虑编入典籍。玛雅人使用的是树皮纸书籍,色彩华丽,用美洲虎皮包装;其预言基础是极其繁复的、可以追溯至50亿年前的历法——这比我们目前用科学的方法所估算的地球年龄还要长。另一方面,在青铜时代的中国商朝,对未来的占卜是刻写在龟甲或牛骨上的——它们就是所谓的"甲骨"。首先用火烤这些骨头,直到出现裂纹,裂纹的形状就是对未来的预言,对有关未来的问题的答案也被刻在骨头上。之后,实际发生的事情将被补刻在骨头上。

当然,大多数书写还是用于相当日常的尘间俗事,例如,它们相当于古代的身份标记或财产标记。在图坦卡蒙(Tutankhamun)的墓穴里,到处都可以看到镌刻着他的名字的葬器,从宏大的御座到最小的匣子上都可以找到装饰在椭圆形花饰中央的他的名字。古代统治者无不拥有私人的印玺,用以盖在泥版或其他铭文上。商人和有地位的人也用印章签名(在今天的日本,人们用名章来签署商务文件和司法文件,而不是采用西式的手写签名)。从两河流域到中国和中美洲的广阔地域,都可以找到这样的印章。公元前2000年印度河流域(Indus Valley)文明的石刻印章尤其有趣:雕琢精美——除了基本的图案之外,还展现了神秘的独角兽等主题,其含义至今未能破译。和巴比伦的文字不同,印度河流域的文字不是作为公开的铭文镌刻在墙上的。相反,那些印章散落在"都城"的住宅里和街道上。那些印章可能吊挂在绳线或皮带上,它们或用于个人的"签名",或用于显示个人的职位、所属社会团体或职业群体。

相比而言,用于记账的文字比印章或标签上的文字更加常见。两河流域苏美尔人泥版上的文字是最早的文字,这些文字记录着诸如大麦和啤酒之类的原料和产品的细目,登记着劳工及其任务,记载着田地及其主人,以及神庙的收入和支出等;所有文字记载都包含关于生产水平、交货日期和地点以及债务的计算。同样的,一般说来,目前可以解读的欧洲最早的文字,是前荷马时代(pre-Homeric)希腊地区和克里特岛(Crete)的居民在石板上铭刻的B类线形文字(Linear B),这些文字也发挥着类似的功能。例如，通过对1953年出土的一块石板上的B类线形文字的释读，我们知道，那上面的铭文记载着三足锅的库存（其中一口锅被烧掉了一足），以及大小不等的高脚杯及其手柄的数目。

## 文字的起源

如今，大多数学者接受这样的假设，即文字起源于记账，尽管古埃及、中国和中美洲遗存的文字里几乎没有这方面的证据。借用一位研究早期苏美尔泥版文字的专家的话说，文字是"紧迫的经济扩张需要的直接产物"。换句话说，大约在公元前4000年晚期，两河流域早期城邦的贸易往来和行政事务的复杂程度，已经突破了负责管理的精英阶层记忆力的极限。用可靠、永久的方式记录交易成为根本性的要求。也就是说，那时的苏美尔官员和商人在说"我应该把它记录下来"的时候，实际上表达着"我能够把它记录下来吗"的含义。

但这个假设并不能解释文字到底是如何从无文字状态中被创制出来的。直到18世纪的启蒙运动，神创制说一直是被人们所接受的有关文字起源的理论，在这之后，它让位于象形文字起源说。按照这个假说，最早的字符是古代壁画，这是具体事物的形象化再现。有些学者认为，文字是一个大约生活在公元前3300年、居住在乌鲁克城（Uruk）（《圣经》中的Erech）的不知名的苏美尔人有意识地探寻的结果。另外一些学者则相信，文字是一群人发明的，他们可能是聪明的官员和商人。但还有人认定，文字根本就不是一项发明，而是偶然的发现。许多人认为文字是漫长的进化过程的产物，不是灵感袭来的结果。一种流传甚广的理论认为，文字从存在已久的黏土"符物"（在中东地区的许多考古遗址中都发现了这一类的"符物"，但到目前为止人们尚不清楚它们的确切功能）上的记账系统演变而来：根据这一理论，二维的符号通过模仿三维的符物的形状，从而取代了后者，并且迈出了走向文字的第一步。

无论如何，文字走向完全成熟的根本条件，是以画代字的组字画原理的发现，这个原理和北美印第安人与其他民族的有限、纯粹的象形文字刚好相反。这个颠覆性的理念是，象形符号可以用来承载声音。于是，在埃及象形文字里，猫头鹰的图画可以固定不变地代表辅音"m"，（如果人们愿意的话，那么）英语里一只蜜蜂（bee）的图像加上一片树叶（leaf）的图像，就可以表示"相信"（belief）这个词。

## 文字的发展

文字——按照你所选择的学说——被发明，或被偶然发现，或渐进演化形成之后，是从两河流域向全球扩散的吗？最早的埃及文字始于公元前 3100 年，印度河流域的文字始于公元前 2500 年，克里特岛的文字始于公元前 1900 年，中国的甲骨文始于公元前 1300 年，中美洲的文字始于公元前 600 年（以上日期均为大致的年代）。如果以此为基础，这样的猜想似乎有道理，即有关文字的理念而不是具体的字符，的确是逐渐从一种文化传播到另一种文化当中的。然而，印刷术从中国传入欧洲用了 600 年到 700 年的时间，造纸理念的传播则花了更长的时间。那么，难道两河流域的文字不应该花费更长的时间传播到中国吗？

然而，在缺乏有关理念的传播的可靠证据的情况下（即使在文明较为相近的两河流域地区与埃及之间，也缺乏关于理念在不同文明之间传播的有力证据），大多数学者宁愿相信，古代世界主要文明里的文字是各自独立发展起来的。乐观主义者，或至少是反帝国主义者，更愿意强调各人类社会的智能和发明创造能力；相反，悲观主义者的历史观比较保守，他们倾向于假设，人喜欢模仿业已存在的事物，不是绝对必需就不搞发明。悲观主义者喜欢的解释是，希腊人借用了腓尼基人（Phoenician）的字母表，然后仅仅添加了腓尼基字母表中没有的元音。

毫无疑问，文字的借用情况的确存在，例子有罗马人借用伊特鲁里亚文字、日本人借用汉字，以及当代土耳其人在凯末尔·阿塔土克（Kemal Atatürk）领导下放弃阿拉伯字母表改用拉丁字母表。在借用的过程中，由于新的语言里有一些原来的字母表中所没有的语音，所以要做一些调整（因此，Atatürk 里的"ü"是"u"的元音变音）。当两种语言相近时，这个理念很容易理解，但当两种语言极为不同时，这一理念就令人尴尬了，日语向汉语借用汉字就遇到这样的情况。为了对付这种巨大的差别，日本人用了两套完全不同的符号：（数千个）汉字和（约 50 个）假名。假名是日语中的音节符号，表示日语的基本读音。因此，一个日语句子里混杂着汉字和假名——一般认为，日文实际上是世界上最复杂的文字体系。

## 文本、言语和语言

具有普通文化程度的欧美人，必须能够认识和书写大约 52 个字母符号和其他各种各样的符号，比如数字、标点符号，以及"整词"语义符号，比如＋、&、£、$、2——这种符号有时又被称为语标符号。相比而言，具有类似文化水平的日本人，则必须认识并且书写大约 2000 个符号，而如果是受过高等教育的日本人，必须认识的符号则超过 5000 个。在欧美地区和日本出现的这两种情况似乎是两个极端。但是，事实上，这两种状态之间，相似性超过了表面上所呈现的相异性。

所有真正意义上的文字，都是"能够用来表达任意思想和一切思想的符号系统"[引自美国杰出的汉学家德范克（DeFrancis）]，它们都是按照一种基本原理运行的——这一点与大多数人,甚至与一些学者的想法相反。无论是字母表,还是汉语和日语中的文字,都使用表音的符号(语音符号);一切文字系统都是语音符号和语义符号的混合。当然,除了符号的外在形式不同之外,在不同的文字系统中,语音符号和语义符号的比例也不相同。语音符号所占的比例越大,猜测词语的发音就越容易。在英文中,这个比例高,而在汉字中相应的比例低。因此,英语拼写和语音的对应就比汉字与普通话的发音之间的对应要准确得多,而芬兰语拼写和语音的对应又要高于英语和汉语。芬兰文字的语音效率很高,汉语(和日语)文字在表音方面就严重不足。

学汉字和日语的困难毋庸置疑。在日本,20世纪50年代中叶,青少年自杀率达到巅峰,这个现象似乎与战后大众教育的扩张有关系,因为受教育者必须掌握包含几千个汉字的完全日语。中国人或日本人学会熟练地阅读,要比西方人多花几年的时间。

尽管如此,未能学会读书写字的西方人也数以百万计。日本的识字率(虽然可能不如他们所宣称的那样高)高于西方。日文的复杂并未妨碍日本成为经济强国;也没有使之放弃对汉字的使用,他们并没有转而使用符号少得多的、业已存在的表音符号——假名,尽管从理论上来看,这样的变革是可行的。

## 现代版"象形文字"

那么,有关字母表的高效性的断言,是否是被误导的结果呢?也许,如果字母文字能够像汉语和日语,以及(甚至是)埃及的象形文字那样,含有更多的语标符号,那么这种文字一定会产生最好的阅读和书写效果吧?为什么基于**语音**的文字必然是更加可取的呢?说到底,语音和实际的阅读与书写过程有着什么样的关系呢?

只需看看周围就可以发现,"象形文字"在反攻——在高速公路旁、机场里、地图上、天气预报中、衣服标签上、电脑屏幕上,以及包括文字处理器的键盘在内的电子产品中,都可以发现"象形文字"正在反击。我们不必说"将鼠标移至右边",而是只用一个简单的→就可以了。这些象形符号告诉我们,什么地方不能超车、最近的公用电话在哪里、哪条路是机动车道、明天是否会下雨以及我们应该如何清洗某件衣服(或清洗时不能做什么)、应该如何倒磁带。从17世纪的哲学家和数学家莱布尼茨(Leibniz)开始,就有人幻想着,我们能够发明一种在全世界通用的书面语。其目标是独立于世界上任何一种口语,完全以高水平的哲学、政治学和科学交流中的基本概念为基础,创制出新的语言。他们的思路是,既然音乐和数学能够达到这一目标,为什么不能够推而广之发明出一种通行的语言呢?

图 4.2 现代版象形文字

### 表 4.1 文字年表

| 冰河期（公元前 25000 年之后） | 文字的雏形，即象形符号用于传播 |
|---|---|
| 自公元前 8000 年 | 黏土"符物"用于计数，中东地区 |
| 公元前 3300 年 | 苏美尔人的写有文字的黏土泥版，伊拉克乌鲁克地区 |
| 公元前 3100 年 | 出现象形文字，两河流域 |
| 公元前 3100 年—公元前 3000 年 | 象形文字，埃及 |
| 公元前 2500 年 | 印度河流域文字，巴基斯坦和印度西北部地区 |
| 公元前 18 世纪 | 克里特岛，A 类线形文字 |
| 公元前 1792 年—公元前 1750 年 | 巴比伦王汉谟拉比治下，石碑上镌刻的法典 |
| 公元前 17 世纪—公元前 16 世纪 | 最早的字母表，巴勒斯坦 |
| 公元前 1450 年 | 克里特岛，B 类线形文字 |
| 公元前 14 世纪 | 楔形文字的字母表，叙利亚乌加里特（Ugarit） |
| 公元前 1361 年—公元前 1352 年 | 图坦卡蒙法老统治埃及 |
| 约公元前 1285 年 | 卡得什之战交战双方——拉美西斯二世和赫梯人——均庆祝胜利 |
| 公元前 1200 年 | 中国甲骨文 |
| 公元前 1000 年 | 腓尼基字母表，地中海地区 |
| 公元前 730 年 | 希腊字母表 |
| 约公元前 8 世纪 | 伊特鲁里亚字母表，意大利北部 |
| 公元前 650 年 | 楔形文字演化而来的古埃及通俗文字，埃及 |

(续表)

| | |
|---|---|
| 公元前 600 年 | 浮雕文字,中美洲 |
| 公元前 521 年—公元前 486 年 | 波斯王大流士(Darius)治下,刻写贝伊索通(Behistun)碑文(破译楔形文字的关键) |
| 公元前 400 年 | 爱奥尼亚(Ionian)字母表成为标准的希腊字母表 |
| 约公元前 270 年—约公元前 232 年 | 阿育王(Ashoka)用婆罗门(Brahmi)文和佉卢(Kharosthi)文刻写大摩崖法敕,印度北部 |
| 公元前 221 年 | 中国秦朝改革汉字 |
| 约公元前 2 世纪 | 发明造纸术,中国 |
| 公元 1 世纪 | 用阿拉姆语(Aramaic)和希伯来语(Hebrew)书写的死海文书 |
| 公元 75 年 | 用楔形文字书写的最后碑文 |
| 2 世纪 | 如尼字母(Runic)书写开始,北欧 |
| 394 年 | 用埃及象形文字书写的最后铭文 |
| 615 年—683 年 | 古代玛雅王帕卡(Pacal)统治帕伦克(Palenque),墨西哥 |
| 712 年 | 日本最早的文学作品《古事记》(*Kojiki*)(用汉字书写) |
| 公元 800 年以前 | 发明印刷术,中国 |
| 9 世纪 | 创制古斯拉夫语西里尔(Cyrillic)字母表,俄国 |
| 1418 年—1450 年 | 韩国国王世宗(Sejong)创制朝鲜语字母表书写符(Hangul) |
| 15 世纪 | 发明活字印刷机,欧洲 |
| 16 世纪 60 年代 | 迭戈·德·兰达(Diego de Landa)记录玛雅"字母表",尤卡坦(Yucatán) |
| 1799 年 | 发现罗塞塔(Rosetta)石碑,埃及 |
| 1821 年 | 塞柯亚(Sequoya)发明切罗基(Cherokee)"字母表",美国 |
| 1823 年 | 商博良(Champollion)破译埃及象形文字 |
| 19 世纪 40 年代始 | 罗林森(Rawlinson)、欣克斯(Hincks)等人破译两河流域楔形文字 |
| 1867 年 | 发明打字机 |
| 1899 年 | 考古发现甲骨文,中国 |
| 1900 年 | 伊文思(Evans)发现克诺索斯(Knossos),他区分了克里特的 A 类线形文字和 B 类线形文字 |
| 1905 年 | 皮特里(Petrie)发现原始西奈文(Proto-Sinaitic)碑文,西奈(Sinai)的沙拉别艾卡锭山(Serabit el-Khadim) |
| 1908 年 | 发现菲斯托斯宫(Phaistos)圆盘,克里特 |
| 20 世纪 20 年代 | 发现印度河流域文明 |
| 20 世纪 40 年代 | 发明电子计算机 |
| 1948 年 | 希伯来语成为以色列的国语 |
| 1953 年 | 文特里斯(Ventris)破译 B 类线形文字 |

(续表)

| | |
|---|---|
| 20世纪50年代始 | 破译玛雅浮雕文字 |
| 1958年 | 中国引入汉语拼音 |
| 20世纪80年代 | 发明文字处理；书写电子化 |
| 2012年12月23日 | 玛雅历法大周期(Maya Great Cycle)结束,地球进入下一个周期或阶段 |

# 第一部分·讨论题

1. 第一部分讨论的各种书写形式分别具有什么优势和劣势？尽管我们认为字母文字优于其他文字形式，但它有哪些局限性？

2. 阿舍尔的文章中描述的印加绳结同时用颜色和图案编码来表达信息。你还能想到我们身边有哪些用颜色和图案来传递特定信息的例子？

3. 仔细看看你的电脑键盘，其中的非字母符号与古代世界使用的文字看起来有多相似（甚至用起来有多相似）？提示：想想象形文字和表意文字。

# 第二部分

## 西方的读写传统

正如前文所述，第一批文字体系开启了一场重大的传播革命。书写使大量信息的存储与检索成为可能。使用文字的文明能够达到前所未有的规模和复杂程度。早期文字主要用于经济和政治目的。每个符号都代表着思想、物体或行为，而不是语言。然而最终，在埃及和巴比伦等地区，文字发展出了听觉因素。例如，象形文字中的某个图形或是楔形文字中的某个符号不再指代它所表示的那个物体，而是指代说出该物体时发出的声音（通常是主要音节）。

这些声音符号被称为音符（phonograms，类似于今天的同音字），音符的采用使书写变得更加可行。神话、历史和法典开始被记录下来。只不过，这些文稿依然是复杂难懂的；还需要一批全职的精英书吏才能读明白。情况的改变发生在公元前1500年左右，包含22个字母的腓尼基字母表出现了。与埃及人和巴比伦人不同，腓尼基人并没有建立帝国。这是一个散居在地中海西部、以海上贸易为生的民族。在他们的字母表中，每个字母都代表一个辅音，可以与数个音节搭配在一起。根据相邻"字母"形成的上下文，可以推断出正确的"读音"。这种读法很慢，没法与我们今天的拼读方式相比，也很难让我们以忠于腓尼基口语的方式读出他们的文字。

腓尼基字母表粗略而简洁地（与埃及象形文字和巴比伦楔形文字相比）再现了口头语言。当它传到小亚细亚希腊语地区，重大的改变发生了。元音出现了。这样一来，原有的辅音音节变成了纯粹的辅音字母，即抽象的发音。辅音字母与元音字母相拼，产生了一系列音节和单词，一目了然。这种新的书写方式尽管未能完美再现口头语言，但已是极为丰富的近似表达，也成为此后一切西方文字的鼻祖。

希腊字母表所开辟的非凡前景在本部分第一篇选文中由埃里克·哈弗洛克（Eric Havelock）进行了论述。他认为，希腊经验催生了新的读写素养，对古代帝国的"技艺型素养"构成了挑战。这创造了普通读者：大量不属于精英书吏传统的识字者。哈夫洛克还讨论了字母表在心理上如何潜移默化地影响了人类的记忆和认知。最后，他评价了希腊人用以书写文字的特定媒介，如蜡板和莎草纸。他提醒我们，有个重点必须谨记：希腊人的读写能力还不是我们所知的现代读写能力。文本，如柏拉图的著作，还只是对早期口耳相传信息的某种记录。但同时，我们也在这些文本中窥见了一种识文断字的传统和观念导向，它们在活字印刷术发明后将成为大势所趋。

以埃里克·哈弗洛克的研究为基础，罗伯特·洛根（Robert K. Logan）的文章展示了文字体系与抽象的数字体系如何从标记性的意音文字（logograms，类似于施曼特-贝萨拉特在第一部分讨论的那些）演变而来，并说明了不同的字母体系和数字体系如何相互影响。哈弗洛克和洛根的文章暗示了先于文字的口头传统。与本书收录的其他几位传播学者一样，在其他文章中，他们对生活在这些社会中的人们的智慧表达了相当的敬意。因此，读者不至于会认为，以某种绝对的智力标准衡量，识文断字要比能说会道更加高明。这是一种文化差异，并没有高下之分。能读会写使我们有了新的洞察力，但也让我们有所损失。原始社会的口头文化充满了隐喻、非线性创造思维，以及沉浸于多元感知世界的记忆。天才是由口语时代和书写时代共同造就的。毕竟，荷马不会写字。他的史诗是由其他人记录的。可惜,正如哈弗洛克所说,曾经好几代人都误以为如此高水平的艺术成就只有识字的头脑才能达到。

在下一篇选文中,沃尔特·翁(Walter Ong)重点研究了其中一些差异。他引用了柏拉图借苏格拉底之口表达的观点,认为写作是一种人为的文化建构,破坏了我们原本对记忆的依赖,由此削弱了思想。写作还抑制了在口头传统中十分典型的那种对话。翁甚至认为,这种批评可能也适用于评价我们当代对电脑的依赖。

第二部分的最后一篇选文,是詹姆斯·伯克(James Burke)和罗伯特·奥恩斯坦(Robert Ornstein)对中世纪文化与传播的考察。这一时期,通过阅读写作积累的知识主要由天主教会掌控。修道院遍布欧洲各地,成为教育中心和管理中心。书籍是以拉丁文手工书写在羊皮纸(经过加工的动物皮)上的。大部分内容是宗教教义。然而,到了12世纪,古希腊、古罗马时代的世俗作品开始逐渐传入欧洲,它们被收藏于伊斯兰教图书馆,规模要比基督教世界的图书馆大得多。那些符合或适应基督教教义的书籍由书吏抄写出来;而那些被归为异端的著作要么被秘藏、要么被销毁——很多书籍直到15世纪欧洲印刷术发明后才重见天日。伯克和奥恩斯坦也向我们展示了修道院文化务实的一面,而这一点最终在世俗世界推而广之:一丝不苟地按照时钟安排的工厂式劳动制度。

# 第5章 希腊遗产

埃里克·哈弗洛克(Eric Havelock)

埃里克·哈弗洛克(1903—1989)是耶鲁大学古典学教授,曾经与哈罗德·英尼斯共事。哈弗洛克致力于研究书面文化对西方文化的影响,尤其注重研究希腊字母表文化的遗产所发挥的作用;他在这些方面著作颇丰。

大约在公元前700年,某些地方就开始使用希腊字母了,这些字母改变了人类文化的特性,造成了字母表社会和此前社会的鸿沟。希腊人不仅发明了字母表,还发明了书面文化和现代思想的文化基础。在现代社会环境中,从一种发明的出现到这种发明被全社会充分应用,或在产业中得到广泛的应用,似乎只需要很短的时间,人们已经习惯了某种理念很快就转化为实际存在的科技。字母表却不是这样。字母的外形和含义,必须要经过一段本土化的时期,才能在希腊全境实现标准化。即使在字母表完成了标准化,或实现了相当程度的标准化以后,也一直存在着两种相互竞争的版本,东部和西部的字母表不太一样。字母表标准化的影响在希腊是一个缓慢发挥作用的过程,而且在中世纪的欧洲,这个过程还在一定程度上被打断。直到印刷机被发明并不断完善之后,这个标准化的过程才真正完成。此时此刻,如果我们全面地讨论希腊字母表的使用所带来的所有理论上的可能性,也就是说,我们假设一切阻碍这些可能性实现的人为障碍都被清除了的话,那么我们就能非常有效地将这项发明放在恰当的历史背景中加以考察。

希腊字母表实现了识字文化的民主化,或者说使得民主化成为可能。人们经常做出这一判断,但其表述往往失之过简,仿佛这一民主化过程只不过是学会若干有限的字母,也就是学会写这些字母。如果是这样的话,那么就连闪语(Semitic)字母表也被赋予了促进民主化的优点。即使古代闪米特社会表现出民主的倾向,那也并不是因为闪米特人会读书写字。相反,他们的民主受神权政治限制,祭司拥有相当大的威望和权力,所有这一切都展现出手工型文字文化的特点。希腊字母系统具有优越的分解语音的能力,从理论上说,这使得儿童在口头学习语音时就能够认识字母表。如果人们在童年就掌握了字母表,那么这种能力会变成一种自动的条件反射,因而在能够接触到这种字母表的人群中,大部分人都会将它与日常用语结合起来。这意味着,民主化不仅有赖于字母表的发明,而且有赖于在基础教育中必须组织并且坚持有关"读"的能力的教学。后面这项条件是社会需要,而不是技术要求。技术问题解决以后,大概又过了三百年，希腊人才实现了后一项要求；但在罗马陷落以后的很长一段时间里，朗读字母表的训练被再次放弃。这项培训被重启之后，抄书人或书吏的角色就立即过时了，识字阶层的精英地位随之失落，这种地位是手工型文字时代的特征。

全面的读书识字能力所产生的显性的社会及政治影响，是否像有些人所宣称的那样重要而深刻呢？我们稍后将要对口语文化及其运行机制进行考察，从而可能会产生对于这个观点的质疑。长远来看，新的字母表文字在一定程度上会改变人类大脑中的内容。但是必须明确的是，在这里我们并不是要讨论这个结论，只是附带地提一句而已。字母表声觉方面的效能所产生的影响之一是心理影响：一旦学会就不必再去想。字母表是可见的事物，是一连串符号；字母是被作为思维的客体创制出来的，它位于读者及其回忆口语的活动之间。因此，字母表就像电流，把口语词的声波回忆直接传导给大脑，接下来，语义仿佛是在意识里震荡，而不必指涉字母的属性。字母表缩减为一种小玩意；作为一种文字，它却不再具有固定的含义，这使它有别于以前的一切文字体系。希腊字母表的特点在于，字母的名称（读音）借自腓尼基字母，但第一次成为本身无含义的字母；alpha、beta、gamma 等字母被编排成简单的儿歌，其目的在于用截头表音法，把固定不变的字母读音刻印在儿童的脑子里，让儿童按照固定的顺序记住这些字母；同时将字母的读音和字母的外形紧密地联系在一起，从而使得儿童在看见字母的时候，就立即能够读出它们。这些字母在闪语里是常见事物的名称，比如"房子""骆驼"等。缺乏批判精神的史学家甚至指责希腊字母表把这些名字变得"毫无意义"。这样的挑剔很愚蠢。作为未来书面文化唯一基础的真正的字母表，只有在其字母失去独立的意义以后，才能够使自身转化为一种机械的记忆手段，从而真正地发挥作用。

阅读的流利程度取决于能否流畅地辨认字母，而反过来看，识别字母的流利程度又取决于另一个前提条件，即读者可能遭遇的一切歧义是否都已被清除干净。这样一个自动的文字系统，能够转写任何语言的方言土语，无论说出的话是什么，都可以被转写为语言，并且确保读者能够识别字母符号的声音值（读音）；因而，在任何情况下，人们都可以通过字母表传递任何独一无二的表述。被权威认可的版本限制了表述的平易性和可理解性的现象也因此不复存在。而且，这种新的文字系统还可以准确地辨认任何语言的音位。于是，同一个字母表就可以表现两种或多种语言，这就大大加速了语言的互译速度。罗马文学之所以能够建立在希腊模式上，其技术秘密就在这里；这是人类历史上第一个这样的伟大事业。在很大程度上，这种书面交流的好处，使后来的欧洲字母表文化深受其惠。相比而言，希腊历史学家修昔底德（Thucydides）在记述缴获的一位波斯使者的文件时说，这些文件必须要"翻译"（translate）成希腊语。后人评注这段文字时，用"翻译"这个词来解释相应的活动。但其实修昔底德并没有提到"翻译"这个字眼。那位"翻译者"在翻译之前，首先要把原始的音节"改写为字母"，将它们转化为希腊字母。当时的人具体是怎么做的呢？我猜想，他们一开始只能够借助口语，而不是书面语。也就是说，一个通晓双语的波斯人大声朗诵文件，然后用希腊口语重述其意思。这样的波斯人是手工式的识字人，他通晓波斯人的楔形文字。与他合作的希腊人把他口授的话用希腊字母记录下来。除非承担翻译任务的波斯人既熟悉楔形文字又通晓希腊字母表，否则翻译工作就需要两个人合作。用希腊字母表转写的波斯文件完成以后，就可以送回雅典，在那里供人们阅读了。在今天的联合国，字母表文化和阿拉伯语、汉语、日语这样的非字母表文化之间的跨文化传播，仍然需要这样的程序。这常常导致歧义甚至误解，它们可能会造成严重的政治后果；而字母表文化之间的转写则不会出现这样的情况。

　　从理论上说，希腊字母表的这些效用是可以实现的。不过，字母表首先转写的对象并不是完全的通俗用语，相关原因我稍后再做解释。起初，字母表并不是用于记录普通人的日常会话。相反，字母表是用于逐渐完成希腊"口语文献"的记录工作；尽管我们不得不承认，"口语文献"的提法本身就是一种悖论，但这种在无文字时期茁壮成长的文化，确实保留了早期希腊的口语文化的根本特性。今天，我们"阅读"的虽然是我们的荷马、我们的品达（Pindar）、我们的欧里庇得斯（Euripides）的作品，但是我们"聆听"到的许多东西，的确是当时转写口语的声觉效果，所有人为构造的口语语言的形式到目前为止都被保留了下来。这种转写现象发生在所谓希腊文学形成时期，在当时人们并不能完全理解它，直到希腊人最终得偿所愿地接过对历史的航线和方向的控制权之后，他们才对这种现象展开深入的探索。

　　虽然字母表的首要用途是流利地转写口语，但它的次级功能具有更为重大的历史意义。我可以说，字母表使流畅散文的出现成为可能，不过这样的表述可能有误导作用，因为早在口语文化中，口语叙事中的大部分片段就具有明显的散文风格。因而字母表的使用所带来的真正影响，是能够大量地记录和保存散文。如果仅仅从文本风格的角度去解释字母表的发明，就会忽略这场深刻变革的重点——发生重要改变的是被保存下来的内容的特性。这个翻天覆地的变化产生了心理方面和认识论方面的影响。在任何文化里，被保存下来的都是至关重要、影响深远的陈述。在希腊非书面文化的条件下，以及在前希腊文化的手工型文字条件下，保存的手段是人工记忆；因而任何需要记住和复述的言论，都必须要依靠朗朗上口、铿锵悦耳的韵律。字母表给人提供了视觉化的记录，这种完整的记录取代了声觉的记录，于是不再需要人工记忆，由此也不再存在对韵律的要求。在此之前，韵律对要记住的内容的言语安排造成很大的局限，这同样也限制着思考。除此之外，记忆的要求消耗了一部分脑力或者说心理能量，但有了字母表以后，这些消耗就没有必要了。人们不必再牢牢地记住各种陈述。说出的话就像人造的实物一般被放在我们身边，需要时就可以随时阅读，即使忘记了也没有关系。由于节省了在记忆上花费的工夫，大量的脑力很可能由此获得解放，这有助于人类头脑里知识的大规模增加。

　　在古希腊—罗马社会里，人们小心翼翼地开发着上述这些理论上的可能性，而直到今天，我们才充分认识到这些可能性的含义。我在这里要强调这些理论上的可能性的双重重大意义：(1) 一切话语都可以转写成文本；(2) 与此同时，大脑被从记忆的重负下解放出来。第二点变化又进一步导致了这样的事实：字母表使得新奇的或出乎意料的言论的产生成为可能,它使以前人们不熟悉甚至"从未想到"的话可以被写下来。无论是人文知识,还是科学知识的进步都仰赖一个条件:人要能够思考未曾料到的东西,即"新思想"——这是不太严谨的表述,却是我们常说的话。只有被记录下来成为新颖的言论以后,新颖的思想才完成了生命历程。除非保存下来、被进一步使用,否则新颖言论的潜力是无法得到充分开发的。字母表以前的文字难以克服歧义,挫伤了人们记录新颖言论的积极性,甚至间接阻碍了人们对口头组织新颖说法的尝试。换句话说,我们可以问:倘若说话被局限在随意闲聊那种出口即逝的范围内,这样的话又有何用,又能够产生什么影响呢?字母表能够促成陌生话语的生成,从而刺激了新奇思想的产生,而且这些新颖的话语和思想可以被记录下来,它们近在身旁,供我们识别、反复阅读,能够在读者中产生影响并传播。在很大的程度上,世界上的前字母表文化,同时也是前科学、前哲学、前文学的文化,这不是偶然的现象。新颖言论的力量不只局限于组织、引导科学的观察活动,还涵盖了人类经验相关的一切领域。人们谈论人生、思考人生的方式都发生了翻天覆地的变化,这些转变得以逐渐实现的前提条件是,新颖的思想和言论可以被转写为字母,从而能够在欧洲的字母文化中得以长久保存和广泛流传……

## 印刷机普及之前的读者

古代的书面文化受到书写材料性质的限制,也受到书写方法的限制。直到西欧人学会用活字复制字母的形状、产业技术进步使纸张的造价变得低廉以后,字母表才充分发育成型。所谓的书籍在古代的生产过程及其具有的不同的文字风格,一直在学者中被广泛关注,我们不必在此赘述他们的研究成果;唯有一点在这里有必要重申,即获取物质材料方面的困难,必然阻碍了大众识字率的提高。这是因为大量的铭文并不是书面文化的基础。石头和焙烧的泥版成为古希腊人使用字母表的最早证据,而我们想要进一步了解的是:古希腊人在多大程度上像现代人随随便便地使用并且丢弃纸张那样,可以轻易地得到大量表面容易被侵蚀的书写介质并随意地使用它们。据希罗多德(Herodotus)记述,最早使用的书写材料是羊皮纸,即兽皮,但从数量上来看,其资源显然非常有限,而在质量方面,羊皮纸比那之后的古人所意识到的质量还要好。另一种基本的书写材料是埃及的莎草纸。希腊人是何时开始大量进口莎草纸的呢?晚近的研究成果告诉我们,在庇西特拉图(Pisistratus)治下的雅典,即公元前6世纪中叶,《荷马史诗》经过了修正。这些文本是用什么材料书写的?是写在莎草纸上的吗?无疑,在公元前5世纪上半叶,雅典人使用莎草纸的数量大大增加,同时人们也大量地使用蜡版做记录。埃斯库罗斯(Aeschylus)的剧本里提到了这些书写材料,这证明了上述情况的确实性。但从他剧本中所提及的书写材料也可能推导出另一种情况:这些材料还是比较新奇的,并不是司空见惯、被广泛使用的。"biblos"或"byblos"可以被翻译成"纸莎草"这种原料,也可以被翻译成含有纸莎草成分的书写介质。"biblos"经常被翻译为"book"(书),这种译法容易使人误解。众所周知,单张的莎草纸可以粘贴连成串,形成长轴,也可以卷起来。寻找卷轴上的某个词时,您需要舒展卷轴,直到找到它。小型的"biblion"既不是书,也不是一个卷轴,而是一个由单张折叠起来的莎草纸或两三张折叠在一起的莎草纸组成的卷子。诸如此类的细节,连同以现代标准来判断的莎草纸的数量匮乏,都在提醒我们,古代雅典的读者在阅读时遭遇了一些障碍,我们可以认为这妨碍了当时的阅读。在估计识字普及的程度和传播的速度时,我们应该在多大程度上考虑书写材料所构成的局限呢?在这个问题上,我们不应该比希腊文化研究者更为小心谨慎吗?仅举一例:在《申辩》(*Apology*)里,柏拉图借用苏格拉底的身份说,哲学家阿那克萨戈拉(Anaxagoras)的"书"(bibla)"最多只需要一个德拉克马银币就可以买到",在检控方起诉苏格拉底的声明(logoi)中,满篇都提到了阿那克萨戈拉在他的"书"中所说的话。但是,那能算作阿那克萨戈拉写的"书"吗?当然不是。柏拉图在这段话里所指的是阿那克萨戈拉哲学理论的概要,那些理论被这位哲学家之后的古人所引用,从而得以保留,我们今天称之为阿那克萨戈拉"残卷"。这些话风格简练,甚至带有一丝神谕的色彩;我们认为,这些片断的言论是用来介绍他的哲学体系的,是口耳相传的补充。这些概要可以分段书写在单张的莎草纸上,每一张纸的售价为一个银币。许多人提到柏拉图这段话,把它作为那时雅典书籍贸易的佐证,也是当时相当发达的书面文化的佐证;不过,这是主观的预设,其根源是"biblos"被误译为"book"所产生的误导。

这样说并不是要贬低公元前5世纪最后30多年里雅典人识字的普及程度,而是要强调,无论字母表普及到什么程度,我们今天已经完全适应的快速阅读的习惯,在那时的雅典是难以实施的,而这种习惯代表了人们的文字掌握能力。当时也没有大量的文本供人们去练习阅读技能。如果公元前4世纪的柏拉图学园(Plato Academy)有一个图书馆,能有几个书架可以放满呢?"图书馆"(library)这个词也几乎是一种误译;当我们听说欧里庇得斯拥有第一座library时,这个词被赋予了现代的内涵。我们对library的理解,可能和阿里斯托芬(Aristophanes)在《青蛙》(*The Frogs*)一剧里对欧里庇得斯的讥讽有关。欧里庇得斯及其诗作在冥府和埃斯库罗斯较量时,必须要"量体重",所以他按照要求"带上他的莎草纸卷",爬进天平的秤盘——这说明这位诗人一定是随身携带着行李的。阿里斯托芬讥讽道,诗人欧里庇得斯把自己变成了读者,他写的诗依靠的都是他从阅读中学到的东西;而与他较量的对手则恰恰相反——埃斯库罗斯倚重的是口语。

雅典儿童在小学里学认字时,用什么样的书写材料呢?大概是沙土和石板,而不是莎草纸吧,前两种材料都有丰富的供应,因为人们可以抹掉上面的字迹并反复使用。在社会文化普及的时代之前,雅典的"学校一景",可能是一位长者手握蜡版教书的情景。实际上,在欧里庇得斯于公元前5世纪最后30年所创作的几部戏剧里,每当发布讯息或投递书信时,总会出现使用蜡版而不是纸张的情景。埃斯库罗斯也只观察到用蜡版来做记录。无论是用蜡版还是纸张作为书写介质，人们所偏爱的都是简短的书写内容。蜡版也可以反复使用，也就是不断抹掉已有的文字。阿里斯托芬的喜剧里出现了大量证明，用以表达对口头陈述的支持，并且含沙射影地指出，唯有奸诈无耻之徒才使用书面的文件；那时的书面词仍然令人生疑，或者有些滑稽可笑。总之，人们可以断定，雅典识字者的阅读局限在我们所认定的狭窄范围内，但只要他阅读，他就读得不紧不慢，而且相当仔细。和现代的阅读状况相比，雅典人识别字词的速度相当慢——而识读速度的提高，是字母表这一发明的本质特点；因而，古典全盛期的作者和读者的注意力存在相似性，双方都关注着所用的语词及其在句子中的权重。在那时，书面文本的生产速度还不够快，不足以使人的注意力迟钝，也不足以损害人们对语言的品位。书面文本仍然拥有短缺商品的价值。那时的文学用语很细腻，这一标志性特点从未被超越，欧洲历史上罕有与其匹敌者。

和语言老练（这得益于口头创作的余存习惯）相关的一个因素是，古典时期的作家互相参考，他们写下的文字取材于前人著作里的文辞——对于这一点，现代作家难以苟同。那时活跃在文学世界中的人群非常有限，这使得文学世界变成了某种意义上的俱乐部，其成员熟悉彼此的遣词造句，即使他们之间有历史年代的隔阂。因而，读者从当今流行的作品中，发现了大量对前人笔下的内容的呼应。如果有许多学者追溯古代作家的相互影响和相互关系，而且用现代自由创作的标准去加以衡量，认为古人"互相参考"得太过分，那么应该说他们没有必要这样自欺欺人。古代的字母表世界就是这个样子。

在希腊化时期和罗马时期，书籍和文件都成倍增长。有关莎草纸学的研究成果显示，在希腊化时期的埃及，莎草纸的供给相当便利，随处可见。从古典时期末到整个中世纪时代，尽管手抄本和图书节录本的出现使得书面文化有了长足的进步，人们可以更为方便地交换和翻阅书本，但是在现代的纸媒文化——如果可以这么称呼它的话——与古代书面文化之间，仍然存在着明显的差别。出现这一差别的部分原因是，在古代用于书写的材料受到数量的限制。重写材料的存在这一事实本身就雄辩地证明了可以用于记录字母文本的书写材料的短缺和珍贵；所谓重写就是在书写媒介上书写、涂掉、再次使用的过程，有时重写过程甚至被重复两次。

除了书写材料短缺的因素以外，只要文本的生产仍然靠手工，文本的生产和阅读材料的局限就会超出现代读者的想象。这是限制各类文本的生产数量的第二个因素，显然，无论是文学文本还是商务文本都受到这个因素的限制。律令不能在报纸上宣传，账目的副本不能分送给股东，作者无法委托出版商大批印制并出售自己的手稿。

数量上的有限性连同其他限制因素，对书面文化的发展构成了如同雪上加霜的障碍。例如，个人手写的字母千变万化，使得严格的、整齐划一的字母外形根本就不可能实现。不过，从理论上说，一定程度的标准化是可能的，而且在希腊—罗马时期，人们也向着这个目标努力。然而之后不久，这个追求就土崩瓦解了。手工制作可以且的确能够制造出质量上乘、符合顾客要求的产品，而且如果涉及的是日常使用和消费的产品，这种富有竞争力的优质品既受人尊敬，又有价值。但如果生产的产品是用于信息交流时，这种缺乏标准化的顾客定制产品就会搬起石头砸自己的脚。如果抄书人建立学校或者组建行会来培养本地抄书人高超的技能，并且追求华丽却可能是相互矛盾的书写风格，进而，被这种风格熏陶的读者构成了书面文化的基础，那么无论抄书人的行会正规与否，最终必然受害的还是书面文化本身。因为正如我们前文已经论述过的那样，华丽的书法是识字文化的敌人，也是文学和科学的敌人。

字母表文化必须等到印刷机被发明之后，才能够克服它在方法上的局限，并完全开发自己的潜力。希腊人起初的成就是用抽象分析的方法解决了经验问题。但将其发明成果加以最大化推广的物质手段，还有待于更先进的发明创造，为此不得不长时间地等待时机的到来。这类技术的必要结合是科学进步的特征。认识到水变成蒸汽，从而可以提供能量是一回事，成功利用这种能量则是另一回事。蒸汽的利用还需要很多与之相应的机械工具：为了把蒸汽的冲压力变成轮机转动的力量，需要公差很小、能够把活塞放进汽缸的并联的机具，需要能够使设备密合的润滑剂，以及控制蒸汽压力周期的拉杆、曲柄和连杆的发明。同理，字母表的能量不得不等待科学进步的辅助；当这一天在欧洲来临时，字母表的能量才能够充分地释放出来。

# 第6章　文字与字母表的作用

罗伯特·洛根（Robert K. Logan）

　　罗伯特·洛根是多伦多大学（University of Toronto）物理学教授、安大略教育学研究院（Ontario Institute for Studies in Education）教育学教授，著有几部传播史论著，包括《字母表的作用》（*The Alphabet Effect*）和《第六语言》（*The Sixth Language*）。本文节选自《第六语言》。

## 文字与字母表的作用：信息加工的新模式

　　文字的功能不仅是转写口语。虽然文字是以口语为内容的媒介，但其用途和口语不同。文字组织和储存信息的方式与口语迥然不同；实际上，它是一种独特的语言形式。书面语的演化和口语的演化截然不同。演说的构造规则和散文的组织规则截然不同。文章不是演说的笔录形式，而是一种信息组织化程度更高的形式。最接近言语的文字形式是诗歌，其宗旨是供人倾听。散文不是供人倾听的，实际上，获取散文里的信息最有效的形式是默读。

　　《荷马史诗》给我们提供了比较口语和书面语的绝佳机会。这些史诗是口头创作、口头吟诵的，过了很久才转写成文字，现今形态的《荷马史诗》"大概是在公元前700年和公元前550年之间"（Havelock 1978，p.3）记录下来的。此前吟诵的《荷马史诗》没有体现出作者是否设定了特定的场景顺序。然而，一旦这些诗歌被记录下来，它们就对象化了，就在视觉上成为可以研究和浏览的人造物，其构成就可以比较，然后就可以按某种时间顺序编辑了。"故事的片段经过整理、编上序号，以求得总体的时间序列，故事向前推进，中间也夹杂着停顿、闪回和离题，但始终向着一个既定的结尾前进。我们目前看到的《荷马史诗》的顺序就这样出现了……这样的安排是对用眼睛阅读的作品的安排，而不是对运用耳朵欣赏的作品的安排，只有表达声音的各个部分被转写为字母（书面文字）之后，一部作品的顺序才能够编定。"（Havelock 1978，p.19）

　　用文字记录口头创作这样的过程本身就是按照一定顺序进行的。文本成为人造物，可以"察看、思考、修改、反复审视、用以示人等"（Havelock 1978）。媒介决定组织方式，"鉴于声觉媒介转瞬即逝的性质，口语的组织靠的是连续性、连接性和整合性……还依靠语调。与此相比,由于书面语是视觉媒介,其组织就依靠离散性和片段性"(Ludwig 1983,p. 39)。

文字容许信息的客体化,或者说,容许知者与知识的分离,这就增强了抽象化、条理化和科学思想的客观性。拼音文字,尤其是字母表文字有助于信息的分类和编码。字母表化提供了整理口语信息的自然而然的方式。值得注意的是这样一个有趣的事实,即字母表在从一种文化向另一种文化传播,并被许多语言采用时,字母的顺序却始终不变。字母的读音和外形改变了,但其展现的顺序不改变,背诵字母表的顺序始终是"abcdef"。

作为书写代码的字母表的应用,促进并支持了分析、编码、解码和分类技能的发展。每一个转写的口语词都必须要分解为音素,每一个音素用字母表中一个特定的字母来表示。字母表文字对信息加工产生了巨大的冲击,因为它使得西方思维中的抽象、分析和分类水平达到了一个新的高度。例如,希伯来人采用了字母表文字,与此同时,他们在人类历史上第一次用"十诫"(Ten Commandments)的形式编定法律并且采用这些法规,他们也率先实行一神教,提出了第一推动力或第一动因的概念。

采用腓尼基人的字母表、略微修整并加上元音之后不久,希腊人就取得了伟大的思想进步。希腊文化率先开发出演绎逻辑、抽象科学和理性哲学。希伯来人和希腊人也最先开始比较客观地书写自己的民族历史。

这些思想成就当然不是偶然地联系在一起的,麦克卢汉和我(1977)认为,拼音文字系统的使用,创造了有助于系统化的法律、一神教、抽象科学、演绎逻辑、客观历史和个体主义发展的环境。这一切文化革新发生在公元前2000年到公元前500年之间,在两河流域和爱琴海(Aegean Sea)区域之间关系密切的文化中兴起。拼音字母表的发明意味着突变的开始,因为在使用字母文字之后,思想界和文化领域产生了巨大的变化(Logan 1980)。

## 零与位置数字系统

本文解读的主题之一是,一种标记系统通过一系列的进化过程对另一种标记系统所产生的影响。我们已经知道,虽然文字的标记系统和抽象数字的标记系统是彼此独立的,但它们是同时兴起的,其共同源头是符物语标。没有抽象数字就可能没有文字,没有文字就可能没有抽象数字。这两套标记系统有一些共同特征。文字运用一套基本的视觉符号(比如一套语标符号、音节表或字母表),将口语转写或记录成按某种顺序排列的一组视觉符号。数学语言也用一套视觉符号标记数字和数学运算。比如,"+"这个符号表示加法运算。起初,文字和数学符号是用来储存口语里的言语或数学表述的。不过,随着它们使用范围的拓宽,文学和数学就成为独立的语言,各有自己独特的加工、检索和组织信息的方式,这些方式与口语的方式完全不同。

由于在文字演化的过程中开发出了更加精细的音标，于是，两种标记系统继续相互影响、相互促进。字母表促进了用来组织定性信息的解析及理性方法的发展，由此也对定量分析产生了影响。古希腊人的抽象科学和演绎逻辑应运而生。反过来，逻辑和科学刺激了对准确而精密的量化分析和测量的需要。其结果是产生了几何公理、欧几里得（Euclid）原理、托勒密（Ptolemy）和阿里斯塔克斯（Aristarchus）的量化天文学、毕达哥拉斯（Pythagorean）的数学猜想、阿基米德（Archimedes）的力学和亚里士多德的植物学与生物学分类图式。

闪语字母表的每一个字母都有一个数值，这样它本身也构成了一个数字系统的基础，因此直接刺激了量化分析。前九个字母分别表示数字 1 到 9，接着的九个字母分别表示 10、20……直至 90。还有表示 100 到 1000 的字母。最多用两个字母就足以表示从 1 到 100 的任何数字。比如，18 可以写为"חי"，"ח"表示"8"，"י"表示"10"。闪语数字系统不是位置数字体系，因为 81 不写为"חא"，而是写为"עא"，其中的"א"表示"1"，"ע"表示"80"。闪语字母表这一数字系统是位置数字系统的先驱，因为它具有位置数字系统的基本特征：从 1 到 9 的数字各有其独特的表意符号。不过，这种字母表数字系统（希腊人和印度人也使用字母表数字系统）缺少一个要素，即零的概念和零的符号，这是它不能成为位置数字系统的障碍。

早在公元前 200 年，印度数学家就发明了位置数字系统和零的概念。那时的印度文字系统是字母表，数字系统同样是字母表。印度数学家提出零的概念（他们称之为 sunya），并且很快设计出一套位置数字系统。

Sunya 在梵语（Sanskrit）里的意思是"留一个位置"，说明零或 sunya 的概念是在用算盘进行运算的过程中形成的。如果计算的结果是 503，这个数不能写成"5""3"，因为那会被读作 53 或 530。反之，如果写成"5""留一个位置""3"，这一数字就不会被理解错，就只能读作：5 个"百""无十"和 3 个"个位"。不久，"留一个位置"就变为零的抽象符号"0"了。

阿拉伯人采纳了印度人的数字系统，而后又把它传给欧洲人。他们把 sunya 或"留一个位置"翻译成阿拉伯语的 sifr 或 cipher；直到今天，我们仍然用"cipher"指"零"以及整个位置数字系统本身。我们今天英语里的"zero"是拉丁文中表示"cipher"的 zepharino 的缩略形式。位置数字系统带来许多数学领域的进步，包括简单的算术算法、负数、代数、无穷大和无穷小的概念，于是就产生了微积分。

与位置数字系统的发明相关的谜团之一是，发明了元音字母、几何，并在逻辑上取得了伟大进步的希腊人，为什么没有发现"零"呢？我们的解释是，希腊人过分拘泥于逻辑，巴门尼德（Parmenides）甚至断言，非存在（"无"）不可能"存在"，否则就会产生逻辑矛盾。相反，印度人在"非零"概念上就没有这样自缚手脚。实际上，他们以肯定的态度对待"非存在"这个概念，因为这是他们"涅槃"概念的组成部分（Logan 1980；Logan 1979，p. 16）。

## 数学语言

与文字一样，数字标记系统也是起源于用黏土符物记载纳税情况的记录系统。数学语言是从口语以及对计数标记系统的需要中发展起来的。用数字和表示数学运算的符号所表达的数学式，都可以翻译成口语和文字。比如，"1+2=3"这个数学式，可以念成或写为"一加二等于三"。所以，数学语言可以被视为一种媒介，其所承载的内容是口语里的数学概念，即抽象的数字和诸如加减乘除之类的运算。然而，一旦数学语言或标记系统产生，它就成为一种独特的独立存在，并且它的演化过程与口语或文字也截然不同，这是因为对这个标记系统的运用，推动了独特的信息处理方法的产生。

数学标记系统推动了从未在人类大脑里进行的抽象数学运算的出现。数学标记系统成了研究和发明的工具。随之产生的是归纳结果的方法，并由此得出新的概念。零的概念和零的标记就是很有说服力的例子。最初写成小圆点，后来变成了小圆圈的"零"这个概念，除了导致位置数字系统的产生之外，还引导出大量新的数学概念。零的概念引进不久之后，印度数学家又发明了负数，其标注方法是在数字上方加一小圆圈（Logan 1986；Logan 1979）。比如，3上方加一小圆圈"°"就表示"负3"或"零下3"，因为"3"在"0"这个符号之下。

零号或sunya——"留一个位置"——还用来表示"未知"，这就推动了代数的发展，因为数学家可以为"未知"的东西"留一个位置"，并将其也视为一个数。在这里，我们清楚地看到了一个记号（这里的记号是"零"）的存在，是如何促使负数和代数的概念得以发展的。零号的标记使数学家们将"零"看作与"1"或"2"一样的数字，于是，"零"这个数字也可以被用来做诸如加减乘除之类的运算。一个数字加上或减去零的结果是这个数字本身，乘以零则等于零，但除以零却产生有趣的结果：无穷大，这是印度数学家发明的另一个新概念。无穷大的概念也推动产生了无穷小的概念，这是在微积分的发展中必不可少的要素（Logan 1986；Logan 1979）。

## 定量和定性符号与分析的影响

有关数字和文字的理念是如何起源于刻印在符物上的语标符号的，我们只能猜测，而无法下定论。因为即便已经拥有了大量的历史资料，但是我们仍然难以确定在认知过程中间所出现的偶然联系，也很难判定数量标记系统和质量标记系统之间是如何互相影响着彼此的发展。但显而易见的是，由象形文字所确立的新的抽象水平，创造了有利于抽象数字发展的环境；反之亦然。施曼特-贝萨拉特的研究成果清晰地表明,文字起源和数字起源的关系非常密切,其紧密程度远远超过我们的普遍认知。数字和拼音文字起源于同一个"祖先",即泥版符物。定量和定性信息同时出现在这些符物中。后来,信息加工分化为两条泾渭分明的支流,一边是书面字词,一边是数字;这种分化,为抽象思维和信息加工开辟了新的道路。表意文字和表音文字是用以补充和扩展口语的最初手段。表示抽象数字的数词则使得定量分析的新技术成为可能。这两种发展标志着客观学习的滥觞,所谓客观学习就是知者与知识的分离(Schmandt-Besserat 1985,pp. 149-154)。

数量(这个概念对应的拉丁词是"quantus",表示"多少")和质量(这个概念对应的拉丁词是"qualis",表示"什么类型")是西方思想中的两个关键范畴。从古希腊的哲学思想到当代社会科学,这两个范畴始终被视为不同且独立的分析模式。数量标记和质量标记的共同源头是黏土做成的符物,这就说明,认为这两个范畴互不交叉、非此即彼的二元论观点是站不住脚的。事实上,这两种标记形式起源于同一历史时刻,这意味着认知潜力是在数量标记与质量标记互动的过程中得以释放的。

信息加工的其他突破也可以和数量与质量的相互作用联系在一起。在印度人受字母文字的影响发明了"零"和位置数字系统之前,人们曾经用字母表中的字母来表示抽象的数字(Logan 1986;Logan 1979)。"零"和位置数字系统是使用字母表的数学家发明的,这绝不是偶然现象。位置数字系统和字母表有一些共同的特征,正是这些特征导致了这两种系统的抽象性特质:

(1) 每个系统包含数量不多的构成元素:26 个字母(英语字母表)和 10 个数字。

(2) 两者都是一个完整的集合(set),一切口语词都可以用字母来表示;任何数字,无论大小,都可以用数字的组合来表示。

(3) 两套系统的每个元素,即字母和数字都是原子似的,也就是说,每一个成分都是同一的、可重复的。

(4) 元素组合(词语或数字)的含义(音值或数值)不仅由原子似的成分(组合当中的具体的字母或数字)来决定,而且有赖于元素之间的顺序关系——或者说语法规则。换言之,字母及其顺序共同确定了一个词语,数字及其顺序决定了数值。比如,ON 和 NO 不同,18 和 81 不同。

这两个系统之间的相似性阐明了两点:(1) 字母表可能刺激了位置数字系统的发展;(2) 数量标记图式和质量标记图式并非截然不同,两者都要求许多同样的基本认知能力。

数量标记和质量标记源头相同,兴起的时间也相同,这仅仅是这两个范畴有交集的标志之一。一个抽象数字表示一个集合中客体的数量。除了数量之外,抽象数字 1、2、3 还表示一元、二重、三众这样的特性。比如我们说,"2 是伙伴,3 是群体",2 和 3 这两个数字是抽象数字,同时又描绘品质——描绘着完全与"伙伴"或"群体"里具体的两个或三个个体不相关的总体状况。

抽象数字本身含有数量特征和质量特征。抽象数字3和4之间有数量上的差异，因为4比3大；但两者的差异并非纯粹的数量差异，它们之间还存在着质量差异，因为3是一个质数，4不是质数，而是一个完美的平方数。字母和数字这两个范畴还有另一种交叠，即将它们组合起来能够创造分类模式；比如图书馆的图书编目书号和汽车的牌照号，都同时使用了字母和数字。

在我们考察抄写职业或记账职业所使用的术语时，也可以从语源上证明我们通过经验和理论所确定的定性和定量之间的相关性和相交性。在古巴比伦文字或希伯来文字里，都用同一个词——spr——来指代书写人和记账人（Demsky 1972）。在英语里，也有类似的词语，它们同时表达这两种含义。例如，英语的"teller"既指记账人，也指讲述人。"To give an account"这个短语既可能是叙述故事，也可能是记录账目，具体含义要根据上下文的语境来确定。在其他语言里，我们也可以看到类似的交叠，比如德语的"zahlen"，就有计数和讲述两重含义。

计算能力是指对数学运算技能的掌握情况，它是数量标记系统的发展催生的认知技能。尽管有些人可以不用写下数字就能心算，但是在最初掌握这种计算技能的时候是需要数字的。虽然读写能力和运算能力是两种截然不同的认知能力，但是这两种认知能力之间的交集是显而易见的。有种观点认为，有些人有文字天分但拙于数字，或者反过来，有些人有数字天分但拙于文字。从我们所了解的这两种认知能力的源头来看，这样的说法都没有根据。个体在文字能力和数字能力上的显著差异，更可能是兴趣上的不一致所造成的，而不太可能是先天能力上的差异所导致的。历史研究表明，文字能力和数字能力相互关联、彼此相交。学者们通过研究症状为大脑两半球之间的联系断裂的裂脑综合征的患者而证明了这个假设，因为文字活动和数字活动似乎都集中在大脑左半球。

这些观察所得，对当代教育的重要意义并不是显而易见的。然而，它们的确显示，当前小学教育中的读书识字教学和数学教学需要更好地整合。毫无疑问，勾勒两套标记系统的相似性，有助于学生理解字母表和位置数字系统的抽象性特征。这将对擅长数学而拙于阅读的人有帮助，而反之亦然，因为无论在哪种情况下，学生们都可以凭借自己所擅长的那个标记系统来更好地理解另外一套系统。我们的这些建议纯粹是猜想，但肯定值得进一步检验和研究。计算机在教学中的使用正好可以为这样的整合提供恰当的环境，因为计算机或多或少地用同样的方式来处理所有抽象标记系统。实际上，计算机可被视为操作抽象符号的设备，无论这些符号是字母还是数字。

**参考文献**

Demsky, Aaron. 1972. "Scroll." *Encyclopedia Judaica*. Jerusalem.

Havelock, Eric. 1978. "The Alphabetization of Homer." In *Communications Arts in the Ancient World*, ed. E. Havelock and J. Hershbell. New York: Hasting House.

Logan, Robert K. 1979. "The Mystery of the Discovery of Zero." *Etcetera* 36.

Logan, Robert K. 1986. *The Alphabet Effect*. New York: William Morrow.

Ludwig, O. 1983. "Writing Systems and Written Language." In *Focus*, ed. F. Coulmas and K. Erlich. New York: Mouton.

McLuhan, Marshall, and R. K. Logan. 1977. "Alphabet, Mother of Invention," *Etcetera* 34.

Schmandt-Besserat, D. 1985. "Clay Symbols for Data Storage in the Ⅷ Millennium BC." In *Studiti Palentologia in onore di Salvatore M. Puglisi*. La Spaienza: Universita di Roma.

# 第 7 章  文字对意识的重构

沃尔特·翁(Walter Ong)

已故的沃尔特·翁是圣路易斯大学(Saint Louis University)人文学科教授。他撰有大量关于口语/读写能力以及从中世纪到现代转变的传播方面的文章。

## 独立话语的新世界

如果深入了解原始或原生的口语文化,我们就能够更好地了解文字构建的新世界,并了解其实质;我们还能够更好地从功能上去了解识文断字的人究竟是什么样的人:他们的思维过程并不仅仅是在自然力量中诞生的,而是直接或间接地由文字这种技术力量构建的。如果没有文字,识字人的头脑就不会也不可能具有现在这样的思维能力,不仅没有用文字思考的能力,而且用口语表达思维时也不可能达到现在的水平。文字改变人类意识的力量胜过其他一切发明。

文字确立了所谓"脱离语境的"(context-free)语言(Hirsch 1977, pp. 21-3, 26);或所谓"独立的"(autonomous)话语(Olson 1980a),这样的话语不能像口语那样接受人们的诘问或辩驳,因为书面话语已经脱离了原来的作者。

口语文化里也有一种独立的话语,那就是固化的仪式套语(Olson 1980a, pp. 187-94;Chafe 1982),或者是先知的箴言和预言;发布预言的说话人仅仅被当作预言的渠道,而不是预言的源头。特尔斐神庙的神使并不是预言的发布者,因为这里的预言被当作神的声音。文字已有几分预言的性质,印刷技术有过之而无不及。书本传递一个源头发出的话语,这个源头是真正"说话"的人或写书的人,在这一点上,书本像预言。如果你能够找到作者,你是能够挑战他的,但你不可能在书本里找到作者。你找不到任何方式去直接反驳书里的作者。即使遭遇彻彻底底、伤筋动骨的反驳,那本书还是一如既往地要说它那一套完全相同的话。"书上说"普遍被认为等于"那是正确的",其原因就在这里。有人把书本付之一炬,这也是原因之一。倘若有一本书说全世界的知识都是假的,那么只要这本书还存在,它就会永远把这样的谬误说下去。书本的本性是桀骜不驯的。

## 柏拉图、文字与电脑

今天人们反对使用电脑的意见和柏拉图在《斐德罗篇》(*Phaedrus*)(274-7)与《书简七》(*Seventh Letter*)里反对文字的主张大同小异,大多数人了解到两种想法的相似性时,都会感到吃惊,许多人还会垂头丧气。第一,柏拉图假借苏格拉底之口在《斐德罗篇》里说:文字没有人情味;文字装腔作势,以为它能够在脑子以外确立只能够存在于脑子里面的东西。文字是一件物品,一件制成品。当然,我们对电脑也可以做这样的判断。第二,柏拉图笔下的苏格拉底还说,文字损害记忆。使用文字的人会变得健忘,他们在内部资源缺乏的情况下去依靠外部资源。文字削弱脑力。今天,父母和其他人都担心,袖珍计算器提供的外部资源取代了理应是人脑内部资源的乘法九九表。计算器削弱脑力,使人免于做增强脑力的工作。第三,文字基本上不能够作出回应。你请一个人解释他说出的话时,可以得到他的解释;如果你对一个文本提问,你得不到回答,看得到的只能是相同的、常常是愚蠢的语词,它们的首要功能是吸引你的注意。现代人批评电脑的时候,提出了类似的意见:"垃圾进,垃圾出。"第四,柏拉图笔下的苏格拉底认为,书面词不能够像口语词那样捍卫自己,这一观点符合口语文化的对抗心态。一般地说,真正的说话和思考存在于真实的人与人之间,存在于你来我往的交流中;与此相反,文字是被动的,它脱离了上下文,存在于非真实、非自然的世界里。电脑的情况也是这样。

印刷术的情况更进一步。印刷文字也容易受到类似的指控。凡是因为柏拉图对文字的疑虑而感到不安的人,面对印刷文字的时候可能会更加不安。他们发现,印刷术发明之初引起了类似的疑虑。希罗尼莫·斯夸尔恰菲科(Hieronimo Squarciafico)起初提倡印刷出版拉丁文经典,但到了1477年,他却说"书籍多了以后,人就不如以前勤奋了"(转引自 Lowry 1979, pp. 29-31)。他认为,印刷术大大减轻了记忆的负担,但它损害记忆力,使脑力受到削弱(和人们对袖珍计算器的指控如出一辙),印刷术有利于袖珍书,这就使贤明者的身价贬值。当然,也有人把印刷术视为抹平人与人差异的力量:印刷术使人人都成为有知识的人(Lowry 1979, pp. 31-2)。

柏拉图的立场有一个缺陷:为了使自己的意见发挥作用,他用文字来表达这些反对意见;反对印刷术的人亦如法炮制:为了使自己的主张有效,他们将其诉诸文字;反对电脑的立场也有同样的缺陷:为了使自己的主张有效,反对者也用电脑终端著书立说。语词一旦被技术化之后,如果不借助最发达的技术,就无法有效地批判技术对文字产生的影响。而且,新技术不仅被用来传达批评;实际上,它也使批评的存在成为可能。如前所述(Havelock 1963),柏拉图之所以能够进行富有哲理的分析性思维,之所以能够对文字进行批评,那是因为文字开始对思维的过程产生影响,文字成为柏拉图思想产生的先决条件。

事实上，正如哈弗洛克（1963）那漂亮的阐释所示，柏拉图的整个认识论无意之间注定要排斥口语文化这个古老的、口头的、热烈的、人与人互动的生命世界（这个世界的代表是诗人，可他不允许诗人进入他设计的共和国）。英语中 idea 这个词基于视觉，和拉丁语中的 video（意思是"看"）派生于相同的词根；vision, visible 和 videotape 也是这个词根的派生词。柏拉图笔下的"形式"（form）这个词是通过类比的方法基于视觉形式构想出来的。柏拉图的"理念"（ideas）是无声、静止、没有丝毫热情、不会互动的，是分离的，它根本就不属于人的生命世界，而是完全超越并凌驾于生命世界之上。当然，柏拉图并没有完全意识到他心灵里的无意识力量，他的理念是识字人对迟迟不肯退场的口语世界作出的反应，或者说是过分的反应。

这样一些思考使我们警觉其中的悖论，起初的口语世界和一切后继的技术转化之间的关系，都受到这些悖论的困扰。之所以产生这样一种回旋，显然有这样一个原因：智能有难以压抑的反射性，即使它赖以运行的外部工具也要被"内化"，也就是要成为它反思过程的一部分。

文字固有的最令人吃惊的悖论之一是它和死亡的联系。柏拉图认为，文字没有人情味，像物体，损害记忆，这样的非难暗示着文字和死亡的联系。这样的联系在无数和文字（及/或印刷术）有关的论述里是显而易见的。这些论述可追溯到诸多语典收录的《哥林多后书》（3;6）里的名句，"那字句叫人死，那精神叫人活"。贺拉斯（Horace）[①]称自己的三部《歌集》为"纪念碑"，预示了他的死亡。亨利·沃恩（Henry Vaughan）[②]致信托马斯·博德利爵士（Sir Thomas Bodley），向他担保说，牛津大学博德利图书馆中的"每一本书都是你的墓志铭"。在《比芭游走》（*Pippa Passes*）里，罗伯特·勃朗宁（Robert Browning）[③]使人注意到至今还广为传播的积习——将鲜花夹在书页里压死："凋谢的黄花/夹在书页里。"曾经鲜活的花儿，如今死了，相当于语言文本在心灵里的死亡。这里的悖论是：文本死了，它脱离了鲜活的人生世界，只留下僵死的视觉形象，但正是这样的僵死确保了它的永恒，确保了它复活的潜力，在无数活生生的读者的呼唤之下，它又能够复活成无限生动的语境（Ong 1977, pp. 230-71）。

## 文字是技术

柏拉图认为，文字是外在的、异己的技术，就像今天许多人对电脑的看法一样。今天，文字已经内化，深深扎根，成为与我们不可分割的一部分（Havelock 1963），所以我

---

[①] 贺拉斯（前65—前8），古罗马诗人，著有《讽刺诗集》《歌集》《书札》等，《书札》中的《诗艺》对西方诗歌产生了重大影响。
[②] 亨利·沃恩（1622—1695），威尔士玄学派诗人，作品有诗集《闪光的燧石》、散文集《橄榄山》等。
[③] 罗伯特·勃朗宁（1812—1889），英国维多利亚时期代表诗人之一，主要作品有《戏剧抒情诗》《剧中人物》《指环与书》等。

们难以把它像印刷术和电脑一样当作技术看待。然而,文字尤其是拼音文字的确是技术,文字的书写需要辅助的工具和设施,比如硬笔、软笔或铅笔,需要仔细准备的书写材料,比如纸张、皮革和木片,以及墨水、油墨或油漆,如此等等。克朗奇(1979, pp. 88-115)在《从记忆到文字记录》(*From Memory to Written Record*)的"书写技术"那一章里,对西方中世纪语境下的文字作了详尽的讨论。从某种意义上说,文字是三种技术(文字、印刷术、电脑)中最彻底的技术。它启动了一种技术,以后的印刷术和电脑无非是继承了这种技术而已;它把有爆发力的语音化解为寂静的空间,把语词从它赖以生存的此时此刻分离出来,唯有口语词才能够存在于鲜活的此时此刻。

和自然的口语相比,文字完全是人为的东西。"自然而然"的书写方式是不存在的。口语对人完全是自然而然的,也就是说,每一种文化里的每个人必然要学会说话,只要他没有生理或心理上的障碍。说话实现了有意识的生活,但言语是从无意识的深处涌入意识的,当然在这个上升的过程中,言语需要社会有意无意的合作。语法规则存在于无意识中,这就是说,你可能了解如何使用语法规则甚至如何制定新规则,却不必说清楚这些规则是什么。

文字或书写和言语的差别是,它未必是从无意识中涌现出来的。把言语转换为文字的过程受到有意识制定的、说得清楚的规则的制约:比如,某一个象形符号代表某一个特定的词,a 表示某一个音位,b 表示另一个音位,等等。(这不是要否定,一旦学会明确的、有意识的规则之后,文字创造的作者—读者情景便能深深地影响无意识的写作过程。稍后我们将进一步探讨这个问题。)

我们说文字是人为的,并不是要谴责文字,而是要赞誉文字。和其他一切人为之物一样,文字是无价之宝,在全面调动人的内在潜力方面,文字是不可或缺的;实际上,这个无价之宝的价值超过了其他一切人为之物。技术不仅是外在的辅助工具,而且是意识的内部转化;最典型的情况就是技术对语词的影响。这样的转化可以是一种升华。文字增强人的意识。与自然环境疏离对人有好处,而且在许多方面是充实人生必不可少的条件。为了充分享受和理解生活,我们不仅需要贴近生活,而且需要拉开距离。在这方面,文字给意识提供的力量超过了其他一切人为之物。

技术是人为之物,但这里又存在悖论:对人而言,人为之物其实是自然而然的需要。只要内化得当,技术不但不会使人生降格,反而会使之升华。比如说,现代乐团是高科技的产物。小提琴是一种乐器,也就是一种工具。管风琴是一台巨型机器,配备了如气泵、风箱、发电机之类的动力源,这些配置完全位居乐师人体之外。贝多芬第五交响曲的乐谱配有详细的演奏说明,告诉训练有素的乐师如何使用各种工具:连奏(legato),即弹奏下一个琴键之前,手指不离琴键;断奏(staccato),即点击琴键,手指立刻弹起。在音乐界广为人知的是,有人不接受电子音乐,比如默顿·苏博特尼克(Morton Subotnik)的《野牛》(*The Wild Bull*),因为电子音乐的声音是机械设备发出的。这样的态度实在是毫无意义。你认为管风琴发出的是什么声音?小提琴发出的又是什么声音？甚至于，口哨发出的又是什么声音？事实是这样的：凭借机械设置，小提琴手或管风琴手可以表现非常富有人性的音乐；没有这样的机械设置，这样的音乐是演奏不出来的。当然，为了表现这样的音乐，小提琴手或管风琴手必须要将其中的技术内化，使工具或机器成为他的第二自然，成为他心理的一部分。这需要多年的"练习"，需要学会让工具尽其所能。如此使工具适应自己的过程，如此学习技术技能的过程，不太可能是非人性化的过程。技术的使用可以充实人的心灵，鼓舞人的精神，强化人的内心生活。和演奏乐器相比，书写是内化程度更高的技术。为了弄懂文字为何物，为了了解文字与它的过去即口语的关系，我们必须老老实实地面对这个事实：文字是技术。

## 什么是"文字"或"真正的文字"？

　　严格意义上的文字是一种技术，它塑造了现代人的智能活动，给智能活动提供动力；文字这种技术在人类历史上出现得很晚。智人在地球上的历史大概是5万年（Leakey and Lewin 1979, pp. 141, 168）。我们所知的第一种真正的文字是两河流域的苏美尔人创造的文字，大约出现在公元前3500年（Diringer 1953; Gelb 1963）。

　　在此之前的难以断代的数万年里，人类就已经在描绘图画。各种不同的社会已经在使用各种记忆辅助手段：刻画着印痕的木棍、排列的小石子和其他标记手段，比如印加人的"基普"（棍子上系着数条下垂的主绳，每条主绳再绑上数条次绳）、北美平原印第安人的"记冬"年历等。但文字不只是记忆的辅助手段。即使象形文字也不只是图画。图画代表客体，画着一个人、一幢房子和一棵树的图画本身不会说话。（倘若给这张画提供一个或一套代码，它也可能"说话"：然而代码不能用图画来表示，除非它借助另一个或另一套代码。归根到底，代码必须要用图画之外的东西来解释，也就是用语词或完全人性化的、人们能够会意的语境来解释。）这里所谓真正的文字不包含图画，文字不是事物的表征，而是言语的表征，是人说出的语词或想象中说出的语词的表征。

　　对于任何能够被看到并感觉到的记号来说，只要它是一个人标记出的并被赋予了意义，那么它就可以算是"文字"（writing）。于是我们说，岩石、棍子上刻画的简单痕迹，只要做这个记号的人能够对其加以解释，就可以算是"文字"。倘若这就是文字的意义，那么文字的历史就和言语的历史一样悠久。然而，如果仔细研究就可以发现，如果把"文字"界定为能够看见、能够感觉到并且被赋予了意义的记号，那么这个定义就会使文字和纯粹生物学意义上的行为混为一谈。一个脚印、一堆粪便、一团尿印（许多动物借此来交流——Wilson 1975, pp. 228-9）也成了"文字"？如果用"文字"这样的引申意义去包括任何记号，那就把文字的意义变得微不足道了。人类意识中进入新知识世界至关重要的、独辟蹊径的突破，并不是在简单的记号中产生的，而是在可见的一套代码系统发明之后才实现的。依靠这一套代码系统,作者可以决定用什么样的语词,读者才能够从文本中解读出作者的意思。这才是我们今天使用的文字的核心意义。

完全意义上的文字就是经过编码的可见的符号,它充分地调动了语词的特性,所以语音精巧的结构和所指可以用符号表现出来,而且其复杂的特性也能够被表现得精确、到位。再者,由于文字是可以看见的符号,它就可以生产更加精妙的结构和所指,大大超过口语的潜力。在这个平凡的意义上,文字过去是,如今仍然是人类技术发明中最重大的发明。文字不只是言语的附庸。它把言语从口耳相传的世界推进到一个崭新的感知世界,这是一个视觉的世界,所以文字使言语和思维也为之一变。木棍上刻画的痕迹和其他记忆辅助手段固然导致文字的产生,但这些记号不能够像真正的文字那样赋予人类生命世界新的结构。

真正的文字可以而且一般是从纯粹的记忆辅助手段逐渐演化而来的。当然中间阶段是存在的。在一些代码系统中,作者只能够大致估计读者会作出的解读,利比里亚的瓦伊人(Vai)的代码系统就是这样的(Scribner and Cole 1978),甚至古埃及人的象形文字也是这样的。作者对读者控制最严密的文字是拼音文字,当然拼音文字并非在任何情况下都使用这样严密的系统。如果我在一份文件上批注"read",这可能是过去分词(读作"red"),那就表示,我已经阅读了这份文件;但也可能是祈使句(读作"reed"),那就表示是叫别人读这份文件。即使是严密的拼音文字有时也需要超越文本的语境,不过那只是例外的情况;究竟在多大程度上会出现这样的例外,那就要看一种拼音文字在多大程度上适应了既定语言的需要。

**参考文献**

Wallace L. Chafe. "Integration and involvement in speaking, writing and oral literature," in *Spoken and Written Language: Exploring Orality and Literacy*, Deborah Tannen (ed.); Norwood, N.J.: Ablex, 1982.

Clanchy, M. T. *From Memory to Written Record: England 1066-1307*. Cambridge (Mass.): Harvard University Press, 1979.

David Diringer. *The Alphabet: A Key to History of Mankind*. New York: Philosophical Library, 1953.

I. J. Gelb. *A Study of Writing* rev. ed. Chicago: University of Chicago Press, 1963.

Eric A. Havelock. *Preface to Plato*, Cambridge, Mass.: Belknap Press of Harvard University Press, 1963.

E. D. Hirsch Jr. *The Philosophy of Composition*. Chicago and London: University of Chicago Press, 1977.

Richard E. Leakey and Roger Lewin. *People of the Lake: Mankind and its Beginnings*, Garden City, N.Y.: Anchor Press/Doubleday, 1979.

Martin Lowry. *The World of Aldus Manutius: Business and Scholarship in Renaissance Venice, Ithaca, N. Y. : Cornell University Press, 1979.

David R. Olson. "From utterance to text: the bias of language in speech and writing," *Harvard Educational Review* 47 (1977): 257-81.

David R. Olson. "On the Language and authority of textbooks," *Journal of Communication* 30:4 (winter 1980a): 186-96.

David R. Olson. *Social Foundations of Language and Thought*. New York: Norton, 1980b.

Walter Ong. *Interfaces of the World*. Ithaca and London: Cornell University Press, 1977.

Plato. *Phaedrus and Letters Ⅶ and Ⅷ*, trans. with introductions by Walter Hamilton Harmondsworth, England: Penguin Books, 1973.

Sylvia Scribner and Michael Cole. "Literacy without schooling: testing for intellectual effects," *Harvard Educational Review* 48 (1978): 448-61.

Edward O. Wilson. *Sociobiology: The New Synthesis*. Cambridge, Mass. : Belknap Press of Harvard University Press, 1975.

# 第 8 章　中世纪的交流与信仰

詹姆斯·伯克(James Burke)
罗伯特·奥恩斯坦(Robert Ornstein)

　　詹姆斯·伯克是著名作家和教育家，也是电视节目的主持人，他主持的节目包括《连接》(Connections)和《宇宙改变的那一天》(The Day the Universe Changed)。
　　罗伯特·奥恩斯坦著作颇丰，主要包括《新世界》(New World)、《新头脑》(New Mind)和《意识心理学》(Psychology of Consciousness)。

　　在罗马行将就木的岁月里，基督教教会统治集团模仿帝国的行政体系建立了他们的组织机构。在帝国里，若干市政府组成省，若干省组成教区。而教会内的基本单位是主教管理的教区。若干主教教区组成教省，教省由大主教管理。若干教省组成由主教长或首席主教管理的大主教教省。统辖大主教教省的是罗马、君士坦丁堡(Constantinople)、安提俄克(Antioch)、亚历山大(Alexandria)和耶路撒冷(Jerusalem)的大牧首。
　　这一严密的结构，之所以能够历经罗马陷落后千百年的黑暗时期而安然无恙，是因为其成员有保持联系的手段，并且能够共享在突如其来的大灾难后所保存下来的为数不多的知识。人们把《旧约·但以理书》(Daniel)12.4里的一句话作为自己牢记的信条，即"如若许多人来回奔走、热心交流，那么知识就必然增长"（或忧心忡忡地环顾崩溃之中的帝国，也会带来知识的增长）。因而，中世纪早期的教会就将牧师和俗人组织成特殊的圣会，让他们修桥补路，开辟驿站邮路，甚至为行者建设客栈。
　　教会的神奇力量也使人们相信，如果朝觐圣地，人们就一定会与圣徒们的遗产发生神圣的交流。虔诚的朝觐者同时又是教会的信使；在中世纪的大部分时间里，他们传递信息的道路都畅通无阻。在 7 世纪，教皇格列高利(Pope Gregory)建成了一个地域辽阔、组织严密的讯息网络，这使得主教之间能够顺畅地进行信息往来。
　　一百年后，圣卜尼法斯(Saint Boniface)定期派遣牧师把他的书信从德意志送往英格兰和罗马。在这些书信里，他谈及他希望运送来的和已经得到的物品。例如，从他的信中我们得知，在德意志居住期间，英格兰的女修道院院长伊德伯加(Eadburga)给他送来图书；出于自身的需要，他询问修道院长都铎(Duddo)某些藏书的细节；他订购了一册金字的圣彼得书信集，以便给他的会众带来荣光，并使之虔诚；晚年，他定做了一册无缩略语的大字本《先知书》(Prophets)，因为他的视力不如之前了。

基督教祭司长能够阅读、写作，并且可以与远方的人进行交流，这使他们处在权势极盛的地位，其权力远远胜过不识字的王公，因为不识字的王公在治理领地时不得不完全依靠教士的辅佐。正是在这个时候，语言中出现了一些新的说法，比如"旁听"(auditing)陈述和进行"听证"(hearing)，这是因为大多数人，包括社会上地位最高的世俗成员都是文盲，他们只能够听懂口语，因而大部分证据都必须是能够听闻的口头证据。不过，当一位枢机主教纠正神圣罗马帝国皇帝西吉斯蒙德(Sigismund)的拉丁语时，西吉斯蒙德回答说："我是罗马皇帝，我在语法之上，不受管束。"

教会主要通过修士和主教来管束不识字的教众，从而也轻而易举地控制了由不识字的人群所组成的世界。在中世纪早期，罗马的国家教育体制消亡，而没有任何这一体制的替代品能与教会控制的教育制度竞争。因此，知识掌握在极少数人手里，且完全服务于宗教；这使得教会垄断了对社会生活中需要读写和学习能力的相关领域的控制权。

教皇格列高利把绘画变成了宣传工具。他说：

> 教会利用图画有这样一个原因：不识字、不能阅读的教徒至少可以看墙上的画。最终的目的是，不识字的人可以借此收集历史知识。而且，人们也不会因为喜欢图画而违反宗教道德……文字为识字者展示道理，同理，图画为不识字者展示道理，即使愚钝者也看见了他们应该遵循的道理。不识字的人读画。所以，对大多数的臣民而言……图画就代替了阅读。

在中世纪后期，绘画以多种方式被用来宣传教皇凌驾于世俗君主的权威。画像里的教皇至高无上、百战百胜，其御座越画越大，皇帝和反教皇的俗人总是一再被踩在脚下。很久以后，凡是教皇委托订制的艺术作品里，也总是有教皇的形象……

教会的控制建立在其掌握书面文化的能力之上，教会把教士塞进世俗生活的各个方面。主教和修道院院长得到君主和贵族馈赠的土地，但是他们是由王室委任的，所以他们的地位是在帝王之下的。尽管如此，在一切西方王国里，他们的政治经济权力还是因此而加强了，他们成了拥有成千上万农夫的有权势的庄园主。在整个这段时期里，主教和修道院院长一直是宫廷咨议会的成员，在起草世俗法典中颇具影响力，在国家政务中也扮演重要的角色。在9世纪和10世纪，教士还经常参与军事组织工作，因为从9世纪起，教会被授予土地时必须要接受一些附加条件，包括他们有义务组织一定数量的军队，以便为土地赠予者效力。

到了11世纪，尽管教会对西方社会的控制遭遇了挑战，但依然非常牢固。这时，在北欧的主要居住区，教会也纷纷建立起来，教区制度随即应运而生。西欧城乡的每一位市民或村民都可以去本地教堂做礼拜。

于是，教会对社会的控制提高到了新的层次，实现了对每个人的思想和感情的前所未有的控制,其中最有效的社会训诫制度之一便是忏悔。到 12 世纪,任何违背教义的罪行或过失都必须私下向牧师坦承,若不忏悔就可能受到惩罚,甚至受到最严厉的惩罚——被逐出教会。一旦被逐出教会,罪人就得不到任何形式的民法或教会法的保护。这种做法大概始于凯尔特(Celtic)修道院的忏悔制度,教士或隐士向他的"心灵之友"忏悔,有些著作将这种做法称为"道德指引"。

忏悔制度逐渐越来越普及,直到最终在 1215 年,拉特兰公会议(Lateran Council)颁布的教令规定,每位教徒每年必须向教区牧师忏悔一次。在随后一千多年的时间里,这是强化头脑和心灵基督教化的最重要的步骤之一。最开始,只是在教士之间实践着头脑和心灵的控制,后来发展为教士对每一个人的控制,前者有责任给予后者精神关怀。从此以后,教徒再也不可能向教会隐瞒任何东西了。而由此导致的结果是,教会需要一切可以调动的控制系统去对付(对基督教世界,而且尤其是对教廷思想控制的)威胁;自 7 世纪以来,在中东地区兴起的威胁逐渐加剧。

从那时开始,亚历山大时期的希腊知识开始向伊斯兰世界传播,在那里经过加工以后再次回到西方文化之中。这一迁移是基督教异端宗派聂斯脱利教(Nestorian)所触发的;几百年前,这个教派被拜占庭教会驱逐,随后它就在小亚细亚(Asia Minor)各地游荡,最后在伊朗南部的均狄夏普尔(Jundishapur)定居下来,这一地点距离日后成为第一个阿拉伯首府的巴格达(Baghdad)只有几英里。

在公元 7 世纪的巴格达,阿拉伯的哈里发阿尔·曼苏尔(Al Mansur)到处寻求治疗他的胃病的药方,并且派随从到聂斯脱利修道院去求药。使臣回来报告说,修道院有一间大型图书馆。阿尔·曼苏尔随后发现,聂斯脱利教教徒保全了亚历山大博物馆(Alexandrine Museion)及古希腊时期所有重要思想家的著作。这位哈里发及其后继者下令翻译了那座图书馆的几乎所有藏书,他们发现自己拥有了古希腊创新者的知识宝藏。

在 8 世纪和 9 世纪的巴格达,在阿巴斯王朝(Abbasid)历代哈里发治下,希腊文献的转译工作达到高潮。亚里士多德和柏拉图、希波克拉底(Hippocrates)和盖仑(Galen)、托勒密(Ptolemy)、欧几里得和阿基米德、阿波罗尼奥斯(Apollonius)和阿里斯塔克斯等人的著作,都悉数被翻译成阿拉伯语。任何被吸收进阿拉伯文化的知识或思想,都首先要经过神学方面的检验,只有在被认定不违背宗教教义时,才可能被引进。这项工作在图书馆、医院和观象台里进行,它推动阿拉伯创新者去研究世界。天文学告诉他们祷告的时辰和麦加(Mecca)的方向;医学成为宝贵的应用学科,它通过具有占星术特性的治疗方法而与天文学联系在一起;语文学有助于对宗教文献的分析。

不过,伊斯兰教逐渐把宗教题材(法律和宗教习俗)、为宗教服务的题材(天文学和语法),以及数学、天文学及医学等世俗科学的题材区分开来。伊斯兰社会把希腊人的理论转化为应用型技术,使之有利于社会,使教士和世俗统治者能够生存和发展。他们在水力学上取得了重大成就,并将其用于开发灌溉系统,沙漠成为茂盛的农田,哈里发的皇家园林气势宏伟、欣欣向荣。

伊斯兰社会高度集中化,对个人的思想加以控制,因而尽管可能存在创新思维,但受到严格的限制。中世纪的中国社会也类似:生成了一些创新知识,而且如同伊斯兰文明向西方推进一样,中国社会的创新知识最终也会进入西方。在中国,由于国家管理一切活动,而且灌溉和大型公共工程需要全面的社会组织,因而中国人的生活具有集体的性质。

在中世纪的中国,个体活动服从共同的利益。从远古时代开始,权力就完全掌握在一位统治者手里,他就是天子。他拥有无所不在、无所不能的官僚体制的支持,进入这个体制要靠功名,仕宦阶层多半都追随公元前5世纪的思想家孔子的教诲。对于政府高官而言,孔夫子的思想是"生活之大道"(Great Way of Life),其中的各种信条控制着一切社会活动和政治活动,严格限制着自由展开的分析性思考。

孔夫子的观点是说明创新过程的自我实现性的另一个有力的例证。根据孔夫子的教诲,教育的唯一目的是为国家效力做准备,所以读书人的目标是维护稳定的统治。没有任何知识是从超自然力的启示中得来的;所有的知识都是从理性思维中得来的,理性还能够揭示立身行事的原则;反过来,修身的原则又是由国家界定的。

在这个封闭的圆环内,科学理论不可能变成技术实践,因为国家规定,学科之间不允许接触,这样一来,理论和实践就不可能产生联系了。高级官员们相信,最有力的社会管理工具,是对一切人和事进行分类和记录,对一切人和事都要加以分类,而知识的应用只能够在特定的范围内进行。在中国,尽管一切必要的信息均已具备,却没有发生彻底的变革,这是因为,一切事物都被分割在不同的范畴里了。

伊斯兰教丰富的知识宝藏最终到达欧洲,通过伊斯兰国家传播的大量中国的知识宝藏,以及亚历山大时代希腊的知识宝藏也终于抵达欧洲;在这个时候,欧洲人第一次在西班牙、西西里(Sicily)和耶路撒冷接触到了阿拉伯文化;在同一时期,欧洲也赋予天主教领袖前所未有的重大权力,让他们分割并控制这些知识,因为基督徒相信,上帝赋予他们特权去征服世界。

据《圣经·旧约》和《圣经·新约》所示,上帝赋予人类统辖自然的权利。《创世记》(Genesis)说:"地上一切生命……全赐给您作食物……地上的活物全都怕您……全都赐给您……您管理土地,征服大地。"当最开始出现这些早期宣言的时候,其目的可能是管理和庆贺远古时代的创新者们在黎凡特地区(Levant)的定居,而且主要是为了纪念驯养家畜、栽培农作物的第一波农耕历史。

在其他许多地区,自然是神圣的,或者说自然共享着神性,但基督教教义赋予人脱离自然界其他神造物的地位。希腊宇宙论在这方面具有与基督教教义的相似之处:自然不是神圣的。所以,中世纪早期亚里士多德的著作,经过阿拉伯文转译到基督教盛行的西方时,他的一句话大大强化了基督教习俗的权威性:动物的生存仅仅是为了满足人的需要。

基督教的主流观点是,既然动植物没有灵魂,这就预先排除了它们受到人道待遇的资格。操纵自然(可以包括提升自然的价值和美观度)是人的权利和义务,因为"改善"世界暗示可以运用上帝所赋予的权力来达到操纵自然的目的。

中世纪的基督徒相信亚里士多德所谓的"伟大的生物链"——上帝在造物时所创造的等级结构,或者用亚里士多德的话来说,这个链条正是操纵自然的"第一推动力"。它把一切物种连接起来,一个接一个,从简单的有机体直到人和天使,其基本观念是,低等物种纯粹为了高等物种而存在。

在 11 世纪,本笃会(Benedictine)修士是最先将这些自然观系统地应用于日常生活的群体之一,并且他们开始"改善"自然;在随后的数百年里,创新者的活动都体现出了这样的自然观。圣本笃(St. Benedict)的金科玉律是,修道院应该建立在"远离人迹"的地方,他要求修士们选址荒山野岭、与世隔绝之地建造修道院,凭借自己的知识耕种、生产食物,自给自足。

本笃会的一个特别分支西多会(Cistercian)修士在这方面尤其典型,其信条是:"工作即祷告。"在践行本笃会的教义时,西多会最为成功。在罗马陷落以后的几百年里,中世纪遗存下来的大多数技术是西多会创造发明的,他们的修道院就像小型的工厂,装备着纺织机、磨坊、锯木厂、碾磨的滚石和杵锤。

在 12 世纪,法国克莱尔沃(Clairvaux)的圣伯纳德(St. Bernard)描写了他建造的西多会修道院的风景,他说,这些景色都"被赋予了意义",因为修士们用聪明才智给荒山野岭带来了秩序,他们拦河筑坝,引水驱动修道院的水车……

12 世纪的西多会修道院是欧洲大陆上最先进技术的复合体,那里有最发达的农业技术、最多产的工厂和矿山。他们那"不断前进并改进"的教义调动人的能动性,最终把技术奉献给中世纪晚期的世俗当局,使之能够实行有效的社会控制。

一种新的控制体系兴起于北欧修道院,以满足其礼拜仪式的需要。为大众的灵魂祈祷是修道士应尽的义务,由于日常的集体祈祷有严格的规定,因而修士们需要知道准确的时辰。他们每日的祈祷是在七个特别规定的时辰进行的,这其中的一些时间是在夜里。起初,他们用水钟和蜡烛来确定修道院的钟声何时响起、何时召集修道士做祷告,但是水钟在冬天会结冰,蜡烛容易被风吹灭。

对于管理以修道院为原型设立的工厂的修士们来说,计时还是不可或缺的组织方法。由此可见,寻求更好计时器的努力之所以得到强化,可能和这种以技术为导向、富有创造性的教会的扩张有关系,并且,这种教会推动了 13 世纪机械的、靠重量推动的时钟的开发。

时钟的好处立竿见影,能更广泛、更有效地调动社会力量的新形式随即产生。在整个欧洲,宫廷和数量日增的城镇对时钟的需求使人应接不暇。市镇的钟声使行会和政府有了调控所有行为的手段。在布鲁塞尔(Brussels),纺织行业的工人在听到晨钟时起床,织工和捻接工在听见晚钟后下班,当局还为皮鞋匠安排了一个专用的时钟。1355 年,法国亚眠市(Amiens)市政府颁布了一条"关于个人时间安排的"法令,规定了"……人们在早上什么时候去上班、何时吃午饭、何时回车间上班、晚上何时下班"。

市政府为此还设置了一个专用钟……

到了1277年，任何与理性主义不相关的议论都在禁止之列；与此同时，罗马教廷在寻求摆脱显而易见的绝境的解决方案。多明我会（Dominican）的一位知识分子找到了解决这个难题的办法，此人就是托马斯·阿奎那（Thomas Aquinas），他受业于阿尔伯图斯·马格努斯（Albertus Magnus）。

阿奎那在《神学大全》（Summa Theologica）中掩饰了信仰和理性之间的裂痕。他认为，哲学用理性检视超自然秩序，神学用神启检视超自然秩序。尽管在神学中也会应用推理，但神启不属于哲学的范畴，哲学不能反驳神学，因为真理不能否定真理。人的理性可以验证一些神启的确实性，还可以证明其他真理是超理性的，而不是反理性的，但宗教信仰是理性不能支配的领域。

由此可见，阿奎那认为，信仰和知识并不互相排斥。他说，信仰在知识结束的地方接手世界。理性和神学的目标都是"存在"，虽然理性不能把握"存在"，但它可以使信仰成为可能。如此，他证明，信仰和知识并不相互对立。阿奎那将自己的观点做了这样的概括："信仰即是以赞同的态度去思考。"

阿奎那对对手缺乏宽容，这正是现存体制捍卫者所期望的态度；他为驱逐出教会和执行极刑进行辩护，他指出，既然论敌的罪孽污染了灵魂，就应该对他们予以从重从快的惩处，对他们的惩处应该比造假者和盗贼更严厉。不过他又说，希望他的论敌回头是岸，所以教会两次惩戒无效以后，才将他们逐出教门，交给世俗当局去行刑。

阿奎那凭借《神学大全》，把理性主义的全部力量交给俗人。他向几何学的威力鞠躬，他承认，即便上帝也不能使三角形的内角之和大于两个直角之和。他认为未来的知识将有两种：和神启有关的知识（这属于神学领域），以及研究自然世界的知识（这是推理和哲学能够处理的范畴）。

有了这样的决策之后，教会就为创新者提供了另一个使他们不断前进和发展的机会。其结果就在后来某个时候催生了所谓的"科学"。但这种理性主义的释放仅仅是表面上的释放。因为在以后的几百年里，没有任何"科学"能够摆脱教会的控制。事实上，从那时起一直到现代以前的大部分时间里，大多数科学家本身也是教士；直到19世纪的达尔文时代，科学仍然为地位稳固的宗教服务。

13世纪的英格兰教士罗杰·培根（Roger Bacon）最先提出了一个更加世俗化的新颖观点，这个观点出自他的《伟大著作》（Opus Maius）。他在这本书里谈到了旅行家彼得·德·马里孔特（Peter de Maricourt）。马里孔特曾游历阿拉伯国家，并已经因有关磁体的著作而颇有名气。培根说："别人看东西的时候用尽全力，也只能模模糊糊地看个大概，就好像黄昏中的蝙蝠；相反，马里孔特在白昼视物洞若观火，因为他做实验驾轻就熟。他通过实验从自然万物中获取医学和化学知识，实际上，他得到了天上地下的一切知识。"

罗杰·培根主要的"科学"著作并不是自然哲学著作，而是对教会统治集团所发出的慷慨激昂的警告。在献给教皇的著作里，他请教皇和教会统治者不要压制亚里士多德哲学表达出来的新学问,也不要禁止任何和自然哲学、数学及医学相关的著作的出版。他宣称:新哲学是神的恩赐,能够验证宗教教规,可以劝说不信教者皈依;科学知识能为解释《圣经》作出重大贡献;天文学是为教会编制历法必不可少的条件;占星术使人能够预测未来;"实验科学"教导人如何延年益寿;光学制造的仪器能够吓唬不信教的人并使之信教。

在《伟大著作》里,培根指出,有"一种完美的智慧,那就是《圣经》的智慧,一切智慧都植根于此。所以我认为,有一门学问雄踞其他学问之上,这门学问就是神学;其他学问是神学整合之必需条件,没有其他学问,神学不能达成自己的目的;神学声称拥有其他学问的美德,并且要其他学问俯首听命"。这就是说,神学并没有要压制科学,相反,是要使之发挥作用,指引它们实现自己固有的目标。

罗杰·培根的实验技法赋予创新者创造知识的新方法,后人称其为"分解与组合"。这种技法直接继承了因字母表的产生而形成的思维模式,因为它应用分割和控制的分析方法去解决问题。所谓"分解"就是将表象解析为要素或原理,从而对复杂现象进行界定,并指出其中的因果关系。而"组合"则是利用分解所得到的数据展示,诸多原因是怎样合成了所研究的现象,由此指出产生这种现象的必要及充分条件是什么。

最早按照这样的路线做实验的人,有与罗杰·培根同时代,并且同样来自英国的罗伯特·格罗斯泰斯特(Robert Grosseteste)、德意志弗莱堡(Freiburg)的西奥多里克(Theodoric),以及其他一些人。格罗斯泰斯特是牛津大学的第一任校长。这种路径是通过在实验中创造产生现象的条件,从而寻找"产生现象的机制"。西奥多里克喷洒小水滴以模拟形成彩虹的条件,然后他通过盛满水的球形瓶做出水滴模型,从而研究水滴的光学属性,最后基于这些实验,他解释了光线折射的几何学特征。

从13世纪开始,新型实验者率先用新的方式谈论自然,仿佛自然是一台机器,按照可以检测到的、可计量的"机制"运转。在巴黎,尼古拉·奥雷斯姆(Nicolas Oresme)把宇宙比喻为时钟。研究者们开始把现象分为"第一位"的现象(产生光、热、声音的物理活动)和"第二位"的现象(这些现象作用于感官时产生的感觉)来加以描述。

他们的实验为一种全新的知识奠定了基础,机构和个人一旦掌握了这样的知识,其力量和影响都将大大增加。在14世纪,这些创造知识的新技法仅局限在一小群与世隔绝的教士手中。然而,一百年以后,他们与世隔绝的状态便结束了,而且带来了爆炸性的结果。1439年,一位德意志金匠记错了日期。他的错误导致的后果从根基上撼动了罗马的权威,并且催生了一种全新的创新。

# 第二部分·讨论题

1. 画谜有时候是儿童文字游戏的一部分(但在古埃及文中作用更大),画谜用字符代表读出该字符时的发音,而不是字符本身指称的事物。例如,可以画一只眼睛(eye)代表第一人称代词(I)。这种代表不必完全一致;因为上下文会发挥作用。例如,可以画一块肉(meat)表示动词"见面"(meet)或代词"我"(me),这取决于下文是什么。请试着用这种技巧写一两个句子。

2. 严格意义上讲,所谓的腓尼基字母实际上是辅音音节。为了感受这种字母的读写方式,请试着只用辅音造一两个句子。这种写作方式有什么缺点,又有什么优点?你可以把这个练习变得更有趣,或者说更有腓尼基风格,只要改为从右往左书写。

3. 哈弗洛克讨论的希腊字母是我们今天所用字母的原初形态。加上元音后,它就成了一种有效但不完美的近似语音。它在表达口头语言方面有哪些局限性?请你思考一下,为什么2500年来其他领域都有技术进步,而我们的字母表却没有发生重大变化,比如增加或减少字母?

4. 翁的文章指出,柏拉图借苏格拉底之口声称,写作是人为的、外在的,这些特性削弱了我们的记忆力。印刷术发明后,也有人提出同样的看法,因为在书写的时代,记忆是从少数文本中阅读和吸收信息的重要环节。现代计算机在哪些方面削弱了我们的记忆能力?以何种方式应用计算机可以增强记忆或方便回忆?罗伯特·洛根的文章对字母和数字的关系进行了有趣的讨论。你还能想到更多的例子来说明我们使用的信息依赖于二者的结合吗?

5. 伯克和奥恩斯坦提出,中世纪产生了各不相同的读写形式,比如在西欧、阿拉伯世界和中国。读写差异是如何反映在这些迥然不同的中世纪文化中的?

# 第 三 部 分

## 印 刷 革 命

在第二部分最后一章,伯克和奥恩斯坦把我们带到了15世纪印刷革命开始的时代。他们认为,印刷术是西方历史上十分重大的文化与技术变革,这一点也得到了本书其他几位作者的认同。传统的看法是,印刷术以及随之而来的众多发展共同标志着中世纪的结束和现代的开始。然而,我们对这一非凡的发明研究得越多,就越意识到它绝不只是诸多因素中的一个。尽管我们不敢贸然讨论历史的"第一推动力",但印刷术的确与这一术语的含义十分贴近。这是一项影响了其他技术的技术——它是大规模生产的原型;它还直接影响了观念世界,让知识广泛传播,为各种新的表达形式创造了蓬勃发展的空间。

印刷机对近代早期欧洲造成的冲击并非先天注定。相反,是由于某些水到渠成的条件,印刷术才获得了能接受其发挥潜力的社会环境。不要忘了,中世纪的确在变化,尽管比以后几百年要慢;传播领域的一些变革也有助于印刷术扫除障碍、扩大影响:白话文的出现、纸张的使用和阿拉伯数字的采用。

如第二部分所述,白话文的出现挑战了教会对文字传播的垄断。由此开始,白话文的听说读写可以一次性习得,而拉丁文却需要学习第二语言。白话文书籍将文化传承与地域意识传达给受众,无论他们是识字的读者还是文盲听众。实现这一切的是一种新的媒介——比羊皮卷更便宜的纸张。

造纸术由中国人发明,时间可能早至公元前2世纪。西欧12世纪引进纸张,13世纪开始造纸。到1500年,欧洲各大城市都有了造纸厂,满足了人们日益增长的方言书籍印刷需求。纸张还有助于推广一种新的语言,即以阿拉伯数字表达的数学,它在计算时尤其表现出色。阿拉伯数字在12世纪传入欧洲,但此后四百年内迟迟未能发挥出优势。誊抄手写的习惯妨碍了数字形态的标准化,当时也没有足够的教科书来解释其用法。印刷机却把这两个问题都解决了。科学与商业直接获益。

欧洲从中国获得的馈赠不只有纸张。雕版印刷术作为活字印刷术的重要先驱,同样也是源于中国。正如托马斯·卡特(Thomas Carter)在第三部分第一篇选文中强调的那样,中华文明不仅是一个识字的文明(使用象形文字),还是一个善于研究和发展的文明。纸张的发明是为了弥补其他媒介——尤其是丝帛与竹简——的缺陷,此后也经历了不断的改进。公元8世纪出现了雕版印刷术。这样,当欧洲还困在所谓的"黑暗时代"时,中国已经印出了大量的纸质书籍。直到14世纪,欧洲终于也用上了雕版印刷术,这是通过蒙古人西征开辟的商路传来的。

关于中国印刷术的最后一个要点是,中国人有时也采用活字进行印刷,因此比古登堡印刷术早了5个多世纪。然而,当时采用的是烧制而成的陶活字而不是金属活字,用来复制的不是字母而是成千上万个汉字。在这种情况下,中国的印书馆想必是一个相当复杂的机构!不过大部分时候,用雕版直接印出一整页文字依然是更为便捷、美观的做法。

随着印刷机传入欧洲,书面文本的复制变成了机械化过程,这是刘易斯·芒福德(Lewis Mumford)在第二篇选文中论述的。一开始,印刷商只是原封不动地复制早期手稿。然而,随着时间的推移,人们开始青睐一种更少矫饰、更标准化的风格。书法艺术与技艺衰落了，取而代之的是一个以印刷术为基础的大规模生产知识的新世界。抄写员蒙受损失，但芒福德认为，这是印刷术增加图书供给而造成的"合理代价"。

有一个重点必须谨记，即印刷革命并不是在一代人的时间内发生的。印刷术引发的知识与社会的决定性变革直到两百年后才尘埃落定。这证明了我们在本书前一部分研究过的规律：新媒介在发挥其独特影响之前，做的往往是旧媒介做过的事。以印刷书籍为例，第一波印刷的是所谓古版书（incunabula），包括很多古老的手抄本著作。但很快，新的科学与哲学著作就成了印刷出版的主力军。

印刷革命不仅改变了文本的特性，也改变了读者阅读文本的方式。快速默读在中世纪十分罕见，此时开始得到推广。这也伴随着并得益于书籍本身的明显变化，也许我们今天已经习以为常。索引就是一个典型的例子。手稿中很少有索引，因为听觉记忆已经能帮读者定位文本。而在印刷时代，索引是一本书的参考资料，可供读者不时检索而无须对全书有通篇掌握。这种趋势的典型表现是字典、百科全书和语法书的兴起。它们都推动了一种远离中世纪风格的语言标准化。

印刷术最重要的后果是影响了新教改革。哈维·格拉夫（Harvey J. Graff）在下一篇选文中探讨了二者的关系。印刷品使马丁·路德的思想得以迅速传播，并轻而易举地进入方言。格拉夫也很快指出，新媒介并未以一种决定性的方式引发基督教会的诸多改革，但它的确以一种深远的方式促成了这些改革。最后，他还考察了宗教改革的遗产与印刷书籍的新文化对北美殖民地识字率、教育和宗教的影响。

印刷术还促成了新闻的广泛传播。在最后一篇选文中，米切尔·斯蒂芬斯（Mitchell Stephens）追溯了16、17世纪煽情新闻的历史。在印刷术出现之前，新闻的传播当然主要依靠口耳相传、游吟唱诵，或是面向不识字的人宣读手抄新闻。而印刷新闻出现后，每个人都可以快速而广泛地获取信息，尤其是作为决策依据的经济新闻和政治新闻。不过在这里，斯蒂芬斯关注的是印刷出版的通俗新闻和煽情新闻，他看到了这些新闻的道德困境：它们一边迎合着人类的低级趣味，一边灌输着斯蒂芬斯所说的"严苛的道德教条"。

到18世纪末，随着图书、期刊，尤其是各种新闻报刊的广泛发行，在欧洲和北美都已经出现了所谓的信息社会。除了官方批准的印刷新闻来源（在许多国家都要接受事先审查）之外，大量非官方的、创新的新闻形式也在蓬勃发展。值得强调的是，此时的新闻和信息是一种显而易见的公共活动。因此，聚在一起讨论新闻就是新闻传播的重要环节。书信、诗词、歌赋也是传播信息的重要方式，朗诵或表演通常在公共聚集场所进行，如咖啡馆、酒馆或公园。阅览室、书店、沙龙则是更为正式的场所，人们齐聚一堂交流印刷新闻。

读书写字和印刷文化历经长期发展，最终演变成一种世界性现象。这就再一次强调了本书贯穿始终的观点——媒介的确呈现出独特的地域、人文和文化特征，因为各地区、各民族、各文化都在研究如何使用媒介，也都在各自决定如何制作、发行和控制信息。随着时间的推移，每个新闻体系都演变成一股难以抗拒的力量，决定着每日新闻的呈现与公众的解读。

# 第 9 章　纸张和雕版印刷术从中国来到欧洲

托马斯·卡特（Thomas F. Carter）

托马斯·卡特（1882—1925）是哥伦比亚大学（Columbia University）的汉学教授。他的著作《中国印刷术的发明及其西传》（*The Invention of Printing in China and Its Spread Westward*）向西方人展示了中国的印刷术和纸张的发明作为文化遗产的重要性。

印刷术的发明有赖于纸张的使用，这是一项可以确定的、完全来自中国的发明。即便人们可以质疑其他发明其实只是从中国起源，而在西方继续发展后才成为有用之物，但是纸张的确是以完全发展成熟的形式从中国流传到欧洲的。用破布制成的纸张、用麻头制成的纸张、用各种植物纤维制成的纸张、用纤维素制成的纸张、可以裁成不同尺寸的纸张、质量更好可以用来写字的纸张、各种颜色的纸张、书写纸、包装纸，甚至是面巾纸和卫生纸，所有这些纸张总的来说都在历史的早期出现于中国。公元 8 世纪，纸张制造工艺的秘方被中国的俘虏在撒马尔罕（Samarkand）[①]传授给战胜他们的阿拉伯人；接下来传到摩尔人[②]手中；12 到 13 世纪之间，摩尔人又将这项工艺传递给他们的西班牙统治者，而在这整个过程中，通过这一工艺造出的纸张已经与我们今天所用的没有实质上的区别了。即便在我们这个年代[③]，中国也仍在发展纸张制造工艺，所谓的"圣经纸"（India paper）[④]和混凝纸（papier-mâché）[⑤]两者都是在 19 世纪从中国传入西方的。

尽管纸张的发明时间——公元 105 年——被仔细地记入朝代历史，但这个时间的选择显然是武断的；这项发明与大多数其他发明一样，经历了一个渐进的过程。大约在周朝末年（前 256），当时中国的权贵阶层就用竹笔在竹子或木头上进行书写，所用的墨是锅底、烟灰或灯黑。简短的信息是写在木头上的，而较长的文字或书籍内容则是写在竹子上。竹子被砍成大约 9 英寸长的狭长竹条，其宽度正好可以写一个汉字。

---

① 在今天的乌兹别克东部。
② 历史上，主要是指在欧洲的伊斯兰征服者。
③ 作者生活在 19 世纪末到 20 世纪早期。
④ 中国等地拓印版画所用之纸。
⑤ 其中掺胶质，干燥固化后可加工做饰物，如威尼斯纸塑面具等。

木头有时也被削成同样的形状，或者稍微宽些。竹条较木头更为坚硬，因此可以在一端打上孔，用丝带或皮绳穿在一起，"装订"成一本书。公元纪年的最初几个世纪的古典文献中就仔细描述了木片和竹片作为"纸张"的使用。现已出土的大量木头或狭长竹片则完全印证了早期的记述。

而用毛发做成毛笔可以归功于中国秦朝的蒙恬大将军，他生活在公元前3世纪，毛笔的出现也是书写材料的重大变化。这项转变导致了语言中的两个变化：从那之后，一个章回可以叫作"卷"；书写材料被称作"竹子和丝帛"，而不再是"竹子和木头"。这证明从汉朝早期开始，丝绸——实际上是含有丝纤维的物质——就被用作书写材料了。应该是从汉朝开始人们就在丝绸上写东西了，写在丝帛上的信件，连同纸张被人们在长城一个分支上的烽火台中发现。

那个年代的朝代志《后汉书》上说："缣贵而简重。"哲学家墨子在游历各诸侯国的时候，不得不用马车拖车运输他的大量书籍。秦始皇要求自己每天审阅120磅①的奏折。显然，新的书写材料是人们所需要的。

最开始的纸张或准纸张应该是用生丝所制。因此这类纸张依然具有丝质物的特性，中国最古老的字典——完成于公元100年左右的《说文解字》中有关于其特性的定义。

公元105年常常被设定为纸张发明的时间，因为这一年朝廷的官方记录记述了宦官蔡伦发明了纸张。蔡伦究竟是纸张的真正发明者，或只是协助这项发明工作正好是他所在职位的分内事谁都无法说清楚，这如同此后的冯道与雕版印刷术的关系。但是，无论如何他的名字在中国人的心目中永远与这项发明联系在一起。他被人们奉为造纸之父。在唐朝的时候，曾经被蔡伦用来浸泡破布和旧渔网的篾臼被从湖南运到都城长安，在盛大的仪式后，存放在皇家博物馆。以下关于这项发明的文字是公元5世纪范晔在《后汉书·蔡伦传》中对这位有名的宦官的记载：

建初中（76—84），（蔡伦）为小黄门。及和帝即位（公元89年刘肇登基），转中常侍。豫参帷幄，伦有才学，尽心敦慎，数犯严颜，匡弼得失。每至休沐，辄闭门绝宾，暴体田野。后加位尚方令。永元九年（公元97年），监作秘剑及诸器械，莫不精工坚密，为后世法。

自古书契多编以竹简，其用缣帛者谓之为纸。缣贵而简重，并不便于人。伦乃造意，用树肤、麻头及敝布、鱼网以为纸。元兴元年，奏上之。帝善其能，自是莫不从用焉，故天下咸称"蔡侯纸"。

这个传记接着讲述了蔡伦被卷入宫廷斗争，因掌权的窦太后的授意，参与诬陷汉安帝的祖母的故事。后来窦太后死去，汉安帝亲政，下令让蔡伦自己到廷尉（司法审判机构官职名）那里认罪，蔡伦为了免于受辱，回到家中，"乃沐浴整衣冠，饮药而死"。

---

① 1磅＝0.4536千克。

上述引文的内容也从在长城等地所发现的遗迹中得到充分的证明。1931年3月，瑞典考古学家弗克·伯格曼(Folke Bergman)在离黑水城(Kharakhoto)不远的额济纳河(Edsin-gol)流域探索汉代废墟时，发现了可能是世界上最古老的纸张。这些纸张和其他汉代文物一起出土，例如：放在皮鞘中的中国铁制刀器；风干得很厉害的皮囊水壶；箭头为铜制、箭杆为芦苇秆的用在弯弓上的箭；许多写在木头上的文书；丝绸布(其中还包括一块彩色丝绸)，以及一件几乎可以罩住全身的草编雨衣。历史学家劳干(Lao Kan)后来对珍贵的纸张进行了记述，他告诉我们，发现的78部写在木头上的书稿中，大部分标注的时间是永元(其在位时间为公元89—105年)五年到七年之间。在最后一块上写着"永元十年阴历一月五日"，即公元98年2月24日。劳先生也同意，正是因为最后一块木头清楚地标注了时间，所以我们不能下结论说那个年代所有的木牍都被保存在这里了。尽管如此，他仍然推测，大约正是在这个时间之后的几年里(并不清楚是否在蔡伦宣布发明了纸张之前)，人们制造了纸张并将其运送到这个荒凉的地方——今天的宁夏回族自治区。其他一些早期的纸张上面记述的时间应该大约在蔡伦宣布发明纸张之后一个半世纪。

这一有关纸张使用的记载的真实性也被细致地验证过了。通过对某些出土的纸张的检验，鉴定出年代应该是在3世纪到8世纪之间。这些纸张是以桑树树皮为原料的；或用麻头和未经加工的纤维以及经过加工的纤维(如渔网)为原料；也有使用各种植物纤维作为原料的，尤其是被称为"中国草"的苎麻——并不是用它们的未加工的形态，而是从破布中提取的。

已出土的用破布制成的纸张，也证明了中国的历史记述，这一发现让西方学者感到震惊。从马可·波罗(Marco Polo)那时开始直到大约70年前，所有最初的纸张都被认为是"棉纸"(cotton paper)，而人们往往以为用破布制成的纸张是德国人或意大利人在15世纪的发明。威斯纳(Wiesner)和卡拉拜茨克(Karabacek)在1885年到1887年间用显微镜进行分析的结果表明，在19世纪中后期被大量带入越南的埃及纸应该是公元800年到公元1388年间制造的，它们大部分是用碎布制成的。随后，对欧洲最早期的纸张的检验表明，它们也主要是用碎布制造的。因此，有关纸张发明的理论得以发展，人们开始相信碎布纸是撒马尔罕的阿拉伯人发明的，因为他们在中亚地带无法找到中国人造纸所用的原料。而在1904年，这一理论受到无情的一击。斯泰因(Stein)博士把他找到的纸张交给在越南的威斯纳博士，威斯纳博士发现尽管这些纸张并不完全是用碎布制成——主要成分仍然是桑树树皮，但是其中已经使用了碎布。理论必须加以修正以符合事实。因此，撒马尔罕的阿拉伯人不再是最早用碎布造纸的人，而是最早造出只有碎布成分的纸张的人。最后，到了1911年，在斯泰因博士的第二次考察中，他发现纸张已经在威斯纳博士所提出的公元800年之前的400多年前就被造出来了，而且是纯粹的碎布纸！碎布纸一直到1885年都被认为是15世纪欧洲的发明，后来直到1911年之前又被认为是撒马尔罕的阿拉伯人的独创，现在追溯到公元4世纪初被认为是中国人所创造；而中国的史书上所记载的中国人在公元2世纪初就发明了碎布纸,也是可靠的验证。

使用远优越于竹子和丝绸的纸张作为书写材料的做法被迅速推广。而且,这也是一种便宜的书写材料。蔡伦之后的左伯大幅度地改进了造纸工艺。在这之后几个世纪的史料中,记载了纸张被大量使用的情况,纸张也被用在很多特殊的场合,而且不断有越来越漂亮的纸张出现。多处已出土的文物,都能够准确地证实木头文具被纸文具所取代的时间。而从这些出土文物来看,中国在雕版印刷术发明出来很久之前就开始使用纸张了。

一些已出土的纸张体现出一些改进,尤其是装填方式和胶料上的改进使纸张更便于书写。最早的纸张只是碎布纤维编织在一起,没有使用胶料。最初对纸张改进的努力集中于使它更容易吸收墨水,因此为它的表面加了一层石膏。之后使用了用苔藓提取物制成的胶或凝胶。再后来是在纸张中加入了天然的干淀粉。最后,这些干淀粉与淀粉糊混合起来,或者单独使用淀粉糊。最好的泡软方法也被证明对纤维的破坏较小,而且能生产出更结实的纸张。这些改进措施使造纸工艺在公元8世纪流传到阿拉伯前,以及中国开始最早的雕版印刷之前就已经几近完美了。因此,可以说这项发明已经完全成熟,并以完整的形态传递到撒马尔罕的阿拉伯人那里。这些阿拉伯人在13世纪将他们在公元8世纪所学到的造纸术几乎原封不动地教授给西班牙人和意大利人。欧洲最早的印刷工人所使用的纸张与五百多年前,甚至更早的时候,中国人首次用于雕版印刷的纸张只有非常微小的差别……

## 雕版印刷的起源

唐朝(618—907)是中国历史上最为繁荣的阶段,也是在此期间,中国的印刷术诞生了。经历了四百多年的分裂和羸弱后,中国历史上的黑暗时期在唐代开始前的大约三十年就结束了。在新王朝的最初几个皇帝的统治时期——从公元7世纪到8世纪早期,这个古老的帝国得以恢复,并不断强大。唐朝前几位皇帝在比查理曼大帝(Charlemagne)早一个多世纪,甚至更早的时间里,在中国做着查理曼大帝后来在欧洲做的事情——在新的基础上重建古老的帝国,并且结束长久以来的纷争和混乱。但是,中国黑暗时代的混乱从没有像欧洲那样彻底,古典文明首先复苏,然后用比欧洲快得多的速度赶超上来。

唐朝的前几位皇帝是非常伟大的文学、艺术、宗教活动的赞助者,促进了民众心智的极大发展。在唐太宗(626—649)统治时期,都城建起了图书馆,其中有藏书五万四千多册。与此同时,中国在绘画艺术方面的成就也很快达到高水平。

在对各种宗教的宽容和公平对待方面,历史上很难有人能超越唐太宗和他的亲信。尽管他们自己信奉道教,遵从老子,但仍然慷慨地资助儒家学派,并且张开双臂欢迎来自外国的宗教信仰。在7世纪的前三十多年间,长安的朝廷接待了第一批基督教传教士；为被罢免的波斯国王和他的马资典（Mazdean）神父提供庇护；为中国第一大佛教高僧玄奘——他从印度取经归来，促进了中国佛教的发展——授予荣誉。这一切都受到了隆重的欢迎。所有这些都表明，各种宗教信仰都得到了皇帝的喜爱和帮助。与不同国家的人以及各种思想的交流，为这片土地带来了富有活力的青春，这是中国此前所没有的。

这样的全盛时期持续了一个多世纪，在唐明皇在位时期（712—756）达到顶峰，这期间翰林院成立了，而且朝廷还吸引了诸如李白、杜甫、吴道子和王维这样的在中国历史上赫赫有名的伟大的诗人或画家。

在这段中国天才人物辈出的黄金时期，佛教寺院里引入了很多不断改进的器具，用来复制珍稀的经书和其他文章。最后，在"黄金时代"结束之前，这样的活动达到了它的高点——采用雕版印刷术。

一个证明东方人能够复制文本和插图的最早例子，来自伟大的中国佛教大师三藏法师义净（635—713）。在旅居印度（673—685）之后，他花了几年时间在苏门答腊的一个小岛上翻译梵文经书，而后在公元692年将他的手稿发回中国。在他的手稿中有这样一句话："造泥制底，及拓模泥像，或印绢纸，随处供养……"义净法师在印度的所见有些令人不解，因为那里尽管有丝绸，但纸张稀缺。而对于中国和她的近邻来说，这样的情形却是完全合理的。

我们可以从在敦煌和吐鲁番发现的遗址中仔细研究古代的人如何使用一些装置进行复制，这两个地方完好地保存了记录中国边境佛教活动的手稿。在这里不仅发现了石碑的摹拓，还找到了有图案或文字的模板、撒在镂花模板上以印出图案的印花粉、印制的文本、印章和印章印文，以及大量菩萨小雕像，所有这些都开辟了雕版印刷之路。

从石刻上摹拓是孔门弟子为印刷所做的重要准备。不过，在敦煌的出土文物表明，佛家弟子也使用这样的方法，而且用它印出了他们喜爱的经文——《金刚经》（*Diamond Sūtra*）。

模板和印花粉是佛教寺院尤其喜爱的复制工具。有些纸模板已经被发现，上面有用刷子刷上去的大大的菩萨的头像，然后通过针刺的方式勾勒出轮廓，制成类似今天的刺绣转印图案的模板。在这些出土的文物中，也发现了用模板印刷在纸张、丝绸和平整的墙面上的图画。

在敦煌还出土了大量印有图案的纺织品。它们大多有两种颜色，有的上面也有多种色彩。那些图案都是传统的，没有任何宗教意味，这与在远东地区所发现的其他早期的印刷品或预印品完全相反。传统的动物图案，如马、鹿和鸭子在这些印刷纺织品上很常见。那里也发现了印有图案的纸，看上去很像今天的壁纸——上面印满了深蓝色的几何图形。

菩萨的小雕像标志着从印章向木刻的过渡。成千上万的这类雕刻的印图在敦煌、吐鲁番等地被发现。有的时候它们出现在手稿中每一列文字的顶部；有的时候好几大卷中都是这些印图——在大英博物馆就有这样一幅手卷,长达 17 英尺[①],上面有 468 个相同的佛像。这些菩萨像与通过真正木刻所印图像的唯一差别不是在基本工艺上,而是印章所印的菩萨雕像印图都很小,这是因为人们像盖图章一样用手拿着一个个印章向下把图案印到纸上去,而印章底部的把手便于人们拿握印章,显然每个印章不可能太大。但是,一些富有创造力的天才想到把图章倒过来使用,将有图案的一面朝上,再把纸放在上面,用刷子拓画,这样放在下面的印章可大可小。这个创意使人们可以做出任何尺寸的印图,同时这种技术创新以及由此而来的新发明也为文明的发展提供了推动力。但是,最初这个创新似乎是被用来做出更清晰的菩萨图像。在伦敦收藏的一幅手卷,尽管与其他的手卷在很多方面都是类似的,但是显然它不是印章印制的,而是摹拓的,因为那上面的菩萨印图要比其他的大得多,也更清晰。在法国卢浮宫收藏的一个完整的木刻体现了更大的发展——大量形态各不相同的菩萨像分布在几个同心圆上,而所有这些都是用一块木板制成的。

诸如从石碑上摹拓、印于丝绸之上,到使用模板、图章和印章,所有这些都是一步一步地向雕版印刷进发。这些物品都可以在佛教寺院中找到,而所有或者大部分复制的冲动都可以追溯到对佛像的复制。但是,在敦煌和吐鲁番出土的这些实物的年代是否早于第一本雕版印刷的图书却不能确定。除了一份石刻摹拓本和一个印章之外,其他的出土物并没有标示明确的时间。但是,它们都无一例外地表明,尽管它们本身可能并不先于雕版印刷的图书,但是至少体现了早期和最初的印制技术。

雕版印刷具体是在什么时间开始的仍然是个谜。一个重要的假设是这种印刷技术开始于隋文帝时代的公元 594 年,这时唐朝还没有开始。这个假说来源于一段有关中国印刷术的记述,这段记载被翻译成欧洲的许多语言。但是,这些显然都起源于 16 世纪一位中国作家的错误,是从那里以讹传讹而来的。

在这里,有必要提一下在中国边境附近找到的一张碎纸片,上面记录的日期相当于公元 594 年,近年[②]来被论证为印刷物。这是奥莱尔·斯泰因爵士(Sir Aurel Stein)在 1913 年至 1916 年去中亚进行第三次考察时,在一座寺庙的废墟[③]中发现的。第一次世界大战后,他将这张纸片和其他书写在木头和纸张上的文件转交给汉学家亨利·马伯乐(Henri Maspero)教授继续研究。马伯乐在 1936 年完成了他的研究,并且写成大约 600 页的文稿,同年寄回伦敦,但当时只是出版了而已,并没有立即引起人们的重视,这是世界学术界的不幸。好在几年前[④],另一位汉学家布鲁诺·辛德勒(Bruno Schindler)博士被委派重新展开对马伯乐的发现的研究,他指出这张纸片是一张用中文印刷的告示,整张告示"上面和下面保持完整,左边和右边被裁掉了一些……"上面的文字翻译过来大概是:延昌三十四年(594 年),甲寅年。房中有恶狗,路人要小心。

---

① 1 英尺=0.3048 米。
② 是指 20 世纪 80 年代到 90 年代。
③ 即高昌故址。
④ 是指 20 世纪 80 年代到 90 年代。

这张令人吃惊的告示现在看来是被误当成印刷品了。经过大英博物馆研究实验部负责人哈罗德·詹姆斯·普伦德莱恩（Harold James Plenderleith）博士的鉴定，没有证据表明这张告示是印刷物。而辛德勒博士最后也收回了他以前的推测，并且认为马伯乐犯了个错误。

确定雕版印刷精确的开始时间是非常困难的，因为印刷方面的进步如此平缓，令人几乎无法感受到。现存最早的可以确定的雕版印刷可以追溯到公元770年，来自日本。而中国最早的雕版印刷书籍可以推定的时间是公元868年。但是，这些印刷书籍已经显示了高度发展的工艺。这说明早在770年之前用新的方法复制文本就在佛教寺庙和其他地方非常活跃了，并在770年之前已经达到了雕版印刷的某个高度，而且有足够的时间让雕版印刷在公元770年之前流传到日本。关于这个时间，最接近史实的应该是唐玄宗当政的时期（712—756），这正是中国历史上最繁荣的时代，中国文化也发展到了一个巅峰。

唐明皇时代结束于损失惨重的安史之乱，唐朝的荣耀也由此开始褪色。对于所有宗教信仰的兼容并包政策——唐太宗和唐玄宗时代的标志——被弃之不用，取而代之的是对外来宗教的排挤和迫害，包括佛教。这种迫害的极致体现为公元845年颁布的那则著名的诏书①，它导致4600所佛教寺庙被破坏，260500名和尚和尼姑被迫还俗。寺庙遭到大面积的破坏也与唐朝最后100年间的农民起义有关，唐朝时期大部分伟大的艺术品都被毁坏了。也正是出于同样的原因，那些比868年的《金刚经》更早的中国印刷品都没有幸存下来。

## 参考文献

以下是所引用期刊的名称缩写。

HJAS　　*Harvard Journal of Asiatic Studies*, Cambridge

JA　　　*Journal asiatique*, Paris

JAOS　　*Journal of the American Oriental Society*, New Haven

MS　　　*Monumenta Serica*, Peiping

TP　　　*T'oung Pao*, Leiden

Bergman, Folke. "Travels and Archeological Field-Work—A Diary of the Years 1927—1934," *History of the Expedition in Asia*, 1927—1935, Vol. 4 (Publication No. 26 of the Sino-Swedish Expedition). Stockholm, 1945.

Blanchet, Augustin. *Essai sur l'histoire du papier*. Paris, 1900.

Blue, Rhea C. "The Argumentation of the *Shih-huo chih*," HJAS Ⅱ (1948), 1-118.

Chavannes, Edouard (trans.). "Les livres chinois avant l'invention du papier," *JA*, Series 10, 5 (1905), 1-75.

Day, Florence E. "Silks of the Near East," *Bulletin of the Metropolitan Museum of Art* 9,

---

① 845年唐武宗发布了铲除外来宗教的诏书。

No. 4 (Dec. 1950), 108-117.

Duyvendak, J. J. L. "Bibliographie," *TP* 38 (1947), 314.

Erkes, Edward. "The Use of Writing in Ancient China," *JAOS* 61 (1941), 127-130.

Fan Yeh (398-445) *et al*. *Hou Han shu* (History of the Later Han Dynasty). 1739 ed.

Feifel, Eugene. "Specimen of Early Brush Writing," *MS* 6 (1941), 390-391.

Giles, H. A. (trans.). *The Travels of Fa-hsien (399—414 A.D.)*, Cambridge, 1923.

Goodrich, L. C. "Paper: A Note on Its Origin," *Isis* 42, Part 2, No. 128 (June, 1951), 145.

Grohmann, Adolf. *Corpus Papyrorum Raineri* III. *Series Arabica, I. I Allgemeine Einführung in die Arabischen Papyri*. Vienna, 1924.

*Hou Han shu*. See Fan Yeh.

Hummel, Arthur W. "The Development of the Book in China," *JAOS* 61 (1941), 71-76.

Hunter, Dard. *Papermaking: The History and Technique of an Ancient Craft*. 2d ed. rev. and enl. New York, 1947.

Julien, Stanislas. "Documents sur l'art d'imprimer à l'aide de planches au bois, de planches au pierre et de types mobiles," *JA*, Series 4, 9 (1847), 508-518.

Lao Kan. "Lun Chung-kuo tsao chih shu chih yüan shih" (On the Origin of the Art of Making Paper in China). *Bulletin of the Institute of History and Philosophy, Academia Sinica* 19 (1948), 489-498.

Laufer, Berthold. "Review of Carter, *The Invention of Printing in China*," *JAOS* 47 (1927), 71-76.

Liebenthal, Walter. "Sanskrit Inscriptions from Yünnan I," *MS* 12 (1947), 1-40. Cited as Liebenthal, 1947a.

——. "A Sanskrit Inscription from Yünnan," *Sino-Indian Studies* 3 (1947), 10-12. Cited as Liebenthal, 1947b.

Maspero, Henri. *Les documents chinois découverts par Aurel Stein*. London, 1953.

Pelliot, Paul. *Les débuts de l'imprimerie en Chine*. ("Oeuvres Posthumes de Paul Pelliot," IV.) Edited by Robert des Rotours, with additional notes and appendix by Paul Demiéville. Paris, 1953.

Reichwein, Adolf. *China and Europe: Intellectual and Artistic Contacts in the Eighteenth Century*. Translated by J. C. Powell. New York, 1925.

Reinaud, M. *Relation des voyages faits par les Arabes et les Persans dans l'Inde et dans la Chine*. Paris, 1845.

Renaudot, Eusebius. *Anciennes relations des Indes et de la Chine de deux voyageurs Mohametans*. Paris, 1718.

Sanborn, Kate. *Old Time Wall Papers: An Account of the Pictorial Papers on Our Forefathers' Walls*. Greenwich, Conn., 1905.

Sauvaget, Jean. *Relation de la Chine et de l'Inde*. Paris, 1948.

Schindler, Bruno. "Preliminary Account of the Work of Henri Maspero Concerning the Chinese Documents on Wood and Paper Discovered by Sir Aurel Stein on His Third Expedition in Central Asia," *Asia Major*, n. s. 1, Part 2 (1949), 216-264.

——. "Concerning Fragment Stein Br. Mus. Toy. 046 (Maspero, No. 365)" *Asia Major*, n. s. 3, Part 2(1952-1953), 222-223.

Stein, Marc Aurel. *Serindia*. 4 vols. Oxford, 1921.

——. *Innermost Asia*. 3 vols. Oxford, 1928.

Takakusu, Junjiro (trans.). *A Record of the Buddhist Religion as Practised in India and the Malay Archipelago (A. D. 671—695) by I-tsing*. Oxford, 1896.

Wang Chi-Chên. "Notes on Chinese Ink," *Metropolitan Museum Studies* 3, Part 1 (December, 1930), 114-133.

White, Bishop William C. "Knowledge of Early Chinese Culture Revolutionized," *Illustrated London News*, Oct. 28, 1933, 698-701.

——. *Tombs of Old Loyang*. Shanghai, 1934.

Wylie, Alexander. *Chinese Researches*. Shanghai, 1897.

——. *Notes on Chinese Literature*. Shanghai, 1867; reprint of 1922.

Yetts, W. Perceval. *The George Eumorfopoulos Collection*: *Catalogue of the Chinese and Corean Bronzes*. I. London, 1929.

# 第 10 章　印刷术的发明

刘易斯·芒福德（Lewis Mumford）

　　刘易斯·芒福德是 20 世纪最受尊敬的人类学家之一，他也致力于对传播历史的研究，许多著述都是从某个角度探讨文化与科技之间的联系。

　　从活字印刷开始的印刷术的发明，对人类文明的影响至关重要，其作用仅次于钟表；而且其自身也在不断地发展，即便在今天我们仍然可以看到印刷术的不断完善：从工具到手动操作的机器，而后从机器到完全自动调节的设备，最后又从自动化到所有需要人工介入的环节几乎完全消失——只有在最开始的阶段，需要由人来分配任务，最后需要人来消费产品。我最终选择印刷术这个话题是因为它能够展示，在它的发展过程中，艺术与科技是如何联系在一起的，以及这种结合的必要性，因为承担印刷工作的人即便在生活中只是与纯粹的符号打交道，也能不断提升自己，从而促进技术的发展。

　　可能在这间演讲大厅里的许多人都知道，至少大致知道有关印刷术的故事，托马斯·卡特令人敬佩地将印刷术的发展之谜真正地揭开，这根链条只有最后的环节似乎还是缺失的。尽管印刷术及与其相伴的技术——例如，造纸术，从其发源地向其他地方的广泛扩散具有技术发明散布的特性，但是这也依赖它们被编入东方文化和西方文化网络，这些网络的每一部分都对最后的发明做出了贡献。因此，在特殊的情境下，印刷术是世界的技艺，今天有关"同一个世界"的预言通过我们的技术手段已经实现，尽管我们尚不清楚，这同一个世界是否会被原子弹破坏甚至摧毁，还是它将通过广泛的相互帮助而推动更快的发展。不管怎样，印刷术横扫世界，从最先发明活字印刷术的中国，历经一个世纪来到了欧洲。我们将这个过程分为几个步骤：经由波斯到土耳其，然后到俄罗斯，最后我们在荷兰发现第一本印刷书籍，在德国找到欧洲第一本活字印刷的图书。这项技艺也在更早期的文明中有着多种源头，从印章戒指到硬币都可以算入其中。它们可能在过去的两千五百年中的任何时候被运用到书籍的印制上来。但是，在这些方法被用于书籍之前，新的社会性的中介是必要的前提——一个废除了奴隶制的社会，而且这样的社会已经热切地准备好用讲求平等的文化取代等级制度；因此，自由的城邦、城市民主兴起了，城市中能够读写的人群不断壮大，所有这些都推动着书籍的复制，并使这个过程的成本越来越低。

　　在这里请你们原谅我一下，因为我还是要有些执着地回溯一下印刷术的本源，作为对许多更加主流的、与其本源相反的观点的补充,在这里我要再次强调印刷术的象征意义超越了它的实用性:因为最初主要是在艺术、美术领域使用印刷术,诸如木刻画;只是在晚些阶段对于词语的兴趣推动了完美的创新,使之在每个环节更加高级、先进,即人们发明了活字印刷。

活字印刷的基本做法是将单独的字母铸件按照统一的格式放在铸模里,然后将字母连成行、段、章,活字印刷是标准化的、可互换的部件的最初模式;但这往往被健忘的历史学家归功于生活在这很久之后的发明家——伊莱·惠特尼(Eli Whitney),他完善了武器制造的标准化。最后,印刷过程本身一开始是通过手工操作的,然后在19世纪改用动力驱动,自动化和机械化程度不断提高。在印刷术发明的那个世纪里,抄写员、手抄者被从他们长期占据的图书生产领域驱逐出去了;与这些严重的损失不同,在印刷术的初创阶段其强有力的收益使手工抄写中的好东西被保留了下来,而其中不好的部分,例如不可避免的千篇一律和枯燥的内容则被摒除了。到了古登堡的发明时,图书印刷工艺已经达到了完美、令人赞叹的地步,通常来说后面的任何努力都再没有实质性的超越了。

为了理解从抄写到印刷的变化中究竟哪些事务卷入其中,我们必须比较早期的手写体、正规书法和更加正规的手抄体之间视觉上的差别。所有手写体中都有特殊的元素,因此我们可以将其区分为出自教士之手还是人文主义者,是来自公务员还是通过帕默教学法(Palmer method)学习书法的人,或者是出自寄宿学校的学员,总之没有哪一种艺术形式能像字迹一样告诉我们这么多信息:每一笔每一画都透露了书写者的个人特质,他(她)的风格、脾性和生活中的一般习惯。因此,字迹才真正是了解人们个性特征的钥匙,而艺术家的签名是最能高度体现个性的艺术。正如你所了解到的,中国的书法家通常会在书法之外用相同的风格作一幅画,两者相辅相成,在视觉上构成一个整体。但是,书法中的高度个性化本身却是广泛交流的障碍。因为人们在阅读每一页内容的时候,都要努力理解书写者的个性,既要尽力去掌握他的字体中表现出来的变化莫测,也要去理解其所表达的奇思异想,这就使阅读成为最费力的技能了。因此,从易读性和普遍性的角度考虑,在抄写书稿时实现一定程度的中立性和非个人性是重要的,这需要抄写者牺牲对自身的表现而实现秩序,放弃个人的癖好而顺应每个字母的通用写法,并严格地将其产品标准化。这种有代表性、可复制性正是机器所能实现的。在抄写员将同一个字母重复上千遍之后,他的书写就可以实现非个人化的特点。而且随着习惯和重复,以及在严格的约束和收敛个性中,手抄文稿已经达到了机器印制的完美程度,在这个过程中,字母已经可以随时转化为活字的形式了。

但是,请注意,当技艺本身与人类其他同样重要的目的分离后会带来谬误。从有效沟通的立场上来看,人工抄写因为需要大量的劳动①而逐渐失去了其存在的本质原因。在这个角度上,抄写方面的发展与其他技能的发展是相似的,反映了人类富有创

---

① 无论从抄写还是从阅读的角度来看。

造性的发明的共同趋向,一旦它从实际需求的束缚中解放出来,便走向了奔放,并且试图将审美的快感延长到合理的时限之外。在中古时代修建的大教堂中,拉斯金(Ruskin)甚至发现,那里的有些雕刻并不在人们的视野范围内,可能只有拉斯金和雕刻的原作者才看到过。这种令人愉快的工作应该延续下去,因为它可以创造美好的生活,但相当明显的是,这样的要求自身具有短处;并且从图书这个例子来看,图书装饰者和插画作者为了实现美学方面的出色表现也需要延长复制的流程,从而限制了图书的流通发行。即便手工劳动粗糙而且快速,产量也是很低的;但由于手工劳动是仔细的、一丝不苟的,就在更大程度上成了知识传播的制动器。书籍到底多么珍贵和独一无二,人们在多大程度上把书籍视为艺术作品,我们可以从前人那里代代相传下来的规定中了解:在空白的地方不能胡乱地涂写!在书上不许留下脏兮兮的手指印!书页不能有折角!但是,由于艺术扼制着生产,即便在未开化的时代,还是没有足够的书籍流通。因此,随着手抄本的发展,终于到达了这样的节点:两股推动力——技术的和审美的——分道扬镳了。复制流程中美学的和私人的部分妨碍了图书在实践中的推广;为了实现传播思想的目的,现在到了让复制图书这项技艺的两个方面分离的时候了。在这个节点上,机器加入进来,承担了这个流程中重复工作的部分。其结果是,几乎一夜之间印刷术本身就达到了成熟阶段。

  不幸的是,人们用了很长时间才发现,机器凭借自己的力量就能成为一项技能,而不需要,事实上也不能,努力模仿特别优雅的手写书法艺术。如果从图书装饰者理想的角度来看,纯粹的美学效果才是目标,而印刷简直就是拙劣的替代品;因此早期的印刷者应该感觉到来自传统判断上的压力,一直到19世纪,他们都会请图书装饰者在印刷好的书页上再进行润色;某些艳丽的颜色、封面上华丽的人物造型和花草与几何图形等并用的错综图饰、段落开头用特殊字体书写的首字母,这些都围绕在沉闷朴实的文字周围。但是印刷,即便在蒸汽印刷机和莱诺整行铸排机完全使之机械化之前,已经从根本上是一种新的艺术了,其拥有自己特殊的品位和审美表现上的标准。早期的印刷者不愿意仅仅用铅字来表达,他们认为机器装饰胜于没有装饰,然而他们应该意识到,表达上一定程度的简洁、保留和含蓄是良好的机器艺术的特征;吸引我们的应该是功能本身,而美学上的诉求应该是以理性判断为前提的。如果机器艺术的本质是功能的体现,也就是说美丽的事物——用霍雷肖·格里诺(Horatio Greenough)[①]令人印象深刻的话来说——是"关于功能的承诺",那么印刷者的主要努力应该是将作者的意思传达给读者,并且在这个过程中尽量不夹杂印刷者个人的东西。

  用活字印刷制成的印刷品似乎出现得很唐突,如果只做浅显的分析,可以将它们看作伟大的机器化的杰作,但是透过这样的表象,我们仍然可以从这些印刷品中看到几千年以来自我修养和美学上的训练,以及与之相伴的对于思想领域的天赋的尊重和

---

  ① 霍雷肖·格里诺(1805—1852),美国雕刻家,他提出"形式追随功能"的主张,十分厌恶那个时代流行的折中主义的美学观念,提出了建筑与自然的模拟。

深入挖掘生命内涵的努力的成果。这些训练中的一部分对那些设计排印版式的人仍然是重要的。你可能会想,一旦采用了印刷术,就应该能够完全摆脱早期资源;但事实是,即便是全机械化艺术,仍然体现了艺术和技术之间的相互依赖。在印刷术发明的那个世纪里,各种印刷字体、理想的形式开始起源,而这些形式一直流传到今天。有时候,我们看到早期印刷的书籍虽然采用了同样的字体,但是从我们现代的阅读口味来看,却显得过于紧凑和拥挤,好像版式设计者仍然觉得纸张如同羊皮纸一样珍贵而舍不得使用,而且为了留下较宽的空白,每一行都挤在一起。但总的来说,这些印刷品已经很完美了,已经超越了早期版式设计者和印刷者的作品——他们仍然在使用老式的手写体,而这足以和伟大的尼古拉斯·詹森(Nicholas Jenson)①媲美。在书法艺术陷入衰退的时候,铅字设计艺术立即变得更加复杂了,因为在机器的精确性和抛光工艺的帮助下,版式设计者往往完全失去了亲"手"接触的机会。一旦正如19世纪所表现的那样——对使用性和合理性的关注超过了对审美的兴趣,那么在印刷品中的铅字本身和版式上都会出现一系列错误:如同维多利亚时期资本主义的庞得贝们(Bounderbys)和葛擂硬们(Gradgrinds)②,混淆丑陋与效率,而选择那些比例失调、难以辨认、非常丑陋的字体。

　　机器印刷的发明所带来的两项伟大的成果,在某种程度上与所有工业艺术的进步有类似的特征:已经标准化的产品按照更严密的方式进一步规范化,通过机器模板将手工艺人从人工制作模板的苦差事里逐渐解放出来。尽管如此,如果在这样的变化中有损失的话,我认为这也是印刷术为词汇和世界带来的好处所付出的合理代价;虽然它可能阻断了抄写者的工作,但是它使作者能够将自己的作品直接地发行到比以前广泛得多的人群中去。印刷术打破了对书写文字传统的垄断,使得收入微薄的普通人也能够找到进入文化世界的入口,至少文化可以借此变成话语或其他可印刷的符号;由此产生的结果是,每个人时间和空间上的活动范围大大扩展了,过去和未来的人、附近和遥远的人、早已去世的人和尚未出生的人都汇集在一起。最近几代人可能高估了会读写的益处,但是这些益处并不是自动形成的,而是需要一些前提条件,如果没有对它们进行合理利用,就会在不断高涨的骄傲和偏见中,失去一手经验和直接的接触,也会同时失去感知和感觉能力。但是,我们对于不会读写所带来的障碍怎么高估都不为过;因为这限制了人们与世界的联系,是对文化的隔离和囚禁,是人类发展的重大灾难。因此,再一次强调,尽管印刷毫无疑问地突出了人们天生的视力上的弱点,尤其在过度用眼而导致的视力衰退方面,但是它至少使人类的心智从对不相关的具体现象的关注中解放出来。只是现在由于广播和电视的过度发展,我们又重新陷入了愚蠢的文

---

　　① 尼古拉斯·詹森(1420—1480),15世纪伟大的人文主义字体设计师,罗马体(Roman)中的Jenson字体即由他创造,这种字体被称为最完美的罗马体。在Jenson体的影响下出现了一系列现代罗马字体,例如Times New Roman、Caslon、Garamond等。
　　② 庞得贝和葛擂硬是英国19世纪伟大的批判现实主义作家查尔斯·狄更斯(Charles Dickens)的小说《艰难时世》(*Hard Times*)中的人物,是两个典型的功利主义信徒。

盲状态，这也使我们意识到，如果没有印刷语言带来的助益，我们将生活在多么低层次的抽象之中。与口头语言的冗长啰唆相比，印刷的快捷性和经济性完全可以弥补因为印刷品所导致的某些人类优点的丧失。

除了我没有提到的可能性，印刷术还可以进行的革新，应该主要是在技术方面。这应该与发生在其他领域的技术变革类似。一种改进显然已经实现，现在所有的手稿在印刷的最后几个步骤里，已经可以在监测设备的帮助下，不用任何印刷工人的介入而完全自动地完成。如果印刷术已达到发明的顶点，那么这项技艺将达到它理论上的完美极限。很久以前亚里士多德就设想了这样的极限，用我喜欢引述的话来说，那就是当乐器可以自己演奏，织布机可以自己织布的时候，奴隶制就消失了；而且，他补充说，"工头不需要助手，也没有主仆关系了"。另外一种可能，也是技术方面的，将引向另一个方向，不是自动化和大规模生产，而是使印刷或其他类似的工艺成为更简单、直接的方法，因而使小规模生产，甚至个性化生产成为可能。从胶版油印到胶版影印已经越来越使小批量印刷成为可能。威廉·布莱克（William Blake）[①]可能稍微领先他所在的时代一些，他用自己的方法小批量地印刷他的诗集。非常感谢友善的藤田秀平（Tsutomu Ikuta）教授，他将埃蒙德·布伦登（Edmund Blunden）[②]在日本手写完成的，然后影印并且用胶版技术复制的诗歌翻译给我，使我拥有了布伦登诗歌的非常有意思的版本，这是在当今用最古老的木刻印刷术制作的版本；而且这个产品率真、简单和美丽，它所展现出的手工作业的精致以及对物质支持的适度的要求，可能都指示了一条道路，通过它我们可以摆脱大众产品的平庸乏味和只能可怜地依靠大型市场的窘境。这样的印刷方式，可能将使现代出版者不再不情愿地出版诗集或者其他完全用于满足某些个人爱好的出版物了。

---

① 威廉·布莱克(1757—1827)，英国浪漫主义诗人。
② 埃蒙德·布伦登(1896—1974)，英国诗人、作家和批评家。

# 第 11 章 早期的现代读写能力

哈维·格拉夫(Harvey J. Graff)

哈维·格拉夫是得克萨斯大学达拉斯分校(University of Texas, Dallas)的历史学和人类学教授,出版了多部享有盛誉的著作,包括《读写能力的奥秘》(*The Literacy Myth*)和《读写能力的历史》(*Literacy in History*)等。

## 印刷、改革和宗教运动

在西方历史中,宗教改革运动可以算作读写能力和普通民众教育得以推广、普及的最积极的推动力之一。这也可以毫无疑问地被看作教育改革运动,因为:"宗教改革的基本假设是,一个人必须从小就接受宗教信仰和道德观念的灌输……而且这样的教养活动应该在针对大众的公共学校里进行。"[1] 宗教改革运动所包含的元素远不止信仰和神学方面。它的根源在中世纪;经济、政治、文化和社会等多方面的因素不可避免地交织在一起,共同引发了深刻且导致社会痛苦的分裂的公众运动。这场运动中的冲突几乎贯穿了整个 16 和 17 世纪;在西方社会和文化领域中对社会生活的变革需要长时间的努力,而培养读写能力总是其中的重中之重。

基督教会的改革运动是宗教改革的中心因素,而教会改革是由马丁·路德(Martin Luther)在 1518 年"发表"的《九十五条论纲》(Ninety-five Theses)所触发的。由于对教会和罗马教皇的日益不满,16 世纪上半叶激进的意见分歧者的数量虽然缓慢但却稳步地增加着。

宗教改革中主要的改革活动——除了"新敬虔运动"(Devotio Moderna)之外——都帮助改革形成了在道德标准和惯常的行为方式方面的共识;这些改革活动都需要世俗权威的支持;从《圣经》里引经据典,并寻找灵感,而且求助于早期的教会。活动者寻求社区的重新肯定、虔诚和宗教的重新组织,以及内在和外在自我的重新整合。以人文主义为核心思潮的欧洲北部的文艺复兴可能是宗教改革运动中最为重要的一个流派。人文主义是从诸如印刷术的发展、城市化和与之相联系的工商阶级,还有不断增多的会读写的普通公众(而非教徒或僧侣)等新元素中获益的;而这些也为文艺复兴提供了一个乐观而先进的改革计划。[2]

16世纪早期的人文主义开始转向教育普通公众,以寻求更多的信徒和更积极的虔诚。但是,宗教改革者的教义的影响仅限于神学层面,而生活在主权国家中的政治家还需要改变主要的社会和经济结构。因此,在这场宗教改革运动中,有的人转向新教教义,有的人转向天主教教义和教会。市民、贵族,甚至农民都对这场改革做出了拥护或是反对的回应。

马丁·路德自己的改革是从立足于改变大学的总体课程开始的,他希望用《圣经》和圣奥古斯丁(St. Augustine)的学说代替亚里士多德和经院哲学。他担心自己提出的理论的敏感性可能带来麻烦,因此只是小心地在官方许可的范围内提出挑战。但是,他并没有得到什么反馈,于是他将论纲的手抄本送给一些朋友,以阐述自己的观点。这些手抄本被传抄和传阅,甚至被翻译成德语,而后整个基督教世界都被路德的理论唤醒。[3]

极大地推动了这次宗教改革的两项最重大事件是印刷术和本国语言的使用。这些根本的趋势对读写能力的发展尤其重要,尽管它们的贡献往往没有被直接或立即承认。而导致西方基督教世界的永久分裂以及中世纪的完全终结的,既非路德和他的学说,或教会的等级制度,或当时的社会背景,也不是其他任何单独的因素或某一发展,而是这些因素共同作用的结果。

活字印刷术对16世纪宗教改革的贡献很容易被夸大。在这一世纪初期,传统的道德与宗教方面的书籍已经十分流行,但是新近发展出来的文学形式——例如布道集册和教堂神父的作品——也在宗教改革运动前出版了。虽然这一时期出版了大量宗教类的作品,但是它们只是当时所有出版物的一小部分。在16世纪的大变革来临前,这类书籍所抵达的受众范围并不比此前更大。

这种情况在1517年的德国发生了变化:宗教事务一下子成为社会中至关重要的问题。由于意识到印刷物具有影响公众的想法和观点的能力,因此产生了第一个借助出版的力量展开的宗教宣传运动。宗教改革者试图"让每个人都能得到用本国语言所写的《圣经》,以此成为宗教改革和宗教复兴的基础"。

出版业并没有决定开展宗教改革,而只是在这段时间里从技术上为之做好了准备。多年来,出版界印刷了大量敬神的材料,比如《圣经》、简单虔诚的图书、布告、小册子和大型海报。这些印刷品在一定程度上为宗教改革者和他们的反对者提供了一个可以反复验证他们的想法的手段。

传单,尤其是布告,有助于公众获得信息。文盲可以从张贴海报者的朗读中得知海报的内容。正是因为这些印刷物可以通过刚才提到的方式得以利用,因此它们的出现并未导致识字率的提高;但是这加快了信息的流动,并且使越来越多的信息可能被人们接收。印刷术的使用确保路德的论纲和他在此之后的作品迅速而广泛地流传。[4]

印刷的贡献引人注目。人们津津有味地读着张贴在墙上、教堂大门上和楼道里的通知。路德所写的作品为世人所需,与此同时他和他的同事又不断地用本国语言完成了更多的作品。对教堂神父和僧侣的讽刺画册的出现也支持和回应着路德的运动。

更为重要的是,这一时期在德国印刷的书籍数量迅速增加。德国印刷业中与宗教改革相关的业务直到中世纪完全结束前都相当繁忙。

《圣经》的散卖者和图书零售小贩也将关于宗教改革的宣传带到了乡村。正是以这种方式,印刷品直接影响了1524年至1525年的农民起义。这次起义是路德教友会改革的分水岭,由于改革领袖意识到改革对当时社会秩序的威胁,于是收回了他们请求大众参与的呼吁。此后的宗教改革将更多的努力投向正式的、更谨慎的机制和宗教上的变化,从而使其更直接,也更可控。关于辩论术的小册子的数量萎缩了,因为这个时候出版业已经成为宣传中的一个更可操控的工具。与改革有关的印刷物变得更局限于宗教和神学,但是本国语言的出版物依旧保留其主要地位。[5]

路德继续将《圣经》翻译成德语,并且获得巨大的成功。尽管有些购买者自身并不能阅读和理解这些文字,但是对很多人而言,这是信仰、虔诚精神,甚至是身份的象征。除了在城市区域有相对较高的识字率之外,随之而来的宗教改革的教育运动表明,大众的阅读习惯及能力远无法满足人们在阅读方面的要求。

由于意识到培养一般信徒的读写能力是改革的前提条件之一,而且为改革而进行的斗争也有赖于印刷物,因此没有必要再去论证阅读的决定性价值。阅读是人与人交流的传播媒介;阅读的重要性从印刷物与读写能力之间的互动潜能中得以体现。有些读者可以启迪许多其他人,这些被启发的人群似乎并不需要高水平的读写能力,同样可以皈依宗教,并且信奉宗教;因此,在我们看待读写能力和印刷物所发挥的作用时,更应该从大众文化的角度而非知识分子和神学的角度来理解,也就是应该在16世纪的社会文化背景下解读。

宗教改革运动的观点通过多种渠道得以传播。其中之一就是人际接触。路德和他的支持者做了一些这方面的工作,但是更多的是由到处走动的中间人开展的,如传教士、推销员和旅行者。印刷和读写能力显然也在其中有所贡献。

讯息同样也通过印刷和抄写进行传播,例如图书、手抄本、图片、私人信件和歌曲在各地的流传。在这样的过程中,读写能力发挥作用,其他因素,例如宗教改革的作品带来了高额利润,因此这些作品从一地被带到另一地,同时被翻印,然后卖到其他集镇和城市;这样,路德的想法并没有经过人际接触就得以散布。对于文盲人群,路德的观点则通过视觉工具(木刻画和铜版画)和口头传播的形式来吸引他们。

社会机构,包括大学和政治管理机构也帮助传布福音,从而补充和强化了人际交往。教授和学生在完成他们在大学的研究任务之后常常要回到他们的家乡,在那些地区通过讲道、公共服务或积极的公共行为传播新福音。其他机构的贡献来自在帝国城市和领邦城市管理机构或其他类似机构工作的公务人员。读写能力和印刷物与人际交往、组织交流一起共同传播了宗教改革的思想。布道运动和传教士在这个过程中也起到重要的作用。在这个基础上,我们可以捕捉传播发挥广泛连接作用的更为完整的本质,以及在16世纪的社会中媒介的混合性特征。尽管印刷和读写能力很重要,但是它们仍然只是更大整体中的一部分。个人关系、印刷物,以及写作、口头交流、机构都是这一整体中的一部分，单独地以及相互联系地对整体发挥作用。公众的读写能力对于改革的意义和它的对立面都精确地体现在这些关系的本质之中。[6]

印刷和其他媒介以及传播渠道在德国所发挥的作用并非例外。类似的国际性改革运动的进程也出现在法国、瑞典、英国、低地国家和斯堪的纳维亚地区。改革运动也通过殖民者被带到了新世界。[7]

在另外一个层面，印刷技术的发展也对知识分子和教士产生了重大而矛盾的影响。印刷术的使用辅助了教会内部的改革运动，推动了宗教文本内容的标准化、对礼拜仪式规则的遵守，也影响了布道的习惯，并且复制了所有的作品，包括新的和旧的。另一方面，印刷术的这些作用并非事先就可以看到，因为事实上这些优点既为教会所利用，也为其反对派所用。印刷的文本可以使教会的惯例标准化，并且使之得以改善；或者它们至少能向识字者展现官方教义与教士实践之间的差距。"印刷的稳定性使立场一旦确立便更加难以颠覆。书籍所表现的论点之争变得更加两极分化了，而小册子之间的竞争也加速了出版。"

尽管很多主张都在强化"印刷的稳定性"所带来的力量，但是这样的力量几乎没有阻止作者们在出版物中改变自己的想法或立场，修正自己的作品，甚至心照不宣或不知不觉地通过自我否定使自己的思想水平得以提升。从路德开始，许多改革者都是这样做的。印刷品上的文字之战具有一种早期手稿辩论所不具备的力量。与面对面的辩论和争论相比，这些辩论和争论所涉及的问题的数量、分歧和激烈程度远远超出了文字时代。因此，印刷使现代意义上的宣传成为可能，而宗教改革就是早期的例证，尽管它可能不是第一个。人文主义者和教会都致力于这样的宣传工作，直至第一次全球性改革的爆发。

这次爆发最主要的一个源头是本国语言的《圣经》，教会并不愿意对此给予支持。由改革者所推动的一项最重要的革新是对印刷术的广泛使用，这不仅对普及读写能力是一个巨大的推动力，也极大地推广了对本国语言的使用。但是，将对《圣经》的研究区分为学者们的释经活动和一般信徒的《圣经》阅读是有必要的。新教对这两种研读经文的行为都予以支持，而天主教只支持前者。

新教徒的教义强调《圣经》的阅读是自我拯救的途径，由此产生了特殊的推动力，推动读写能力的发展。目前这种看法已经成为既看似神秘又接近真实的定论。新教是推动读写能力在西方大众间传播的至关重要的力量。但是，天主教在这个问题上遭受了过于负面、过于片面的指责。[8] 手写《圣经》在基督教发展的早期，具有神圣、非凡的价值。基督教早在新教之前就广泛地强调流通书面版本《圣经》的必要性，尽管当时的现实情况是教育机会被严格地限制，因而读写能力的不足使得信徒无法自己阅读这本伟大的书。一方面，正是这个原因，以及只有那些会拉丁文的信徒才能够阅读《圣经》的事实，另一方面，是与《古兰经》相比，基督教中新教与天主教有严格的界限，这两方面因素的存在使人们误认为基督教阻碍了读写能力的发展，而真实情况其实要更为复杂和有趣。《圣经》从没有像《古兰经》和伊斯兰教那样苛求神职人员只能从经书中引经据典；天主教教会也没有禁止一般信徒接近《圣经》的经文。下面提到的其他原因应该更为核心。

在后特伦托城时代（Post-Tridentine）（特伦托大公会议①）的政策与中世纪的教会不同。这其中出现了一个令人印象深刻的强化政策，即禁止本国语言的《圣经》流传，这一举措使得原本几乎所有的信徒都能接触到宗教教义——其通道是以读写能力，乃至读懂《圣经》为标志的——的情况再次成为不可能。这些教义在很长时间以来被看作神圣不可冒犯，其标志性的表现就是普通的天主教信徒不能直接接触到它们。特伦托大公会议非同寻常地认同了某些教育形式上的进步和世俗的学习形式，但同时剥夺了信徒通过本国语言的《圣经》直接接触教义的权利。这项决定带来了很多后果：不仅导致后来公众的集会远离宗教、教士和教义，也终结了将近两个世纪对天主教教义的认真翻译，而且威尼斯的出版者也因为许多最畅销的产品被禁而受到很大的打击。只有在罗马天主教受到新教传统威胁的那些村庄，本土语言的《圣经》才能出版发行。[9]

与被禁止相反，本土语言的《圣经》、祷告书和教理问答②可以被已经改革或正在改革的教会所采用。这些与其说是创新的，不如说是更传统的资料，被翻译成了本国文字，被用来作为开展学校教育和培养读写能力的基础工具。教育方面的推广和宗教的推广被结合在一起，两者相互促进、相互提升。语言的统一作为国家建构的一部分也在这个过程中被向前推动。[10]

天主教国家与新教国家在支持公众或大众教育和提高读写能力方面的差异，总是被夸大，而其中混杂的许多地方性的因素却被忽略了。新教国家提高读写能力的举措是以普及社会道德和将宗教世俗化为核心的，与之相对应的是天主教国家更注重赋予个性的、自由的、独立的和自我发展的目的。当然，个人对读写能力的掌握往往不由新教推动力所控制，尽管新教推动力通常占主导地位。与许多结论相反，既非印刷出版本身，又非新教主义，单独在16世纪或早期现代化阶段塑造了当时的社会形态。就像每个人都不能与他人完全割裂一样，社会生活中的诸多因素也无法从其背景中或各种因素的结合中分离出来，这些地方性和全国性的因素相互赋予意义，彼此建构作用。

从这个角度来看，在16世纪后半期应该重点关注的是，后特伦托城天主教会成功地、有意识地动员出版者为他们的反改革运动效力。天主教会同样也将印刷品用来改变宗教信仰，为教士和普通信徒印制宗教材料，并且为出版者提供利润。在英国，"天主教出版者娴熟得如同清教徒印刷者一般，处理由偷偷摸摸地印刷和秘密推广的图书而带来的问题"。尽管他们的境界不同，其热情也受到一种巨大的矛盾力量的遏制，但是天主教改革者不得不提高一般信徒的读写能力以反对新教教义，并为他们在新的宗教多元化中的位置而斗争。[11] 印刷品因此包含宗教、经济和政治方面的议题；读写能力

---

① 特伦托大公会议（Council of Trent）是教会第十九届大公会议，召开时间为1545年12月13日至1563年12月4日，包括4个阶段，总计25场会议，中间经历了3位教宗。特伦托城是意大利北部的一座小城。这个大公会议召开的目的，除了规定并澄清罗马公教的教义之外，最主要的还是对教会内部的全盘改革。

② 教理问答是基督教各派教会向初信者传授基本教义的简易教材。

及对其的掌握也是如此。

## 北美殖民地民众的读写能力

与历史的陈规不同，北美殖民地上的居住者生来既不具备当代风格的读写能力，也不具备普遍的读写能力。他们来自欧洲，尤其是英国。[12] 研究美国历史的美国学者，在强调美国作为旧世界（以欧洲世界为核心）的"种植园"这一特别且独一无二的身份时，往往也扭曲了其与大西洋彼岸的连接，而在殖民地上生活的殖民者却非常看重这份情谊。最新提出的更符合当时背景的、更为准确和成熟的观点认为，殖民者与第一代人出生和社会化的世界，以及不仅塑造了他们的生活，也塑造了他们后代的生活的文化紧密相关。对于教育的态度、对读写能力的评估、对社会机制的关注，以及更广泛的文化母体都被这些移民者从大西洋的一岸带到了另一岸，但是他们在北美殖民区域的荒野上建立和发展新的社会的过程中，也不断地对这种文化进行着改造。[13]

17 世纪这些殖民者的读写能力已经相对较高了。在新英格兰（New England），男性殖民者的识字率在 60% 左右，而同时代的英国男性识字率却不超过 40%。[14] 清教信仰是其中的一个原因，因为宗教词汇和图书能强有力地推动它的信徒掌握读写能力。这种推动力是复杂的；从某种程度上来说，信仰对推动读写能力的提升起到直接的作用，几乎使读写能力提升的比率呈直线上升。[15] 但是，比起清教信仰，选择迁徙这一决定应该对移民的第一代掌握读写能力的影响更大，这个因素应该是最重要的；人们可能基于宗教、家庭、职业、人口、地理或经济等方面的原因而去掌握读写能力，而且/或者来自高于平均识字水平的地区的人更有可能跨过遥远的大洋迁徙到彼岸。这两种选择交织在一起共同导致移民者（在男性中）的识字率比家乡人口（在男性中）会签自己名字的比率要高一倍半，甚至更高。[16]

早期定居在魁北克（Quebec）的法国移民也有类似的情况。在 17 世纪的后 50 年里，来自欧洲大陆的移民拥有相当强的读写能力。结婚登记数据显示，出生在法国的、在 1657—1715 年间结婚的人口中，有 38% 的新郎和 32% 的新娘能够签署自己的名字。而这一时期的英国在北美的殖民地，女子教会学校正在令人满意地创办，因此 46% 的新郎和 43% 的新娘都可以为自己签名，与同时期的欧洲相比，不仅比例更高，而且性别间识字率的差异也更小。移民的第二代在乡村和偏远地区提高识字能力比在城市里更加困难，这一点无论是在魁北克地区还是在英国殖民地都是如此。在那些地方，虽然学校教育是传统，但是仍然存在着阶层、性别和地理区域的差异。[17]

在 17 世纪早期，对于大多数英国人，尤其是清教徒来说，教育、上学和读写能力显得尤其重要。这样的价值观也被殖民者带到了新的居住地。英国的新教徒，特别是清教徒，强调个人接近书籍和词汇的重要性，因此看重上学受教育，新英格兰的移民者的想法也一样。在英国人移民到马萨诸塞州（Massachusetts）的短短几年里，有关为所有孩子提供教育的著名的学校法就颁布了。这样做是为了表达虔诚,而不是对殖民地的地荒野的恐惧反应,这些法律是传统的清教动机的体现;清教思想有助于提高英格兰的识字率,配合法律的强制性,它们共同成为教育发展的强劲推动力。识字能力是向上帝敞开心灵的普遍的先决条件,这也是清教徒密切关注的契约的核心责任。[18]

新英格兰殖民者见证了识字率从17世纪中叶的略微超过50%,到18世纪末几乎所有男性移民都识字这样的提升。在17世纪,读写能力的发展是缓慢而且充满波折的。总体来看,读写能力在移民的第二代身上几乎没有变化,这一代人在17世纪60年代左右受教育,1710年左右去世。读写能力达到高水平——这在许多西方国家成为趋势之一——是逐渐开始的。新英格兰提高读写能力运动是大规模地通过地方的、城镇的和英国模式的教会学校展开的,并主要在18世纪获得成功。[19]

妇女的识字率在新英格兰也相当高。在1670年之前去世的新英格兰妇女中,大约有1/3能够在遗嘱上签署自己的名字,这个比率是同一时代生活在新英格兰的男性比率的一半,却是同时代英格兰女性的一倍半,新英格兰男性与英格兰男性也存在同样的倍数关系。但是,女性在17世纪上学读书的机会并不多,直到18世纪向女孩传授读写能力才如同对男孩进行教育一样被普遍接受。女孩父母的识字情况对女孩自己的读写能力没有任何影响,教会成员是对女性的识字能力有重要影响的唯一因素。传统的清教徒同时从个体层面和社会层面感知宗教信仰。那些识字的女孩大多来自父母双方都是神职人员这类家庭。家庭的富裕水平与女儿的识字能力无关,而与儿子相关。对于女性来说,即便是出生于精英阶层也不能保证她具有读写能力。[20]

读写能力对大多数定居者并没有实际用途,因此对拥有这种能力的渴求的增强,首先出现在18世纪的社会转变之后。家庭越来越愿意和有能力送孩子上学,尤其是男孩,这带来的结果是签名能力的提高;同时,由于人口密度的提高以及社会的发展,学校教育能力也在不断提高。商业化和城市化的发展,要求有更多的男性劳动力具备阅读和书写能力,而且这两方面的发展也得益于读写能力的提高。在这样的背景下,社会发展和原始的创新交织在一起,共同推动了男性公民识字率从约66.67%提高到几乎100%。这个进程相对于革命和"解放运动"来说更加保守,其实质是在早先识字率较低的人群和地区展开的一场运动,即质疑传统的看法——读写能力与社会地位相关,而与经济地位无关。

在17世纪,读写能力的社会和地理分布显得更为保守。如同在殖民者的旧世界一样,更多的城市居民和拥有较高社会地位的人,比起生活在农村和社会地位较低的人群,更可能拥有较高的受教育水平。与在英国一样,读写水平直接与社会地位相关。定居者的社会地位和与之相应的财富水平、职业位置、尊贵程度以及其他方面共同决定了读写水平。

许多历史学家认为,读写能力是在新殖民地形成现代人格的工具;积极行动、热心参与、乐观主义、警觉敏锐、认同世界大同和更广义的忠心耿耿都是现代人格的特征。由此可以推导出,现代人应该更加理性、有计划性和精于算计。[21]尽管呈现出了上述特征,但是通过对殖民地新英格兰的慈善事业的考察,我们并没有发现捐助者的态度行为出现现代化的转变。拥有读写能力的男性并没有表现出更多地满足社会需求的意愿,尤其是在家庭之外的事务上;与帮助某些具体的人相比,他们更愿意把注意力放在抽象的事务或机构上;他们更愿意帮助自己的家乡或所居住城镇之外的地方;更愿意改造社会而不是局部调整和缓解矛盾。因此,这些对慈善行为的分析表明,所有的捐赠者或贡献者的行为模式与他们是否识字没有相关关系,识字的施舍者和不识字的施舍者之间并没有很大的差异。拥有大量财富的识字人群可能比同样富裕但读写能力低的人更乐于慈善捐助,但是在并不富有的情况下,识字者和不识字者之间就不存在差别了。

进行慈善施舍往往源于帮助穷人或推进宗教信仰的传统。很少有施舍的目的是改造穷人或使宗教信仰符合世俗需要。因此,几乎没有一项慈善事业是用于使人们受教育或推动社会发展的。看来,读写能力并没有在人们的宗教信仰和行为态度上发挥强有力的影响。[22]

读写能力的确为人们装备了有用的技能。不过,读写技能的差异和当时的环境也限制和阻碍了其发挥应有的作用。在17世纪,很多人不识字,而社会也并不需要高水平的普遍读写能力。那时候大部分事务都是地方性的或个人之间的联系。而新教徒有强大的口语文化,这种文化塑造并且接纳了这样一种价值观,即个人对书籍和词汇的接触是重要的。除了祈祷和虔信之外,在日常事务中并不经常需要阅读和书写。在乡镇,转让土地是由专门的地方文书来登记的。"社会运作所需要的能够读写的劳动力的数量与识字人群的数量之间并没有很大的差距。"[23]高水平的读写能力并不能帮助新英格兰的殖民者处理各种混乱,这包括频频出现的像瘟疫一样流行的社会和文化的败坏,以及改革中的诸多麻烦。

如同在英国,口语文化和书面文化相互交织。口语媒介的作用在于散布大量的印刷文化。图书中的插图用于将各种观念传达给文盲,而且图书被设计成能够大声朗读的样式。印刷世界的实质是彻底地传递和散播各种信息,打破了那些单独、安静的阅读者相对狭隘的界限。[24]

印刷品从1630年开始在新英格兰出现,一年后有了第一家出版社。在马萨诸塞州的剑桥所创办的出版社受到英国国内事务的影响,特别是从英国对荷兰清教出版物的审查制度所延伸出来的对印刷品的控制。这个出版社发展缓慢,大部分的作品是宗教类或行政管理方面的。图书商挨家挨户地兜售他们的商品。他们的图书主要是关于宗教信仰的,他们也售卖年鉴、医药手册和其他文字作品,如经典文学、历史和实用书籍。出版社出版的其他书籍主要由最富裕的或接受过最高等教育的居民直接购买,他们拥有17世纪的新英格兰最有分量的私人图书馆。[25]最初,只有大学毕业的人才能拥有可以称得上图书馆的图书收藏。有限的证据表明,早期移民者的出版文化并不是生机勃勃、充满活力、能够激发世俗文化发展的——大部分的印刷品都与宗教有关。

新英格兰的学校教育历史更多地属于17世纪末期和18世纪,而并不是在17世纪发端的。人们具备读写能力的社会现象和教育活动在一定局限下的重构，共同推动了学校教育以相当系统、规范和制度化的方式演进，这是紧随早期的殖民地大农场的建立和社会建设而来的。读写能力在17世纪的社会分布与殖民者自身读写能力的差异相关；但人口的集中度、财富的聚集状况、商业化程度和"规范的成熟度"都与学校的出现有更紧密的关系，而与殖民者的实际做法并没有那么紧密的关联。来自英国的男男女女尽管将英语、清教的动机、价值观，以及学校教育计划一起带来了，但是显然在最开始他们没有将建立很多学校放在首位。法律所要求的强制性的义务教育机构也似乎没有成立。[26] 大部分发达的城镇都可以建立学校，但是他们并没有这样做。

在北美殖民地，学校教育是以传统和信仰为导向的。这里的孩子所学到的东西与英国的孩子一样，他们从儿童入门读物以及（或）初级教程开始，然后到由校长或牧师管理的学校读书。教理问答是课程的核心。入门读物，例如著名的《新英格兰初阶》（*New England Primer*）①之中包含着大量的宗教素材。道德伦理、信仰训练以及知识的传授是这一时期学校教育最可贵的成就。

从孩子能够接受知识开始，教育就开始了。年幼的孩子可以通过口头教导和对自己行为的道德评判而为今后受教育做好准备。家庭中的虔诚信仰和道德影响更是从孩子记事起就发挥作用了。随着孩子的成长，越来越正规的教导代替了非正式社会化。其他方式的教育发生在教堂，以及如果可能的话，也出现在学校。在学校里，训练更多的是智力方面的，如为小学生提供工具，例如文字，以使他们获得有关宗教信仰的知识。在孩子满5岁时，男孩子应该去上阅读学校或由妇女为孩子办的小型私立学校。这些新英格兰殖民地的初级学校是对教堂开设的课程的补充。[27] 一旦孩子们足够大了，他们就会被定期带到教堂，以便通过倾听神职人员讲道来学习宗教知识。理论上来看，教育和文化学习的所有方面都指向一个中心，那就是宗教信仰。

在弗吉尼亚州（Virginia）和马里兰州（Maryland）的南部殖民地，17世纪的男性识字率大约为50%，这再一次表明移民一代的读写能力决定了他们是否移居北美殖民地。富有的人几乎都认识字，但是只有半数农民和36.33%的穷人能够签写自己的名字。这个比率在18世纪中期提高到大约66.67%，而后便停滞了，与此同时，在新英格兰达到了几乎所有的男性移民都识字的高度。

由于缺乏新教主义的热情，以及教育法律的设立，南部殖民地的教育发展停滞，但是其他因素也是同样重要的。在这一地区，并没有体现出清教中个人的读写能力与阅读《圣经》的热情之间的相关性。虔诚和奉献完全是出自个人兴趣，而非教育，因为教育被看作与学术或实用有关，也就是被当作男孩学习贸易、女孩学习操持家务的手段。纯理论的学院派教育建立在"明晰地阅读《圣经》"这样一种能力的基础上；学生们在学习如何谋生的同时，也获得了第一手的来自《圣经》的知识。学校教育也清晰地体现

---

① 《新英格兰初阶》是英国在北美殖民地最常见的教科书。这本书主要是用押韵的对句教导孩童英语，从字母A到Z。

了社会等级的偏差。正规教育在南部殖民地的匮乏也部分地与当地人口密度较低有关,当然更为重要的是殖民者的人口预期寿命短。父母往往活不到看着自己的孩子接受教育的时候。

这个区域里的儿童教育很少得益于当地成年人的成功。读写能力在那里并不是经济繁荣的必要条件,而职业和年龄更为重要。"在农业生产和普通的劳动职业中,识字人群与文盲人群在财富上的差异并不显著,社会没有为读写能力更强的人群提供更多的经济激励。"

尽管对学校教育的追求没有间断,而且每块殖民地的早期法律也都要求为所有的孩子建立学校,但是很少有机构遵循这样的倡议。在这一时期,公众读写能力的提高微不足道,而且主要是受选择性移民潮的影响,因此教育的发展也是缓慢的。

弗吉尼亚州和马里兰州这类地区的问题之一是,居住地域的分散特性需要建立无论土地和劳动力都可集中的庄园系统,这在很大程度上减少了创建并维持正式学校的可能性。在一些面积达一百平方英里的大教区,只有很少一部分人能去教堂。"而且,居民分散居住在各个村庄,由于缺乏资助和教师,学校的设立变得很不经济。事实上,就连公共社区生活中的正式教育也消失了……"有些弗吉尼亚人希望人口集中、资源集中的城镇能够解决这样的问题,但是无论从行政管理、经济还是文化的重要性方面来衡量,城镇都没有为大众教育做足够的工作。

不考虑信仰、利益和意图,南部殖民地的学校还面临其他限制。无论是为穷人办的免费学校或慈善学校,还是其他正规教育机构,在这个地区都很少。在一百多年的发展中,几乎没有来自福利机构的在这方面的推动。在18世纪之前,对富人和精英的教育比计划中更成功,并且需要更广泛的学校教育,但是建立大量的免费慈善学校被排除在外。来自英国的学徒培养模式在这里有显著的发展,不过这种模式在满足教育需求方面却一直面对不满和诉讼。[28] 在清教地区,随着时间推移而出现的系统教育项目在南部殖民地并没有得到发展。

南部殖民者所引进的图书和其他印刷文化元素的格调主要是传统的,大部分是宗教方面的书籍,还有一些各种内容的作品。当地印刷业的发展比新英格兰地区慢了很多;但是英语作品却相当丰富。精英们在图书和图书馆的拥有权方面占有绝对的优势……

# 第 12 章 哗众取宠与新闻

米切尔·斯蒂芬斯（Mitchell Stephens）

米切尔·斯蒂芬斯是纽约大学（New York University）新闻学教授。

## 煽情新闻

如果有人以为时下的超市小报、有线电视或无良记者报道的煽情新闻乃前所未有，那么他只需随便读一本 16—17 世纪的新闻书就会改变看法。1624 年出版的《哭泣的谋杀者：残忍、恐怖地屠杀特拉特先生的凶手》便是很好的例子。

受害者可能是萨摩赛特（Somerset）教堂的牧师特拉特先生，但已无法确证。据作者"从参与审判的可靠人物处获取的情报"，三男一女被判有罪，罪名可不只是谋杀：

> ……满手鲜血的屠杀者将尸体开膛破肚，取出内脏，切成四块；接着，他们将头颅与私处烧掉，将他的肉煮成半熟、撒上盐，为的是掩盖意外的恶臭与腐烂，推迟（被人发现）的时间。

特拉特先生（或其他人）的尸体被发现，

> 头颅与四肢一应俱全，摆成下面的样子。手臂、小腿、大腿与内脏被撒上粉末，放在楼下的陶罐中……大块的躯体放在木桶中……

如此等等。嫌犯最后被绞死，但"死不悔改"[1]（限制了为鬼魂编造诗句的可能）。

这篇报道已触及公认的新闻报道的绝对底线：煽情新闻、黄色新闻或小报新闻。有人甚至不屑称之为"新闻"。英国作家克莱夫·詹姆斯（Clive James）就曾说过：称某人为"史上最伟大的小报记者"无异于称某人为"牙医界最伟大的奶糖促销员"。[2]

但厌恶煽情新闻的人往往不清楚自己厌恶的是什么。是耸人听闻的故事题材吗？毫无疑问，总有些时候、有些地方会发生分尸案。那么，作者与出版商被鄙视，是因为他们用恶俗、无聊之事代替国会辩论概况，令人不堪其扰吗？又或者，问题在于对煽情题材的处理方式？也许我们只需知道特拉特先生被分尸，不必知道处理尸体的详细过程。

如果说招致抱怨的是题材,那么激怒读者的通常是暴力或性的内容。1598年的一份英国出版物兼具二者,且十分恶心,题为《对莱伊的渔夫亨利·罗布森的审判、定罪以及他的忏悔:他以闻所未闻的奇怪方式毒死妻子》。罗布森毒死妻子的奇怪而可怕的方式是:趁妻子沉睡时,将耗子药与毛玻璃的混合物塞入其阴道。[3]

几百年来,众多严肃的新闻记者、一些道貌岸然的审查官,都挖空心思将血腥、情色故事从新闻中清除出去。他们的努力收效甚微,可能是因为新闻偶尔借耸人听闻的刺激而传播,而唯有罪恶堕落、挑拨情欲的故事才最能刺激读者。塞缪尔·艾略特·莫里森(Samuel Eliot Morison)说过,在传播哥伦布航行的新闻时,"将所有新闻传播者联系在一起的人性碰触,是赤身裸体的原住民,尤其是那些几乎一丝不挂、仅以树叶遮羞的女人"[4]。

暴力与性的内容引人入胜,可能是因为它们紧张刺激、关乎生死。这种兴趣也许源自警惕威胁或寻求配偶的本能需要。无论原因是什么,绝大多数人都无法忽视这类话题。既然如此,记者无法对它们视而不见,又有何奇怪?

早期印刷新闻当然不会剥夺读者目瞪口呆地面对人间惨剧的机会。今天的煽情新闻记者也许会嫉妒16—17世纪的同行所能获得的故事。以"残忍的恶魔"克里斯特曼的故事为例,一本1582年出版的法国新闻书报道了他在德国因"屠杀964人"而被处死。[5]

有些人不反对报道暴力、色情新闻,但反对报道方式。他们经常抱怨报道煽情新闻的记者迫不及待地榨取不幸事件的戏剧性因素。新闻歌谣《连环杀人案》似乎就采用了这种报道方式,其讲述的是1635年一对男女因合谋犯下三起谋杀案而被处绞刑。在这类歌谣中,女方被描述成"鸡"(妓女)是远远不够的;她必须被形容成"肮脏的骚货"。男方则据称"出自老实本分的人家"。他为何走上歧途?"因为她让他……意乱情迷。"他们一起过着"放荡可耻的生活","内心……屈从于残暴的行径"。为了让故事更戏剧化,一位受害者被称为"好人",另一位则是"高尚、可敬的绅士"。[6]

批评煽情新闻的人还不满于对性和暴力(又是这两个主题)的描述方式。以我们的挑剔眼光来看,早期印刷新闻对性的讨论可说是相当温和。16—17世纪对"肮脏"或"不正派"的歌谣的批评不绝于耳,但批评对象大都是低俗的虚构小说,而不是新闻歌谣。[7]《一个青年求欢的歌谣》是较直白地描写这类案件的新闻书之一,但作者只是写道:在谋杀亲生孩子前,"昔日的鱼贩子将少女简·布伦德尔带回房间。女孩很快越出本分的界限,在主人的床上来去自如"[8]。[18世纪的法国地下小册子或"小书"可要比这放肆得多。其中一本开篇便描写王后玛丽·安托瓦内特(Marie Antoinette)手淫,接着揭露了国王路易十六的性无能。[9]]

在16—17世纪初的印刷品中,读者很容易读到血腥场面。《连环杀人案》呈现了两个杀人犯的心理状态——他们已犯下两桩罪行,还在酝酿第三桩:"他们手上沾满了鲜血/渴望获得更多的鲜血。"[10]

塞甘(J. P. Seguin)认为,报道社会杂闻的法国新闻书可以说是以系统研究"恐怖的细节"为特色。很多法国新闻书的标题甚至设计得像小报标题:《不可思议的可怕故事……》《令人毛骨悚然的残酷暴行……》《悲惨可怖的事故……》。[11] 英国新闻书中也有类似报道,如1637年两名妇女因谋杀继子/女而被处死,报道此事的新闻标题为《继母的残酷本性:或史无前例的女魔头……》。[12]

在对抗无趣的战斗中,所有记者都站在同一战线。他们使出浑身解数,只为了不让读者无聊。但经验丰富的正派记者会以机智的评论或深入的思考点缀新闻,煽情新闻记者却会诉诸重口味的故事情节——对在意新闻风格的读者来说,二者存在很大区别。

不仅如此,煽情新闻记者似乎还以揭发罪恶为乐,不愿关注其他问题,这正是批评者抱怨的。请注意,下面这首歌谣《连环杀人案》在类似导言的部分中,如何揭露了时代背景:

> 这一年没有一个月,
> 不发生卑鄙的犯罪,
> 儿子杀害父亲,
> 父亲杀害儿子,
> 这些人和人的争执,
> 竟以杀人灭口而告终。
> 哦,谋杀!贪欲和谋杀,
> 正是罪恶的肮脏深渊。
>
> 母亲失去了生命,
> 因为孩子杀了人;
> 一些烂醉的男人,
> 让朋友鲜血四溅;
> 更多的人被贪欲蒙蔽,
> 兄弟阋墙、彼此杀戮。
> 哦,谋杀!贪欲和谋杀,
> 正是罪恶的肮脏深渊。[13]

如此残酷的世界观,17世纪的人是否视之为理所当然?有位学者称这些出版物"不过是耸人听闻的闲言碎语"[14],但它们是否准确反映了时代的堕落?

近代早期的欧洲显然存在谋杀、贪欲和罪恶。但如果每月一起谋杀案就能造成"罪恶的肮脏深渊",今天美国各大城市肯定会淹没在罪恶的汪洋大海中。

几百年前的犯罪率很难估计,犯罪起因与公众的态度更难了解。个案研究表明,伊丽莎白时代的欧洲社会正经历极度的社会压力,反社会行为也日益增多。但是,很多时代都有类似情况——社会紧张、犯罪和暴力从未短缺。

社会秩序的大崩溃显然无法解释16世纪下半叶煽情新闻歌谣与新闻书的出现。

促使它们产生巨大变革的是印刷机的诞生,因为印刷机能将各种常见与不常见的谋杀、贪欲和罪恶故事传播给读者。这些读者的规模空前广大,对煽情新闻的需求却多少还算正常。

## 道德说教

1605年出版的《血书,或约翰·菲特兹爵士(化名菲茨)悲惨、绝望的下场》(以下简称《血书》)赤裸裸地讲述了约翰·菲特兹爵士的暴行,不遗余力地向读者呈现了野蛮、有悖常理的性关系与血腥场面:

> 这个好妻子(唉,可怜的人)听到濒死的丈夫发出可怜的哀号和痛苦的呻吟,立刻惊慌地穿着睡衣下了床……她看到约翰爵士手中握着明晃晃的长剑,剑锋上还滴着丈夫的血。为了向冷酷的杀手求情,她披着睡衣双膝跪地,举起双手求饶道:好心的先生,饶我一命吧,请发发慈悲。但是这个嗜血的杀手却丝毫不为所动,向她裸露的(睡衣呢?)身体刺了两刀未中,于是奋力刺出第三刀,终于刺中了手臂(但未致死)……

那么,作者又是如何结束这几近色情的暴力故事的呢?

> 上述悲剧值得我们多方深思,提醒我们(所有类似故事的真正作用)要对上帝……君主、国家和我们自己负责……[15]

《血书》里真的包含"深思",或"上帝……君主、国家"吗?

这又是一个令人不安,但并不少见的"下流"记者。他摇身一变,在沾满鲜血的衬衣上披了件黑外套,拿过溅了污泥的《圣经》,清了清沙哑的嗓子,开始慷慨激昂地劝诫我们远离犯罪的深渊。"他坐在妓院里写下了上帝的审判。"1628年,牧师、散文作家约翰·厄尔(John Earle)嘲讽道。[16]

实际上,假如没有严苛的道德寓意相伴,煽情新闻很难出现在新闻书与新闻歌谣中。1577年,那不勒斯一个女子为了情人杀害丈夫,又毒死阻止她再婚的父亲,最后还将碍手碍脚的妹妹与两个外甥杀害。报道这则悲惨故事的法国新闻书以对年轻人的忠告结尾。那么,谁来提供建议呢?正是对一切事实供认不讳的嫌犯:"……他们应该永远敬畏无所不在的上帝,顺从父母,效忠朋友……他们应该经常以这个悲惨的故事提醒自己。"[17]

道德说教常常留给罪犯,且通常是断头台上的忏悔。塞甘指出:"这几乎是任何时代、任何国家关于犯罪报道的小册子中最重要、最不可少的部分。"[18] 1576年,英国出版物中较早的一篇"临终遗言"的开头为下文奠定了基调:"我号啕大哭,陷入痛苦。"[19]

鉴于16—17世纪的宗教环境,很多犯人被五花大绑后,确实幡然悔悟——尽管未

用诗句,倒也是真情流露。下面这段是 1616 年罪犯安妮·瓦伦斯(Anne Wallens)被处以火刑前的遗言:

> 是我杀死了亲爱的丈夫,
> 是我让他停止了呼吸。
> ……他说:你做了什么,求你看着我,
> 你如愿以偿,你杀死了我。

瓦伦斯也尽职尽责地向读者宣告了故事的道德意义:"我告诫为人妻者以我为戒。"[20]

对煽情新闻出版商来说,将濒死的罪犯想象成忏悔的诗人有诸多好处。首先,作品可以用扣人心弦的第一人称讲述卑鄙的犯罪事实。其次,就算情节违背事实,当事人也死无对证。再次,悔恨、忏悔和告诫都有大量现成套路,这些是当时的犯罪新闻必不可少的内容。

1595 年,约克郡处决了拦路抢劫的大盗卢克·赫顿(Luke Hutton)。报道该案的《哀歌》(Lamentation)提供了以羞愧的说教代替罪行陈述的典型例子:

> ……乡绅们、爵爷们,请谨小慎微
> 可悲啊可悲,我真是悔恨至极:
> 一路满载金银的年轻浪子啊,
> 穿过大麻与冬青树时,请你们小心为妙,
> 我与十二个同伙,
> 会让你们身无分文地离去……[21]

作者都会确保人物站在正义一方说话,这肯定还有其他原因。如果在故事末尾,无耻的罪犯并未变成羞愧的忏悔者,故事的精神力量与持续影响肯定大打折扣。只有保证权威重振、道德底线得以维护,读者才能享受他人的违法乱纪带来的紧张、刺激。任何社会似乎都要求对关于违法乱纪的夸张报道加以迅速、严厉的说教。

空洞的说教还能满足心理需求。一般人几乎不可能直接接触约翰·菲特兹爵士的恐怖行径。我们需要某种调剂,以便能用日常经验理解恐怖行为。清晰、得体的劝告与训诫乞灵于公序良俗的庇护,使人们能退回熟悉的道德语境,并使心灵秩序得以恢复(在 21 世纪,人们同样渴求意义,只不过选择的意义越来越是心理的,而不是道德的)。

1722 年,丹尼尔·笛福(Daniel Defoe)在《摩尔·弗兰德斯》(Moll Flanders)的前言中讽刺了无条件迎合上述需求的作者:

> 全书未谈论任何邪恶行为,不过自始至终描述不快或不幸。主人公不是恶贯满盈的罪犯,而是下场悲惨的忏悔者。即使讲述……时,也不会提到任何罪行,有的不过是谴责。[22]

## 第 12 章　哗众取宠与新闻

那么,经常伴随说教出现的建议呢?读者读到题为《林肯郡两名惨无人道的杀妻凶手:一个绞死病妻……另一个杀妻焚尸》的小册子时,会对其关于改善婚姻的建议做何反应?

> ……丈夫应特别关心妻子,不应冒犯忠诚的妻子……而妻子也应同样对待丈夫,丈夫的心情……不要严厉、放肆地指责丈夫……否则丈夫会残酷虐待妻子……[23]

煽情新闻记者喋喋不休地告诫,似乎说明是读者想读到这些建议。人类确实偏爱从最坏的反面教材中吸取教训。我们让被杀的妻子与杀她的丈夫教诲夫妻相处之道;让杀人的骑士解释上帝的律法。再举一个 20 世纪末的例子,著名的斯卡斯达尔(Scarsdale)医生因婚外情而被妻子——一位中年女校长枪杀,我们却让凶手来教导众多未婚女性。[24] 要知道,他们的说教可着实都是血的教训。

16—17 世纪,很多人也希望在畸形儿诞生、巫婆的行为或彗星出现中发现类似的意义。我们的心灵对不变的现象反应迟钝,对意外现象却十分警觉,并竭尽全力为意外制定规则。以贩卖意外消息为生的记者自然乐于对此推波助澜。

# 第三部分·讨论题

1. 15世纪的"古登堡革命"带来了我们熟悉的活字印刷与图书。但在此之前,复制文字的技术和制造文本的不同媒介早已发展了1000多年。请讨论一下其中的某些技术进步及其使用方式。

2. 活字印刷的出现不仅使文本复制的规模超越了手写时代,还改变了文本的样貌和读者读取的方式。请从各个角度考察一下这种转变。

3. 印刷术在欧洲和北美普及后,对文化、宗教、教育及其相互关系产生了多方面影响。请探讨一下这些关系及其后果。

4. 米切尔·斯蒂芬斯认为,新闻中的"耸人听闻"并不新鲜,实际上,当前的煽情新闻早在一个世纪前就能找到先例。21世纪的煽情新闻有什么特殊之处?还是说喜欢煽情新闻只是人类本性的一部分?

# 第 四 部 分

## 电流创造连线世界

至此为止,我们考察的传播史都是在讨论各种以物理方式承载某类信息的媒介。要想移动信息,就得移动媒介。把图书和手稿从一个地方搬到另一个地方,采用的方式与搬运泥板、令牌和印加绳结几乎完全一样。这一切直到电力被人类驯服,才发生了重大改变:电报和电话掀起了新兴通信革命的第一波浪潮。用马歇尔·麦克卢汉的话说,有了电报,信息才有可能走到信使的前头。远距离通信不再受制于已有的运输工具。这次飞跃的影响至今还在持续。例如,现在有了计算机技术,书信不依赖邮递就能实现快速传送。

传播模式从所谓的"运输"(transportation)跃迁为"传输"(transmission),此前并非没有先例。非洲话鼓、烟雾信号、用光面金属(后来改用镜子)引导光线的日光反射信号器(heliograph)都是历史上不借助信使发送信息的办法。古希腊人发明了一套火炬信号系统,可以在相隔数英里的塔楼之间传送字母信号。早在电报发明之前,受到船对船、船对岸的旗语交流启发,人们就已经建设了陆上信号塔系统,利用机械臂来传递字母信号。在法国,这种系统以建造者的名字命名,即"沙普电报"(Chappe telegraph),它可以在4个小时之内把一条包含若干句子的信息从法国南部发送到巴黎。甚至到19世纪30年代(正值塞缪尔·摩尔斯潜心研究电报之时),美国还曾计划从华盛顿到新奥尔良建造一个类似的"视觉电报"系统。但电报机的出现无疑终结了这种想法。

19世纪40年代电报投入使用,文字被转化为电子脉冲——摩尔斯电码中的点和划——传播电报的网络很快遍布整个大陆。有了这项发明,通信与运输成了相互独立的过程。当然在现实中,二者往往同时发生。铁路所到之处,电报几乎随之而至。从一开始,铁路和电报的合作就是互利双赢。电报公司发现利用现成的过路权十分便捷,铁路公司也因为利用电报监测轨道交通、报告故障而获益。除了这些具体业务,电报还能发挥商业幕后主管的功能,因为它能转发订单,协调运输,汇报业务。

在第一篇选文中,詹姆斯·凯瑞(James W. Carey)通过讨论电报思考了一个本书许多文章都曾回应的主题:新兴媒介对文化和社会的影响。影响凯瑞观点的是本书第一部分提及的哈罗德·英尼斯。凯瑞借鉴了英尼斯对空间和时间的重视,他认为,电报——进而延伸到电话——重塑了一系列商业活动。他举例说,电报将各地的买卖中心置于统一的价格和市场体系之下,还促成了标准时区的发明。

电报带来的一个变化是它对报纸和新闻活动的影响。迈克尔·舒德森(Michael Schudson)的文章集中讨论了19世纪下半叶出现的新闻形式。他勾勒了两种当时盛行的新闻类型:信息类报纸与娱乐类报纸。前者定位于政治新闻和经济新闻;后者则聚焦城市新兴劳工阶级或夸张,或低俗,或日常的生活世界。两类报纸都紧紧依靠一套新的报道机制:基于电报业务的通讯社如美联社等的影响与日俱增,它们先把新闻汇聚到几大中心,再分配、转发到其他地方去。

在电报之后,19世纪出现的下一个重要传播媒介是电话。电话基于语音传输,弥补了电报的若干缺陷。最值得注意的是,电报主要用于传送书面文件,电话则不受这种局限。而且,读电报要求熟练掌握摩尔斯电码,还要具备相当的识字能力,因此似乎很难普及千家万户。这印证了传播史上一个反复出现的主题。新媒介往往会尝试做一些旧媒介擅长的事情,但采用的方式是绕过(bypass)旧媒介遇到过的困难或麻烦。

在下一篇选文中,克劳德·费舍尔(Claude S. Fischer)向我们讲述了亚历山大·格拉汉姆·贝尔(Alexander Graham Bell)及其贝尔公司基于早期电话技术尝试可行业务的故事。他指出,电话一开始更像是一种新奇的玩意儿而不是实用工具——吸引一批周日观众围观"会唱歌的电话"要比招揽一批商业客户容易得多。不过,这种情况很快就变了,只是早期电话主要还是用于简单的点对点通信,比如同一家公司的两座大楼之间,或是某一个主管的家里和办公室之间。直到 19 世纪 80 年代,交换机的建设大大扩展了电话作为商业媒介的功能。19 世纪 90 年代,电话又被用于住宅服务,大大扩展了使用范围。在这几十年里,贝尔公司成功普及了电话,也成功地建立了一套针对竞争对手的监管体系。

19 世纪末 20 世纪初,随着电话、电报的应用,报纸的激增和电气化的普及,新的消费模式产生了。罗萨琳德·威廉姆斯(Rosalynd Williams)的文章探讨了这一变革。她首先讨论了万国展览,如今被称为世界博览会(World's Fairs)。1851 年在伦敦水晶宫举办的世博会是诸多此类盛会中的第一个。受它影响,1900 年巴黎也举办了盛大的世博会。技术进步曾是伦敦博览会的重要主题,到了巴黎博览会时却已无人提及,消费商品取而代之,成为人类愿望的焦点。支撑这一转变的是百货商店的发展。随着产业经济的发展,可支配收入增加,这些新的商业场所向不断涌入城市的公众展示了一个新的"梦想世界"(Dream World)。

第四部分最后一篇选文把我们带回电报,但这次是由马可尼在 19 世纪 90 年代发明的,它叫无线电报,是无线电波(20 年后才出现)的早期鼻祖。无线电报能隔空传送以摩尔斯代码写成的信息,为全球通信开辟了新的前景。公众只是依稀感到这种媒介的潜力,直到被一场至今余波未平的事故震惊:泰坦尼克号沉没事件。以这次事故为例,斯蒂芬·克恩(Stephen Kern)向我们展示了无线电如何扩展实况报道,它能使人如身临其境般体验远方发生的事件,由此延伸了电报和电话用几十年时间逐步实现的功能。

# 第 13 章 时间、空间和电报

詹姆斯·凯瑞(James W. Carey)

  詹姆斯·凯瑞是哥伦比亚大学新闻学院(Columbia School of Journalism)的教授,也是传播史研究的领军人物之一。本篇文章选自他的著作《作为文化的传播》(*Communication as Culture*),文章开发了一种用以调查美国早期媒介发展的内在含义的模型。

  关于电报的最简单和最重要的一点是,它表明了"运输"与"通信"的明确的区分。在电报发明之前,这些词是同义词。电报结束了这种同一性,并且使得符号能够独立于地理空间、不依赖运输工具移动,而且速度远快于运输的速度。之所以说是明确的区分,是因为在更早的时候就已经有这方面的预兆了,而且毕竟曾经出现了前电子电报(pre-electric telegraph),即视距信号装置。

  实际上,在任何有些历史的美国城市中,都有电报山或灯塔山让我们想起那项发明。它们凭借光闸、片状垂悬物、圆盘和长臂,在海上发送信号。它们是视觉系统,而不是"远程书写"系统,也是微波网络的先驱,因为两者都是通过在地理高点处设立站点来向空中发送信号的。

  视觉电报在 18 世纪晚期开始进入实际运用。它最重要的设计师是法国人克劳德·沙普(Claude Chappe),他说服大革命后的法国公共教育委员会(Committee of Public Instruction)同意试验,委员会的成员约瑟夫·拉卡纳尔(Joseph Lakanal)汇报了试验的结果,"科学创造了多么光辉灿烂的命运,而这项艺术的来临并不是因为这个共和国拥有众多的人口和天才的居民,而是为了召唤它成为领导欧洲的民族"(Wilson 1976, p.122)。

  国民大会同意将电报当作国家的公用事业,并且命令公共安全委员会(Committee of Public Safety)绘制路线图。推动法国电报事业发展的主要动力,与在美国的运河和铁路建设的动力是一样的。前电子电报向孟德斯鸠和其他政治理论家做出了回应,因为他们都认为无论是法国还是美国都太大了,而无法实现共和国体制。但是现在,前电子电报甚至还为大革命后的法国提供了用部委代替省份并将它们相互连接、在中央集权的管理下相互协调的工具(Wilson 1976, p.123)。

  前电子电报也是美国的试验项目。1800 年,一个从马撒葡萄庄园岛(Martha Vineyard)到波士顿(Boston)的视觉电报系统开通了(Wilson 1976, p.210)。1807 年到1812年之间,确定了从缅因州(Maine)到新奥尔良的电报线路计划。视觉电报最早的实用用途是发送船只到港信息,这个传统早在1837年之前就开始了(Thompson 1947, p.11)。但是即便在视觉通路设计被开发之前,运输模式的改变就已经导致了信息传输与货物的分离,而这对国际贸易产生了重要的影响。

除了这些预先发展和限定条件,电报还为通信和运输提供了清晰且不断扩大的间隙。这项卓越的技术在理论上的重要意义不只是这种分离,而且包括:使用电报既是一种对物品的物理移动的控制模式,也是一种控制机制,尤其是在铁路运输中。这是一个重要的发现:信息不仅可以独立并快于物理实体的移动,而且可以模仿并控制跟在后面的物体的运输。这个发现最先在1844年的英国被广泛地用于铁路快运,1849年被美国采用。它在美国西部跨度很长的单线车道中特别重要,因为在那里事故是一个严峻的问题。例如,在使用电报进行切换控制之前,在从波士顿到伍斯特(Worcester)的铁路段上,每隔五英里就有马匹在这段距离来回奔跑,以便骑马的人能够及时向火车司机警告即将发生的碰撞(Thompson 1947, pp.205-206)。由于信息比车轮运动得更快,因此电报可以对长距离轨道进行集中控制。事实上,电报的运行与铁路相结合形成了运输和通信的整合系统。而同样的原理被用在对日常环境的控制中,发展成为各种电子运输和控制的现代化程序,例如从引导瞄准镜到开门的简单的伺服设计。电报和铁路之间的关系解释了系统理论的基本观念和"系统是解决方案"这一警句,其中一体化的转换系统比其他任何组成部分都更为重要。

电报使这样的发展成为现实,按照那个时候流行的比喻,完全脑力化的社会神经系统彻底与肌肉体系分离了。在整合系统的实际、艰苦的建造过程中,电报和铁路为这些在19世纪思潮中占主流地位的有关器官的比喻提供了入口。尽管日耳曼的浪漫主义和理想主义有它们的一席之地,但是电报等发明与思想世界不太相关,而更多地与实际应用世界有关,如果我们想要弄清楚为什么19世纪的人一直痴迷于有机论,就一定要对那样的世界有所了解。

电报对思想意识、普通观念的影响,可以在另外两个来自日常商品市场和标准时间的发展的例子中得到形象的展示。电报,与直到后来的计算机等大多数通信领域的革新一样,对商业、政府和军队的控制管理发挥着首要而深远的影响。简而言之,在成为消费品之前它是生产资料。电报……在它最开始被使用的几个月中曾被用来下远程象棋。它在商业上的重要意义缓慢地得以实现。但是,一旦这种重要性被确定了,它就被用来重组商业,并且从电报在商业领域的使用模式中,产生了对普通观念的最深远的影响。在这些最初的影响中就包括对商品市场的重组。

在19世纪早期,对于美国人来说,商品的价格因城市而异是司空见惯的,小麦、谷物的价格在匹兹堡、辛辛那提和圣路易斯有根本的不同。这样的看法反映了这样的事实,那就是在没有电报之前,市场之间是独立的,或更准确地说,一个市场对另一个市场的影响显现得如此缓慢,以至于未被人们注意到。简言之,商品的价格很大程度上由当地的供应和需求情况来决定。一位著名的市场历史学家曾评论说,"在所有供应来源中的所有交易产品,肯定对远方产品的价格有根本的影响,但是由于通信是如此缓慢,因此在它们的影响被感受到之前,环境可能已经发生了翻天覆地的变化"(Emery 1896,p.106)。

在这样的环境下,交易的最主要的手段是所谓的套利,即购买便宜的商品,然后将商品运到其他地方,再高价卖出去。也就是说,如果商品在圣路易斯的价格比辛辛那提的价格高,那么就应该从辛辛那提买东西,然后转运到圣路易斯卖掉,只要商品在两地之间的价格差异大于两地之间的运输费用就可以。如果套利交易在城市间被如此广泛地采用,那么价格就会趋于均衡,价格上的差异与运输成本的差异将保持一致。反过来,这样的结果又建立在古典经济学假设的完全信息之上,即在所有的相关市场上,所有的买方和卖方都能知道有哪些选择可供挑选,而这种情况在没有电报之前难以在实际操作中实现。

在美国各地,不同市场之间的价格差异在19世纪开始缩小。亚瑟·科尔(Arthur H. Cole)计算了从1816年到1842年间——在电报使用的前夕,同一类商品在每年和每个月的价格差异。在这个阶段,年平均价格的差异从9.3美元降到了4.8美元;月平均价格的差异从15.4美元下降到4.8美元(Cole 1938, pp.94-96,103)。这种下降成为由修建运河和收费公路所带来的通信改善的证据。巨大的下降幅度可能在某种程度上有些失真,这是因为科尔将价格分成两组——1816年到1830年间的和1830年到1842年间的,而后者是运河时代的后期,并且此时开始了大规模的铁路建设,因此人们感觉到了最剧烈的下降。

从一个方面来看,下降代表了市场有效规模的逐渐扩大;从另一方面看,这也说明差价的缩小是以投机机会为基础的,这种机会来自货物在不同市场之间流通以获利。因此,在某种意义上来说,铁路和运河使市场区域化,而电报使市场全国化。

电报的一个自然而然的影响是:它使市场片刻之间变"平"。电报将每个人放在同样的地方展开交易,因而使地理因素变得无关紧要。电报将所有市场的供应和需求情况汇集到一起,从而对价格的制定产生影响。除了各地零星分散的少量特例之外,电报因为实现了古典经济学对完全信息的假设,而消除了套利交易的机会。

但是,电报的重要意义不只在于减少套利交易,而是将投机带入新的维度。它将投机的维度从空间转向了时间,从现货套利交易转到期货套利交易。在电报出现之后,商品贸易从地方之间的交易变成了时间之间的交易。现货套利交易是从辛辛那提采购商品再转卖到圣路易斯;期货交易则是8月卖掉10月的商品,今年卖掉明年的商品。电报对交易中的重要因素有了不同的设定:它关闭了价格在空间上的易变性,却由于通信条件的改善而打开了价格在时间上的易变性。因此,芝加哥商品交易所(Chicago Commodity Exchange)1848年开业了——到今天仍然是美国最主要的期货市场;它与电报在同一年进入这个城市,这并不只是一个纯粹的历史偶然。从某种意义上来说,电报将期货变成一个充满变化的新领域,一个实践活动的新地带。

我不能给电报对时间的影响妄下结论,因为那样我可能会夸大实际情况。首先,套利交易的机会并没有完全消失。市场信息一直具有不完全性,即便是在股票交易的领域中,买方和卖方也相互不认识,并且不知道其他人希望以什么价格成交。我们可以从拍卖的一般过程中认识到这一点,在拍卖中总有某个人知道有买家愿意付出高于起拍价格的价钱。其次,在套利交易与时间合约占主导的期货市场之间存在着中断,在这个过程中有其他一些重要因素在发挥作用。近似期货交易最早发生在 1733 年,那时东印度公司(East India Company)开始着手交易授权。授权的功能是转让商品的所有权,而没有进行商品在物理空间的移动。授权并不代表那些商店里的具体商品本身;它们只是从一个人到另一个人的背书签字。对授权书或时间合约的使用在美国的农产品交易中迅速发展起来了。它们在那里的发展适应了实际市场规模的新环境,并且重要的是,它们的演进没有受到历史实践的限制。

  支配着时间合同发展的关键条件也使通信从运输中分离出来。越来越多的关于农作物状况的信息先于商品本身抵达市场。例如,授权书比棉花先到达英格兰,因为乘客和信息通过蒸汽船运输,而棉花是用帆船运载的。根据有关庄稼的信息和商品的样品,时间合同或"到货"合同就可以执行。这主要被用于跨越大西洋的贸易,但是在密西西比河谷(Mississippi Valley)地区对农产品的贸易开放后,这些合同也从 19 世纪 40 年代开始在芝加哥被广泛地应用(Baer & Woodruff 1935, pp. 3-5)。

  电报开启了使用时间合同的变化,以及套利交易的变化。通过广泛地传递关于价格和庄稼状况的信息,电报将市场和价格聚拢起来。我们没有进行完全的前后对比测量,但是前文引述的论据表明,市场间的价格差异长期以来一直在缩小。而且,我们对辛辛那提进行了特别的测算。在 19 世纪 20 年代,辛辛那提的市场比美国东部的市场要滞后两年。这意味着东部市场结构中发生的扰动需要经过两年才能影响到辛辛那提的价格。到了 1840 年,这种滞后缩短为 4 个月;而到了 1857 年或可能更早的时候,东部市场对辛辛那提的影响几乎立竿见影。但是,按那时候的说法,一旦空间的差距消失了,一旦每个人都在同一个地方进行交易,时间就成为新的经验领域,其易变性、投机和探索都为商业动力开辟了新天地。

  关于这种时间和空间转换的一个可以私下说说的例子,是后来有关电话对纽约证券交易所的影响的一段插曲。1894 年,电话使信息时间在主要的城市完全一致。买方和卖方无论身处何方,都能立即知道交易所的交易员所交易的当前价格。因此,纽约和波士顿之间的信息鸿沟消失了。纽约交易所通过创造了 30 秒钟的领先来反击这种趋势,以保证纽约交易所对波士顿的优越性。这家交易所规定电话不能在交易区使用。价格信息由信息员转述给交易区之外的地方,那里放有电话。这个举动破坏了市场在时间上的一致性,对信息垄断的 30 秒钟将业务揽回纽约(Emery 1896, p. 139)。

  考虑到电报的影响,商品的运行方向从空间转向时间还产生了其他三个重要的后果。首先,期货交易需要去情境化的市场;或用略微不同的方式表述是:市场对于当地的供应和需求环境几乎没有反应。电报将市场从历史上所处的特定情境中剥离出来,而且将来自任何时间和任何地方的力量都集中于市场。电报将物理上的或地理上的市场重新定义为概念上的。从某种意义上来说,市场变得更加神秘;它们成为无处不在也无时不在的市场,因此在市场变得更强大的每时每刻都显得难以理解。

其次,不仅距离和无形的力量影响着市场,而且商品自身与其代表物的分离也对市场产生影响;也就是说,期货交易的发展有赖于可用于交易或流通的工具的能力,而与实际产品的任何物理移动都无关。商品的代表物是各种从铁路沿线的谷物装卸车收到的商店的收讫单据。购买这些收据的人从来没打算过要接收货物;这些收据的出售者也没有计划发送货物。有一个关于期货交易者的老笑话,也是个警示性的故事:他忘记了储存在郊区农场上的那 40 吨谷物开始交易和终止交易时的价格;当然这只是个笑话。期货交易者通常会先卖后买,或同时进行买卖。但是购买和出售的不是商品而是票据。交易的过程不是用钱买商品,而是时间与价格的关系。简言之,代表着产品的商店票据与实际产品之间没有本质的联系。

但是,为了实现单据的交易而不是商品的交易,第三个变化就是必要的了。在期货交易中,对产品的买卖并不以对实际产品或其样品的检查为基础,而是将它们通过评级系统出售。为了让产品适应期货交易,产品必须经过混合、标准化、稀释,从而减少个别差异,分成尽管抽象但又明确的类别和等级。随着电报的到来,产品不再根据谷物所有者的多少被分成单独的单元进行运输。"大规模的销售需要非个人化的标准。购买者不再能亲自检查每批货物。"(Chandler 1977,p. 211)结果,并不是所有的产品都在期货市场进行交易,因为有些人抵制将产品标准化为某个质量类别。

总的来说,期货市场的发展依赖市场上的一些特别的变化和商品系统。它需要信息独立并快于商品的流动。价格在各地都应该是统一的,市场便由此与某一地的具体环境没有关系了,即市场的去语境化。它也需要商品与代表它的票据分离,商品由此能够简化为统一的等级。

还有一个很快加入进来的条件,即马克思对商品拜物教的分析。商品拜物教这个概念现在被广泛应用,并且往往是不加区别的应用。它是 19 世纪 50 年代后期在《经济学手稿》(*Grundrisse*)和《资本论》(*Das Kapital*)中被提出来的,那个时候期货交易成为确立农产品价值的主要领域。特别是,马克思将市场的去语境化作为商品拜物教中的关键元素,通过将商品的代表物浓缩为商店收据而将商品的使用价值从交换价值中分离,并且通过等级系统从实际生产物中得到抽象的产品。在《经济学手稿》中,马克思评论道:"更确切些说,这种地点要素(把产品运到市场,是产品流通的必要条件,产地本身就是市场的情况除外),可以看作是产品到商品的转变。"(Marx 1973,p. 534)

马克思的论述后来在瓦尔特·本雅明(Walter Benjamin)对机械化的再生产和艺术品之间的相似性的分析中被称为"灵韵的丧失"(1968)。物品被从产品的真实状况和用途中抽象出来,被运到远方的市场,被标准化和等级化,然后完全用各种符号代替,这使它像商品一样可以获得。作为商品的状态,它显示了买方和卖方之间现实的、直接的关系的割裂,使用价值与交换价值的分离,剥夺了物品的所有独特性(这些独特

# 第 13 章 时间、空间和电报

图 13.1 城市区域最早的自行车信使。图片来自加拿大国家档案馆。© ROM.

性之后要通过广告回归物品),并且最重要的是向买方掩盖了产品的真实状况。进一步来说,收讫单据从产品中分离的过程可以被看作整个社会发展的一部分,这种进步源于对货币的使用,并在那个时代的符号学中被广泛地提及;这种符号物与符号意义日益分离,符号世界逐渐占主导地位,并且独立于物质产品进行移动的过程之外。

总而言之,通信在 19 世纪的发展对减弱空间作为人类重大事件中的区分标准的重要性有实际效果。哈罗德·英尼斯所说的"价格系统的渗透力量",实际上是统一价格系统在各地的广泛应用,因此从交易的角度来看,每个人都在同一个地方进行交易。在商业中,市场的去语境化意味着价格不再依赖地区的供应和需求因素,但是依赖全国和全球的力量。价格体系的传播是努力开拓殖民地的一部分。与价格系统的渗透相关的是作曲家伊戈尔·斯特拉文斯基(Igor Stravinsky)所言的"用数据表现思想",即将完全的精神世界变为可量化的,并且通过数量在空间的分配,使得物与人的关系变成纯粹的数据关系。统计学拓展了所有市场,并且使得市场更加统一和独立。电报也通过构建标准时间区,对关于时间的实际认知产生了同样的作用。

**参考文献**

Baer, Julius B., and George P. Woodruff(1935). *Commodity Exchanges*. New York: Harper & Bros.

Benjamin, Walter(1968). *Illuminations*. New York: Harcourt, Brace and World.

Chandler, Alfred D. (1977). *The Visible Hand:The Managerial Revolution in American Business*. Cambridge, MA: Harvard University Press.

Cole, Arthur H. (1938). *Wholesale Commodity Prices in the United States, 1700—1861*. Cambridge, MA: Harvard University Press.

Emery, Henry Crosby(1896). *Speculation on the Stock and Produce Exchanges of the United States, Studies in History, Economics and Public Law*(332.6EM3STX.AGX). New York: Columbia University Press.

Marx, Karl(1973). *Grundrisse: Foundations of the Critique of Political Economy*. New York: Vintage.

Thompson, Robert L. (1947). *Wiring a Continent*. Princeton, NJ: Princeton University Press.

Wilson, Geoffrey(1976). *The Old Telegraph*. London: Phillimore.

# 第 14 章 新 新 闻

迈克尔·舒德森(Michael Schudson)

迈克尔·舒德森是美国传播学教授,同时还是研究大众传播机构发展史的专家。本文节选自他的《发掘新闻》(*Discovering the News*)。在这篇文章中,他向我们展示了在 19 世纪晚期纽约各家报业争夺读者的组织大战中,众人所熟知的新闻的信息模式和娱乐模式是如何迅速发展起来的。

新闻报道是 19 世纪末的产物,它由两个部分组成:新职业的出现以及报纸的工业化。虽然记者们的意识形态相近,但各自所属的报纸却以不同的风格凸显自己。纽约多数大型报纸都是便士报的直系后代,如《太阳报》(*Sun*)、《先驱报》(*Herald*)、《论坛报》(*Tribune*)和《时报》(*Times*)(或《纽约时报》)等。在便士报出现之前就已存在的报纸中,只剩《晚邮报》(*Evening Post*)还拥有可观的读者群。最大的两家报纸则是:《世界报》(*World*)(或《纽约世界报》),创刊于 1859 年,约瑟夫·普利策(Joseph Pulitzer)在 1883 年使其复兴;《新闻报》(*Journal*),由普利策的兄弟创办于 1882 年,1895 年被威廉·鲁道夫·赫斯特(William Randolph Hearst)买下后在其带领下永载新闻史册。这两家报纸都和其他的报纸有明显不同,代表了当时新闻界所谓的"新新闻学"潮流。原有的报纸对这两家之间的竞争及竞争方式忧虑不安,用 50 年前它们进入新闻界时遭遇的道德恐慌,笔伐这两家报纸。

虽然当时的记者普遍认同事实和娱乐并重的理念,但他们所在的报纸却选择强调其中一方。《世界报》和《新闻报》偏向娱乐大众,传统的便士报,特别是阿道夫·奥克斯(Adolph Ochs)在 1896 年重整旗鼓后的《时报》却走上了追求事实的道路。我将这两种新闻模式称为"故事"模式和"信息"模式。虽然报纸的角色是讲述故事,但乔治·赫伯特·米德(George Herbert Mead)认为新闻业要实现所谓的"审美"功能。米德认为,新闻中有些部分,如选举结果或股市消息,只能够强调"新闻的真正价值",但对报纸上大多数新闻而言,"欣赏性"或"消费价值"更为重要。新闻的首要任务是为读者带来令人满意的审美体验,帮助读者诠释自己的人生,使其融入所属的国家、城镇或阶层。米德认为这才是报纸最佳的实际功能,证据是"记者一般是被派出去采集故事,而不是收集事实"[1]。这种观点认为,报纸不是通过提供事实,而是通过筛选、修饰事实来引导大众生活。

另一种办报模式认为,报纸的角色应该被定义为一种独特的文献形式,提供的事实不能经过修饰,纯粹用于传达"信息"。瓦尔特·本雅明指出,"信息"是一种新的交流模式,是成熟资本主义的产物,其明显特征为"立即可以验证"。信息的最高目标就是要"不证自明"。信息并不比以往各种各样的"情报"更加准确,只是早期的情报经常征引神话传奇,而"信息必须听起来很合理"。本雅明因此分析道,信息"与讲故事是格格不入的"[2]。这种观点在艾尔文·古尔德纳(Alvin Gouldner)最近的研究中也有所体现,古尔德纳称新闻为"去语境化"的交流。古尔德纳的研究建立在巴兹尔·伯恩斯坦(Basil Bernstein)的理论之上,而伯恩斯坦也将新闻称为"精密语码"的一种形式,这种形式清晰地呈现一切,没有任何一丝隐含或默认理解的空间。[3]

不管是对是错,新闻业的信息模式都与公正、客观、审慎、冷静这些词联结在一起。强调信息的报纸在人们眼中通常要比"讲故事"的报纸更加可靠。但这种判断是谁做出的?有什么根据?谁认为信息模式要比故事模式更可信?"可靠"和"可信"在这里又是什么意思?若全行业的新闻从业者都能两者兼顾,缘何各家报社却各有偏好?站在信息模式一边的报纸为何就被视为更具责任感?

一般而言,受过良好教育的中产阶层同信息取向相关联,而中间阶层和工人阶层则与故事取向相关,这是本章的寻常主题。与讨论通俗文化等其他领域的问题一样,这里要面对的问题是:为什么会产生这种现象?为什么信息更能吸引受过良好教育的中产阶级?为什么工人阶层读者更喜欢读故事?将信息模式与客观性观点相联系是否正确?我们是否应该视信息模式"优于"故事模式?从1883年到20世纪头十年的这段关键时期,低俗新闻业登峰造极,但同时《纽约时报》却一跃成为美国最可依赖、最受尊敬的报纸。为什么纽约的富人当时选择阅读《时报》,而不太富裕的人则读《世界报》?19世纪90年代的这两种新闻模式有什么意义?

## 作为娱乐的新闻业:约瑟夫·普利策和《纽约世界报》

约瑟夫·普利策的报业生涯是从圣路易斯(St. Louis)开始的。19世纪70年代之前,新闻业一直由各家党报统治,直到70年代"独立新闻业"才开始占有一席之地。1871年,《环球晨报》(*Morning Globe*)聘用了来自芝加哥的约瑟夫·麦卡拉(Joseph McCullagh),为圣路易斯的新闻业带来了历史性转变。麦卡拉强调新闻,忽视社评,并采纳了当时逐渐为报业所接受的詹姆斯·戈登·贝奈特(James Gordon Bennett)的新闻模式,将焦点集中在当地警局、法庭、社会和街头报道等方面。

普利策是奥地利犹太移民,1864年,17岁的他来到美国参加了南北战争。战后,他在圣路易斯学习法律,并获取了律师资格,但英语不太灵光,所以没有走法律这条路,而选择在圣路易斯一家德文报纸《西方邮报》(*Westliche Post*)做记者。普利策活跃于新闻业和政界（先是共和党，后投奔民主党）并取得了成功，因此能在1878年买下了《圣路易斯邮报》(*St. Louis Post and Dispatch*)，兼任发行人、总编辑和经理数职。在他的带领下，报纸更加大胆地为民主党进行宣传，风格上也轻松明快了许多。报纸上出现了来自商业交易所、农产品市场和水边码头的交易数据。1879年，该报成为圣路易斯第一家报道当地公司股票行情的报纸。普利策反复强调要吸引"人民"，而他眼中的"人民"是"生活稳定的户主，哪个阶级都可以"[4]。《邮报》的立场与劳工阶层针锋相对，售价也高达每份5美分。研究普利策在圣路易斯的编辑生涯的历史学家朱利安·拉莫坎普(Julian Rammelkamp)指出，"报纸最基本的读者群就是中产阶级，其目的是将圣路易斯培育成为商业中心，吸引普通民众来这里定居"[5]。普利策在圣路易斯期间最著名的创新就是发展了报纸的惩恶运动(newspaper crusade)。当然，惩恶运动在全国其他地方也在进行，尤以纽约为甚。而普利策把耸人听闻的大标题和曝光政治丑闻做成了报纸的固定特色，刺激了发行量，可能也促使圣路易斯变得更加美好。

1883年，纽约这个美国东部的巨大扩音器中也出现了普利策带来的西部口音。《纽约世界报》在19世纪60年代还小有名气，但到70年代就陷入了低谷，普利策就是在这个时候买下了它。收购时该报的发行量是1.5万份上下，一年后就暴涨到6万份，再过一年涨到了10万份，到了1886年秋天，销量更是超过了25万份。普利策认为，之所以有如此令人炫目的快速成功，都是因为报纸的社评立场。他在1884年的一篇社论中曾说："我们可以问心无愧地宣布，《世界报》的成功很大一部分归功于报纸健康的办报原则，而不是新闻栏目和售价。"[6]

他这句话的确有一些道理。《世界报》和赫斯特的《新闻报》在世纪之交是纽约最大的两家报纸，而且都站在民主党一边，这绝对不是巧合。不过，偏向民主党可不是普利策（或赫斯特）成功的根本原因。普利策活跃的商业运作和创新起到了更大的作用。他把《世界报》的售价定在每份1分钱，迫使《时报》的售价从4分降到2分，《先驱报》从3分降到2分，《论坛报》从4分降到3分（《太阳报》一直就是2分没有变）。他带头将广告的价格与报纸的实际发行量挂钩，以固定的价格出售；他抛弃了传统的规矩，不再处罚那些采用插画、打破报栏规则的广告客户。[7] 在普利策的倡导下，报纸的业务运营以及报纸与广告客户之间的关系，都有了理性化改进……

普利策对《世界报》广告政策的理性化改革，使报纸顺应了当时商界社会组织的整体变革，但他还有另外一项创新，这也是《世界报》发行量急剧上升的最主要原因，即煽情主义(sensationalism)。普利策为纽约带来的煽情主义其实也没有百分之百的原创性。对本地新闻的重视，尤其是对上流社会、犯罪、丑闻等的关注，只是延续了便士报一贯的做法。早在19世纪30年代，便士报就已聚焦于这些领域，当时便遭到了原有报纸的谴责。但到了80年代，纽约大多数主流大报全都走此路线，只是在形式上进化了一些，唯有《晚邮报》依然故我，拒绝加入这股大潮。80年代煽情主义的特点不在于实质，而在于形式，即新闻的夸张程度应该有多大。煽情主义意味着自我广告。如果说詹姆斯·戈登·贝奈特在40年代即意识到,包括广告在内的一切事情都可以,也应该成为新闻,那么八九十年代的煽情报纸则发现,包括新闻在内的一切事情都可以,也应该成为广告。譬如,90年代的《世界报》经常会在头版拿出一两个栏的版位,吹嘘自己的发行量有多高。广告页也时常用大标题告诉读者,《世界报》比全国任何一家报纸印刷的广告都要多,还列举出具体数据来证明。

笔者所谓的"自我广告"(self-advertisement),包括除新闻采集外的一切报纸排版方案和办报政策,目的都是吸引眼球,引诱读者掏钱。因此在这层意义上,自我广告最重要的创新之一就是采用了插图形式。可能是觉得插图会有损报纸身价,普利策一开始想要把所有插图从《世界报》上清除掉,不过《新闻从业者》杂志指出,"报纸的发行量随插图的有无而变化"[8]。普利策很快就转变了立场,在管理《世界报》的第一年里就聘用了肖像画师瓦勒良·格里鲍耶陀夫(Valerian Gribayedoff)和漫画家沃尔特·麦克杜格尔(Walt McDougall)。研究美国摄影历史的罗伯特·塔夫脱(Robert Taft)认为,他们的作品"开启了新闻插图的现代篇章"[9]。1873年开办的《纽约每日画报》(*New York Daily Graphic*)或《每日画报》成为美国第一家固定使用插图的日报,内容除了插图基本什么都没有。起初普利策没觉得《世界报》是在与《每日画报》竞争,不过到了1884年夏天,他就指出两家报纸都是"使用插图的画报"。到1889年,《世界报》大量使用政治漫画,尤其是在周日刊上"刊载那些读者看着好玩的插图",《每日画报》败下阵去,只得关门大吉。[10]

自我广告的另一个主要发明是色彩越来越重、字号越来越大的标题。普利策在这一点上犹豫了很多年。他不想用标题横跨好几栏的形式来突出重要新闻,而是选择在同一栏中尽量增大标题的字号。同广告一样,标题格式也必须遵守分栏规定。直到1889年,《世界报》才登出了第一个跨两栏的标题,不过,到19世纪90年代末期,尤其是在与赫斯特的报纸的激烈竞争期间,《世界报》开始频繁刊登巨大而醒目的标题……[11]

赫斯特曾自豪地称:"《新闻报》的政策是,在获得新闻的同时,也要愉悦大脑,因为公众喜爱娱乐甚于信息。"[12]《芝加哥晨报》(*Chicago Morning News*)和《芝加哥每日新闻》(*Chicago Daily News*)的梅尔维尔·斯通(Melville Stone)也认为报纸有三种功能:告知、解释和娱乐。[13]

普利策本人未公开称道娱乐性理念,不过《世界报》已经在具体实践它了。娱乐功能对于报纸的重要性,在《世界报》周日版的发行量增长上体现得尤为明显。当时的周日版,就像那些老式的周日版报纸一样,无论在风格上还是内容上,与其说像是一张日报,不如说更像一本图文并茂的杂志。周日版报纸在19世纪早期还很罕见。1842年时,纽约人中每26人里只有1人购买过周日版报纸,每7人中有1人购买过日报。爱尔兰人大量移民纽约后,1850年,纽约人中每9人就有1人购买过周日版报纸,这是因为爱尔兰人和其他后期来到美国的移民不受美国"安息日"传统习俗的约束。另外,南北战争期间,报纸通常会在周日出版战事新闻号外,这就为报纸进攻周日版铺平了道路,直接吸引了那些想在安息日做点什么的读者。到了1889年,一半的纽约人都在读周日版,从而使得那一年周日版的读者超过了日报的读者。[14]《太阳报》总编辑查尔斯·达纳(Charles Dana)在1894年做过估算:一家报纸如果能以2分、3分钱的价格发行5万份日报,那它可以按5分钱的价格发行10万—15万份周日版。[15] 周日版吸引读者的那些元素,也逐步体现在日报上。普利策将《世界报》的周日刊"拿来做试验,尝试新的点子,最终将其运用于每天出版的日报上"[16]。插图和连环漫画(第一幅彩色连环漫画作品出现在1894年某期《世界报》的周日版上),也从周日版扩展到周一到周五的日报上……

《世界报》等以扩大读者群为目标的报纸对城市人口逐渐演变的生活体验、价值观和渴望做出了反应。这就意味着报纸"娱乐"功能的增强,同时也提升了以指导城市生活为目标的"实用报纸"的重要性。19世纪80年代的城市生活与30年代相比发生了巨大变化。80年代的社会在民族、阶级地位等方面更加多元化,形成了一个庞大的社会、地理运动的漩涡。规模逐渐扩大的中产阶级群体比以往拥有更大的流动性,每天在家庭和办公室之间穿梭。城市交通得以改善,中产阶级纷纷搬到郊区生活,这就意味着要走许多路,在交通上要花费大量时间。从30年代开始,公共马车的使用逐渐使得人口不再聚集于港口地区,开始向外扩散;到了19世纪下半叶,市内交通的发展更是给城市生活带来了翻天覆地的变化。1850年的步行城市到1900年已经发展成为乘车城市(到1890年,马粪和马尿已经成为纽约极其严重的污染问题)。公共马车、铁路以及后来的电缆和地面电线的出现,提升了交通速度,地铁也应运而生。到1900年,大部分人口已经可以搬至郊区生活。与此同时,城里也出现了隔离现象:穷人住在市中心,中产阶级搬到了更远的地方。[17]

这种现象对报纸产生了若干影响。乘坐公交车、机车是一种很新奇的体验。在人类历史上,普通民众,而不必是特别富裕的人,第一次可以每天坐车时不用负责驾车了。他们的眼睛、双手都空闲下来,可以在车上阅读。乔治·尤尔根斯(George Juergens)指出,《世界报》之所以在风格和排版上走煽情主义道路,就是为了满足乘客的需求:如果报纸字号过小,在车上就很难看清,纸张过大也不方便。所以《世界报》缩小了纸张尺寸,加大了标题字号,大量运用图片,还发展了"导语"段落,在开头就概括报道大部分重要内容。[18] 19世纪40年代,导语的产生主要是因为新闻电报成本过高,而现在使用导语则是读者快速阅读的需要。这样看来,之所以增加报纸插图和大标题,不仅是为了迎合移民工人阶层的新特性,也是为了迎合中产阶级新的生活方式。

## 作为信息的新闻:《纽约时报》的兴起

《世界报》或许为现代发行量巨大的新闻业确定了步调,但在1896年之后,是《纽约时报》建立了新闻业的标准。《新闻从业者》1902年在一篇关于"美国新闻业的标准"的社论中重申了查尔斯·达德利·华纳(Charles Dudley Warner)在1881年提出的主张,即未来的成功报纸必定是最优质的报纸:"……只有那些准确、充分地呈现新闻,能抓住越来越多的忠实读者的报纸,才能生存下去。"《新闻从业者》视之为《纽约时报》成功的预言:"……报业公认,在新闻业的发展方向中有一条通向成功的光明大道,《纽约时报》走的就是这条道路。"[19] 记者和报纸批评家威尔·欧文(Will Irwin)在1911年指出,《时报》"对纽约生活和全世界现状的描绘比其他任何一家报纸都要真实"[20]。梅尔维尔·斯通1926年在《时报》75周年庆刊中,高度称赞其发行人阿道夫·奥克斯打破了只有煽情报纸才能够成功的传统观念:"最终他让他们——他的对手们——看到,庄重意味着赚钱。"[21] 弗兰克·普雷斯布利(Frank Presbrey)在1929年的著作《广告的历史与发展》(*History and Development of Advertising*)中称《时报》为"世界上最具影响力的报纸",对此论断恐怕没有多少人会反对……[22]

乔治·琼斯(George Jones)从1869年到1891年去世为止一直掌管着《时报》。他曾骄傲地宣称,《时报》从没有去乞求别人订阅,也从没有主动招徕广告[23]。而奥克斯从不小看推销行为。1898年,他首开电话订报先例,成为首位通过电话提高发行量的报业老板。他还给招揽到最多新订户的前100名订报员提供去法国、英国参加自行车旅游的机会。当然,前项创举只能吸引拥有电话的富裕阶层,而后一举措则锁定中学和大学教师,竞赛广告中也强调说:"读《纽约时报》被看成尊贵体面的象征。"[24]

奥克斯接管报纸两个月后,该报著名的口号"所有适于刊载的新闻"(All the News That's Fit to Print)第一次出现在社评版上。同一时期,奥克斯也开始了一轮提升发行量的竞赛:谁能提供最合适的口号,就可获得100美元的奖励。最终获胜的口号是"阅遍天下,但杜绝丑闻"(All the World's News, but Not a School for Scandal),不过各位编辑仍然觉得报社自己的口号最好。于是,从1897年2月起,"所有适于刊载的新闻"这一标语就永久性地登在头版版头了。

《时报》的口号同政策宣言一样,既强调准确性又强调庄重性。《时报》无意于,也未与《世界报》和《新闻报》在发行量上展开竞争。《时报》在刊于1902年《新闻从业者》上的一则广告中称,该报是纽约市内销量最大的报纸,但后面又用小字标明《世界报》和《新闻报》不在比较之列,仿佛这两家报纸完全属于另一类出版物[25]。在某种意义上说,这两家报纸的确与众不同,《时报》就抓住这一点进行自我宣传。《时报》联手《太阳报》、《快报》和其他报纸,发动了新一轮的新闻业"道德战"。为了与"低俗"报刊相区分,《时报》还用"本报不会弄污您早餐的餐巾"这条特别的标语来进行自我宣传[26]。从1897年冬天《时报》上刊登的一些内容就可以看出该报对低俗报业的态度。2月12日,《时报》在一篇题为《现代报纸》("The Modern Newspaper")的报道中提到了《尤蒂卡观察报》(*Utica Observer*)一位负责本地新闻的编辑在科尔盖特大学新闻俱乐部的一次演讲中谈及该报总编辑坎菲尔德(W. W. Canfield)抨击有些报纸肆意歪曲新闻,侵犯隐私权，发表下流文章，不管报道什么都不值得信赖。他呼吁要有更多像《时报》这样的报纸："报纸是我们的伙伴，聪明人当然不会与堕落败坏的伙伴相处。"同期报纸上还发表了名为《畸形新闻和舞会》("Freak Journalism and the Ball")的评论文章，谴责《世界报》长篇累牍地报道布拉德利·马丁（Bradley Martin）在华尔道夫饭店举办的舞会，指责《世界报》的画师在舞会开始前就已经把画画好。（这里要指出，《时报》也没少在舞会报道上浪费油墨。2月12日的《时报》用头版头条刊登了舞会盛况，整个二版用来详细介绍到场宾客，不仅报道服饰打扮，连舞会开始前各位客人在哪里就餐都写得一清二楚。）

因此可以看出，阅读不同的报纸代表着道德的高下之分；有人带着自豪读报，有人带着羞耻读报。这就为如下假说提供了证据：《时报》的成功不仅是因为内容对商人、律师大有用处，也不仅是因为它代表着富裕阶层的政治立场；《时报》之所以吸引富人和那些渴望成为富人和名流的人，在某种程度上是因为它得到了社会的认可。《时报》本身就是尊贵的象征。

这个结论又衍生出另一个完全不同的问题：到底是什么使《时报》受人尊敬？什么使它显得充满道德优越感？是因为它吸引富人才值得尊重，还是因为它值得尊重才吸引富人？若是后者，那么"值得尊重"到底是某个时期某个特定社会群体在生活体验中产生的道德观念，还是一种适用于全部阶层的道德观念？或是两者兼有？

这样我们又回到了新闻学中关于高雅文化和通俗文化的讨论这个永恒的话题。二者有何区别？我们有确实证据宣称"艺术"优于通俗文化吗？这个问题涉及社会学，因为高雅文化的品位通常与知识精英和富裕阶层联系在一起，而通俗文化的品位则与较低阶层相关。虽然在某一特定时期内不同阶层的品位彼此相去甚远，但是随着时间的流逝，品位也会发生变化。美国南北战争之前，社会精英对文学偏爱有加，甚至在新闻报道中也喜欢华丽绚烂的文风，不喜欢平铺直叙。[27] 到了1900年，经济、社会精英阶层转而支持"信息"类新闻，这类报道又被高度追捧，但在1835年，当便士报首次采纳信息模式，挑战当时的精英阶层时，这种模式却受到了他们的抨击。19世纪90年代纽约的"信息新闻业"和"故事新闻业"之间的道德战，与19世纪30年代的道德战一样，都是对阶级冲突的一种遮掩。

相比之下，《时报》的读者更加独立，并积极参与社会事务。而《世界报》的读者依赖性强，较少参与社会事务。财富和教育使人贴近某类特定的新闻模式，也许这类新闻真的在某些方面更加成熟，涵盖更广，更加细化，更具综合性，但同时也许局限性更强。精致的报纸、高雅的名流、精美的蜜糖，这三样都是漂白的结果。《世界报》的读者也许希望更有效地操控自己的人生，而《时报》的读者也许希望生活能够更有营养。

从世纪之交直到20世纪20年代，"客观性"这个词始终没有出现在记者或新闻批评家的辞典中。批评人士对报纸的指责还仅是针对不真实，而《时报》则吹嘘自己刊印"所有新闻"，这里的新闻就是指信息。但这并不代表着客观性，新闻的信息取向并没有打消人们对个人观点的主观性的担忧。1900年的《时报》对信息满怀信心,认为知识本身不需要语境——或按照理所当然的语境去理解就可明白无误。此种看法未能持久,到了20世纪20年代,记者已经不再相信事实可以不证自明,不再坚持信息的功效,抛弃了进步主义时代中产阶级引以为自豪的中立性。尼采等思想家在19世纪末传授的怀疑主义和质疑态度,在20世纪走进了大众教育的殿堂。民众逐渐意识到,即便是寻找事实,也牵扯到利害关系,即便是回忆或做梦,也有选择性,甚至理性自身也受到利益、意志或偏见的影响。这种转变深刻影响了20世纪二三十年代的新闻业,客观性的理念由此诞生了。

# 第 15 章　电话接管指挥

克劳德·费舍尔（Claude S. Fischer）

　　克劳德·费舍尔是美国加利福尼亚大学伯克利分校（University of California at Berkeley）的社会学教授。他是《美国的呼唤：1940 年前的电话社会史》（*America Calling：A Social History of the Telephone to 1940*）一书的作者。

## 建立电话业

　　亚历山大·格拉汉姆·贝尔一直努力改进电报，直到在 1876 年 3 月组装出了第一部电话机。在这个月他也提交了专利声明，此后因为法律上的争端，在 5 月的时候，他在费城的百年纪念博览会（Centennial Exposition）上展示了最早的设计。亚历山大·格拉汉姆·贝尔和他的助手用接下来一年中的大部分时间在全国各地展示这个"奇迹"，有时会借用电报线来演示长途电话（有的时候也会失败）。例如，沃森（Watson）想通过电话给聚集在小镇其他地方的听众唱歌。1877 年，纽约的一幅海报宣传了"老约翰圣 M. E. 教会学校的星期天娱乐项目"，其中包括朗诵、演唱以及展示"贝尔教授的有声唱歌电话"。入场费是 25 美分[1]。这些噱头吸引了大批公众的注意力并让他们心生敬畏，连记者们都向全世界传播这些消息。

　　开展这些新颖的业务则是更加困难的。亚历山大·格拉汉姆·贝尔电报事业的后方支持者是他的岳父——加德纳·哈伯德（Gardiner Hubbard）和他的一个向他学习演讲的学生的父亲——托马斯·桑德斯（Thomas Sanders）。1877 年 7 月，这三个人重组了贝尔电话公司（Bell Telephone Company），因为哈伯德是受托人，所以他开始认真地营销这项发明。最初，他们出租一对对的电话，用于简单的两点间通信，且通常是在一家公司的两栋楼之间或商人的家与办公室之间。1878 年 1 月在纽黑文（New Haven）开放的第一个电话交换机或称电话总机是意义深远的一步。至此，每一位用户都可以与任何其他用户联系了。

　　在众多具有长期影响的决策中，一个关键的财务决定是哈伯德做出的。他决定，作为独家制造电话机的公司，贝尔电话公司将出租仪器并授权地方供应者开展电话业务。贝尔因此既控制了服务，也控制了顾客的装备。（这就好像煤气公司独家出租火炉和熔炉,或公共电力公司是灯泡的唯一出租者。²)通过这样的方式,哈伯德吸引了遍布全国的特许代理商,他们使用自己的资金租用电话、架设电话线、建设电话交换台,并且出售相互联系的服务。贝尔提供仪器和技术咨询,并收取租用费作为回报。几年之后,公司利用它的许可权更新所带来的杠杆效应,设置等级,指定服务的技术和其他方面的标准。这种密切监督使得公司能够将地方特许公司的联合体转化为步调一致的地方"贝尔运营公司(Bell Operating Companies)系统"。尽管最终美国电话电报公司(AT&T)用对地方公司的股份所有权代替了租金,并且运用这个杠杆,设定了全国通用的政策,但是在最初的几年里,有很多美国各地城镇里的企业家与哈伯德单独签订了特许协议,其中一些是沃森在各地进行营销时积累起来的客户。³

在1878年中段,电话业务蠢蠢欲动。大约一万台贝尔仪器在全国使用,但是贝尔在这个时候也遇到了严酷的竞争。已经在几乎每个地方都设置了电报局的西联电报公司(Western Union),采用托马斯·爱迪生(Thomas Edison)和艾丽莎·格雷(Elisha Gray)设计的电话,提供可以与贝尔公司相媲美的服务。贝尔起诉西联电报公司侵犯专利,并且加紧在全国各地建立交换机以抢占市场。1879年底,这个竞争问题得以调停:西联电报公司向贝尔出让所有专利权和专利设备;作为回报,贝尔宣布放弃电报业务,短期内将毛收入的20%付给西联电报公司,并且承认这个电报公司在一些地方的贝尔公司中享有部分收益。这种解决方案在1880年初为贝尔留下来大约6万用户,他们遍布全国各地,贝尔公司从而垄断了电话业务(大约30年后,贝尔曾短暂地把西联电报公司并入其中,但迫于联邦政府的压力,很快又将它廉价卖掉)。

## 垄断时期:1880—1893年

19世纪80年代的电话系统是个笨重的东西……仪器本身放在三个一套的盒子里。顶部的盒子里装着一个磁力发生器、一个摇柄和一个电铃。中间的盒子里是向外突起的话筒和挂在侧面的听筒。最下面的盒子里有湿电池,它需要定期充电,偶尔也会漏电。打电话的人摇动摇柄,向电话总机接线员发信号;这个信号通过机械方式打开中心办公室里交换机台子上的快门,表示有电话进来。接线员将他的耳机线插入指定的插座,询问打电话的人要找谁。然后,接线员向被叫方振铃,并且通过将电话线插入总机交换台而连接双方。打电话的双方往往需要大声交谈,并且伴有静电的声音,之后挂断。在有些系统中,打电话的人还需要在通话结束的时候再次发信号。另一些系统的接线员要定时听一听电话,来看看通话是否已经结束,并拔下插线。

交换机的迅速设立、商人的快速采用以及其他的变化,在19世纪80年代带来了一些技术问题。爱德华·霍尔(Edward J. Hall)被认为是"他所在时代最有远见的、全能的和最有效率的电话人物",早在1880年2月,他就抱怨他在布法罗(Buffalo)的特许电话公司因为业务和电话太多,而无法给用户提供足够的服务。⁴这种扩张的一个结果就是电话交换机上的拥堵。电话线像面条一样交缠在总机台上,数量、规模和复杂性的发展速度超出了接线员连线的能力。直到19世纪90年代末,临时的解决方案都无法解决这个问题,尤其是在大型城市的中心地区。[5] 有些地方,新电力线和有轨电车动力线对附近电话线造成了无法容忍的干扰。因此,一些观察家认为这个问题阻碍了19世纪80年代后期电话的发展。这种令人讨厌的事情也随着乡村电气化管理委员会(Rural Electrification Administration)搭建电线而蔓延到美国乡村。

贝尔对这些挑战的回应是改造他的硬件。最终,他用双根的铜线取代了单根的铁线或钢线(这是一个通过接地而形成的完整的电路环形),这样电流可以回流。贝尔还用通用系统电池取代了湿电池;由此,这个时候一条线路上的电话的所有电力就都来自中心交换机。此外,贝尔后来还开发了新的交换机。这些和其他在20世纪初开发的技术全面地弥补了贝尔电话系统的不足。公司领导寻求开发高质量的服务——清晰的声音、即时接入和满足城市商业顾客所提出的类似要求。最后,贝尔公司聚拢了尽可能多的电话专利权,赞助进一步的研究,并且与他们的特许经营商共享实践经验。先后担任总经理和总裁、直到1887年才卸任的西奥多·维尔(Theodore N. Vail)通

图15.1 早期公用电话机,存于西澳大利亚州。图片引自Gnangarra ... commons. wikimedia.org。

过利用贝尔公司在专利上暂时的垄断,尤其是通过发展长途通话业务,巩固了公司在技术和组织上对所有潜在竞争对手的优势。

尽管不像亚历山大·格拉汉姆·贝尔一样是好莱坞所喜欢的那种传记人物,但西奥多·维尔在电话业和美国公司历史中也是一个有着传奇地位的人物。维尔从初级电话员做起,因为自己的组织才能和采用了先进的工作方法,从而被提升为联邦铁路邮政服务(Railway Mail Service)的主管人。1878年,哈伯德吸引了当时33岁的维尔来管理初出茅庐的贝尔公司。几年后,维尔经历了攻击性扩张、专利保护和业务重组。1887年,作为总裁的维尔在与董事会中较为保守的财政管理者们发生冲突后辞职了。他在世界各地有几次成功的商业冒险,但一直保持对电话业的关注。维尔还将回来。[6]

维尔提供高质量服务的政策意味着成本的提高,尤其是在大一些的城市中,电话线路的切换更加复杂。例如,1888年,洛杉矶市中心最低的固定费用是每个月4美元,在40个电话后每次接通额外收2美分。这种费用相当于一个非农业雇员月平均工资的10%。同年,波士顿用户所付的最低固定费用是每月6美元。[7] 此外,贝尔公司的附属企业充分利用了垄断所带来的一切优势,向市场征收其所能承担的一切费用。例如,当与贝尔竞争的电话交换中心在1880年于旧金山关闭时,贝尔在当地的公司就将收费从每年40美元提高到60美元。地方经理说明了这一举措的合理性:"费用提高是因为公众普遍认为在相互竞争的公司合并后涨价是'必然的',因此不应该失去这样的好机会。(而且,让充满信任的公众失望也是不对的。)"[8] 但还是出现了与愤怒的顾客之间的冲突,其中最著名的是1886年在纽约的罗切斯特(Rochester)持续了18个月的抵制电话行动。[9] 贝尔公司的费率在临近1894年时开始下降,这可能是因为其预见到随着专利权到期而出现的竞争,尽管贝尔公司对外还是宣称是技术的改善导致收费降低。到了1895年,洛杉矶的收费下调了38%,降至2.5美元一个月,相当于普通人工资的7%,此外超出定额后每通一次电话加收2美分。即便如此,电话服务还是昂贵的。[10]

在这一时期和此后一段时间里,常见的做法就是电话公司向顾客收取固定费用,顾客可以无限制地通话。19世纪80年代,贝尔公司的地方分公司反复讨论和试验了根据通话次数收费的计费公式。赞成这种做法的一个理由是,它可以降低基本租金费,从而吸引诸如家庭这样的小型顾客使用电话。被一些人誉为"按次收费体系之父"的爱德华·霍尔是这一观点的支持者。另一个导致价格变化的原因更受维尔和其他人的喜爱,那就是结束固定费用服务可能减少使用,从而"削减过剩的业务,这些业务可能使电话业务的运营变得无利可图"。但是,现有的顾客通过向专门发放电话线杆许可的市镇机关抗议并签名请愿,来反抗这种变化;在罗切斯特,顾客还通过联合抵制电话服务的方式进行反对。直到垄断时代之后,按次收费业务才变得普遍,尽管也只是在贝尔的最大型的地方电话公司,而不是到处可见。[11]

维尔的计划不只是为了巩固技术上的垄断。通过各种发明,他还集中了对贝尔系统和它的附属企业的控制。这一过程非常复杂,因为当地的情况总在发生大的变化。

每个地区的运营公司都要与政府进行大量交涉，以获得许可，并挡住那些关于电话线有碍观瞻的抱怨，以及时常出现的对收费的讨价还价。但是，标准化的政策和先进的技术还是帮助贝尔系统抵住了挑战。回头来看，1887年后，维尔的继任者对从贝尔系统中获取垄断性收益，比对巩固它的未来更感兴趣。在专利到期时，这种思路重点的转换就已经变得明确了。

在贝尔内部出现了有关价格政策的战略分歧，这部分是因为对电话业务的潜力的不同预期，对电话业务服务于什么人、如何服务还一点都不清晰。正如西德尼·阿伦森(Sidney Aronson)所注意到的："发明人和他的支持者……面对着找出电话的用途和让电话给他人留下深刻印象这种难以完成的任务。"[12] 在电话刚刚出现的最初十多年里，工业市场营销人员策划了电话的多种用途，包括传播布道、广播新闻、叫醒呼叫，以及其他大量实验。直到20世纪的第一个十年，商业杂志《电话通信》(*Telephony*)在"电话：新颖的用途"[13] 条目下列出了用途索引。这个产业用了大量时间，尤其是在19世纪，仅仅向公众介绍这个工具，并消除他们对电话的疑虑。

行业龙头进入电话通信业是凭借着它们在电报业中积累的经验。亚历山大·格拉汉姆·贝尔和他的支持者最初也是尝试着改善电报。西奥多·维尔来自一个涉足电报业的家庭，而且自己曾是电报员。当时许多地方的电话企业都开始推销电话服务，一个重要的例外是爱德华·霍尔——计次收费的热衷者，他是在获得冶金学学位后从经营家族砖生意中起步的。霍尔建立了布法罗的第一个电话交换中心，几年后他离开了电话业务，在1885年又被维尔说服，回来管理长途电话，之后负责南方贝尔(Southern Bell)公司的工作长达十多年。[14] 因为电报界定了大部分主管人员的背景[15]，而且因为美国人在19世纪几乎完全只把电报用作商业工具，因此贝尔公司将电报业模式用于电话业也是合乎逻辑的——将电话也视为一项商业发明。

谁是首批电话的用户呢？医生在早期用户中是值得关注的。电话使得他们能够很快地知道紧急事件，并且他们在离开的时候也能与办公室保持联系。药剂师通常也有电话。[16] 但是商人是市场的主要构成。

贝尔公司发现有些商人之所以犹豫是否要把电报换成电话，是因为他们看重书面记录。尽管如此，一些制造商、律师、银行家等人，以及后来的小店主还是接受了这项科技。1891年，纽约和新泽西(New Jersey)的电话公司为937名有行医执照的医生及医院、401家药店、363家卖酒的商店、315家车马出租所、162家金属加工厂、146位律师、126位建筑承包商、100家印刷店提供服务——总共有7322位商业顾客，而只有1442位居民使用电话。在这些居民中有代表性的往往是医生、业主和管理者。[17]

对贝尔公司来说，要讨论的一个议题是它能否成功地扩展到普通的居民市场(也就是商业精英分子之外的家庭)。1883年末，由于注意到"电话业务已经顺利通过了它的试验阶段"，因此维尔视察了全国的贝尔附属企业，除了各种问题之外，他还问道：

"为家庭平台提供服务是否可取?哪种方式最实用?……"他的助手总结了各种回答:

> 看上去对这个问题只有一种看法,即这是可取的。而目前存在的困难是用什么方式达到所期望的目的。应该看到随着引入费率和收费制度,业务量这是可取的将出现极大增长,借此电话将被广泛地用于家庭成员之间的谈话,还有一些其他的模式也会出现……(包括更多的付费电话站、公用线路和居民的低费率)。对于这个问题将出现许多答案,而"降低专利权税"应该是必要的……[18]

这里出现了摩擦:地方公司打算降低它们的收费,为了做到这一点,就需要贝尔公司降低对它们的收费。除了这个时代少数的大众主义者,如布法罗著名的爱德华·霍尔、约翰·萨宾(John I. Sabin)——后来的太平洋电话公司(Pacific Telephone)总裁,以及芝加哥的安格斯·希巴德(Angus Hibbard),其他人都一致认为任何业务增加都不能弥补因为降低收费所造成的利润损失,即便是按次收费。那个时候,许多人也认为,当顾客数量增加,用于每位用户的运营成本也会增加,因为相互连接的技术复杂性增强了。[19]直到后来,行业分析师才意识到,电话是一种网络,越多的人使用它,它就越具有吸引力,而且这其中应该有规模经济的益处。太平洋电话公司总裁乔治·拉得(George Ladd)在1883年表达了保守的立场。他写信给维尔说,他反对降低对居民的收费,因为这不划算,而且顾客不会对此表示感激:"我反对低费率,除非是因为竞争所迫……更便宜的服务只是让电话线路和电线杆显得更令人讨厌,并激发'把电话线埋在地下的政治压力',而没有从本质上增加收益或永久地改善与公众的关系。"[20]居民业务因此在电话系统中成为被领养的孩子。

这种后来甚至被贝尔的朋友们描述为骄傲自大的态度当时在公司里占主导地位。例如1906年,新英格兰的贝尔公司授权一位代理人研究中西部的电话业务。在初期的记录中,他写道:"公众的利益没有得到"贝尔公司的"足够重视"。"即便不是极慢,在清晰地领悟公众对增加和改善电话服务的需求和渴望方面",他们"几乎也是慢得无法容忍"。[21]

贝尔公司的管理者也对为较小的团体提供服务心存疑虑。例如,加利福尼亚州一些小镇上的商人申请太平洋电话公司的服务,但遭到了拒绝。在一些情况下,地方企业主冒着被起诉的危险,建造了非法系统。[22]美国电话电报公司致力于为大城市的商业提供高质量服务,包括高价格的长途电话。这后来很有代表性地解释了不断升级的需求和技术革新所带来的压力,一直到19世纪90年代之前,[23]阻止了公司追求更广阔的市场。而且,贝尔公司大部分的管理者看不到向居民市场,甚至哪怕是主要中心区之外的商业市场扩张的可能性,几乎没有人预见到其中有更大的利润潜力。

在1880年到1893年之间,美国电话的数量从约6万台——大约每1000人一台,增加到26万台——大约每250人一台,其中的绝大部分——超过2/3是用于商业领

图 15.2　早期的城市电话系统需要大量的电话接线员,她们的工作是通过这样的交换机连接通话的主叫方和被叫方。National Archives of Canada.

域。[24] 这样的扩张虽然在早期非常急剧,但在 1883 年之后慢了下来,这可能是技术的原因,也可能是源于掠夺性的垄断定价。

# 第 16 章 消费的梦想世界

罗莎琳德·威廉姆斯(Rosalynd Williams)

罗莎琳德·威廉姆斯是麻省理工学院(Massachusetts Institute of Technology)教授,文化历史学家。这篇文章选自她的著作《梦想世界》(Dream Worlds)。在这本书和她的另一本书《秘密评注:关于技术、社会和想象力》(Notes on the Underground: An Essay on Technology, Society, and the Imagination)中,威廉姆斯探究了 19 世纪晚期工业生产快速变迁的特性与消费者文化的兴起之间的关系。

## 特罗卡迪罗广场上的学校

巴黎用占地 550 多英亩①、拥有来自全球各地的 5000 万观众的世界博览会来庆祝 20 世纪的到来。1900 年的世博会是一系列规模较小的展览会的顶峰,其中最早的世界博览会是 1851 年在伦敦的水晶宫广场(Crystal Palace)举办的。之后,在 19 世纪后半叶,这样的博览会定期在巴黎举行(分别是 1855 年、1867 年、1878 年和 1889 年),而巴黎是欧洲文化无可争议的非官方首府。所有展览会的目的,用当时的流行语来说,都是教授一堂"关于物品的课程"。"物品"大部分是指当时最新的科学知识和技术创新所生产的产品,它们对日常生活进行了革命性的改变;"课程"是这个史无前例的物质方面和智能方面的进步所带来的社会利益。1855 年的世博会以"工业宫殿"(Palace of Industry)为主题,里面摆满了工具和机器,后面的展览也反映了制造业的各个发展阶段。1867 年的世博会有更加精细地布置的"工业宫殿"(包括首次展出的铝的提炼过程和石油的蒸馏),还有"劳动历史展"(Histroy of Labor),展示了历史上各个时期的劳动工具。1878 年的展览会强调的是科学发现的奇迹,尤其是电学和电报技术。1889 年的世博会为了庆祝法国大革命 100 周年,大规模地讲授了"关于物品的课程"。1889 年的世博会有两大焦点:一是机器展厅(Gallery of Machines),这是一个单独的展厅,有一个将近 400 英尺深的地下室,在那里观光客可以从悬空的走廊上俯瞰

---

① 1 英亩=4046.8 平方米。

纺车的海洋、叮当作响的锤子、飞快转动的齿轮；另一个焦点是埃菲尔铁塔（Eiffel Tower），这是科学、技术、美学和起源于钢铁路桥的建筑技艺的集中体现，在铁塔的最高处有一个混合型的装置，用于气象、航空和通信研究。

经过十几年的时间，这些博览会的主题发生了改变。其重点逐渐从向参观者介绍现代科学和技术的奇妙之处转向为他们提供娱乐。1889 年，尽管其目的是教导人们展开严肃的思考，但是埃菲尔铁塔和机器展厅之所以如此受欢迎，主要是因为它们提供了令人兴奋的景观。越来越多的消费品，而不是生产工具被展出。水晶宫展览在商业目的上还很幼稚，以至于那里并没有贴出售价标签；但是在 1855 年巴黎的世博会，就开始了在所有展品上贴价格标签的惯例，而且要收取入场券。[1] 从那时起，销售、奖金和广告越来越受到重视，直到一个热心推进 1900 年世博会的人说：

> 展览会保证制造业主、商人得到最引人注目的宣传。参展商在一天里带到他们的机器、展台和橱窗前的人，要比他们在自己的工厂或店铺里一辈子能见到的人还要多。他们在约定的时间与来自世界各地的人聚集在一起，从中挑选顾客——在这个时间所有的物品都已经准备迎接和吸引客户了。这就是为什么展览会的数量在稳步增长。[2]

在 1900 年的世博会上，消费所带来的感官愉悦显然超越了因对知识进步的仔细思考而产生的智力上的享受。这一点是很明显的，尤其是当参观者从纪念碑坊（Monumental Gateway）进入展览会时——按照当时一个有些茫然的人的说法，看到这个入口"有两个淡蓝的、通天的高塔，以及用旗帜和镶嵌着宝石的绶带装饰的雕像圆拱"，圆拱的顶上还有一个黄金球，"那上面站着飞天形象的、穿着紧身裙子的迷人女子的形象，象征巴黎城的船漂浮在她头上，仿貂的晚礼服拖在身后——她就是巴黎淑女（La Parisienne）"[3]。无论这位时髦的女性代表什么，显然她既不象征科学，也不代表技术。在这个规模庞大的博览会的入口，没有像以前的博览会那样的布置或相似的焦点。机器零散地放在地面上，旁边是它们生产出来的产品，这意味着生产工具现在看来是枯燥的、没有生机的，因此人们把它们与它们制造的产品分开。机器展厅的地下室被切割开，一个推崇 1889 年世博会形式的人抱怨，地下室的装饰俗气得像一个"世俗化的寺庙"[4]，而那里正被展出的食品占满：

> （而不再是）世界性的工作坊……这个气氛如节日般喜庆的大厅破坏了这种工作坊结构的中心。这里放任农业的乡土气和畅快地大吃大喝的乐趣走向极致。这里不再有尖锐的鸣笛声、颤动且噼啪作响的皮带；只有香槟酒的木塞被打开了。[5]

图 16.1　巴黎 1900 年世博会的电力宫殿。AKG-Images.

尽管有些混乱，或换言之，正因为如此，细致的观察让人们感觉到 1900 年的世博会是一个独特的预言，展示了新兴的法国的缩影，也是未来巴黎的缩微模型，在那里将出现一些华丽而新奇的事物，而它们将与过去断然割裂，并且预示着 20 世纪的社会状况。1899 年，世博会吸引了许多冷静明达的记者，他们不仅记述各种展览会，而且思考了这些展览会的显著特点。而到了 1900 年，参会的记者更多，他们虽然感受到了展览会所具有的预言价值，但这样的感知大多没有在报道中清晰地表现出来。尽管他们确信展览会显露了将要来临的事物的模糊的形象，但是他们不能确知它们的轮廓，并且不知所以然地产生了模糊的担忧。其中的一个例外是莫里斯·泰尔梅耶（Maurice Talmeyr，1850—1933），他是一位定期为一家天主教期刊提供关于 1900 年世博会报道的记者。尽管他和同事一样忧心忡忡，但是他对为什么觉得这样的展览会是令人不安的有自己独到的见解。他在文章《特罗卡迪罗广场上的学校》（"L'École du Trocadéro"）中概括了自己的结论，这篇文章于 1900 年 11 月发表在《两个世界杂志》（*Revue des deux mondes*）——当时法国最有声望的双周刊，那时正值世博会接近尾声。[6]

特罗卡迪罗广场是塞纳河右岸（the Right Bank of the Seine）的一个博览会区域，埃菲尔铁塔就在河对岸，大量具有殖民地特色的展览云集于此。泰尔梅耶声称，在这所"学校"能真正学到有关展览会的经验。奇异、醒目的展览并非新特征。早在 1867 年，世博会就展出了埃及神庙和摩洛哥帐篷的复制品，而在 1889 年，最吸引公众的是著名的卡罗大道（Rue du Caire），在那里黑眼睛的肚皮舞女郎在具有"东方韵味"的咖啡馆里为赞助人表演充满诱惑力的舞蹈。1900年,正当帝国军事冒险主义最盛行的时候,展现殖民地特色的展览的数量也相应地增加了,按照泰尔梅耶的说法,那是一些华而不实且互不相关的混合体,有"印度庙宇、野蛮人的茅草屋、宝塔、穆斯林的露天市场、阿尔及利亚的小巷子,以及中国、日本、苏丹、塞内加尔、暹罗和柬埔寨的房屋……各种风土、建筑、气味、颜色、美食和音乐的大集市"。大部分风格迥异的建筑物的复制品聚集在一起,"这样的布置,就好像是一个养尊处优的人和一个摩洛哥人,或一个马里人和一个秘鲁人在同一辆卧铺车厢里就寝……全世界集中在一座花园里!"……

## 1900年世博会的重大意义

　　1900年世博会给时代提供了消费者革命的微缩模式。逐渐而广泛地在全社会发挥影响的文化变革,在博览会上被以具体而集中的方式清晰地展现出来。其中一个变化完全强调了商品促销。尽管这是显著而令人不安的变化,但至少对于像泰尔梅耶这样的观察者来说,这是一个有关商品推销如何成功地完成了变革的例证,它强调了针对消费者的白日梦的诉求。银行业务和美梦的结合、促销的宣传言辞和诱惑物的组合、宣传和娱乐的联合,比每个被分开对待的要素都要更令人不安。正如泰尔梅耶所强调的那样,这样的结合具有天生的欺骗性。直接、公开表达的幻想有其率真性,表现了其超越日常经验的真实,诗人济慈(Keats)将它称为"想象中的真实"。相反,在特罗卡迪罗广场上,幻想变成了现实,由此人们也失去了他们的独立地位,成为被商业所诱惑并听命于它的随从。当美梦呈现出具体有形的形式,并伪装成客观事实,它们便不再能替代阳光下的真实世界了,从而也失去解放的潜力。这其中提及的不仅是偶然闪现的幻想、某种轻微且转瞬即逝的愿望性想法,而且是主观想象对外在真实的更为彻底的替代。泰尔梅耶强调商业利用梦想的结果就是不可避免的堕落。对他而言,所有的广告都是虚假广告。露骨的谎言和狡诈的谎言,关于被委托和委托的谎言,在细节和总体效果上的谎言,声称代表"真实的爪哇"或"真实的中国"或真实的任何事物的展品都根本不是真实的。公众被欺骗了。他们要寻求一个能从日常平凡枯燥的世界中逃出来的令人愉悦的避难之地,却找到了一个骗人的梦想世界,那里根本没有梦想,而只有伪装的推销商品的腔调。

　　1900年的世博会是这个新的、决定性的结合的化身,它将想象中的需求和物质商品结合起来,将梦想和商业联系在一起,将对事件的共同观念与事件的经济情况结合起来。关于经济商品如何满足人们对食物和住所等的物理需要是很清晰的,而不那么清晰却又对于理解现代社会非常重要的是,商品如何能够满足空想的需要。"消费者的梦想世界"这种表达指的是非物质的层面。在最早的历史记录中,我们发现,有迹象表明,人类的思维能够超越对物理生存的关注,而转向对更美好、更富足和更令人满意的生活的想象。但是,在历史长河的大部分阶段,只有非常少的人想过要在日常生活中尽力接近这样的梦想。取而代之的是,艺术和宗教提供了表达这些需求的渠道。但是在 19 世纪晚期,能满足这些由来已久的渴望的商品变得到处可得。消费商品,而不是文化的其他侧面,成为需求的焦点。在生意人通过邀请消费者进入愉快、舒适和娱乐的极为美好的世界而诱惑他们时,看上去矛盾的行为是:精明而冷静的算账和睡眼惺忪的幻境结合在一起了。这根本不是泰尔梅耶这样保守的民族主义者所希望的未来,这不是社会主义者所希冀的工人社会的愿景,这也不能巩固传统资产阶级的节制和理性的优点。但是,无论是否受到欢迎,由 1900 年世博会所虚构的城市讲授了"关于物品的课程",这堂课指出,消费者的梦想世界出现在博览会大门外的各个现实存在的城市里。

## 百货商店里的异国情调

　　这一教训的一个明显的证据是百货商店(法语为 grands magasins,即"大"商店)在巴黎的出现。这些商店在 19 世纪晚期的出现同时有赖于财富的增长和销售技巧的变化,而这两者都是随着国际化展览的出现而出现的。泰尔梅耶切中了要害,当他观察特罗卡迪罗广场上的印度展览时,他想起了东方的卢浮宫(Oriental Louvre)或玻玛榭百货(Bon Marché)。玻玛榭百货是第一家百货商店,于 1852 年,即水晶宫博览会后的第二年在巴黎开业;而东方的卢浮宫仅在三年后就出现了。比起传统的零售经销店,这类商店中的商品的较低价格和大量选择是客观优势,但并不是它们获得成功的全部原因。更为重要的因素是它们的一些具体做法:为每件商品都标上固定的价格,而且鼓励顾客把这些商品拿过来看看,哪怕他们并不购买。在此之前,在零售商店里是完全不同的做法。价格通常是商谈的主题,而一旦购买者开始杀价,那么或多或少意味着他们有义务购买了。

　　百货商店在购物活动中引进了完全不同的社会互动机制。能够自由翻看商品的权利,意味着拥有沉溺于梦幻的自由,却没有实际上买下它的义务;作为交换,购买者放弃了主动参与定价过程的权利,而必须接受卖方所设定的价格。[7] 顾客和零售商之间活跃的语言交流被消费者对物品被动、无声的反馈所代替,这是一个有关"文明化进程"如何通过激发对物品的渴望和感觉,而驯服攻击性和抚平对人的激情的突出例子。即便消费者在当时有不购买的自由,促销技巧也会推动着他想要去买点什么。作为大众消费环境的百货商店,是顾客成为商品所取悦的对象的场所,这种情况在现在仍然如此;在这里,销售和娱乐活动混合在一起,激发不受约束的欲望和激起立即购买某件物品的行为是同样重要的。这类环境的另一些例子就是博览会、交易会、娱乐公园以及(引用一个更现代些的例子)大型购物中心和大的新型机场,甚至是地铁站。这些场所制造的令人眩晕的催眠状态是现代大众消费社会典型的社交形式,如同沙龙里的交际是法国大革命前上流社会消费的典型方式。

## 电子仙境

现在已经越来越可以肯定19世纪的技术进步对改变社会的总体消费环境产生了多么重大的影响。它除了带来生产能力的提高、让实际收入的提升成为可能之外,还创造了许多新产品,并且降低了传统产品的价格;除了以上这些变化之外,技术还使到那时为止只存在于幻想世界的白日梦变成了物质现实。比起19世纪晚期的其他技术革新,甚至与电影技术的发展相比,电能的到来为日常生活赋予了极佳的质量。电能输送网在改变产品和使产品多样化上显著地展现了它的重要性,而其最终的影响是将一系列全新的产品投放到市场上。电子创造了仙境一般的世界,这个方面虽然较少被人们重视,但其重要性堪比文化大变革。这样的仙境不是存在于遥远的天边,而是存在于一个装扮起来的地点。在那里,顺从的精灵立即对主人的命令做出反应;在那里,神奇的速度和动作只是一个最轻微的手势造成的;在那里,还有热情洋溢的娱乐屋的风景和一直延伸到无限远方的闪烁的灯光。

图16.2 街道和室内照明的普及让城市的夜生活日益丰富多彩,比如这张1910年的明信片上描绘的德国柏林的弗里德里希大街。AKG-Images.

尤其是,不断出现的大规模城市被电力点亮,从而培育了生活在梦幻世界的集体意识。到19世纪90年代,城市区域的夜间照明灯光一点也不新奇了,因为煤油在几十年前就已经用于这个用途;比起强有力的白炽灯来说,煤油灯的光亮黯淡而且闪烁不定,而电弧灯在 19 世纪 90 年代开始被用来照亮夜晚的天空。展览会预演了巴黎的夜晚从晦暗不明到美轮美奂的转变。在 1878 年的世博会上,咖啡馆里的电力照明照亮了附近的游乐场,而这些照明设施却不在游乐场内,这引起了轰动。1889 年,彩灯装饰的喷泉被安置在夜间展览的入口处,周围云集着宛如落虹、珠宝、流动的火焰一般的壮丽景观,而安放在埃菲尔铁塔顶端的聚光灯驱走了黑暗,好像这个城市的灯全都被打开了。在 1900 年的世博会上,电力照明第一次被大规模地使用,以保证展览会在晚上也能照常进行。而且,特殊的灯光效果也令人称奇。科尔代(Corday)在为《巴黎评论》(*Revue de Paris*)写的一篇文章中,描写了夜晚的表演:

> 手指轻触一根杠杆,像铅笔一样粗细的电线缠绕在纪念碑坊上……3000支光辉灿烂的白炽灯放在未经雕饰的彩色玻璃下面,变成了流光溢彩的巨大珠宝库。
>
> 手指再一轻触,塞纳河的两岸和桥梁被焰火照亮,焰火与它的倒影相互辉映,显得更为壮观……电力宫殿的外墙由发光的彩绘玻璃装点,这些各有不同的壮丽美景组合成完美的典范。[8]

就像那些已经提到的技术奇迹一样,这项技术也是为商业用途开发的。早在 1873 年,作家维利耶·德·利尔·亚当(Villiers de l'Isle-Adam)在他的短篇小说《天堂里的广告牌》(*L'Affichage Céleste*)里提到,电力照明"貌似神奇"的在广告消息上的投影掩盖了繁星的光芒,由此产生了"绝对的宣传效果":

> 如果说有什么是让大熊座自己都感到惊讶的,那就是在它巨大的爪子中间突然出现了一句话:"紧身胸衣有必要吗?是或不是……"或者是动情地提及甜甜的烈性酒的话语……或者是人们看到,在狮子座的一等星的南边,也就是狮子座的心脏部位,掠过处女座的一穗玉米尖上,有一位天使手中拿着长颈瓶,与此同时她的嘴巴里吐出一张小纸片,上面写着可以认出的文字:哦,这妙极了![9]

维利耶总结道,多亏这些奇妙的发明,使得天空中"贫瘠的空间"变成了"真正的、富有教育意义的奇观……在这里不是感觉的问题。生意就是生意……天空最终使自己具有魅力,也获得了内在的价值"。与同时代的其他许多作家一样,维利耶对技术奇迹的赞美缓和了对技术最终带来巨大商业财富的庸俗结局的冷嘲热讽。与大自然的鬼斧神工不同,技术奇迹本身不能引起毫不含糊的巨大热情和纯粹无杂的敬畏,因为它们显然是被操控着,从而激发消费者的热情和敬畏的。

维利耶的小说的预言性价值,并不在于它对夜晚天空的物理外观的描写——星星的光芒在霓虹灯下变得黯淡,而是他预感到商业占领了所有梦想所导致的道德上的后果,那时即便是天堂里的天使也在叫卖自己的货物。维利耶的预言被电力照明在广告上的迅速应用所证实。即便没有用灯光投射出文字,灯光持续不断发出的强光也将普通商品置入非凡的境地。百货商店的橱窗用射灯装饰并用镜子反射灯光。在1900年的世博会上,蜡像模型所表现的最新的流行时装被放在玻璃罩子里展览,用华美的灯光照射着,这样的景观吸引了络绎不绝的女性参观者。

当电力照明被用来宣传其他的科技新事物,如汽车时,这样的组合吸引了数量庞大的观众——无论男女。1898年初,巴黎举行的一个年度汽车展览会(Salon de l'Automobile)将最新的汽车设计介绍给公众。这是最早的贸易展览会之一,法国人无论在开发汽车产品还是在为汽车做广告方面都是先锋。这次汽车展览会作为销售上的革新与其他各种展览会非常相似,都声称其具有使公众了解最新技术发展的教育功能,但是这个目标仅仅完全从属于吸引现有和未来顾客的目的。1904年,汽车展览会的开幕式吸引了4万多人出席(与之相比,年度绘画展览的开幕式只有1万名参观者到场),在第一周里,每天都有3万名参观者。在汽车展览会期间的每个下午,香榭丽舍大道(Champs-Elysées)上都挤满了前去大皇宫(Grand Palais)参观的人群,而大皇宫是为1900年的巴黎世博会而建的一座庄严宏伟的建筑。汽车展览会期间,大皇宫的玻璃和钢铁圆屋顶在夜晚被20万支灯的灯光所装饰;建筑的顶端在茫茫黑夜里像一个巨大的灯笼闪耀着光辉。人们沉迷于"光芒四射的珠宝",陶醉地将它称为"巨大的工业仙境""童话中的壮观场面"。[10]

# 第17章　无线电世界

斯蒂芬·克恩(Stephen Kern)

斯蒂芬·克恩是俄亥俄州立大学(Ohio State University)历史学教授。他撰写的有关文化历史的著作——《文化时空论：从1880年到1918年》(*The Culture of Time and Space：1880—1918*)，是一部重要且有着广泛影响的作品。

在1912年4月14日夜里，一个历史上最大的可移动建造物——泰坦尼克号，冒着蒸汽不计后果地高速闯入了北大西洋的冰山区。大副回忆说，海面非常平静，所以那个夜晚没有"冰映光"——当海浪拍打在冰山上，照亮它们的结晶表面时发出的闪光。能见度又因为大雾而进一步降低了。晚间11点40分，瞭望员突然看到一座冰山就在眼前。这艘巨轮赶紧转向，当擦到冰山时，它就像被划开的罐头，在吃水线下形成了一条300英尺长的裂缝。船长认定，船很快就会下沉，并且在深夜12点15分命令他的无线电发报员发出遇险信号。几分钟内，空间电波泛起涟漪，10多艘船接收到了信号，知道了这场灾难。这是在远洋海域同时发生的事情，由蒸汽动力驱动，并由神奇的无线电报精心编排。

一百英里之外的10艘船听到了求救呼叫，并且与泰坦尼克号保持联系，但是因为太远而无法救援，还有离泰坦尼克号90英里远的海里希·奥拉夫号(Hellig Olav)，75英里远的尼亚加拉号(Niagara)。神庙山号(Mount Temple)在50英里之外，但是需要缓慢穿过浮冰区。58英里外的卡帕西亚号(Carpathia)最早赶到，但是这几乎已经是在泰坦尼克号与其1522名乘客一起沉没的两个小时之后了。另一艘离泰坦尼克号足够近且能救出所有乘客的船只却没有收到无线电信号。加利福尼亚号(Californian)在大约19英里之外，但是它的无线电发报员却在泰坦尼克号第一次发出"请速来救"信号的大约10分钟前，因为已是深夜而摘下了耳机。两位加利福尼亚号甲板上的观察员看到了泰坦尼克号燃放的焰火，但是他们并没有弄明白这意味着什么，也没有请求他们的船长停锚以看看到底发生了什么。人们的眼睛和耳朵无法察觉到的信号，已经通过无线电穿越了黑暗和迷雾，被遥远的地方接收到了。

加利福尼亚号上的接线员戴上耳机去证实"时间对冲"(与邻船交换时间信号，以验证它们的时钟所指向的时间是一致的)时，接收到了求救信号。在凌晨1点06分，他听到泰坦尼克号呼叫其他船只前来救援，"准备好你们的救生艇；我们的船很快将完全沉没"。当一个位于加拿大纽芬兰岛(Newfoundland)的无线电台捕捉到泰坦尼克号正在下沉并且劝说女人们登上救生艇的信息之后,世界在凌晨1点20分得知了关于这场灾难的新闻。之后,大西洋海岸沿线的几百家无线电设备很快开始传播这条信息,电波也开始相互交织、混杂。泰坦尼克号的无线电只有1500英里的发送范围,因此信号要传递到欧洲必须先被发送到纽约,然后再通过海底电缆穿越大洋;尽管如此,到了第二天清晨,全世界都获知了这场灾难。[1]

对于其中一位从救生艇上获救的生还者来说,头上的星星似乎悲伤地看着这艘巨轮,并且"在黑暗的天空中一闪一闪地相互交换着信息"[2]。他所想象的群星之间的交流,在海上船只之间通过无线电以较小的规模实现了。4月21日,《纽约时报》(*New York Times*)评论了无线电的魔幻力量。

现在,一年四季不分昼夜都有上百万条电波在大陆上、几千条电波在大海上伸展,抓住稀薄的空气,它们比所有一缕缕纵横交错在一起的电线或电缆对人类更有帮助。上个星期有745条(原文如此)生命在消亡的边缘因无线电而获救。但是,在泰坦尼克号海难中,无线电的大部分神奇能力还没有发挥力量,因为毕竟在海上使用的时间并不长……几乎没有纽约人意识到不断地有超速行驶的信息正穿过这个喧闹的城市在距离很远的人们之间传递着,这些信息穿越了驿站,甚至是建筑物的墙壁,正是通过人们所呼吸的空气用电流写下词语。

4月16日,伦敦《泰晤士报》(*Times*)评注了无线电所带来的不断增加的体验。"这个受伤的庞然大物的悲惨呼救传遍了大西洋的四面八方,然后她的大大小小的姐妹从各处疾速赶去救援她……我们也感觉离她很近,并惊恐地发现,我们几乎目睹了这艘巨轮陷入死亡的巨大苦难。"美国电话电报公司的一位官员赞赏了这种通信能够使追踪救援成为可能。他写道,电话和无线电"让许多国家的人站在一起形成了同情互助的团体,来共同分担悲伤"。密歇根的参议员威廉姆·奥尔登·史密斯(William Alden Smith)负责对这艘沉船进行全面调查,作为他对美国国会在1912年5月18日之前所举行的听证会的总结的一部分,他指出对于世界统一体的新认识需要全球范围的安全规范。他说:"当全世界一起为共同的损失而哭泣时,当全球各地的大自然都向同样的方向发展时,为什么各个国家不清理它们的相互矛盾的惯用语词库,并且理智地制定新的人类服务公约呢?"[3]尽管无线电在海上救援之前就已经开始使用,但是这次用于救援的努力得到了特别的强调,这是因为许多人都从这场悲剧中意识到了这一点,这些人包括救生艇上的生还者、远处的无线电接线员和在救援船上无能为力的海员。

无线电使得人们在许多远方的事件发生的同时经历这些事件成为可能,而泰坦尼克号的沉没又使这一点产生了更具戏剧化影响;同时感知远方事件的能力也是对"当下"体验的重要的改变。对于这个主题的思考可以分为两个基本论点:第一,"当下"可以是顺序发生的、各自独立的本地的事件,也可以是同时发生的、在不同地方的各种各样的事件;第二,"当下"可以是在过去和将来之间的非常细小的时间片段,也可以是这中间的一段较长的时间。对于后者的讨论很大程度上只局限于哲学家之间,而对于顺序性和同时性的讨论却发生在不同的艺术家、诗人和小说家之间,并且随着除了无线电之外的新技术的加入,如电话、高速轮转印刷机和电影,而进行了具体的表述。

早在 1889 年,索尔兹伯里勋爵(Lord Salisbury)就讨论过通过电报能够使体验的同时性成为可能,因为它将"这个理智世界是个整体的观点,与对地球上发生的各种事件的关注几乎组合在了同一时刻……"[4] 电报从 19 世纪 30 年代就开始使用了,但是只能由经过训练的接报员使用,并且只局限于发报局中。无线电增加了电子传播的点状射线源,而且电话将它带给了大众。

无线电报的历史开始于 1864 年詹姆斯·克拉克·麦克斯韦(James Clerk Maxwell)的一篇论文,他在其中讨论了电磁波是肯定存在的,而且应该能够在天空中传播。1887 年,海因里希·赫兹(Heinrich Hertz)在实验室创造了这样的电波,1894 年,伽利尔摩·马可尼(Guglielmo Marconi)设计了能够传播和接收这样的电波的仪器。1897 年,马可尼到了英国,在怀特岛郡(Isle of Wight)为海上航行船只的通信建立了第一个海岸接收站。1901 年,第一条信息从英国的一个大功率发射机中发出,穿过了大西洋;两年后,英国国王爱德华七世(Edward Ⅶ)和美国总统西奥多·罗斯福(Theodore Roosevelt)通过无线电波交换信息。随着无线电仪器的不断增多,1903 年在柏林召开了世界无线电报大会(International Congress on Wireless Telegraphy)以管理对无线电的使用。马可尼公司在 1904 年成立了第一个无线电新闻服务机构,能够在夜间从康沃尔(Cornwall)和科德角(Cape Cod)发射电波。最早从海上船只发出遇难信息是在 1899 年,而在 1909 年,在两艘轮船相撞后发出的无线电呼叫拯救了 1700 条生命。这项技术在公众中引起轰动是在 1910 年,当时通过无线电消息在伦敦逮捕了一个美国物理学家,这个人谋杀并且掩埋了他的妻子,然后试图乔装成小男孩和他的秘书一起坐船逃亡国外。船长对这两个人产生了怀疑,发电报到伦敦苏格兰场(Scotland Yard),然后安排侦探在他们到达港口前在海上逮捕了这两个人。1912 年,无线电报成为在全球范围内连接大陆发报局和海上船只的重要国际即时通信手段。[5]

电话有着更为广泛的影响力,并且在某种程度上使两地可在同一时间交流。它使得人们能够同相隔很远的人交谈,以思考他人在想什么,并且立即做出反馈,而不像书写传播那样有时间去深思。商业交流和人际交流突然变为即时的而不是有延迟和按次序的了。同线电话生成了另一种类型的同期体验,因为在早期系统中,整个一条电话线上的电话铃都会响起,每个感兴趣的人都可以拿起听筒听一听。一位富有想象力的新闻记者将电话通信的同时性,想象为由电话线纤维和电话交换电缆所组成的织物,因此他说:"在电话交换台前面的女孩就像大型织布机前的纺织工人,就像织出美丽的织物一样将线路交叉和再交叉。的确,在这里,每天完美的谈话织物被编织到记录中。"[6]

在电话发明的几年之内,它就被公众的"广播"所使用了。1879 年,布道就在美国通过电话线广播;1880 年,苏黎世的一场音乐会通过电话线传播到 50 英里之外的巴塞尔。在接下来的一年里,柏林的一场歌剧演出和曼彻斯特的(一系列)四重奏演出也被传送到邻近的城市。比利时在 1884 年开始这样的传播:沙勒罗伊(Charleroi)的电话公司举办了一场可以被所有的电话用户听到的音乐会,在莫奈(Monnaie)进行的歌剧演出可以在 250 公里之外的奥斯坦德(Ostend)的皇宫收听,在布鲁塞尔的北火车站收听到了来自沃克斯厅(Vaux-Hall)的音乐,这可能是第一次远距离传播缪扎克音乐(Muzak)。[7]

儒勒·凡尔纳(Jules Verne)在 1888 年的科幻小说中预想了"电话新闻"[8]。五年后,当匈牙利工程师开始在布达佩斯提供这样的新闻服务时,凡尔纳的设想变成了现实。这位工程师还将它扩展为综合的娱乐服务,在 6000 个订户家庭中安装了接口,每个家庭都有节目表,其中包括音乐会、演讲、戏剧朗读、报纸评论、股票市场报道和直接传播国会成员的演讲。它将整个城市居民的注意力集中在单一的体验上,将他们的生活调整得与节目时间表一致,用紧急信号入侵他们的私人生活——每个电话局在有特殊新闻出现时振铃提醒每位订户。一位英国记者想象,如果这项服务被引入英国,将"大众化"富人的许多奢侈生活,同时"最简朴的村舍也将与城市保持即时的沟通,并且'私人线路'将用于与各种亲戚间的联系"[9]。与此同时,这将消除城市里个人与个人之间的隔绝,使得一个人的声音能在发出的同时被 600 万伦敦人听到。1896 年在美国,电话被用来报道总统选举情况,并且根据当时的报道,"几千人整夜坐在电话旁,将耳朵紧贴听筒,第一次体验可能性被一点点地揭晓,并沉迷其中"[10]。

对于当地新闻业所创造的即时体验,也有着各种批评性的反馈。早在 1892 年,一个不知疲倦的杞人忧天的人——马克斯·诺尔道(Max Nordau)[①]就抱怨说,最朴素的村庄居民也比一个世纪前的总理拥有更为宽广的地理视野,因为村民可以通过阅读报纸,"同时对发生在智利的革命、东非的丛林战争感兴趣"[11]。诺尔道预计,在一个世纪之后,人们将会"每天要阅读几平方码[②]的报纸,会经常打电话,会同时考虑世界五大洲的问题",而不会神经紧张。保罗·克洛岱尔(Paul Claudel)[③]在 1904 年做出了更为积极的反应,他写道,晨报让我们认为"所有的事情都在这上面得以呈现"[12],他在 1914 年 2 月 23 日《巴黎-南方报》(*Paris-Midi*)的一篇社论中,将一家日报的头条描绘为"同步诗篇"。

---

① 马克斯·诺尔道(1849—1923),奥地利人,政论家、作家、医生、犹太复国主义者。
② 1 码 = 0.9144 米。
③ 保罗·克洛岱尔(1868—1955),法国戏剧家、诗人。

# 第四部分·讨论题

1. 看看摩尔斯电码(也可以让老师提供打印件)。考虑到发明摩尔斯电码时电子技术还很原始(只有电线与电池),你认为发明它的背后逻辑是什么?

2. 自贝尔时代以来,电话已经发生了重大变化,例如,21世纪的电话从"有线"变成了无线。但费舍尔讨论的很多早期电话问题至今仍能引发有趣的回响。你能重点讨论一下其中一些问题吗?

3. 威廉姆斯讨论的巴黎世博会过去一个多世纪后,世界博览会依然在举办。你认为它们的作用相比19世纪和20世纪之交的世博会有何不同?提示:你可以搜索一下最近的世博会信息。

4. 无线电在报道泰坦尼克号沉船事件中发挥了至关重要的作用,不过有些信息不太准确。你在今天还能找到哪些媒体记录悲剧的方式达到了泰坦尼克号沉船事件那样的国际影响力?

# 第 五 部 分

## 图像与声音

到19世纪末,"有线世界"主要通过电话和电报扩大了原有的传播范围,以更省力的方式把信息传播得更远、更快。受此影响,新闻的包装方式发生了变化,有了新的侧重点,大众娱乐也是如此。阅读方式也在变化,阅读群体的特性也随之改变。同时发生并影响着这些变化的,是长达一个世纪的向工业主导型经济的变迁进程,以及随之而来的城市化。变革的结果之一是"消费社会"的出现。新的观念、图像和消费模式开创了20世纪,地方与本土魅力不再。

标志着19世纪结束、20世纪开始的几十年时间有着太多独特的变化,有的我们在前文中已经讨论,还有的将在后面的文章中涉及。有个背景值得在此一提,即这段时期出现了诸如自行车、汽车、飞机等重要交通工具。它们培养起一种空间感,并与日益提速的火车、蒸汽船一起促成了时区的发明,推动了世界标准时间(World Standard Time)的出现。而这又进一步使文化认同日益脱离当下与本土。在艺术领域,立体主义和未来主义也回应和唱和着空间和时间的变化。立体主义将多个透视角度置于一个平面,由此打破、重置了空间。未来主义则倡导用新技术推动生活节奏加速。

这也是一个大型公共工程如桥梁、运河、隧道的时代。城市电气化把铁路交通引入市中心,轻轨与地铁遍布世界各大城市。所有这些都进一步推动了城市的发展,工人开始住得离工作地点越来越远,这就形成了通勤族,也创造了消费社会。

有一个关键因素开启了20世纪的社会和文化变迁,那就是促使我们重新认识各种人物、地点和事物的摄影技术。摄影诞生于1839年,最初几十年主要是影响了各门类的画家,并很快为图中的信息立下新的质量标准。接着,摄影永远改变了我们看待和理解世界的方式。促使其发挥巨大影响的是大众传播。到19世纪的最后几十年,新的平版印刷术使得报纸、图书、杂志都能刊登摄影照片。在本部分第一篇选文中,乌尔里希·科勒(Ulrich Keller)考察了这一变化,解读了早期新闻摄影史中一些知名和不知名的照片。

当利用摄影记录图像变得司空见惯时,同样地,记录声音尤其是人声,然后是乐声,似乎也只是时间问题了。在接下来的两篇选文中,丽萨·吉特尔曼(Lisa Gitelman)和乔纳森·斯特恩(Jonathan Sterne)探讨了录音的早期史,以1877年托马斯·爱迪生(Thomas Edison)发明留声机为开端。今天的我们早已习惯了音像领域突飞猛进的技术变化。本书发行第一版时,索尼随身听正风靡全球。时至今日,它却早已无人问津。没准用不了几年,你的iPod也会步其后尘。19世纪末这一领域的动荡也丝毫不亚于今日。

吉特尔曼指出,早期录音技术被视为商业的好帮手。人们设想的是类似于电话录音机(Dictaphone)的东西,它也可能被用于录下名人或家中长辈的声音,以传之后世。由于爱迪生的早期留声机是一种录音兼回放技术,因此家庭成员可以自己录音,就像今天使用各种录像技术一样。正如吉特尔曼所说,爱迪生为推广留声机而举办的展览包括各种录音实验,但他并没有意识到,这项技术的未来存在于音乐唱片的商业化生产之中。

正如今天计算机世界中存在着 Mac 和 PC 两大竞争对手——有大量流行的电视广告都对此开过玩笑——19 世纪末也是如此,斯特恩指出,爱迪生留声机(phonograph)遭遇了埃米尔·柏林纳(Emile Berliner)的留声机(gramophone)的挑战。这是锡箔圆筒与涂蜡唱盘之间的较量。斯特恩分析了两者的优势和劣势。唱盘更容易大规模量产,从而更好地满足了音乐唱片市场的需求。最终,到 20 世纪初,爱迪生也开始制造唱盘留声机。

在下一篇选文中,丹尼尔·齐特罗姆(Daniel Czitrom)通过考察电影院与观众的早期史,讨论了观影体验。他指出,看电影成为一种集体的公共体验始于世纪之初的五分钱影院。这种临时搭建的小影院完全可以与我们今天经常光顾的多厅影院相提并论。这里吸引的主要是工人阶级观众,其中有很多移民,连英语都说不溜,但在无声银幕时代这并不是什么问题——偶尔出现的字幕也总有其他观众大声朗读和解释出来。齐特罗姆讨论的时代过去之后才出现了富丽堂皇的电影宫,尤其是在 20 世纪 20 年代。到那时,社会各阶层都被电影体验吸引住了,这对歌舞杂耍造成了沉重的打击。到 20 世纪 20 年代末,古老而成熟的现场综艺表演终于走到了尽头。所幸的是,其中有些表演者后来跳槽到了广播电台。

当电影日益成为流行文化的重要形式时,读者也必须注意到,20 世纪 20 年代末无声电影开始变成有声电影。当然,无声电影实际上并非无声,因为通常都备有现场音乐伴奏。就在默片艺术登峰造极之时,质量明显更差的早期有声电影开始取而代之。但斯科特·艾曼(Scott Eyman)在下一篇选文中指出,只要加入录好的对话——多少是受了广播电台的影响——人们就很乐意听到演员在银幕上交谈。接着,他按时间顺序讲述了有声电影的出现带来的巨大变化,认为这是自电影放映本身出现以来,电影史上影响最为深远的变革。

到了 20 世纪,图像声音技术的普及已经与大众社会、广告等观念紧密地联系在一起。大约自 1900 年起,广告商开始充分利用日益流行的图片杂志和图片报纸,也开始充分利用日益成功的公共表演新舞台如电影院、大型体育赛事,这就产生了新的传播和说服方式。

# 第18章 早期的图片新闻

乌尔里希·科勒(Ulrich Keller)

乌尔里希·科勒是加州大学圣巴巴拉分校(University of California at Santa Barbara)历史系教授,也是该校艺术博物馆照片馆的客座策展人。

从达盖尔(Daguerre)划时代的发明到19世纪90年代早期,这项发明最终在商业运用上变得可行——将照片复制到大量的报纸上,其间经过了半个多世纪的时间。此前,由于照片上连续的色调变化在报纸上只能反映出线条的轮廓,使得报纸出版者几乎没有什么动力让人们长期甚至是临时雇用摄影师。受雇于《哈珀斯》(*Harper's*)、《插图》(*L'Illustration*)和《伦敦新闻画报》(*The Illustrated London News*)等出版机构的图片记者都是绘图员,他们的草图成本比在大暗箱里使用湿版玻璃负片低得多。始终不变的是,无论画家是否在现场,用来再现战争、突发事件和庆典活动的高潮的素描,都比相机里的照片更令人兴奋,因为照片总是出来得太晚而且至少无法记录快速的行动。并且尽管这些特别艺术家的画作往往是不准确的,总是有虚构的成分在其中,但这并没有赋予照片优势,因为后者在转录到木版上的时候就完全失去了其真实性。[1]

因此也就不足为怪,为什么直到大约1885年的时候,摄影历史上还没有哪位摄影师因为专门从事新闻报道而出名,或者长期只为出版机构工作。对于这一情形有限而有益的例外完全是由一些重要的战争促成的,这对诸如布莱蒂(Brady)、必拓(Beato)和凡顿(Fenton)①等雄心勃勃的人来说,成为足够的动力,推动他们着手开展新闻照片宣传活动。即便这些活动中时间最长的一个——马修·布莱蒂(Mathew Brady)和其他很多摄影师共同发起的连续两年报道美国内战的活动,也只获得了暂时的成就,而未能形成永久的新闻收集机制。而且,布莱蒂在华盛顿和纽约的画廊里,不断制作出大量的名片式照片(Cartes de visite),肖像照片一直是他的支柱产品。如果他伟大的战争记者生涯最后以破产而告终的话,那么这恰好是因为没有商业上的可靠联系推动已有的大众图片媒介的发展。看上去,布莱蒂只是通过在《莱斯利斯》(*Leslie's*)和《哈珀斯》上发表他的照片而获得公众的关注,却没有从中得到利润。至于收益,他不得不通过他的画廊,可能还通过一些书籍和文具用品商店向市场推销原版照片。大量

---

① 他们都是著名的摄影家。

潜在的受众无法通过这样随意、偶然的方式接触到布莱蒂的战争记录,而且零售情况表明其无法负担约为 10 万美元的巨额制作成本。[2]

图 18.1　亚伯拉罕·林肯(Abraham Lincoln)总统肖像。Courtesy of Library of Congress.

如果图片新闻在较早的历史中只是理想的象征,而在实践中无法实现相机和印刷出版物的联合的话,我们在世纪之交就遇到了完全不同的境况……曾经匿名的照相师开始有名有姓地出现在安德伍德和安德伍德(Underwood & Underwood)通讯社的摄影师名单上,这家通讯社定期为《哈珀斯周刊》(Harper's Weekly)提供照片。摄影师必须使用配有长焦镜头的轻便、快捷和可以手持的相机;摄影记者往往被允许在专门留出的有特别待遇、用警戒线围住的媒介区拍照,而且他们完全可以将泰迪·罗斯福(Teddy Roosevelt)[①]具有表现力的行为直接发送给新闻机构。我们无须强调拍摄的照片如何再被重新加工成可以用在杂志上的照片。由于摄影师提交了不同系列的照

---

① 即西奥多·罗斯福,美国第 26 任总统,任期为 1901 年至 1909 年。

片,因此编辑就必须考虑一个有效率的排版策略。他们发现了一个聪明而机智的解决方案,而这也正预示了这样一个事实——图片新闻将是一项团队作业,是在摄影师摄影作品的基础上与编辑和艺术指导共同决定的创造性维度。无疑,这与林肯1860年的那幅宣传照片的反差也是很显著的。在公司雇主要求迎合大量受众的压力下,新闻摄影记者开发出了吸引人的动态的风格。我们要展现的是活动中的政治家鼓舞人心的特写照片,而不是一张简单的肖像照……

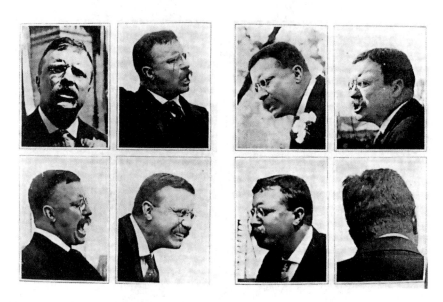

图 18.2　西奥多·罗斯福总统正在发表演讲。Underwood & Underwood. From *Harper's Weekly* January 26, 1907.

那么,毫无疑问,被广泛争论的图片新闻最早"诞生"的时期——而不是最晚的时期——应该是西奥多·罗斯福(Theodore Roosevelt)担任总统的时期。从1890年到第一次世界大战期间的确可以被定义为图片新闻的发展时期,这段时期是由照相铜版技术的革新所开创的,当然也不能完全归功于它。在这段时间里,照片新闻业在技术和美学上的地位得以确立,被认为是一种专门的职业和社会机构。这种现象的复杂性必须通过细节分析才能得以解释。

## 照片新闻业的结构性要素

虽然有些不成熟,而且没有将所有实际的和意识形态的后果都纳入考虑,但是我们大致能够辨别出早期图片新闻业在组织的基础结构上的三个基本组成部分:新报纸品牌使用以照片为基础的中间调插图代替以图画为基础的木板雕刻;新型新闻社发布照片而不是文章；新生代的摄影师以小型、快捷的手持相机为装备，逐渐放弃了缓慢而笨拙、支在三脚架上的相机。刚才所列的第一个因素，也是最重要的因素，正是中间调的印版推动了从图片新闻向照片新闻的转变。

**中间调照片**

在试验的基础上，中间调照片复制品从 1867 年开始在周刊使用，并在 1880 年用于日报。但是，只有在美国发明家于 1889 年到 1890 年间经过大量实质行动改良，将中间调照片复制到大发行量的报纸上并保证稳定的质量之后，这一技术才变得现实可行。这一发展意义重大，即使不能称其第二次"发明"了图片新闻，也意味着对图片新闻的彻底重新定义。[3] 的确，50 年前，图片周刊的用途是催生著名的文化现象——为大量受众持续不断地、制度化地提供新闻照片。这一事件产生的冲击波在沃兹沃斯（Wordsworth）的对"插图书和报纸"的那段著名的攻击中有所体现：

> 演说被看作人们最高贵的姿态；而写下文字是人类之手拥有的光荣……现在散文和韵律诗名誉扫地。必须制止这项无声的艺术，以最恰当地符合这个曾经智慧的国家的品位。毫无疑问，我们正在退步。从成人世界返回孩童世界……应该让恶劣地滥用图片页的恶习走开！难道眼睛要看到所有，而嘴巴和耳朵一无所获？上天让我们不要更下一层楼！[4]

除了在一些地方引发了焦虑之外，早期的图片新闻业在复制数量方面相对而言是最低调的。直到 1873 年还没有一份报纸定期刊登图片，而致力于面向普通大众发布新闻的图片周刊，可能在整个欧洲和美国也不超过两打。因此，可以估计所有向全（美）国公众公开的新闻图片每周几乎不会超过 100 张。到了 1910 年，在快捷、高效的中间调印版代替了过时的复制技术后，统计数据显示新闻图片数量大幅增加。当时在每个工业化国家里都有大量的插画日报和周刊出版，至少按照当时的标准，照片的总数达到了令人吃惊的份额。例如，1910 年，仅在纽约一地就有 14 份日报平均每周刊登 903 张照片，如洪水般将其读者淹没。[5] 尽管这种大幅度的增长归功于多种因素，但是几乎没有专家能够否认，中间调印版是其中一个最重要的因素。新闻照片被持续不断地提供给大量城市受众，至少这使新闻照片奠定了比木板雕刻时代明显要高得多的地位。

显然，不再可能对图片出版物的合理性进行大规模的抨击——如同沃兹沃斯在半个世纪前所做的那样。现在，可见的危险在于复制品数量太多了。正如《哈珀斯周刊》在 1911 年的卷首语《插画过度》（"Over-Illustration"）中指出的："我们无法理解赞成插图的各种观点。我们的世界正在被插图所淹没。"[6] 大量消费通俗照片已经成为生活的实际状况；所需要讨论的只剩下受普通大众欢迎的照片进入日常生活的范围以及它的渗透性了。

除了数量方面，中间调的革命性创新还体现在其质量层面。在 19 世纪晚期的一项对大量手工技术和照相工艺技术的分析性调查研究中——这是一项应该得到赞誉的研究,埃斯特尔·贾西姆(Estelle Jussim)声称中间调照片"用替代品的力量"创造了"视觉幻象",其中的版画线条呈现出更主观、更不可靠的图景。在贾西姆只是考虑了美术复制品的时候,尼尔·哈里斯(Neil Harris)拓展了对中间调"产生幻象"的观点,并且同时指出所有的照片机制的影像,尤其是发表在报纸和杂志中的,都包含"客观的"力量。[7]根据这个观点,中间调工艺能够将给定的"真实"复制得比以往更加"逼真";如果再赘述一番,那就是中间调照片只是重复和确认了已经存在的事实。但是,如果采用在今天可能更站得住脚的立场,即真实不是既定的,而是对同一现象有各种不同的再现方式,因而真实是社会性建构的,那么从现象本身就能推演出不同的结论。因此,中间调技术的能量在于在事实中精确地呈现出具有可靠性的、构建出的"真实",这种"真实"在很多情况下是有偏差的或人造而非客观存在的。基于这样的假设,我们的兴趣自然从线雕技术和点状网目板的错综复杂中,转向围绕着这些技术及其后台的制度性框架。照片机制下的印刷品只不过在二次操作中"真实地"为大众消费编码,而明确地阐述这些照片符码中的含义和信息则是社会问题。对这样的社会实例需要进行分析。

**新闻界的摄影师**

如果说中间调印版使报纸在1890年左右向照片敞开了大门,那么乳胶技术和照相机设计的根本特性的改进则使照片对报纸具有了吸引力。19世纪80年代牢固的明胶干版和胶卷,与手持的快照相机一起,使开创拍摄运动和动作照片的新领域成为可能。[8]以前,报纸只能在很有限的主题范围内依赖照相机,主要是肖像和场所。即便有了中间调的革新,报纸仍然广泛使用手工绘画,而新的乳胶能确保照片不再局限于几个有限的主题,而是在实际操作中可以覆盖所有具有新闻价值的选题领域。中间调印版和明胶乳剂的组合展现出不可抗拒的力量,从而以激动人心的速度推动插画类报纸不再使用手绘的图片。在15年之内,许多日报和周报用摄影师代替了他们的绘图员。到了1900年,在美国出现了由报纸摄影师组成的大型协会,而且新闻照片的出版数量稳步上升;这样的社团不断成长,直到它用如同毛细血管一样编织得更加细密的网络将世界网罗其中。

毫无疑问,这样的新闻社团所覆盖的主题范围几乎是无限制的。从亚洲发生的战争到巴西的火车事故,再到阿肯色州小石城(Little Rock Arkansas)的总统选举投票站,还有在中心公园喂鸽子的小女孩,所有的事情都能以图片新闻的形式出现。在新闻图像报道范围不断扩大的过程中,对不重要的事件开始用图片报道的时期尤其值得在这里讨论。重要的事件往往配以插图。琐碎的事件直到1900年左右才大规模地以图片的形式出现,并且从那个时候到现在依然是这样,这也再一次强调了,那个时期应该被看作现代图片新闻业的起点。

在新闻档案里,人们偶尔会发现图片新闻业在那时刚刚赢得重要性的图像证据。

举个例子,安德伍德和安德伍德为麦金莱(McKinley)总统的葬礼拍摄了一张照片,照片中有一个木质平台,上面挤满了新闻摄影师……这不是一张轰动性的图片,但是它证明了,在几年的时间里照片新闻业已成为公共领域生活的内在特征,从而最终达到了这样的高点:如果没有大规模的图片报道,事件就不可能成为重大事件。不仅如此,显然这些报纸的代理人高度重视对事件过程的目击。40 年前,只有一位摄影师出席相当重要的林肯总统的就职典礼,因此他不得不满足于被安排在一个次等的、不实用的拍摄位置。而到了 1901 年,出现了一个特地为图片新闻记者搭建的大平台,以给他们提供最理想的视角:他们现在扮演的是强有力的新闻机构和上百万读者的副手的角色。显然,新闻业和摄影业的联盟产生了制度上的重大后果。

美西战争(Spanish-American War)似乎是历史上第一个主要由摄影师,而不是绘图员进行描述的重大武装冲突。战争发生得太快了,以至于无法指挥任何高度组织化的新闻报道。而摄影报道的殊荣属于日俄战争(Russo-Japanese War)——发生在与美国隔了半个地球之远的地方的战争,但它的大量照片记录超过了以往所有战争的总和。单是《科利尔周刊》(*Collier's*)一家就雇用了 6 名摄影师,分别出现在战争双方的前沿阵地上,更不用提一大批记者了。[9] 同样,这一巨大努力与《生活》(*Life*)杂志在几十年后上演的关于海外战争、本土盛况及身边环境的高度组织化的图片报道活动并没有原则上的不同。

数量不断增长的新闻摄影师中的大部分成员仍然被当作低等职员,他们在城镇中骑着摩托车追踪事故受害者和警察的调查结果;与此同时,一些特别有才能的摄影记者很快占据了高位,成为"重大"的新闻事件的记录者。以艾里克·所罗门(Erich Salomon)和玛格丽特·伯克-怀特(Margaret Bourke-White)为代表的明星摄影师的全盛时期晚一些才到来,但是在 20 世纪初已经有一些新闻摄影师开始环游世界,代表一流的出版商和上百万的读者出现在当时的重大事件的现场。而以凡顿、布莱蒂和加德纳(Gardner)等人为代表的断断续续、主要以企业新闻照片为主、摄影师只能支配有限的资源和传播网络的时代显然已经结束了。

在目前讨论的语境中,如果不对新出现的图片新闻职业一概而论的话,有一个人值得作为"重大"新闻的摄影师群体的典型被单独提及。吉米·海尔(Jimmy Hare)于 1856 年出生在英国,是早期的摄影记者,在为一家图片杂志做了几年自由职业者之后,他在 1895 年被《美国画报》(*Illustrated American*)雇用为全职摄影师。三年后,他转到了《科利尔周刊》——一家新成立的周刊,且注定在图片新闻业的早期阶段充当重要的角色。海尔的第一个重要任务是采访美西战争;几年后他回到营地和战壕,成为《科利尔周刊》报道日俄冲突的摄影团队中最高产的成员。接下来的几年里,海尔继续记录着国内的重大新闻事件,诸如从莱特(Wright)兄弟到布莱里奥(Bleriot)等先锋飞行家的轰动事迹。最后的挑战来自第一次世界大战,那时海尔在《莱斯利斯》杂志做新闻报道。退休时,他已经跻身名流。报业和新闻业的各种协会经常通过文章和授予荣誉会员称号等形式向他表达敬意,并且在他去世前不久,关于"一个从来没有伪造过一张照片,也从来没有从危险中跑开的人"的华美传记出版了。事实上,《柏林画报》(Berliner Illustrierte Zeitung)和《生活》杂志的明星摄影记者收获了更多的声望,但是吉米是排在第一位的。

尽管这样,当时的事实仍然是,作为一个阶层,早期的摄影记者在使用美学策略和主题策略方面仍然相对不成熟。即便是海尔最好的照片看起来也是平淡无奇,毫无吸引力的,不如菲利克斯·曼(Felix Man)、亨利·卡蒂埃-布列松(Henri Cartier-Bresson)及玛格丽特·伯克-怀特等人的作品,后者还在照片上印压了可以辨认的"著作者"的签名,即使这并不美观。早期摄影记者的特点是审美缺陷,而且当时仅靠非常初级的编辑手段和处理过程无法弥补这个缺陷。另外一个应该考虑的因素是,我们应该想到所有专业职业在其初级阶段,都会因其工资级别和社会声望太低而无法吸引到杰出的天才。更重要的是,似乎在从照片领域及一般艺术的其他分支中寻找灵感的过程中,早期的新闻摄影师可能没有得到充分的报偿。大部分同时代的油画和所有的"美术作品"或"图画般的"照片都确立了在社会仪式中的精英地位、高尚的思想体系和浪漫的象征主义风格。而一名摄影记者很少从他的日常工作中得到激励,因为他无法逃避局限的、呆板的操作流程。直到20世纪20年代,艺术与工业、技术和大众传播之间的鸿沟才急剧缩小。以前的情况是图片制作在科学、工业、广告和新闻出版中受到轻视,而现在它们被接受为美学生产的合法领域,并且陡然增长的收入又为这些领域赋予了额外的吸引力。让我们以推测的形式举例,假如在1900年前后,有人打算完全通过摄影作品打造毕生之作和名望,那么他或她几乎别无选择,而只能加入摄影分离派(Photo-Secession)①,并且制作出一些如梦似幻的胶印作品,它们大多展现穿着象征性装束的慵懒女子。直到功能学派在20世纪20年代对美术进行了再定位,才为摄影记者提供了能够进行挑战性的美学实践的背景,从而吸引了那些具有天赋和雄心的个人。[10]

## 图片社

除了报纸使用中间调照片和新闻照片团体使用快照相机之外,第三个对摄影新闻业的规范化有实质贡献的因素,是传播新闻照片的通讯社的出现。后者发展的基础是,即便是最好的且拥有大量多才多艺的摄影师的报纸,也无法报道每个主要的新闻事件,尤其是如果事件发生在不可预料的时间和地点。因此,就需要一个为报纸提供有关重要事件的照片的机制,这些照片超出了报纸自己的调查组织可以达到的范围;因此,图片社的生意在于把握有价值主题的照片,把它们卖给订购照片的报纸。

……毋庸置疑,泰坦尼克号下沉是不可预测事件的典型代表;它与事先计划好的、系统的新闻报道完全不同。无论如何,一位佚名的业余摄影者坐上了救生船,在一些

---

① 摄影分离派是最早致力于使摄影被接纳为一门艺术的重要美国摄影家团体,是20世纪初对学院派的"画意摄影主义"的反叛,追求"纯摄影",反对用绘画的手法制作照片,从而使摄影艺术跨入现代主义。

幸存者靠近卡帕西亚号时,他抓住了拍摄机会。最终拍出来的照片在美学意义上是很不完美的,但是这一重大主题让这张照片轰动一时。设立在纽约的拜因新闻图片服务公司(Bain's News Picture Service),不知用什么方式得到了这张照片,并且把它分发给多家报社,否则这些报纸只能在不配照片的情况下报道泰坦尼克号事件。

图18.3　拜因新闻图片服务公司:泰坦尼克号的救生船在向卡帕西亚号靠近,1912年4月15日。Courtesy of the Library of Congress.

图片社不仅从外部购买照片,它们也雇用自己的摄影师,他们中的一些人对政治现场进行了史无前例的深度报道。1899年,一家初出茅庐的图片社的负责人兼摄影师乔治·格兰瑟姆·拜因(George Grantham Bain)决定亲自跟随美国总统进入其办公室。在很长的一段时间里,拜因陪同麦金莱总统的每一次出行,并且获得了进入白宫拍摄正式肖像的机会。这种长期努力的成果是收录了几百张新闻图片、被大量引用的照片集,这些照片被细致地编号并配以说明,以方便销售。[11] 当然,一方面,单独一家报纸不需要对某一位政治人物倾注如此多的关注;另一方面,对于图片社而言,它们为整个美国新闻界服务,因此一条商业利润线在这里被开发了。

据我所知,无人在此前的总统那里完成过类似的任务。因此,拜因的照片集标志着历史的重大转折——从19世纪断断续续的图片新闻记录方法到连续的、制度化的报道模式,后者是随着图片新闻业的体系在20世纪初越来越复杂而得以实现的。这个操作模式从那时起就已经完善。当林登·约翰逊（Lyndon B. Johnson）总统早上6点30分醒来时，他会按两个按钮，一个是通知他的保镖，另一个是通知他的私人摄影师冈本洋一（Yoichi Okamoto）。冈本洋一是两个获准不用敲门就可以进入椭圆形办公室的人中的一个，在约翰逊任期的前3个月，他拍摄了11000张照片。[12]拜因在使用胶片上比较保守，但是他为后来的白宫摄影师设定了基本模式。

从历史的角度来看，值得一提的是口头新闻报道早在19世纪30年代就已经受制于商业代理机构的发行了，也就是说，在巴黎和其他大城市中出现发行量大的报纸之后。由于此后不久就出现了大型图片杂志，因此人们可能推测，在同一世纪的50年代到60年代应该逐渐有图片新闻社成立，但这一现象并没有出现。其中的一个原因是，当时只有数量很少的定位于新闻报道的图片周刊，一个国家中也就有一到两份，而且这些画报只追踪关于国家利益的有限话题，因此几乎没有什么照片专题需要商业代理机构进行广泛的分发。而且，只要大部分新闻图像仍然采用绘画的形式，就说明由于复制技术的问题，将照片很快地用在大量的报纸中还有困难。例如，图画的照相拷贝需要花费大量的时间，并且画面质量很容易受损。

# 第 19 章 刻下声音

丽萨·吉特尔曼（Lisa Gitelman）

丽萨·吉特尔曼是位于华盛顿特区的美国天主教大学媒介研究系（Catholic University, Department of Media Studies）教授。她近期出版了专著《永远新鲜：媒介、历史和文化数据》(*Always Already New: Media, History, and the Data of Culture*)。

托马斯·爱迪生是第一个向世人展示留声机的人：1877年，他带着自己制造的样品拜访了《科学美国人》(*Scientific American*)杂志设在纽约的编辑部。根据目击者回忆，那台留声机向大家问好，还询问了在场者的健康状况。人们惊诧于这台仪器的引人注目的简洁性；它就是"几根金属条组成的小玩意儿"，而不是长着"橡胶喉咙和嘴唇"的复杂的机器。被锡箔纸包裹的金属圆筒可以手动旋转，锡箔纸表面刻下的凹槽构成了"对声音的精确的记录，而且声音是从这里发出的"——由此就组成了这台机器的所谓的"文字系统"。这些词语或者"话语"能够被"翻译"或者回放出来。旁观者一度认为，他们自己就能够翻译那些"文字"，于是他们拿着放大镜，辛辛苦苦地辨认着那些标识语音的点和线。但是，人们很快就发现了这台仪器真正出众的地方：正如一位旁观者所惊呼的那样——它"自己就可以逐字逐句地认读"。这就仿佛我们"已经不再需要自己辛苦地看书，而只要将书扔在一部机器里，让后者运转起来，然后，看呀，我们就听到作者在朗读他的作品了"[1]。爱迪生和那些赞叹不已的围观者显然都认为，这项发明很快就会成为更好用、更高效的速记工具。精确、公正的机器将客观、形象地再现作者的声音。

在《科学美国人》报道了这项发明之后，爱迪生对相关报道做出了评论，并且自己也写了篇文章，发表在《北美评论》(*North American Review*)上。爱迪生在那篇文章中列举了留声机的用途：写信、进行各种各样的听写或者口授命令，此外还可以用于诸如会说话的钟表、会说话的门铃、录音小说等领域。虽然他也提到了音乐，但往往是将它作为一种口述形式，即可以通过留声机向朋友送出一首情歌、给孩子唱支摇篮曲，而且，如果可以的话，还可以将摇篮曲存下来，以便在明天的睡觉时间再次播放。留声机讨好了那些为了记录法庭文书和法律文件而使用速记法的重要人群，因为它提供了一个文化仓库，或者说声音档案馆。英国评论家马修·阿诺德（Matthew Arnold）在留声机问世前不久，刚刚将文化定义为"在这个世界上曾经被思考和被言说过的佼佼者",而现在,爱迪生指出,留声机可以保存声音,以及"我们这个时代的华盛顿、林肯,还有格莱斯顿(Gladstone)"说过的话了。此外,还有更多的东西将得以保存。爱迪生在文章中谈道,美国语言学会(American Philological Society)需要一台留声机,以"留存濒临灭绝的北美印第安奥内达加族人(Onondagas)和塔斯卡洛拉族人(Tuscaroras)的方言"。根据新闻报道,目前"只有一位老人能够流畅而且正确地说这种语言,而他担心自己很快就会离世"[2]。

  **我们的**政治活动家与日渐衰落的奥内达加族人尽管是截然不同的群体,但是留声机从一开始就成为推动形成盎格鲁-美洲文化体系的工具。留声机弥合了横亘在"我们"与"他们"之间多个方面的习以为常的差异。讽刺漫画杂志《重击》(*Punch*)在1878年也以幽默的手法描绘了类似的变化:"我们的最优秀的诗歌作品"可以通过留声机广泛地传播到年轻的女性那里,留声机已经替代了在伦敦走街串巷的"头发乱蓬蓬的拉手风琴的意大利人"。留声机从一问世,立即就成为展现各种各样的差异的工具,并且(由于机械方面的原因)留声机越来越体现出不分层级的平民气质。一位留声机的狂热爱好者半开玩笑地建议,应该把留声机先装在新的自由女神像上,然后再一起安放在纽约港,这样的话,就可以对来往的船只播放民主宣言了。现实其实也是差不多如此地异想天开。在这个引人注目的仪器的帮助下,公开的账目可以清晰地展现,女人可以边缝纫衣服边读书。学生可以在黑暗中阅读;盲人也能够看书;而且,逝去的人也能开口说话了。[3]

  1878年1月,爱迪生签署了授权展览留声机的合同,与此同时,保留了未来对口授这一基本功能继续开发、获益的权利。这一公开展览权被一小群投资者所利用,这些人已经从亚历山大·格拉汉姆·贝尔所发明的电话那里得到了经济利益。他们一起成立了爱迪生留声机公司(Edison Speaking Phonograph Company),并且聘詹姆斯·雷德帕斯(James Redpath)为总经理。雷德帕斯曾经投身废奴事业,他还在将早期美国教室里使用的地方性的成人教育系列课程改造为更为正式、全国通用的课程方面做了大量工作,改造后的课程由中央办公室的授课者来管理和控制。在他卖掉自己的这个教育公司之后,他就以传播"美好的东西"的名义——而不像后来他的传记作者所说的那样,只是为了赢得"区区的新闻报道"[4]——加入了这家留声机公司。不过,在展览留声机的那些年里,这两种说法之间其实没有什么区别。充斥于报纸的对留声机的狂热而夸张的赞美之词,与最初的留声机的实际技术能力之间存在着巨大的差距,留声机的展览者们,只能依靠这种仪器的新颖性来吸引受众。当然,新奇性总会耗尽,虽然直到来年的夏天才"挤干了展览这头奶牛的奶"——公司的一位管理者在一封私人信件中对爱迪生如是说。[5]

  爱迪生留声机公司靠授权地方展商在各地展览留声机而得以运转;个人可以**购买**展览权,而后在相应的地区展示留声机。地方展商接受了有关如何使用这种机器的培训,掌握了相应的技能,并且同意将展览所得毛收入的25%交给爱迪生留声机公司。与其说这是巡回展览,不如说这是一个叠床架屋的科层体系,爱迪生留声机公司就在这个体系的最上层。大部分留声机展览商都只拥有各自所在地区的展览权;他们对于自己隶属于一家全国性公司的归属感,则来自企业的协调分工和大量过于琐碎的会计事务。诸如信函、银行汇票、收据等文书在全国范围内传递、流通,但是工作人员和他们的机器,则只是在合同授权的特定的州或地区流动,被地方报纸报道,得到当地观众和机构的支持(或反对)。公司将展览门票定为 25 美分,尽管如此,有些展商很快就将它降到 10 美分。富有讽刺意味的是,没有任何有关留声机展览的**录音**记录得以保留下来,因为锡箔录音不能保存很久。相反,大量报纸报道、写给雷德帕斯及公司的信件记录了这些展览的特点,此外,在各种其他资料中也有相关的记录,例如名为《黑暗教授的发声机或说话机器》(*Prof. Black's Phunnygraph or Talking Machine*)的滑稽模仿戏,就再现了这类展览。

爱迪生留声机公司刚刚成立的时候,爱迪生的一些朋友和合伙人已经将留声机和电话结合起来公开展出,并且由此提升了公司内部成员的期望。为了向剧院老板收取每晚 100 美元的两场连演的费用,爱德华·约翰逊(Edward Johnson)于 1 月底到纽约州北部各地作巡回演出。他的表演并不是每次都能有上百美元的收入,但是在埃尔迈拉(Elmira)和考特兰(Courtland)达到了这一标准——"这是决定性的成功",约翰逊宣称。他回忆道,"每当留声机一开口说话,就迎来了"那天晚上的演出的高潮,"而且所有人都觉得第二次演出要比第一次更为成功"。

约翰逊的方案很简单。他将收费项目分别对应"朗诵、对话、唱(有歌词的)歌、短号独奏、模仿动物的声音、笑声、咳嗽声等"不同类型的声音,这些内容由"机器的嘴巴发出"且"依次重复播放"。他说,当他试着自己唱歌的时候,很多观众都笑了起来,不过,他也努力怂恿观众自愿登台表演,或者说试图占当地人才的便宜。⁶ 爱迪生的另一位合伙人阿诺德(J. W. S. Arnold)教授在用他的留声机"讲关于玛丽的小羊羔的故事"时,纽约市的查克林厅(Chickering Hall)一半都坐满了;而后,与约翰逊的留声机一样,阿诺德教授的留声机也再现了说话声、喊叫声和唱歌声。在表演结束后,阿诺德将用过的锡箔撕成条散发给观众,据说当时人们"疯狂地抢夺这个纪念品"。⁷

这些早期展览有助于确立被雷德帕斯的公司所遵循的模式。雷德帕斯在纽约市的欧文大厅(Irving Hall)也曾有短暂的献演季,不过,主要的展览都是在地方进行的。例如,在新泽西州(New Jersey)的泽西城(Jersey City)一带,展出权在记者弗兰克·朗迪(Frank Lundy)手中;他的展览并不十分精致,而且他愤怒地向爱迪生留声机公司抱怨,他所辖地域总是受到其他人的侵犯,或者深受爱迪生本人对门洛·帕克(Menlo Park)实验室的开放政策的不利影响——从他所在区域乘坐火车很快就可以到达这个实验室。朗迪在 6 月中旬来到了泽西城。他在卫理公会教堂(Methodist Episcopal)举办了一次展览(门票 25 美分),然后又在图书馆厅(Library Hall)举办了另一场,第二次展览属于"基督教会女士"音乐会的一个组成部分。两次展览都以社区群众的音乐演出为主,同时包括介绍和展示留声机。据说朗迪向这台机器"吟诵"了各种各样的"选段,从莎士比亚的剧本到鹅妈妈(Mother Goose)的歌曲,从笑声到歌声,还有短号曲的乐谱,所有这些都被忠实地复制和再现了,而且令观众开心的是,他们还收到了铝箔条作为纪念品"。不过,可怜的朗迪在6月20日的表演,被前一日举行的泽西城"美学学会"(Aesthetic Society)大会抢了风头,这个学会召集会员为其中的一名成员送行。据说,"泽西城最美满的家庭"的成员,还有"纽约文学社团的许多明星人物",都在史密斯夫人离开美洲大陆的前夜聚集到她的家中。为此,一位来自纽约的记者带来了一台留声机,因而这个夜晚的部分时间,就被用来录制和重放笑声、歌声和对史密斯夫人的临别寄语了,此外,还有一位格罗斯贝克小姐对婴儿哭声的"难以企及的再现"。被录下来的这些哭喊声"简直有趣极了",而且这位记者"保留了"锡箔带,留住了格罗斯贝克小姐的"嘴巴"所表达的印象的物质印记。[8]

诸如此类的留声机展览是用人们所熟悉的循循善诱的修辞进行宣传推广的。展览会上的演讲者先是举例说明留声机如何运作,然后现场展示它如何录音和回放声音,以此告诉观众,爱迪生的这台机器是一项伟大的科学发明。[9]观众深受启发,而且乐在其中。他们学习着,并且享受着。因此,留声机展览既声援了美国校园里所发生的变革,也有助于将教育美化为体现社会进步的精妙的气质。

留声机展览用三种尽管显著不同但有相互作用的方式,轻轻松松地增进了其受众的认知。他们先是为所有观众提供了参与这个技术运转过程的机会——哪怕只是安静地观看。观众迅速兴奋起来,开始赞赏这项最新的科学发明,庆祝这位被报纸称为"门洛·帕克的魔术师"的发明者的成功。在他们面前,先是热热闹闹,而后又安安静静地呈现了所谓"优雅的品位"。展览者通过录制和回放各种选段,将莎士比亚的著名段落与鹅妈妈的歌词,将天才音乐家和像爱德华·约翰逊这样的人的演唱,将不会说话的动物、婴儿和能言善辩的演讲者不协调地结合在一起。观众们发现并且留住了这些截然不同的表演,在恰当的地方发笑,识别出不同的表达,"沉浸"在娱乐当中。观众在参与这些表演的过程中,间接地一直走到了最高的文化层级。最后,展览者在更大范围内扩大了当地人的经验范围,并且给他们带来了更重要的体验。地方观众听到并亲眼看到他们自己的声音真的被存储在皱皱巴巴的锡箔纸带上了。那些相聚在教堂寒酸的地下室里的人所录下来的声音,就像是纽约、芝加哥和新奥尔良盛大的音乐厅里的观众发出的声音。观众因而想象自己成了时髦、受过良好教育、有品位和值得记录的人群中的一分子,他们与遍布美国各地的同样时髦、受过良好教育、有品位和值得记录的人形成了"我们"(与"他们"相反)。换言之,留声机展览提供了有关"我们"和"我们的"声音的具有民主气息的美妙景象,这种景象在一定程度上是可以想象的,因为它必然暗示着它的对立面——"他们"和"他们的"。

当然,这种美景显然是与文化层级体系牢牢地联系在一起的,并且带来了本土与全球、区域与全国、这里与任何地方、当地的节拍与电报故事相互结合的矩阵。人们所熟悉的公共演讲与娱乐的方式、发表公开演讲的各种各样的背景环境,都给人以文化产品的感觉,大量报纸竞相报道人们对留声机前呼后拥的盛况。当留声机"说话"的时候,它所涉及的主题相当广泛,而且方式多种多样:授课、演讲,还有"评论""说话"、口

# 第 19 章 刻下声音

授、雄辩、模仿、吆喝、大喝,等等。演讲者形形色色,而公开演讲这一行为的异质性也是不可忽视的,各种演说词或清晰或含糊地充斥于美国的公共领域。这个国家被宣布或者高呼着回到了一个世纪之前——那个嘈杂的时代。[10]

观众究竟对这些留声机展览做出了什么样的回应,很难一概而论。在这个国家的某些地方,人们对此完全不感兴趣。例如,密西西比州和美国南部地区更为关注1878年在这些地区爆发的黄热病。当新奥尔良的观众发现必须对着留声机大喊大叫才能录下音来的时候,他们对这种机器感到失望;而且一旦报纸将人们的期望抬升至不现实的高度,就会出现对这种新技术的各种各样的吹毛求疵。在路易斯安那州的乡下,一位展商发现他的展览完全失败了,除非让观众把他们录下的声音都听一遍。录音的质量依旧很糟糕,因而展览者清楚,录制的内容首先必须是能够清晰地回放的。詹姆斯·雷德帕斯花了大量的精力来安慰那些没有收回他们投资的展览者,不过,他也收到了一些观众的来信,他们在亲眼看过展览之后,写信询问他们自己是否可以得到展览授权。雷德帕斯在写给佛蒙特州伯瑞特波罗市的一位展览商的信中充满同情地说,"其他高智商地区"也像伯瑞特波罗市一样,展览的效果不佳,相反,在那些"人们的智力水平不超过平均值"的地方,展览却大获成功。这个国家的有些地方尚没有展览商涉足,而另外一些地方——例如宾夕法尼亚州、威斯康星州和伊利诺伊州的部分地区却已经相当饱和了。[11]

各处的展览商都纷纷写信给公司,要求购买更多的锡箔纸——他们往往成磅成磅地购买。公司账目上的"锡箔"一项,因为这些交易而不断地增添新的条目。大量的锡箔纸带被发往全国各地,在到达展览商那里之后,这些锡箔纸带被在公众面前使用、切割、散发,然后被私人收藏、保存。

# 第20章 制造留声机

乔纳森·斯特恩(Jonathan Sterne)

乔纳森·斯特恩在加拿大蒙特利尔(Montreal)的麦吉尔大学艺术史和传播研究系(McGill University, Department of Art History and Communication Studies)任副教授兼系主任。

## 可塑性、家庭生活和公共传播

早在1890年,生意受挫的留声机销售商就已经将留声机的应用从商业转向蒸蒸日上的投币收听业务了。到了19世纪90年代中期,这块业务已经成为收入的主要来源。戴维·纳索(David Nasaw)认为投币收听业务的蓬勃发展是逐渐壮大、自然而然地产生的中产阶级公众生活和半公共娱乐文化的一个组成部分。使用者在投币后,能够在投币机中听到一首歌,这样的机器被放置在旅馆大堂、火车站和商业街的拱廊里。随着城市不断增多、其规模不断扩大,地处城市中心地段商业街的投币机,就成为来来往往的人用口袋里的几美分硬币打发几分钟时间、获得娱乐的地方了。这桩生意的繁盛期只持续了几年。在人们对投币留声机的好奇心被逐渐耗尽与阻碍新的录音带的生产和销售的瓶颈被突破之间的那段时间里,也就是在20世纪第一个十年里,商业街收听模式对留声机产业的支持潜力被渐渐耗尽了。[1] 投币留声机在20世纪第一个和第二个十年里仍然顽强地存在于市面上,直到新的技术对最初的留声机进行了革新,而自动点唱唱片机(Jukebox)在1927年问世。[2]

留声机制造业对**留声机**的销售态度的转变,可以从三部重要出版物的内容变化中得到有力证明:《录音片》(*Phonogram*)(1891—1893)、《验声器》(*Phonoscope*)(1896—1900)和第二部《录音片》(1900—1902)。第一部《录音片》几乎完全专注于商业用途,《验声器》则聚焦于在公共场所的娱乐用途,而第二部《录音片》主要将留声机看作家庭娱乐工具。在这期间,中产阶级家庭生活的最新变化显然有助于推动留声机的变革。

由于任何一种媒介都是各种社会力量交互作用的结果,因而,我们可以预测,当社会环境发生改变时,媒介也可能发生变化。留声机的历史就相当有力地证明了这一点:产业文献所强调的留声机用途的改变,与中产阶级的社交生活的变化呈现出了一致性。爱迪生在留声机发明之初,便公开发表了一份有关留声机潜在用途的清单,如果不将这个清单纳入考虑的话,那么任何有关留声机应用潜力的讨论都是不完整的。爱迪生所列的清单几乎是录音史的核心部分,尽管在这份清单上,我们无法清晰地了解这些结论来自何处。阅读这份清单上的各个条目时,我们会发现,它们完全就是头脑风暴的产物;各种潜在的用途之间既没有特定的顺序,也没有清晰的相关性。爱迪生所列的清单如下:

1. 无须速记员的帮助而完成书写、口授信件。
2. 为盲人提供留声机版图书。
3. 教授演讲和发声。
4. 复制音乐。
5. "家庭记录"——录下谈话、往事回忆等,可以留下每位家庭成员的声音,还有临终者的遗言。
6. 音乐盒和玩具。
7. 时钟可以清晰地宣布回家的时间、开饭的时间等。
8. 通过精确地复制发音方式来保留某种语言。
9. 通过诸如保存教师的讲解而发挥教育功能,这样的话,学生可以在任何时候重听讲解;而且,将单词拼写或其他课程录在留声机上,可以通过反复重听来加深记忆。
10. 与电话结合起来使用,从而使得电话可以作为辅助工具,来传送需要永久保留的极其珍贵的记录,而不只是用于暂时性、稍纵即逝的传播。[3]

研究留声机的史学家经常引用这个清单来说明以下两件事情中的一件:爱迪生非常聪明(或者至少是具有预见性),这个清单上所列的所有用途最终都成了现实;或者,在这项发明刚刚问世的时候,没有人知道它有什么用,因而需要发明者告知众人。当我们面对留声机的真实历史的时候,我们会发现,没有任何读物能像它那样引人入胜:它的发明者所预想的大部分用途都实现了,但是这些用途最终所呈现的特别的形式,却是由其使用者的不断变化的世界所决定的。因而,重要的不是预言的实现,而是变化的背景,为留声机发挥其功能创造了可能性。

请看一下清单上所列的第4项和第5项用途——复制音乐和家庭记录;由于工作机制不同,早期的圆筒留声机相比后来的台式留声机,在录制基本的、被大大简化的叙述方面,有诸多不足。但是,叙事作品只是对于历史学家来说才比批量复制音乐更为重要;后一项用途才是"最终"用途,当这种机器刚刚推向市场的时候,这种用途就超越了原被人们认定可能是最合理的用场——制作家庭听觉相册。尽管后一种功用仍然体现在今天的照相活动中,但是它只是对维多利亚时代的中产阶级客厅文化更为重要,而对于新兴消费阶级来说却并非如此。[4] 技术层面的变化是由文化领域的变化所塑造的。如果我们以早期录音设备所处的环境作为思考的出发点的话,那么我们就会看到,预先包装好的录音带的批量生产,正是诸多可能的未来中的一种情况。

爱迪生留声机和格拉弗风留声机先后于19世纪80年代末和90年代上市,都使用涂蜡圆筒作为转录声音的媒介。事先录音的圆筒难以批量生产以用于销售,这是因为一台留声机一次只能在一个圆筒上录音,因此,即便有几台机器同时录音,演出者也不得不重复演出若干次。事后看来,我们可以说,埃米尔·柏林纳的留声机——1888年问世,1895年开售——改变了这一切。柏林纳留声机是20世纪使用最普遍的留声机的直系祖先:它用的是在水平平面上转动的平而薄的圆盘。柏林纳留声机比它的直系前辈耀眼得多,但一个最为重要的差别,在于它的唱片是通过"冲压"的程序复制的,因此能够轻而易举地批量生产。[5] 但是,制作用于"冲压"的母盘却比较复杂,而且需要耗费大量劳动,制作过程包括蚀刻用作母盘的第一张唱片,并且在酸液中浸泡它,接下来才能用它为后面的备份盘"冲压"。由此带来的结果就是,柏林纳留声机的录音带相对来说更容易批量生产,但同时在自己家里录音也变得更为困难了。

通常来说,有关留声机的故事是这样的:圆盘式留声机之所以能够流行起来,是因为它具有批量制造内容的潜力。基于这样的事实所产生的结果是,事实上,留声机最好从家庭记录转向录制音乐,这样将产生更高的经济收益。而这也正是中产阶级的地位变化发挥作用的地方。到了19世纪90年代,突然兴起的专业化——经理人阶层的家庭和社交生活已经离开了客厅文化。在维多利亚时代中产阶级的家中,客厅是一个正式展现和维护家庭的身份定位的房间,在这个房间里,家庭相册和艺术品与各种风格的家具、画作组合在一起,以向拜访者及家庭成员本身展现某种身份定位;而从19世纪90年代开始,新兴的消费主义中产阶级将以上做法都看作过时、缺乏新意的。客厅里摆放着大量的手工艺品和反映家庭的特殊文化的产品,而到了20世纪初,这样的客厅让位于在装潢、家具陈设上显然随意得多的起居室,后者可以容纳越来越多的批量生产的物品。[6] 在这样的背景下,预先录制好的音乐唱片的销售开始被人们接受。随着留声机广泛地占领面对中产阶级人群的市场,销售本身也发生了变化。中产阶级的消费文化为收藏唱片提供了文化、经济和情感方面的基础,而大量收听预先录制的音乐,必须在留声机变得唾手可得的情况下才可能实现。在这种局面下,无论是投资人还是销售商都两面下注以避免损失,他们既将留声机宣传为家庭可以创造自己文化的机器,又将其包装为能播放批量制造的产品,从而把使用者与广大公众联系起来的设备。

如果这个必胜主义者的叙述可信的话,那么,一旦唱片的批量生产成为可能,我们应该会看到诸如"啊哈,现在我们终于可以做到了"之类的态度。但是,埃米尔·柏林纳对他第一次在公众面前展示留声机的情形,却做出了完全相反的评论。他一直不确定应该如何看待唱片生产这个问题:谁来录音?在什么样的情况下?为了什么目的?当他在1888年向富兰克林研究所(Franklin Institute)发表演说,宣告他的留声机的问世时,他随意地使用了不同的有关内容的概念——从复制批量生产的音乐,到常见的各种家庭录音,再到一直没有得以实现的广播形式,然后又回到最初的概念。

## 第 20 章　制造留声机

　　那些拥有一台（柏林纳留声机）的人，很有可能之后还会搭配购买语音音带，其中录制着各种各样的口授内容、歌曲和乐器独奏，或者是管弦乐队的演出。

　　每个城市至少都有一间办公室，里面配备一台（柏林纳）留声机和所有必需的全套装备。那里会有一间录音小屋，或者拥有装着巨大漏斗状传音设备或其他集音器的音响设施。漏斗状传音设备细长的一端是管子形状，与录音膜片连通；在漏斗状传音设备的大开口的地方会放上一架钢琴，钢琴后面是半圆形的墙壁，用来将声音反射进入漏斗状传音设备。渴望"收录"自己的声音的人们，将站到这个巨大的漏斗前面，然后，在接到信号后，开始唱歌或者说话，或者也可以演奏乐器。之后，这些人等着唱片最终制成，如果他们对唱片满意的话，就会将它交给做电版或玻璃模具的人去处理，后者会根据顾客的需要做出相应份数的复制件。

　　……可能还会出现另外一种流程。罗马教皇考虑到他的神圣影响，应该想向他的上百万信徒传播福音，因而他可以对着录音设备布道，并制成唱片。在他的话被刻录下来后，唱片会被送到唱片印制人那里，后者在短短几个小时内，就能够在半透明的螺纹纸上复制几千张语音音带。这些复制好的语音音带会被寄到世界各地的大城市，在那里，这些语音音带会被作为照片正片，用照片蚀刻法复制到唱片上。由此刻制而成的唱片再被做电版或玻璃模具的人复制，**无限制地**复制，最后卖给那些拥有标准播放设备的人。

　　著名歌手、演讲人或者演员，应该从他们的语音音带的销售中获取版税收入，而且珍贵的唱片应该被印制下来并编号登记，以防止未经授权的盗版行为。

柏林纳对未来的不确定，让唱片留声机拥有了富有潜力的媒介系统。在他的设想中，一方面，批量生产即便显然还只是一个概念，但似乎已经展现出了美好的前景——而且事实很快证实了这一点；另一方面，与此同时也出现了设立唱片留声机的地方办公室的想法，人们在那里可以制作自己的录音带。唱片留声机办公室实际上是对地方性、用于出租的录音工作室的设想，它意味着，这样的体系，使得在家庭收听活动中，原创娱乐与批量制造的娱乐能够结合起来。用戴维·纳索的话来说，柏林纳留声机，是维多利亚时代的家庭生活与"走出去"的新文化的美好的混合体。[8]

自从我们将批量生产的录音带与广播当作两个事物来考虑以来，柏林纳提到的"广播"就作为一个副词引起了人们的关注。柏林纳对这个概念的运用，应该更接近这个词在农业时代的含义，而不是像我们今天这样，将它与收音机或电视机联系起来。不过，这个概念暗示着某种散播的可能性，而这是我们今天在使用"广播"这个词的时候不再强调的一个侧面。柏林纳所说的**广播**，是指声音事件跨越时间**和**空间散布出去。而当我们今天提到无线电或电话的广播时，我们只是指跨越空间的散布。当我们理解了柏林纳所说的"广播"的进一步的含义时,我们就会感受到声音事件所拥有的跨越时间和空间的可塑性,而这正是现代声音文化的核心。散播的潜力,可能正是这项新的声音技术最显著的特性,而且正因为如此,这项技术才成为一种媒介。[9] 这应该是一个可能的解释,它说明了为什么在 19 世纪末的投资人、推销者和用户的头脑中,在留声机的点对点传播、广播和记录性用途之间,并没有形成一个僵硬的边界。

# 第 21 章  早期的电影

丹尼尔·齐特罗姆(Daniel Czitrom)

丹尼尔·齐特罗姆是蒙特霍利约克学院(Mount Holyoke College)的历史学教授。他撰写了非常有影响力的《美国大众传播思潮：从摩尔斯到麦克卢汉》(Media and the American Mind：From Morse to McLuhan)一书。

投影运动画面在19世纪90年代变成了现实，但是将运动图片投射到屏幕上的梦想，却至少可以追溯到三个多世纪前。早在17世纪中期，欧洲各地的发明家就描述和发明了"神灯"（最原始的投影仪）。但是直到19世纪早期，彼得·马克·罗杰特(Peter Mark Roget)等人才认真思考了视觉暂留原理，这是一个无论是对手绘还是拍摄的所有运动图片都至关重要的概念。

在19世纪70年代和80年代，一些致力于调查、研究动物和人类行动的科学家开始将摄影术作为研究工具。其中最重要的科学家有法国的艾蒂安-朱尔·马雷(Étienne-Jules Marey)[①]和一个生活在美国的英国人爱德华·麦布里奇(Eadweard Muybridge)[②]，他们发明了各种电影的原形，从而大大推动了视觉上的时间与动作研究。他们也启发了世界各地的发明者试着自己建造能够产生运动照片幻象的装置。包括托马斯·爱迪生在内的大部分发明者在开展电影发明工作方面都有着与马雷和麦布里奇完全不同的原因，他们将电影视为能够带来利润的商业娱乐的诱饵。[1]

早期研究电影的历史学者和记者选择了永远记住并美化爱迪生在电影发展史上做出卓越贡献的传奇。事实上，戈登·亨德里克斯(Gordon Hendricks)所做的大量谨慎的研究表明，第一台电影摄像机（活动电影摄影机）和第一台放映机器（活动电影放映机）的发明，应该归功于爱迪生的雇员迪克生(W. K. L. Dickson)。在1888年到1896年间，迪克生"是在这个技术完善的关键时期，所有爱迪生的电影作品的中心人物，而当别人开发这一新媒介的商业用途的时候，他成为被他人利用的工具"。爱迪生本人在1895年承认他摆弄电影是为了"设计一个如同留声机对耳朵一样的用于眼睛的装置"；但是他对于电影的兴趣一直是在他对留声机的热情之下的。[2]

---

[①] 艾蒂安-朱尔·马雷(1830—1904)，法国著名科学家，他利用摄影术来研究人体生物力学和运动，在心脏内科、医疗仪器、航空等方面都有建树。

[②] 爱德华·麦布里奇(1830—1904)，因以摄影机捕捉人类细微动作的影像而闻名世界。他拍摄了人类摄影历史上第一张高速动态照片，这张照片上连贯的图像看上去与电影镜头很相似。

随着电影摄像机在1892年逐渐完善,1893年窥视孔活动电影放映机也紧随其后问世,这为现代电影业的发展搭建了舞台。1893年夏天,在芝加哥举行的哥伦比亚展览会(Columbian Exposition)所展示的放映机一次只能由一位顾客操纵。投一便士或五分币在狭槽里,就能看到简短的、没有被放大的35毫米黑白电影。活动电影放映机提供了启发其他发明者的源泉;而且更为重要的是,它在商业上的成功运用让投资者相信,电影有着完全让人放心的收入前景。在1894年底,活动电影放映机的营业室在纽约、芝加哥、旧金山和全(美)国其他许多城市都开业了。活动摄影机很快也在欧洲推广开来,在那里爱迪生对电影放映委托的投入很小,他甚至没有费心去申请专利。³

在这个时候,迪克生-爱迪生的活动电影摄影机,是能够用活动电影放映机放映的电影的唯一来源。这些早期的电影胶片只有50英尺长,仅供拍摄15秒钟左右。在1893年初,许多舞者、杂技演员、驯兽演员、套环表演者、职业拳击者和各种滑稽通俗剧的演员纷纷前往新泽西州(New Jersey)西奥兰治(West Orange)的爱迪生大院。在那里,他们在活动电影摄影机前摆拍各种动作,这是一部固定的摄像机,放在焦油沥青毡搭起的小屋里,并被叫作"黑囚车"(Black Maria)摄影棚,是世界上第一间专门为制作电影而建造的电影摄影棚。⁴

尽管这种活动电影摄影机实际上在1900年就消失了,但是它对进一步的发明和投资起到了决定性的催化作用。随着它在整个美国和欧洲的扩散,设计切实可用的电影放映机的压力以及来自其他摄影机的竞争压力也逐渐加强了。在19世纪90年代,各类人员辛勤地投身于这项任务。1895年,弗朗西斯·詹金斯(C. Francis Jenkins)和托马斯·阿马特(Thomas Armat)在华盛顿发现了电影放映机的基本原理:胶片是在做有一小段静止期的间歇运动,照明在从一帧向另一帧转换的时候被遮住①。在纽约,伍德维尔·莱瑟姆(Woodville Latham)少校和他的两个儿子,与埃诺克·雷克托(Enoch Rector)、尤金·劳斯特(Eugene Lauste)一道贡献了著名的"莱瑟姆循环"(Latham Loop)电影放映机,延长了电影的长度。威廉·保罗(William Paul)于1896年初在伦敦成功地展示了他的"移动画片放映机"(Animatograph)。1895年末,法国人奥古斯特·卢米埃尔和路易斯·卢米埃尔(Auguste & Louis Lumiere)兄弟在巴黎对他们的"电影放映机"(Cinematograph)进行了商业演示,这是将摄影机、放映机和显影机合为一体的非凡组合。迪克生和赫尔曼·卡斯尔(Herman Casler)在1896年完善了他们的"放映机"(Biograph),它显然是那个时代最高级的放映机,并且为美国电影放映机与比沃格拉夫电影公司(American Mutoscope and Biograph Company)的创建奠定了基础。⁵

爱迪生的名字再一次在公众的头脑中与第一台放映机器的发明紧密联系起来。事实上,1896年4月24日第一次在纽约公开演示的"爱迪生放映机"(Edison Vitascope)其实是以托马斯·阿马特发明的放映机为基础的。对爱迪生公司的兴趣说服

---

① 以免被看出胶片被拉动的痕迹。

了阿马特,"为了在最短的时间内获得最大的利润,我们有必要与爱迪生先生连系在一起,以便为这个新机器带来卓越的潜力……我们当然不应该对询价者歪曲事实,但是我们认为我们可以以某种方式使用爱迪生先生的名字,从而既符合实际情况,又能从他的声望中获得利益"[6]。

随着电影放映技术的发展,出现的一个现实问题是在哪里放映它们。在1895年和1905年之间,五分钱电影院兴起之前,电影主要是在歌舞杂耍表演场地放映,还有流动播放,以及在两旁是商店和娱乐设施的游乐场上播放。电影自然很适合引入歌舞杂耍的表演场地,但最开始它们只是另一种新奇的表演而已。从1895年到1897年,观众由衷地欢迎各种放映机和影片的展览。但是,这些早期电影的平淡和低质量,很快就使其新颖体验黯然失色,因而到了1900年前后,歌舞杂耍表演场放映电影主要是作为"解酒水"般的过渡,用来为下一场演出垫场。巡回进行的电影放映展,也在这些年里随着不同的发明者出租放映机的地区使用权,或将它们完全卖给经营电影放映的人,而变得活跃了。从新英格兰的乡下和纽约州北部到路易斯安那州和阿拉斯加,大量的参观者使得电影成为剧院和帐篷表演中有利可图的吸引力。最后,游乐场提供了第三个放映途径,它是电影院的"婴儿期"。游乐场的拥有者除了使用活动电影放映机,还很快捕捉到了其他可能性。游乐场的主顾包括痴迷于电影的中坚分子,他们从一个地方逛到另一个地方就是为了找到那些他们还没看过的电影。因此,有些游乐场的拥有者购买、租借或开发自己的电影放映机,而且他们将游乐场分割开用来放映屏幕电影。他们从歌舞杂耍表演场的经理那里购买被弃之不用的影片。[7]

新型观众和有逐利意识的小企业主的结合,导致了1905年后五分钱电影院的爆发式增长。电影内容和电影设备的供应必须满足需求,而最早发展这项业务的冒险尝试发生在1896年到1909年之间。三个打先锋的公司——爱迪生、维塔格拉夫(Vitagraph)和比沃格拉夫(Biograph)实际上控制了电影设备的生产,但是黑市也发展迅速。在这些年里迅速成长的各家公司成为电影设备制造商,并且也拍摄电影。许多电影有着长长的专利声明清单,上面的每个成员都声称自己对此拥有合法权利。除了极少的真正的发明者和合法专利权的持有者之外,当时出现了许多盗用和复制设备的事情。紧跟着就是关于电影生产优先权的诉讼。1909年,十家主要的制造商最终通过成立美国电影专利公司(Motion Picture Patents Company)达成了暂时的和平,这是个专利登记和授权管理组织。除了为这十家制造商颁发使用设备和生产电影的执照之外,这家专利公司还创办了电影交流总会(General Film Exchange),用来在获得执照的放映商之间传播电影,这些被授权的放映商每周必须缴纳2美元的费用。达成这个协议的直接益处,除了满足了对利润合理化的渴望之外,还提供了关于早期电影业如何成为一桩大生意的线索。爱迪生公司与比沃格拉夫影片公司是竞争专利权的两个主要对手,因此拥有比沃格拉夫影片公司20万美元抵押债券的帝国信托公司(Empire Trust Company)派执行力强且效率高的专家肯尼迪(J. J. Kennedy)去敲定协议,从而挽救了他们的投资。[8]

到了1909年的时候,电影显然已经成为一个大产业,它可以清晰地分为三个阶段:制作、放映、发行;此外,导演、演员、摄影、编剧和后期工作成为不同的职业。尽管如此,1909年的协议与其说是建立了和平,还不如说是引发了另一轮更加冒险的开发,因为大量独立的电影制作人和放映者公开而有力地挑战了专利公司的授权。经过与独立派5年的游击战,在1914年,这种托拉斯陷入休眠状态;法院宣布它的法律有效性在1917年中止。这场最终由乐于革新和敢于冒险的独立派赢得胜利的斗争也产生了一些重大成果。他们生产了更高质量的影片,并且开发了多卷轴的长故事片。在他们的领导下,好莱坞代替纽约成为电影生产的中心,明星制度也诞生了。在第一次世界大战结束的时候,他们不仅控制着美国的电影工业,也包揽了全球范围的相关市场。[9]

在电影史的各个方面,没有比从1905年到1918年这一短暂时期里,观众人数的极速增长更令人称奇的了。两个紧密联系的因素使得这样的繁荣成为可能。首先是故事片的引入及其精致的制作,将电影从它先前的一两分钟长度中解放出来,从而允许放映者能够呈现更长的电影节目。一个卷轴的西部片、喜剧、通俗剧和旅行纪录片,每个都可以有10到15分钟的长度;将各种电影节目组合在一起的做法直到第一次世界大战才被故事片所代替。乔治·梅里斯(George Melies)、埃德温·波特(Edwin S. Porter)[1903年拍摄了《火车大劫案》(*The Great Train Robbery*)]和格里菲斯(D. W. Griffith)(从1908年到1913年,他的早期作品一直是在比沃格拉夫电影公司制作的),都为电影从新奇的事物变成艺术起到了带头作用。

其次,完全致力于银幕电影的五分钱电影院的出现,意味着电影现在能够独立地作为一种娱乐了。这些放映系列电影的娱乐场所大概早在1896年就在新奥尔良市(New Orleans)和芝加哥出现了。1902年,托马斯·塔里(Thomas Tally)关闭了他在洛杉矶的游乐场,并开发了电影院(Electric Theater),收费10美分,提供"尤其适于女士和孩子的时新、高级的电影娱乐"。但是,最早使用"五分钱电影院"(nickelodeon)这个术语的是约翰·哈里斯(John P. Harris)和哈里·戴维斯(Harry Davis),他们在1905年底改造了匹兹堡(Pittsburgh)一个空闲的店面用于放映电影。[10]

他们成功的消息迅速传播开来,随后涌现出大量的模仿者。美国各地富有冒险精神的放映商将游乐场、空的店面、房屋顶层和几乎所有可以利用的空间改造成电影院。由于没有那个时代留下的官方统计数据,我们只能依靠那一时期的估计——到1907年,已经建立了3000家到5000家五分钱电影院,每天有超过200万的观众走入其中。1911年,专利公司报告说:全美国有11500家剧院专门用来放映电影,还有几百家不定期地放电影;在这一年里每天进入电影院的人数可能达到500万。而在1914年,电影院的数量达到约18000家,日均入场人数超过700万,入场券收入为3亿美元。[11]

所有这些有关电影受欢迎程度的调查,而且甚至有一部分关于新媒介的讨论,都将电影放在城市的商业娱乐这样的大背景下。电影再现了"近年来娱乐场所中最引人入胜的独特面貌",这类场所包括游乐场、舞蹈专科学校、舞厅、歌舞杂耍表演场和滑稽模仿剧院、台球厅、游乐园，甚至包括沙龙。电影同时栖居在城市街道生活的地理空间和心理空间。在文化传统主义者的脑子里，这些商业性娱乐的对立面是市政公园、运动场、图书馆、博物馆、学校休闲中心、基督教青年会（YMCA）和教堂赞助的娱乐活动。社会学家爱德华·罗斯（Edward A. Ross）注意到了这两方面的竞争，这并不亚于"人性中相互交锋的两方面"的战争，即"欲望与意志、冲动与理智、癖好与理想"。因此，电影业和其他商业娱乐如雨后春笋般地成长，也表现出美国文化价值观中的一个弱点，以及一个可能的重大变化。理查德·爱德华兹（Richard H. Edwards）牧师感到奇怪："为什么大多对于自发的游戏的热爱被对于那些只是好笑的东西的热衷替代了？"

对于那些谈论"娱乐在道德上的重大意义"，以及更喜欢"休闲"（recreation）这一措辞的字面意义的人来说，商业娱乐的洪流是文化所面对的严峻的挑战。大部分娱乐场所都被当作与城市扩张和工厂劳工不可分离的部分。谈到电影在第一次世界大战前在罗得岛州（Rhode Island）的广泛流行，弗朗西斯·诺斯（Francis R. North）注意到"这些用几美分就能获得的娱乐的迷人之处在于……能够使生活单调乏味的纺织工人成为在令人兴奋的银幕前目不转睛的观众，除了这种方式之外他们无法做到这一点，这也使真实世界迅速地转化为非真实世界"。

商业娱乐也同样吸引着乡下居民，一些作家指出："来自农村的年轻人构成了各种娱乐活动的主要支持者。"弗雷德里克·豪（Frederick C. Howe）在1914年警告说："商业化的休闲活动正在铸造我们的文化，我们的文明不仅被重塑，而且可能被商业所指挥……而休闲应该在社区的控制下，这样休闲才能成为文明的代理人，而不是颠覆者。"

在20世纪早期，通过对大量的休闲和娱乐进行调查研究，尝试科学地评估这种情况看上去是符合逻辑的第一步。除此之外，推动市政部门监管这些公共休闲和商业娱乐活动的压力也完全符合美国各地的慈善活动家、社会工作者和城市改革者的进步精神。拉塞尔·塞奇基金会（Russell Sage Foundation）①的迈克尔·戴维斯（Michael M. Davis）1912年声称："简言之，现代城市里的休闲活动已经成为公众所关注的大事；在娱乐方面的自由放任主义，如同工业中的自由主义一样不再可能是这个国家的政策。"[12]

在早期的五分钱电影院里和周围到底发生了些什么，是因城市和剧院的不同而有所不同的。总体而言，人们似乎并没有特别舒适的地方去看表演。1911年，纽约市地方当局发表了一份关于电影放映的报告，其中指出，"所找到的放映场地都是便宜、暂时的娱乐场所，即卫生状况恶劣、危险且过分拥挤，以及缺乏对火灾和恐慌情绪的防范措施"。除了难闻的气味、糟糕的空气流通状况和经常出故障的放映设备，调查者还发

---

① 拉塞尔·塞奇基金会是美国最早的私人慈善基金会之一，成立于1907年，在解决老年、贫困问题及改善医疗和监狱条件方面起着重要作用。

现大多数影院都人满为患。经理们在他们的大厅里匆匆走过,敷衍了事地向臭烘烘的空气喷除臭剂,徒劳地试图平息往往是为了得到一个更舒适的位置而发生的口角和推搡。似乎没有什么地方比这些拥挤了这么多观众的房子更喧闹和邋遢的了,但是五分钱电影院为它的热心主顾提供了逃避的场所。[13]

一些医生和社会工作者认为,五分钱电影院里面的漆黑,会导致视觉疲劳和相关的身心失调,正如一位医生列举的:"眼睛的紧张和大脑的疲劳,一种茫然的'无所事事'的感觉,有气无力或没有胃口,等等。"健康问题又逐渐转化为道德问题,例如对黑暗的指责。约翰·科利尔(John Collier)在儿童健康大会上指出:"这是令人不舒服的单纯和头脑简单,是对社会互动和艺术影响的破坏。"珍·亚当斯(Jane Addams)①观察到:"剧院里非常黑暗,这使它对许多年轻人更具吸引力,这成为对他们充满了做爱诱惑的空间。"五分钱电影院的黑暗加强了人们过去对剧院的恐惧感,剧院被认为是妓女的避风港,也是涉世不深的女孩子被利用的地方。约翰·科利尔问道:"电影放映一定要在这样黑暗的礼堂里吗,由于完全缺乏社会精神和越来越疏于管理,如此黑暗的礼堂会导致什么样的后果?"[14]

如果说电影院里面是丑恶的,它的外表却是非常令人震撼的。绚丽的建筑和耀眼、夸张的海报——上面写着"映在脸上的心理打击",如同作家的语言。耸人听闻的传单在学生手中传递,上面生动地描写着故事情节,如将《大城市的诱惑》(*Temptations of a Great City*)描述为:"酒女和快乐的人群围绕着衰落的帝国,播种野燕麦,看到美丽的咖啡馆的场景,陷阱密布的通往青春之路,夜幕降临后大城市里涂成金色的蜘蛛网。"留声机和大声招揽顾客的人往往就在电影院门外,力劝过路者走进电影院。在内部,每一家五分钱电影院都在放映不同的剧目。一个小时的演出可能包括伴有幻灯片的演唱、一个或多个歌舞杂耍表演,此外还有几个一卷轴的影片。但是,电影是最有吸引力的。[15]

1909年的夏天,当巡回演出来到新英格兰的偏僻小镇上,经济学家西蒙·派顿(Simon Patten)发现图书馆、教堂和学校,这些"一个正派高雅的城镇所拥有的延续道德的机构"都关闭了。与城镇黯淡的一面相对,派顿描写了所有人都在的鲜亮的一面。在糖果店、水果和坚果摊,以及冰激凌小贩的旁边,派顿注意到五分钱电影院门前的人群:

> 和毫无生气的校园相反的是五分钱电影院的拱形入口,外墙用石灰粉刷过了,售票员坐在被大象拉着的,用红色、白色和蓝色的灯光装饰着的四轮花车的宝座上。留声机一遍遍地播放着听不懂的内容,有一些机器空在那里以吸引穿过圆拱门的人群去围观。这里有一群工人女孩——现在是快乐的"夏日女孩",因为她们将满是油垢、丑陋不堪、令人沮丧的工厂抛在身后,梳洗打扮

---

① 珍·亚当斯(1860—1935)以创办赫尔大厦(Hull House)为世人所知,赫尔大厦是救助劳动工人阶级家庭的机构,旨在帮助多民族移民融入社会生活。这是美国最负盛名的睦邻组织。

好,充满活力地去做些她们喜欢做的事情。[16]

 这种对比不只是象征性的。与其他许多人一样,派顿警告说,传统文化机构需要迅速应对电影和其他商业娱乐的挑战。它们只有在将自己变得活跃而且能够"具体地表现生活中的快乐、安全和乐趣"时才有竞争力。[17]

 至于五分钱电影院的剧目本身,人们一直认为歌舞杂耍表演是"整个电影放映环境中尤其有害的元素"。19世纪90年代,早期放映的电影在歌舞杂耍表演场找到了它们的第一个安身之处。但是,随着戏剧院开始用于放映电影,这种场地又回归原来的用途。全国各地的电影放映商将歌舞杂耍表演附加在他们的电影之上,从而在竞争激烈的生意中,将其作为吸引顾客光临的新颖手段。不是所有电影院的节目表都包括歌舞杂耍表演;当地观众的需要、可以邀到的天才演员和其他条件决定了放映的具体形式。但是,歌舞杂耍表演在全美国的五分钱电影院中已经相当普遍了,因此观察家们同意这是这些娱乐场最令人反感的一个特征。尤其是在移民居住区,在那里涉及种族问题的歌舞杂耍表演直到20世纪20年代仍然受到欢迎,改革者担心这些现场表演的不可控(且无法检查)的质量。不过,歌舞杂耍表演中唱歌、跳舞和表演方言滑稽剧的人,让那些努力去规范迅速壮大的五分钱电影院运动的人感到惊悸和气馁。

 例如,在1914年,俄勒冈州(Oregon)波特兰(Portland)的专业委员会抱怨,大量的演出都是"将像样的、总的来说无害的电影和最下流的歌舞杂耍表演组合在一起。对于电影有审查制度,但是对男女演员在对话、玩笑和演唱里所爆出的大量观众愿意忍受的脏话却完全没有任何审查"。1910年印第安纳波利斯(Indianapolis)市民委员会公开指责,歌舞杂耍表演不适合当地电影院的任何舞台:"几乎所有歌曲都毫无例外的愚蠢、多愁善感,而且演唱往往带有暗示性。"克利夫兰(Cleveland)的电影审查官罗伯特·巴萨罗穆(Robert O. Bartholomew)几乎不能相信1913年他在克利夫兰的五分钱电影院所亲眼看到的一些事情:

> 不同歌曲的许多歌词无法在这份报告上集中刊印出来。舞蹈者看上去往往努力通过粗俗地摆动身体来引起兴趣和掌声……一个年轻的女子用这种姿态跳完舞之后,通过把一条10英尺左右的大蟒蛇带到舞台上而引发了年轻男子和男孩的骚乱。这条大蟒蛇先是缠在女子的身体上,然后被女子抚摸,最后女子和它接吻。[18]

 五分钱电影院的歌舞杂耍表演通常便宜,几乎不可能加以规范,而且在社会上是有争议的——不过这是对官方而言,而不是对观众。其结果是,警察的干扰和在全国范围内采取的对剧院越来越严格的管理,将歌舞杂耍表演驱逐出了电影院。到了1918年,几乎所有的放映商都对来自外部的压力和取消歌舞杂耍表演的行业内部意见做出了回应。他们被迫对一位放映商1909年在一家商界报纸上所写的内容做出让步,即"妥善地只放映电影的剧院比让电影部分妥协于歌舞杂耍表演的剧院居于更高的层次"[19]。

在每座城市和市镇,电影放映场所都被证明是这个产业的最脆弱之处,也是最容易受到批评家攻击的软肋。纽约在1908年到1913年之间的经历展现了一个粗略的历史模型,以解释为什么全国各地的文化保守主义者都试图去控制电影放映领域。1908年,有500多家五分钱电影院在纽约出现,其中大部分都在居民区。城市法令规定,只需缴纳25美元,剧院就能够获得观众容量低于300人的普通放映执照(电影放映属于其中);正规的剧院执照需要500美元,远高于放映商的收入,因此他们就将剧院的座位数量控制在300个以下。1908年12月23日,在一个激烈争吵的公众集会上,有名望的牧师和一些普通人出于各种原因敦促乔治·麦克莱伦(George McClellan)市长关闭五分钱电影院。他们提出的原因包括它们违反了星期日蓝天法规①(这一天正是五分钱电影院最繁忙的一天)、存在安全方面的风险、导致社区道德退化等。令人尊敬的福斯特(J. M. Foster)牧师质问:"一个人难道可以自由地从破坏人们的道德中赚钱?他难道可以通过腐化孩子的心智盈利?"第二天,乔治·麦克莱伦取缔了这个城市的所有电影放映院,共约550家。

在圣诞节,放映商、制片商和分销商聚集在一起开会,并以成立电影放映商联合会(Moving Picture Exhibitors Association)作为回应,威廉·福克斯(William Fox)任联合会主席。这些电影人成功地对抗了禁制令,但是也传递了清晰的讯息:某种形式的规范是必需的。马库斯·勒夫(Marcus Loew)开始询问不同的市民团体,以确定调查电影院的审查官的可能人选。尽管如此,纽约用了几年的时间才制定出美国第一部管理电影院的全面的法律。1913年立法包括提供消防设施、通风设备、卫生系统、紧急出口和建筑结构许可证的要求。座位限制数量从300个提高到600个,这使电影放映商有更多的资金完善设施。显然,所有的歌舞杂耍表演都被挡在了电影院之外,除非它们符合正规舞台剧院的更为严格的要求。[20]

---

① 这是美国殖民时期清教徒所制定的一项法规,指在星期日禁止一些非宗教活动,如喝酒、跳舞等。

# 第22章　电影中的谈话

斯科特·艾曼(Scott Eyman)

斯科特·艾曼是《棕榈滩邮报》(*Palm Beach Post*)的编辑,出版过五本电影学方面的著作,其中包括玛丽·碧克馥(Mary Pickford)、恩斯特·刘别谦(Ernest Lubitsch)和路易·梅耶(Louis B. Mayer)的传记。

1927年8月30日的下午天气闷热。在坐落于日落大道(Sunset Boulevard)的华纳兄弟制片厂(Warner Bros. Studio)刚刚建成的音乐舞台上,艾尔·乔森(Al Jolson)①勤奋地、不知不觉地、热情地破坏着一种伟大的艺术,而又创造着另一种艺术。

场景是这样的:儿子返回故里。艾尔·乔森这个在各处都被人们看作他所在时代的最伟大的娱乐明星的人,正为扮演他母亲的女演员欧仁妮·贝塞雷尔(Eugénie Besserer)演唱欧文·柏林(Irving Berlin)②的"蓝天"(Blue Skies)段落。在最开始的通常并不华丽的和声之后,乔森突然停了下来。他问他的"妈妈",她是否喜欢这首歌曲,并告诉她,她的满意比起他人的感受更重要。于是,话匣子打开了,他滔滔不绝地胡言乱语着:

亲爱的妈妈,如果我能够在这次演出中成功,我们就从这里搬走。哦,对,我们就搬到更好的布朗克斯(Bronx)③。那里到处都是漂亮的绿草地,还有许多你认识的人。那里有姓金斯伯格(Ginsberg)、古登伯格(Guttenberg)和戈登伯格(Goldberg)的人。哦,很多的伯格(Berg),我认不全他们。

我要给你买一件漂亮的黑色真丝裙子,妈妈。你看着,屠夫的妻子弗里德曼(Friedman)夫人会妒忌你的……是的,她会的。你倒看看她会不会。我还要给你买一件好看的粉色裙子,正好和你的棕色眼睛相配……

乔森一直说着,而其他的演职人员惊呆了,滔滔不绝却又不恰当的话语出现在非常安静的电影中,而那时的电影还是一种骄傲地坚持哑剧表演的媒介,或至多有同步

---

① 艾尔·乔森(1886—1950),20世纪初百老汇和后来银幕上最著名的黑人歌星和演员之一。他精湛的演技和极高的演唱天赋使他在百老汇音乐史上占有重要的地位。
② 欧文·柏林(1888—1989),美国著名作曲家,曾写下900多首歌曲、19部音乐剧,并为18部电影配乐。因为他创作了许多爱国歌曲,1955年艾森豪威尔总统授予他金质奖章。1968年,他获得了格莱美终身成就奖。
③ 纽约市最北部的一个区。

的字幕、声音效果和一两句简明的旁白。而现在乔森的每一句话都被安置在他头上一英寸处的一只大号、黑色、圆柱形的麦克风收录进去,并被传导到16英寸的封蜡唱盘上——它正以每分钟33又1/3的速度旋转着。

演唱对乔森来说从来不是件麻烦的事;艰难的是生活,在后台歌舞片①发明之前,将一部家庭剧与类似后台歌舞片的片子组合在一起的表演形式让他产生巨大的焦虑。仅在四年前,由于紧张,他退出了一部大卫·格里菲斯拍摄的无声电影,而他在贝塞雷尔的那场演出中高谈阔论的长篇演讲,可能完全是恐惧导致的肾上腺激素飙升的结果。

当然,一起演出的梅·麦卡沃伊(May McAvoy)注意到了这个相比多年之后出现在公众视野中的形象更安静、更需要帮助的人。麦卡沃伊问道:"他表现得好像什么都懂?""哦,不是!他是一个最适于合作的人,而且非常可亲。"乔森开始仰仗麦卡沃伊这位经验丰富的演员,她曾为知名的导演如恩斯特·刘别谦工作过。在拍了多个场景之后,乔森问道:"我做得怎么样?我做得对吗?请告诉我,让我知道。如果做得不好,我们再重来一遍吧。"

事实上,《爵士之王》(The Jazz Singer)的拍摄工作在两个月前就开始了。当乔森离开城镇去履行与夜总会的合约时,华纳公司开始在纽约用当地的场景制作不需要他出场的那一部分。在此期间,日落大道的华纳制片厂在改进音效方面遇到了困难,因为这个制片厂在资金上有些紧张。

华纳兄弟公司的技术专家威廉·米勒(William Mueller)几年后回忆道:"我订购了价值40美元的部件去建造声音混合控制台,但是如果我不付钱,这个人就不把这些部件留下。我自掏腰包垫付给他,制片厂的采购代理商,也是杰克·华纳(Jack Warner)的姐夫却告诉我,我可能要不回我的钱了。他们还要我退还预付的500美元,以使他们能发这一周的工资。"

与此类似,米勒和为好莱坞服务的西部电气(Western Electric)的内森·莱文森(Nathan Levinson)知道他们需要一万美元去建造合适的音效设备,他们用了整整一个上午去说服杰克·华纳花这笔钱。他最后同意了,并且留下来吃午饭。在他们熟悉的人中,米勒和莱文森找到负责录音室的人,让他清理出必需的场地并开始施工。"当两小时后杰克回来时,他告诉我们,他改主意了,但是这个时候已经来不及了。"

"蓝天"段落是《爵士之王》中的一部分。在有声场景周围的无声片段拍好后,再把所有的有声场景做成几个单独的小电影。只有一次例外,有声系列从8月17日开始连续拍摄了9天,每一个片段都有各自写在日程清单上的生产编号。[在山姆·华纳(Sam Warner)疯狂鼓吹的正常片长的有声电影没有成功时,华纳兄弟可能考虑过最终把它们作为短片单独发行。也可能仅仅是因为维塔唱片(Vitaphone)——他们所用

---

① 后台歌舞片是以剧院后台发生的故事为题材拍摄的歌舞电影,音乐剧《42街》就是经典的后台歌舞片,该片中具有典型意义的情节是:顽固的百老汇导演对音乐剧的苛求和执着;任性的明星扭伤了脚踝;合唱班的女孩成了领衔主演,并取得了成功。

的音响系统的名字,是一个单独的生产实体。]

有声场景在下午1点到5点用三台摄像机拍摄。但是,剩余的在录音棚里的工作却在制作人员聚在一起听乔森的自由发挥时暂停了。

有声片段的摄制从"这完全取决于你"这一段开始要完成七个镜头;"我的母亲"这一段在8月18日拍摄,只有两个镜头;"妈妈"这段也在同一天拍摄,有三个镜头;等等。最后一段是"蓝天",它最终代替了"这完全取决于你"这一段。这一段是除了乔森的"你还什么都没听到呢"的口头禅之外唯一包含着有意义的对话的片段。"蓝天"除了是乔森的成功作品之一外,也是华纳兄弟的宠爱;在过去的一年,它已经在他们的维塔公司声音短片中出现过两次了。

之后几年,音响工程师乔治·格洛夫斯(George Groves)断言,乔森对影片中的母亲所发表的兴高采烈的演讲是"十足的即兴表演……没有任何彩排。所有的人都屏气凝神地听着"。工程师斯坦利·沃特金斯(Stanley Watkins)也说过类似的话:"乔森准备的是唱歌,那里没有对话……当画面做好后,他坚持在一些场景中即兴发挥。山姆·华纳试图说服他的兄弟留下这段场景。'这不会有任何坏处'(山姆说)。我的观点是,这是山姆·华纳和乔森共同完成的工作。"

但是,技术专家威廉·米勒却有完全相反的回忆,编撰了一个非常复杂的满是计谋的故事:"当歌唱顺利进行时,有一个人——我不记得是谁了,觉得要加入谈话的片段。乔森绝对不愿意这样做。他说,他是名歌手,而不是演员。他认为这样会毁掉他的事业,甚至表示愿意还给华纳公司他们已经付出的费用。最后,他们请他去尝试一下。然后他们欺骗了他。当导演和助理导演走到他家,告诉他测试结果非常好的时候,他们让道具员观看样片……这个人冲进乔森的房子,打断他们的谈话,极力夸奖这部影片。然后他说,乔治·杰赛尔(George Jessel)①溜进来看到这段片子,非常激动。他说,杰赛尔知道乔森想退出,所以也已经找了杰克·华纳,表示愿意改编这部片子且不要报酬。就是这样。乔森也不能再坚持了,就同意加入对话。"

《爵士之王》不仅提供了歌舞,而且用言语反映了一种令人兴奋的个性特征,这种言语从屏幕中"冲"出来充满活力地拥抱着观众。这部影片当然是一个冒险——华纳兄弟花了50万美元在一部恰好可以在两家影院放映的影片上,但是当山姆、杰克和哈里·华纳(Harry Warner)第一次看这部影片的时候,他们发现这似乎是值得的冒险:这是第一部由世界上最受欢迎的演艺明星出演的故事片,而且有同期声。显然,成功的喜悦只持续了一个月。

刚过了三个星期,一直向他的顽固的兄弟们坚持推行有声电影的山姆·华纳,突然令人遗憾地去世了。《爵士之王》是他最好的证明和遗产,长期被称赞和放映,在世界各地都获得成功。华纳兄弟也突然从原来在电影业比较低的、第三梯队的位置迅速崛起,成为米高梅(MGM)和派拉蒙(Paramount)的强劲竞争对手。

---

① 歌舞剧《爵士之王》的编导和男主角杰克·拉宾的扮演者,电影中这一角色由乔森扮演。

在炎热夏日的午后拍摄的这一场景,揭开了一场史无前例的工业革命和美学革命的序幕,这个场景讲述了一个唱诗班领唱者的儿子宁愿唱欧文·伯林(Irving Berlin)的歌,也不愿唱科尔·尼德莱(Kol Nidre)的歌的平常故事。

### 1927年的好莱坞

默片是一种通过音乐激发观众情感、沉浸在黑暗的环境里、完全凭借光影的转换引发情绪的艺术形式,此时它们正处在美学和商业成功的巅峰。

在这最后一个平静年份的晚夏,《火爆三兄弟》(Beau Geste)和《第七天堂》(Seventh Heaven)刚刚结束它们成功的路演活动。威廉·韦尔曼(William Wellman)表现第一次世界大战的史诗片《翼》(Wings)公映了,同时约瑟夫·冯·斯登堡(Josef von Sternberg)的《黑社会》(Underworld)也开始放映。派拉蒙宣布打算选用埃里克·冯·施特罗海姆(Erich von Stroheim)[①]为《结婚进行曲》(The Wedding March)所拍摄的大量片段,做出两部单独的影片。《综艺》(Variety)杂志的头条是"最佳女导演和克拉拉·鲍的组合"("Girl Directing Clara Bow")[②],讲述了多萝西·阿兹娜(Dorothy Arzner)[③]正在拍摄的新片。玛丽·碧克馥(Mary Pickford)[④]当时正在考虑出演《圣女贞德》(Joan of Arc),而2000名女孩正在角逐出演《绅士爱美人》(Gentlemen Prefer Blondes)中的主人公罗蕾莱·李(Lorelei Lee)。纽约凯米欧(Cameo)剧院的广告是"爱米尔·强宁斯(Emit Jannings)点燃的热情只能用冰箱来冷却"。

在拉布雷亚大街(La Brea Avenue)[⑤]上,卓别林(Chaplin)的工作室刚刚重新开始制作《马戏团》(The Circus),这是一部难产的电影,在1926年12月拍摄中断。在卡尔弗城(Culver City),拉蒙·诺瓦罗(Ramon Novarro)宣布离开电影业而进入修道院。米高梅没有续签与莉莲·吉什(Lillian Gish)的合同;但是,在一个完全无关的活动上,这家制片公司与路易·梅耶(Louis B. Mayer)新签了五年合约,这可以为他带来每年高达80万美元的收入,也使他成为好莱坞收入最高的制片人。

在一篇小文章中,《综艺》杂志报道了华纳兄弟可能要装修11家电影院,以便在下一个月展示维塔唱片的有声电影。

每年有800部故事片生产出来,吸引了1亿名观众,平均每周有25000人次光顾影院。那些影院中有3/4坐落在小城市,但是它们的票房收入还不到总票房收入的1/4,每年的总票房收入在10亿到12亿美元之间。

当时大约有42000人受雇于好莱坞。美国电影工业占全球电影市场份额的82%,而好莱坞所有业务中的40%是国外市场所贡献的。美国制片厂,包括属于它们

---

[①] 埃里克·冯·施特罗海姆(1885—1957),美国默片时代最伟大的导演之一,为世界电影艺术的发展做出了不可磨灭的贡献。
[②] 克拉拉·鲍(1905—1965),美国20世纪二三十年代的当红女星,塑造了性感的女性形象,从而改变了女性被动、楚楚可怜的印象。
[③] 多萝西·阿兹娜(1897—1979),好莱坞黄金时代唯一的女导演,也是美国电影史上第一位女导演。
[④] 玛丽·碧克馥(1893—1979),美国著名电影演员、制片人。
[⑤] 地处好莱坞。

的影院院线,价值为 6500 万美元。

尽管有大量资金,好莱坞还是保留了它的露天的、田园的氛围。拍摄默片的设备一个挨着一个地搭建在一起,拍摄过程会被在摄影机旁边的榔头的敲打声和锯子发出的声音所打断。这样的氛围显得非常不正式。摄影师卡尔·施特劳斯(Karl Struss)说:"我走在好莱坞大道上,迎面过来的是道格拉斯·范朋克(Douglas Fairbanks)和查理·卓别林,他们俩一人骑着毛驴,一人骑着马。他们在高地大街(Highland Avenue)附近停下来,当时正是夜里 11 点左右,下了马后,他们走进了一间房子。在那里他们玩得很愉快,没有酗酒,只是互相开开玩笑。"

明星和导演的收入不错,待遇也很好,除此之外,运作这些制片厂的人还要尽量让其他的雇员满意。美国劳工联合会(American Federation of Labor)早在 1916 年就努力敦促电影业员工加入工会,在 1918 年还爆发了一场工人罢工,而好莱坞在大萧条前一直是不承认工会组织的。

在电影制片厂里,个人在影片制作方面的个人自豪感部分依赖视觉形象,而不是标题。"用道具说话,用行动说话"(SAY IT WITH PROPS, SAY IT WITH ACTION)是挂在剧本作者写字台上方的一句座右铭。谈话以文字的形式出现在画面上,是对图像的一种干扰,这一点一直刺激着富有创造力的导演。理想的状况当然是图像上没有文字标题,这一点有几次是做到了,例如一次是名为约瑟夫·德·格拉斯(Joseph De Grasse)的导演拍摄的电影《老游泳池》(The Old Swimming Hole),还有一次是伟大的默诺(F. W. Murnau)在他的令人赞叹的《最后一笑》(The Last Laugh)中。他们没有走得更远,或者说没有想得更远。

即使没有麦克风,演员们也不能信口说出跃入脑海中的滑稽话语。演员威廉·贝克韦尔(William Bakewell)说:"在默片时代,你也要学会你应该说的台词。""尤其是从技巧的角度,在你说重要的内容之前,你首先需要展现出相应的表情、调整思路……因为这样剪辑师才能清楚地找到放置相应字幕的地方。换言之,你需要把握时间,以便在说话前留出足够的时间做出将要说话的表情,这样字幕才能匹配。"

有些演员没有像另外一些演员那样努力。童星"小"弗兰克·科格伦还记得,在一场戏里,饰演男主角的演员哈里森·福特(Harrison Ford)——显然不是现在的哈里森·福特——停下他的车,跑着穿过马路,想去看看能不能帮那辆抛锚的车做些什么。福特向另一位演员走去,嘴里说着"Geef geef geef. Geef geef geef. Geef geef geef"。由于这是一个长镜头,所以不仅导演,连观众都能看出不对的地方,福特的这种缺乏合作精神的做法让其他演员感到吃惊。

即便是成本最低廉的电影也在片场提供了由两三支曲子组成的音乐合奏,典型的组合是风琴曲、小提琴曲和大提琴曲。情调音乐帮助演员做出场景所需要的表情……并且帮助他们挡住片场周围建筑噪声的干扰。在情绪非常忧郁的情节中,演员们需要听到他们最喜欢的催人泪下的歌谣或歌剧中悲伤的咏叹调;对于喜剧情节,则需要欢快、向上的爵士乐曲。

米高梅的明星安妮塔·佩姬（Anita Page）回忆说："在拍《萨姆森和达利亚》(*Samson and Delilah*)时，我曾有一个小的管弦乐队。音乐是我相比有声电影更喜欢默片的一个原因。你在默片里可以表演得更好，在有声电影里却要操心更多的事情。在默片里，你就可以漂浮在其中。你随着音乐而动，融入其中。你只管去做！"

导演在拍摄中如何与演员交谈是因人而异的。约翰·福特（John Ford）导演的《铁马》(*The Iron Horse*)中的明星玛奇·贝拉米（Madge Bellamy）记得："导演埃兰·德万（Allan Dwan）喜欢讽刺。比如，他会说：'往左看，你的爱情正要降临。你认为，他不再爱你了。他却走近你，温柔地吻你。你幸福地落下眼泪并且感到欣慰——如果你能控制这一点的话。'"

"托马斯·因斯（Thomas Ince）总是大喊大叫：'你看到他走过来了！你爱他！天哪，你是如此地爱他！你感觉到如此心痛——你在忍受着不确定性的煎熬！他吻你！太幸福了！停！让我们再来一遍！'"

"弗兰克·鲍沙其（Frank Borzage）却充满感情而又比较安静。他在导演时会哭泣。他会说：'你看到了他。他对你而言意味着一切。他可能不再爱你了！他是你生活的全部！他现在还关心你吗？'在这个时候鲍沙其就会含着泪说：'他吻了你！哦，太高兴了！'弗兰克甚至哽咽得说不下去。"

星期二的晚上城里面值得一看的地方是大使酒店（Ambassador Hotel）里的一个叫椰子林（The Coconut Grove）的夜总会。除了古斯·阿恩海姆（Gus Arnheim）的乐队的公开出场之外，闲散的明星是最大的吸引力。另一个受人欢迎的夜总会是位于洛杉矶闹市区的比尔特莫酒店（Biltmore Hotel），在那里每个月的第二个星期六是梅菲尔俱乐部（The Mayfair Club）的出场时间。这是一个舞会晚宴，还有演讲。"杰克·华纳会站起来，说一些他惯常说的俏皮话，"伊夫林·布伦特（Evelyn Brent）回忆道："这是一个小行业……所以这一行的每个人都会出现在梅菲尔舞会上。"

为了寻欢作乐，人们还会挤到他们的小汽车里，南下到威尼斯去坐过山车。这种娱乐聚会常常发生在自助晚餐会上，除非是在匹克费尔（Pickfair）豪宅[①]，那种情况就是正式地坐下来进餐的晚宴。晚餐后的活动，通常是放映一部电影，或是玩一项新的、风靡整个社区的用动作等表演的字谜游戏。派拉蒙饰女主角的演员艾斯特·罗尔斯顿（Esther Ralston）创造了每年组织100人左右的新年晚会的惯例。有一年，晚会上设立了一个奖项，奖励打扮得最年轻的来宾。导演弗兰克·塔特尔（Frank Tuttle）赢得了这个奖项，因为他穿得像一个未出生的婴儿，身体被脐带缠绕着。

在好莱坞当地，蒙马特（Montmartre）是受人喜欢的午餐地点，而穆索法兰克餐厅（Musso & Frank）则已经落户好莱坞大道，当时有一扇门在现在的门的北边（它在1936年被重新安置过）。穆索与同样在好莱坞大道上、在藤街（Vine Street）东边第五户的亨利餐厅（Hanry）竞争激烈；尽管后者是以查理·卓别林的轮演剧目公司的一名

---

[①] 演员玛丽·毕克馥（Mary Pickford）建造了传奇的匹克费尔豪宅。

矮胖的成员亨利·伯格曼（Henry Bergman）的名字命名的，并由他掌管，而且众所周知卓别林资助了这个餐厅。这位伟大的喜剧演员每周至少有一个晚上会在这里吃饭。为了符合他的口味，菜谱安排很简单，以牛排和肋条骨为主，认真地烹调，然后由亨利端上去。

尽管这个制作电影的工厂城市在风格上是不招摇的，但是放电影的剧院仍然像宫殿一样华丽、有着巴洛克风格的梦幻，还有或摩洛哥式或拜占庭式或东方风格的背景图案。地毯很高档，管弦乐队的风格也很华丽。观众呼吸着从光明大教堂飘过来的充满熏香味道的空气来到座位上，观影人群是由来自社会各阶层、世界各地的人组成的。无声电影远远不只是有造诣的大众艺术；如同莉莲·吉什一直所坚持的，它们是世界的通用语言。

由于整体体验中的极富魅力的气氛，无声电影有着无穷的潜力将观众吸引到其中，这可能也因为它需要观众动用他们的想象。观看者不得不自己提供说话声和其他声音的效果，而做到这一点就需要他们在电影的制作过程中加入最后的创造性的贡献。无声电影不仅仅是一部电影，还是一种体验。

一部电影中，现场音乐和观众的参与被结合起来，创造了比各部分简单叠加更多的东西；导演凯文·布朗洛（Kevin Brownlow）比喻说，文化之炭加入弧光灯的效果是产生了非同寻常的强光。

而声音改变了一切。

它改变了电影的制作方式，当然，更重要的是，它改变了电影的定义。

恰好有个例子说明了声音永远改变了银幕喜剧的特性：麦克·塞纳特（Mack Sennett）的泡沫沸腾的超现实派、卓别林默剧的令人难以置信的表现力，都让位于本·赫特（Ben Hecht）和他的同事的保持原声的对话了。视觉为主导被言语为主导替代了。

声音标准化的电影使得电影不再那么有可塑性，对个性化的理解也没有那么大的发挥空间了。暗指和隐喻是默片的基石，但是对话使每时每刻都拘泥于字词，将电影的主观性变为客观性。

声音也改变了电影人的特性。声音要求电影有对话编剧，因而看上去好像只有最一般的戏剧或新闻文凭的人都能在好莱坞找到工作。派拉蒙如此强烈地致力于雇用新闻记者，以至于他们的雇佣政策尽管不正规，但是人们都知道派拉蒙的新鲜空气基金（Fresh Air Fund）在寻找纽约的报人。来自纽约的无足轻重的文人学士成为西海岸的雇佣劳动者，他们恨自己放弃了开启光辉的文学生涯的梦想。当周薪50美元的记者在不情不愿中逐渐富足起来时，经验丰富的演员、编剧和导演往往一年赚10万美元，这一点让记者突然怀疑起他们的文凭来。

而且，当声音带来纽约记者的时候，也同时为好莱坞带来了工会，因为大量来自纽约的重要演员和剧作家都是某个工会的成员，他们觉得好莱坞没有理由不像纽约那样成立所谓的协商机构。

所有这些都发生在短短的四年间。

电影史上没有哪一个方面像默片这样被如此轻视过。在注意到一种艺术形式在它能量的高点上被终结了之后——这本身就是在历史中不曾遇见过的——常见的电影史书籍中只简要提及了乔森,还有一些关于刘别谦和马摩里安(Mamoulian)的、有关《西线无战事》(All Quiet on the Western Front)的记录,针对卓别林的勒德(Luddite)①倾向的伤感议论,然后就突然转到了1935年,维克托·麦克拉格伦(Victor McLaglen)蹒跚地穿过《告密者》(The Informer)中几条大雾笼罩的街道。结果是,大部分人相信那个讨人喜欢的,甚至相当夸张的讽刺剧《雨中曲》(Singin' in the Rain)几乎就是一个完整故事的记述。

为了检验这个无与伦比的产业变化时期,有必要采用相反的视角,以真正、详细地了解究竟什么人制作和观看默片,有声电影又是如何永久地改变了创造方面和个性方面的平衡的。

仿佛默片这种艺术形式有着独立的意识,并且打定主意要炫耀其面对将要来临的灭绝时刻的特性,在1927年和1928年间,它突然展现了极其丰富多彩的风格、内含高度的戏剧冲突和复杂的主题。富有才华的艺术作品有诸如金·维多(King Vidor)的《群众》(The Crowd)和冯·斯登堡的《最后命令》(The Last Command),令人吃惊的文娱片有《狂野的渴慕》(The Beloved Rogue)和《高桥部落》(The Gaucho),还有奔放的浪漫主义,如鲍沙其的《第七天堂》和《马路天使》(Street Angel)。

后期的默片在很多方面都比早期的有对话的影片更完满,后者令人痛苦地内陆化、没有格调到让人觉得恐怖。我们可以把早期的有声电影几乎不无例外地看作怪诞的古董。从1926年最早的维塔唱片电影开始,观众就把它们看作奇迹。这是一种无法复制的令人惊叹的感觉,这种感觉召唤着公众急切地放弃默片在视觉和手势上的活力,而热切地忽略第一批有声电影在技术上的粗糙和表现上的生硬。对于1926年到1930年的观众而言,有声电影与早在1895年由卢米埃尔兄弟呈现给观众的电影不同,这里录音功能是至高无上的;至于被录入的声音并没有产生实际的戏剧化效果却是不重要的。

惯常的认识往往认为有声电影是从无声电影中演化而来的,但是有声电影实际上是与无声电影一起成长的。尽管最初的音像混合显得愚笨,但它还是兴旺发展起来,贪婪地扩张着,放弃了那些较为脆弱的片段。有声电影不是进化,而是突变,是完全不同的形式;其结果是,一种艺术形式被淘汰了,大量的职业不复存在了。大批导演破产,伟大的明星骤然落下。

这是一个史诗般的故事,其中充满了引人沉思的失败者,他们突破了简单粗糙的技术所能企及的范围,用尽了资金,与浮夸的华纳兄弟公司,以及威廉·福克斯公司的大获成功形成了对比;然而,福克斯在商业上的巨大成功也为他带来了极度的骄傲自

---

① 勒德分子指害怕或者厌恶技术,尤其是威胁现有工作的新技术形式的一类人。

大,这一点最终毁了他。

因此,好莱坞尽管是不情愿的,但还是被推动着走向它在公司经营和创造性方面的未来。牺牲者退下了,胜利者取代了他们的位置。在20世纪30年代早期,汉斯·德雷尔(Hans Dreier)和范·奈斯特·波尔格拉斯(Van Nest Polglase)设计的装饰品换下了沉闷拘谨的英式家具,后者是在默片时代大部分影棚里都有的、符合社交潮流的道具;短而时髦的发型被女影星青睐。这个行业发生了翻天覆地的变化,其自身也做出了相当多的快速调整。

声音直到它第一次被(粗糙地)使用后的三十多年后才被接受,这个事实很大程度上与社会和人们的习惯方面的因素有关,即默片整洁的表现方式,以及影片生产者和放映者所持的反对态度。此外,还有两个次要的技术因素:扩音(20世纪扩音的实现,使有声电影成为可能)和电子录音(原声录音缺乏必要的清晰度)。

声音让我们欣赏到了艾丝泰尔乐团(Astaire)的艺术之美、凯恩(Kane)带来的大葵花鹦鹉震颤的高叫,以及白兰度(Brando)痛苦的心理表白:"我应该成为斗争者。"这给予了电影更全面的形式,并且缓和了剧烈得有些生硬的表现过程。但是向声音的转化并不是和缓的嫁接,而是无情、粗鲁的移植。其结果是,大量的电影艺术的根基凋零和死亡了,许多天生的优势消失了。好莱坞文化自身也变得更加严苛、更加达尔文主义(Darwinian)了。

查尔斯·巴德·罗杰斯(Charles "Buddy" Rogers)[①]坚信:"在对话加入电影的时刻,电影的有趣、安逸和放松的时代就结束了。"他说:"不仅导演希望按照他的方式展开对话,而且对白指导、音响师也想这样做,我们必须面对六到七名不同的专家,而大家的想法大相径庭。"

---

① 查尔斯·巴德·罗杰斯(1904—1999),美国著名电影演员,在奥斯卡金像奖第一部最佳影片《翼》中出演男主角。

# 第五部分·讨论题

1. 随着各种形式的视频记录的兴起,20世纪早期曾经非常重要的新闻摄影已经失去了部分影响力。但杂志和报纸还在依赖它。在印刷媒体中,什么样的照片仍在影响着我们对时事与人物的理解?

2. 爱迪生留声机与柏林纳留声机有哪些差异?为什么后者的圆盘格式成为我们今天所说的工业标准?你还能想到哪些新近技术(除了导言中提到的那些)使用了竞争的方式来做同样的事情?

3. 声音的出现也许是胶片放映出现以来电影史上影响最深远的变革。你会如何将有声电影与你生活中的新变化——3D电影的回归(可以追溯到将近一百年前),IMAX 3D电影的出现,以及无数种3D小屏的激增——进行比较?

# 第六部分

## 无线电时代

收听无线电。Everett Collection/Shutterstock.com.

20世纪20年代，无线电广播的诞生进一步加快了向"消费社会"的变迁。广播是由"无线电"发展而来的，有时被称为"无线电报"，由马可尼发明于20世纪前夕。马可尼的目标是不必使用电线就能实现摩尔斯码的点对点传输。这种跨越大西洋的通信被几乎所有人当作了不起的成就——只有电报电缆公司除外！可惜，马可尼没兴趣把无线电当作一种传送人声的媒介。其他一些人，尤其是加拿大发明家雷金纳德·费森登（Reginald Fessenden）却尝试攻克这一难题。他们取得了长足的进步，直到进一步的研究被第一次世界大战中断。

战争结束后，一些业余电台开始"广播"人声，并配以现场演奏或预先录好的音乐。热情的无线电爱好者戴着耳机用廉价的晶体管收音机收听。一开始，这些人大多是学习无线电新技术的学生，他们精通摩尔斯码，热衷于破译军事、民用、航海信息。但随着人声和音乐广播的增加，家庭其他成员也开始戴上耳机。最初的业余爱好开始变成一种娱乐体验，大力推动这一变化的是20世纪20年代初越来越多的企业电台，它们开始定期播出节目。到20年代末，带扬声器的真空管收音机出现了。短短几年时间内，尽管历经经济大萧条的困难时刻，还是有许多家庭拥有了收音机。无线电已经成为真正的大众媒体。每当来自远方的声音传入客厅，收音机的表盘在漆黑的夜晚发出微光，人们会想起原始人围着篝火讲故事的情形。

无线电变成大众媒体的方式各不相同，在美国是通过私人所有，在欧洲是通过政府赞助，在加拿大则是两者兼而有之，但无论在哪里都迷住了整整一代人。回顾20世纪30年代，我们可以看到人们对无线电的态度和受到的影响与20世纪50年代电视的黄金时代有几分相似。伍迪·艾伦（Woody Allen）在他优秀的电影《无线电时代》（*Radio Days*）中对此做了生动的评论，第六部分的标题也正是由此而来。我们非常建议读者将本部分各章连在一起思考，同时访问一下网上保留的广播黄金时代的节目片段。

在第一篇选文中，约翰·达勒姆·彼得斯（John Durham Peters）讨论了无线电的特性。这些特性今天已被我们视为理所当然，但在无线电这种新媒介刚问世之时，却曾经让人惊讶、困惑不已。无线电是否与电报、电话类似，对点对点通信有用，又无须连线？还是说，它是一种代表未来的全新潜力，即我们现在所说的面向广大听众的广播？

无线电广播在20世纪20年代经历了从流行爱好到主流大众媒体的重大转变，苏珊·道格拉斯（Susan J. Douglas）的选文对此进行了讨论。她介绍了广播"黄金时代"前夕针对这一新媒介的各种看法。她还讨论了广播方便娱乐的特点，这也是我们今天选择电视机或家庭录像机的重要原因。一般人总是更喜欢在家里听音乐、看戏，而不是去现场。因此，某些形式的流行文化开始转向广播，以留住听众甚至增加听众。关于娱乐节目的争议也由此而生。这些争议至今未息，同样持续被争论的还有媒体——当时是广播，如今是电视——呈现的政治与宗教。

如果没有一个充斥于电波的由各类节目构成的样本，我们就无法完整了解广播的黄金时代。克里斯托夫·斯特林(Christopher Sterling)和约翰·基特罗斯(John M. Kittross)的选文为我们了解当时人们收听的节目提供了一个典型概览。他们的研究包括音乐综艺、喜剧、戏剧、体育和政治节目。有一个很热门,也很有争议的节目是斯特林和基特罗斯没有提到的,那就是《先知安迪》(Amos' n' Andy)。这部非常有趣的广播剧由两名白人演员创作,讲述两个搬到北方的南方黑人的故事,是广播可能引发种族矛盾的典型例子。

在广播黄金时代的所有节目中,有一个节目至今看来仍是最著名、最经久不衰的。保罗·海尔(Paul Heyer)的选文探讨了奥森·威尔斯(Orson Wells)1938年播出的传奇广播剧《星球大战》,改编自威尔斯(H. G. Wells)的同名小说。由于创造性地利用了媒体的特性——用今天可能被称为"假新闻"的东西来推动虚构情节——威尔斯创造了一个非常迷人、可信的节目,吓坏了成千上万的听众。该文还证明,《星球大战》效应意外地预测了如实报道新近发生的惨剧可能造成的后果,提供了媒体可能引发社会"恐慌"的历史教训。

广播黄金时代深受听众喜爱的节目并非没有付出代价。这个代价就是赞助,这是米歇尔·希尔姆斯(Michele Hilmes)讨论的内容。广告公司为赞助商与广播网之间的交易牵线搭桥,用以支持特定的节目。反过来,广告公司也通过各种受众研究方法,如问卷调查等,对他们赞助的节目产生影响。这样一来,广播网对自身节目的控制多少要打点折扣。希尔姆斯以智威汤逊广告公司为例,说明了该公司如何将其在平面广告业获得的影响力转移到无线电波中。她还讨论了本书下一部分会涉及的重要问题。商业赞助对广播节目的控制最终延伸到了电视网,直到20世纪50年代末因操纵智力竞赛节目的丑闻而受到严厉制裁。

尽管广播在20世纪30年代和40年代的黄金时期创造了丰富的音频信息和娱乐文化,但许多观察者仍预测,这种媒体将在20世纪50年代随着电视的迅速崛起而消失。显然,这并没有发生。在下一篇选文中,彼得·福纳塔莱(Peter Fornatale)和约书亚·米尔斯(Joshua E. Mills)向我们解释了原因。现场演奏的音乐节目一度主宰着基于全国广播网的电台节目,但随着20世纪50年代战后唱片工业复苏,强势的青年文化出现,全国广播网被地方广播节目取代,这一切使得DJ获得了明星地位,流行音乐前所未有的繁荣。

这段时期,成人节目日益多元化以吸引各细分市场的听众,20世纪70年代调频广播兴起以后尤甚。福纳塔莱和米尔斯指出,根据马歇尔·麦克卢汉的观察,廉价的便携式收音机几乎可以带到任何地方,而且收音机不需要像电视机那样盯着瞧才能欣赏节目。我们推荐大家观看伍迪·艾伦的电影《无线电时代》,它以娱乐的方式展现了广播的黄金时代。我们也推荐大家看一看乔治·卢卡斯(George Lucas)的电影《美国风情画》(American Graffiti),通过这扇幽默的窗口,我们能窥见广播对战后婴儿潮一代的重要影响。

# 第 23 章  无线电广播中的公众之声

约翰·达勒姆·彼得斯(John Durham Peters)

约翰·达勒姆·彼得斯是艾奥瓦大学(University of Iowa)传播学专业温德勒·米勒(F. Wendell Miller)冠名教授。他的代表作是《对空言说：传播的观念史》(*Speaking into the Air: A History of the Idea of Communication*)和《深渊：自由的言论与自由的传统》(*Abyss: Free Speech and the Liberal Tradition*)。

在 20 世纪二三十年代，无线电广播毫无疑问从头到尾都在发出低声抱怨。无线电广播的早期历史展现了赤裸裸的所有传播的问题——这些问题是我们今天仍然需要去应对的：渴求真正抵达受众，并且渴望跨越尽可能远的距离。

无线电广播信号显然是我们所知道的最为强大的事物之一；毫无疑问，它具有与心灵感应、降神术和天使到访相媲美的诱导心灵在空间里游走的能力。20 世纪，在地球上的任何一点，都默默流动着包含声音、音乐、音响效果和紧急信号的无线电波，世界的各个角落也都充斥着无线电波。无论您在什么地方读到以上内容，都会有消息正以极其不引人注目的方式围绕着您或者从您的身边飞过；无线电波就像《斐德罗篇》中的蝉一样，唱着我们仅凭自己的耳朵无法听到的歌声。无线电信号所具有的最显著的特性，是它与生俱来的公开性。无线电信号在 19 世纪 90 年代被发现，在同一时期，沃伦(Warren)和布兰代斯(Brandeis)大法官正在著书讨论隐私权的问题。电波信号发射给"所涉及的每个人"，对每个人都一视同仁，它们像降雨一样，或合理或不合理地落在每个人身上。

最初的开发者认为无线电信号这种无所不在的特性是一个缺陷，他们只将对话看作合法的传播形式。与留声机一样，无线电技术最初也被当作点对点的传播工具。马可尼是因为思考诸如无线电报这样的新技术而从同时代人当中脱颖而出的。电报只有单独的终点，广播却不是这样。广播电报所面临的迫在眉睫的障碍是缺乏可信性，这就像是没有装在信封里、匿名投递的信件一样，或者是合用线路的电话那样。任何有接收器的人，都完全可以按照那个有关播种机的比喻所说的那样，将接收器放到"耳朵边上去收听"。从根本上来说，人们所接收到的无线电信号都是开放的、没有任何限制的。就像广告人布鲁斯·巴顿(Bruce Barton)在 1922 年所写的那样："广播电台传递的消息不可能保密。它们被发送到各个方向，任何有接收机器的人只要调到恰当的波长,就能够听到你对你在新奥尔良的伙伴或者你在基诺沙(Kenosha)的恋人所说的任何话语。"[1] 在阻挡非目标接收者方面的无能为力,是广播电报取得盈利的主要障碍,而后,在1907年,三极管问世以后,广播电话的命运也是如此。对于私密渠道——有时这种渠道也被称作"谐振"或者"专一"渠道——的探索,是早期的广播工程师全神贯注投入其中的任务。[2] 人们想要的是个人对个人的联系,而不是多人共享的线路。[3] "在共享线路上"找到提供"私人服务"的方式,既是这一时期的电话,也是同时期的广播所追求的目标。[4] 人们寻找的是发挥着邮政信封那样的功能的电磁信封。"收听"(listening in)这个术语最终被用来描绘听众面对商业广播的行为,这个词甚至就是借用了"偷听"(eavesdropping)共享线路中的对话的概念,因而这个动词给人们的感觉就是,听众无意间听到了广播中播放的消息,而这些消息的目的地,原本并不是这些听众的耳朵。[5]

塑造技术的用途,并且决定相应技术的内在特性,是文化层面的当务之急,这条原理在无线电"广播"这里再次得到了证明——在无线电技术被应用了1/4世纪之后,无线电"广播"才最终被人们接受。[6] 我们并不知道下面这些说法的出处在哪里,但是它们都与《斐德罗篇》相差不大,即与农业联系在一起:播种机的比喻,还有康姆斯托克(Comstock)、沃伦和布兰代斯的饱含焦虑的有关播撒种子的隐喻。在19世纪的美国文学中,"广播"(broadcast)主要被用作形容词,其含义是"广泛散布的"。在《汤姆·索亚历险记》(Tom Sawyer)中有一段描写:"一阵冷风刮过,树叶沙沙作响,烟灰四散着(broadcast)飘落在篝火周围。"惠特曼(Whitman)的《草叶集》(Leaves of Grass)称赞美国"从根本上来说是最伟大的诗歌。这个国家平息了自古以来最大的而且最惊心动魄的骚乱,整个国家尽管幅员辽阔而且蠢蠢欲动,但井然有序。然而,在这里还有最后一件需要处理的事情,就是人们夜以继日地使用广播通信"。这里所用的名词"广播"(broadcasting),首先并不针对任何有组织的社会行为。广播这项活动所具备的自由的特征,显然符合无线电信号的离散趋势。

把无线电广播台作为广播的代理机构这一发明,往往被认为是大卫·沙诺夫(David Sarnoff)的功劳,他后来成为美国全国广播公司(National Broadcasting Company)的负责人。在著名的1915—1916年的备忘录中,沙诺夫将无线电描述为家用音乐盒。[7] 业余操作者点对点传输信息所造成的嘈杂声音将不会填满"苍穹",但是天空中将布满"广播"给全国听众的音乐,而这些听众打算购买西屋电气公司(Westinghouse)生产的收音机。当然,将无线电波发展为纯粹的广播面临着一个障碍,即如何赚钱的问题,因为这里的传播回路看上去像是没完没了的散财宴或者是送给公众的礼物。[8] 沙诺夫偶然间产生了一个念头,即令人满意的节目将会点燃对收听设备的需求;那时,他还没有发现最终的制胜法宝——让广告主为节目制作提供资助。沙诺夫没有将天空缺乏私密性看作一个障碍,相反,他认为这是一个机会。他发现,缺乏特别的接收者应该是无线电广播的一个特性,而不是一个缺陷,这个特点意味着可以对大量不可见的听众说话。[9]沙诺夫的备忘录如同一纸空文,并没有对西屋电气公司的高层人物产生任何影响,尽管在今天看来,它充满预见性。可能与苏格拉底一样,西屋电气公司的人也对接收者是开放、未知的,而且沟通对象是匿名的这种传播形式充满了怀疑。

在第一次世界大战中,无线电广播业余爱好者的权利被军队、国家和大型公司夺走了。业余爱好者的无线电天空是一个嘈杂的公共论坛,任何人都能够参与其中,而到了20世纪20年代,业余爱好者失去了他们的地盘;天空主要成为非营利广播电台的专属领地,不过在20世纪30年代初,这类广播公司自己也被挤走了。[10]曾任美国商务部部长的赫伯特·胡佛(Herbert Hoover),可能是使得美国无线电广播商业化运作、成为联邦管制实体的主要推动者,他在1922年反对将无线电作为个体之间的联系工具:"将无线电电话像普通的电话那样作为个体之间的沟通工具是完全没有前途的。显然,当几千万订户向空中呼唤他们的伙伴时,是根本不会形成交汇点的。"[11]就像苏格拉底对文字的担忧一样,胡佛担心"广播"无法实现"交汇"。尽管这位出生在艾奥瓦州、毕业于斯坦福大学的工程师,通常不会被特别地视作思考情爱问题的思想家,但是在他的这段话里,爱欲的意味赫然耸立,甚至他与情爱思想家之间的"鸿沟已经被跨越了"。想象一下,无线电电话所发出来的各种各样、纵横交错的声音,都在高声呼喊着他们的恋人,但这些声音在运送的过程中丢失了,没有被完整地传递,空气中因而布满了未被传达、未被释放的渴望。啊,巴特利(Bartleby)!啊,人性!圣徒保罗警告那些哥林多人(Corinthian)不要在弄明白之前就开始含含糊糊地说话,而这应该成为每位广播人的座右铭:你在向着天空说话(1 Cor. 14:9)。与保罗一样,胡佛想要控制舌头带来的混乱。

最终,无线电广播被正式确定为公共传播的代理人。而在20世纪20年代及30年代早期,无线电广播所面对的核心问题,是它将以什么样的身份被监管:也就是说,它是公共运输业者还是有其他的什么身份?这个问题涉及对话与散播这对对称概念。"公共运输业者"是19世纪出现的一个类属,其中包括航运公司、电梯公司,当然首先是铁路系统。《州际商业法案》(Interstate Commerce Act)(1887)授予州际商务委员会(Interstate Commerce Commission, ICC)管理"公共运输业者"的权力;为了避免"自然垄断"的出现,州际商务委员会要为所有新加入的成员提供同等的服务,而新成员也要缴纳一定的费用给州际商务委员会,以得到开展业务的许可。《曼恩-埃尔金斯法案》(Mann-Elkins Act)(1910)和《运输法》(Transportation Act)(1920)扩大了对"公共运输业者"的定义,将"以有线或无线的形式传送信息者"也纳入其中,因此,这就将电报和电话置于州际商务委员会的管辖之下。[12]

然而,无线电广播难以符合点对点的模式。希瑟·韦斯利(Heather Wesely)准确地捕捉到了其中的反差:"铁路运输并不是把每个家庭当作可能的终点站而提供服务的。"[13] 无线电广播向着蔚蓝色的遥远苍穹说话。在州际商务委员会成立之前,曾经有一桩至关重要的诉讼案发生在1932年——斯塔发光制品有限公司诉WGBB广播电台(Sta-Shine Products Co. v. Station WGBB)。这桩案子提出了无线电广播是否能够完成"信息的传送"这个问题。州际商务委员会是否应该将广播电台当作公共运输业者来对待,并且因此对广告费率加以管理呢?最后的决定宣称,无线电广播不受州际商务委员会管辖,其原因是,"广播公司并没有提供与公共运输业者所提供的相似的服务,它们在接收终端没有进行服务"。广播公司欠缺"一个穿着蓝色制服的男孩,他按下顾客的门铃,然后亲自呈上消息";公共运输业者使得人们能够收到他们的包裹或消息,而广播电台没有为确保人们收到消息做出任何努力。"除非某个人调到了恰当的频率上,否则他永远不会收到信息,而且他不指望会收到任何从广播电台发出的信息——无论这些信息是教导类还是娱乐方面的,或者是广告类的。"[14] 如果按照公共运输业者的标准来衡量,那么广播就是残缺不全的传播线路,因为"信息的传送"是听天由命的。

新政(New Deal)的代理者联邦通信委员会(Federal Communication Commission, FCC)成为广播的管理机构,同时使得广播有了令人信服的定义。广播电台与公共运输业者之间的差异,奠定了美国1934年颁布的《通信法案》(Communication Act)中的广播政策的基调。这个法案的第三节规定:"从事无线电广播业的人,只要在其领域里,就不能被视为公共运输业者。"[15] 公共运输业者处理的是点对点的业务,将货物运送到一个明确的地址,而且必须能够接触到某个具体的人,并且得到与其所商定的运输费用。公共运输业的特征,体现为"运输的内容与路线之间的分离",公共运输业者不具备对私人发送的信息自行编辑、取舍的自由。[16] 因而,如果你对着电话大喊一些淫词秽语的话,电话公司不会因此而被起诉;然而,如果你对着无线电广播的麦克风这样做的话,那么广播电台可能就要对联邦通信委员会作出答复了。公共运输业者应该无视消息,而且无视发送人,但是从来不能看不见接收者。而广播电台,就算没有完全无视它们的听众,也是通过一面晦暗模糊的玻璃望去的。[17] 正如合乎法律条款的定义所指出的那样,广播包括私人控制的信息传送,但是它一定是公开接收的;相反,公共运输业是由公众或政府所控制的运输,而接收者可能是个人。这两种模式构成了引人注目的对称。公共运输业提供了开放、广泛的运输入口和受限或保密的接收出口;相反,广播电台提供的是受限的传送入口和开放、广泛的接收出口。正如《斐德罗篇》中的苏格拉底一样,公共运输业者追求的是确保种子到达目的地;而与播种机比喻中的耶稣一样,广播电台聚精会神于将消息散布给所有人(哪怕真正的接收者七零八落地分散在各处)。

因而,1934年颁布的《通信法案》,给古老的"散播"概念穿上了"广播"的外衣,然后将它装到了一项时髦的现代技术的心脏中。不过,随着广播的发展,这个概念产生了双重含义。从属性上来看,广播是指在空中传送;但是,如果将"广播"视为一个法律概念,它并不是指运输空中电波的行为,而是指说话者和听众之间形成的理想化的布局。它唤起人们对集会、市镇会议或者"公共领域"的想象;广播更像是市镇里沿街高喊招呼着市民、传播消息的人,而不是在游乐场诱导好奇的人,让他们把零钱用在古怪的表演上的揽客者。通过确定广播具有为公众带来利益的属性,1934年的《通信法案》清晰地言明了"听众"这个概念——他们是公民,作为公正的公众的听众,恰恰适合这项技术的非私密性,而且使得这项技术的实践拥有了只有古代的环形广场或者城邦才有的高贵血统。

事实上,到了20世纪30年代,商业化的广播电台已经开发出大量的追踪听众和创造结合点的技术。散播的短暂的耀眼时光被对话的洪流冲刷掉了。

# 第 24 章　早期的广播

苏珊·道格拉斯（Susan J. Douglas）

苏珊·道格拉斯是密歇根大学（University of Michigan）传播研究领域的教授。她的著作《创造美国无线广播：1912—1922》（*Inventing American Broadcasting：1912—1922*）因为详细解读了美国无线广播早期的形成发展过程而受到传播学专业的学生的强烈关注。这篇选文摘自她的最新作品《倾听》（*Listening In*）。

那是在 20 世纪 20 年代早期，夜间，在全国各地，尤其是东北部地区和中西部以北地区，美国的男孩和男人（在非常小的范围内，也有女人和女孩）相互联系，他们使用像脐带一样与一组用电池提供能量的黑色小盒子相连的耳机。他们引导了文化变革之路：使 20 世纪 20 年代变成了倾听的时代。他们十分小心地移动着一大块晶体周围被称为"猫须"的纤细的电线，从而听到谈话、音乐和静电的混合声音，他们的大脑里都是附近和遥远处的说话声和其他声响。另一些人，他们通常更有钱一些，使用带有旋转拨号盘的装置，上面有五个刻度，能够完美地校准到特定电台的卷轴。这是一项探索，其本身就是令人激动的，当然也有令人发狂的感到挫败的时候。

与 20 世纪 80 年代末到 90 年代家用电脑迅速普及的情形一样，收音机一开始也通常先由男孩子接受，然后被介绍给家庭的其他成员。[1] 首先是建立在掌握专业技术知识和耐心基础上的尝试性的收听。在这个过程中，人们不是为了听到连续的内容，而是等着听到变化；不是为了收听来自纽约的某条消息或某个节目，而是为了收听来自各地的许多条信息；不是为了庆祝他们能够听到，而是为了了解能听到多远，以及听到由自然的静电音和人造的声音所形成的怪诞的、超自然的混合。他们通过倾听获得关于他们国家的更为直接的声音，仿佛它就在当时当地存在着、呼吸着和交谈着。他们被亲眼所见的全新的听觉盛宴吸引，这般声音盛宴带给人们如闪电与烟花一样的震撼。转向收听——每个夜晚都有好几个小时走进倾听的国度，这是全新的认知方面的、情感上的和文化上的体验，也是我们直到今天仍然知之甚少的领域。

没有电台的频率（尽管最开始每个人都被假定是用同样的波长广播的）、没有财务支持手段、没有政府管制措施，也没有对收音机自身的设计以及在家中的摆放地点的安排——当所有的事情实际上都没有确定下来的时候，收音机处在一个充满泡沫的"繁荣"时代。那时没有广播协作网络——在 20 世纪 20 年代晚期人们还只知道连锁式连接，而且广播里几乎没有广告。除了一些特例之外，比如星期天教堂服务的广播，也没有节目预告时间表。相反，为儿童安排的故事可能紧跟在"口腔卫生"或"如何把房子布置成温暖的家"等讲座的后面，而这些节目可能又被安排在留声机音乐或"布鲁莫斯卡女士的早期莫斯科歌剧"节目中里姆斯基-柯萨科夫（Rimsky-Korsakov）①演唱的《太阳的赞歌》（"Hymn to the Sun"）² 的后面。百货商店、报纸和收音机设备的制造厂、高等院校和大学、劳工联合会、社会主义者和业余无线电操作员，所有团体都加入了开办广播台的大潮。

今天，我们有些消极地将广播受到广告的支持看作理所当然之事：广告的任务就是促进难以抑制的消费主义；大部分广播电台成为全国广播协作网的成员，或者被广播连锁机构所拥有；广播受联邦通信委员会的管理，这种管理方式有利于公司实现整合并满足其贪婪的欲望，但牺牲了广播的真正多样性和对无线电波的获取。这一切似乎是确定而没有变化的，好像这个系统过去一直如此，而且也是唯一可以想象出来的方式。这看上去是那么无望而且无情的严密的组织管理。

这些规则的确是在20世纪20年代中后期，有些甚至在更早的时候确立下来的，而不是自然形成的。但实际上，在很早以前就已经有广告支持的广播——大约有70年了，我们之所以忘记这一点是因为在20年代广告引起过非常激烈的争议和热烈的讨论，被指责是对私人生活粗鲁的入侵。（我们可以将美国电话电报公司看作采用广播广告的先锋，它于1922年在WEAF电台播放广告。）而苏珊·斯缪赖恩（Susan Smulyan）和鲍勃·麦克切斯尼（Bob McChesney）在他们关于早期广播的优秀论著中提醒我们，在广播得到财务支持和被管理方面曾经并没有什么确定的方式。³ 这是一个与教育者、劳工组织、公司利益方、业余爱好者和政府不断争论的过程，各方面都提出了对于广播的未来的完全不同的愿景。

由于这个十年是广播不断发展的十年，因此广播历史学者把注意力尤其放在20世纪20年代，而且广播广告的兴起、广播协作网的出现、广播管制的确立，以及节目从即兴演讲和女高音独唱到诸如《先知安迪》⁴ 这样有固定时间表的表演的改进，这都被广播历史学者做了仔细的编年体记录。

我想在这里探讨些其他问题：在吸引了很多观众的户外广告牌、杂志、电影、体育比赛和报纸这些冲击视觉的媒介中间，究竟是什么使你回到家中打开收音机？我不想理会历史记录的支离破碎的特点，而是回到车库、阁楼和起居室，去观察这种收听的新现象，并且归纳出由于收音机被带入日常生活而出现的现象。在1922年，人们所做的事情不是去商店买收音机、把它带回家、插好电源，然后收听管弦音乐会这么简单；这至少在20年代末都是不可能的。每天人们都要装配这个装置（其中包括拉起天线），必须学习如何收听、想怎么收听、要收听什么，与此同时，广播电台和后来的广播协作网要确定最适合播放的广播内容。因此，我想探究收听广播这个术语本身是如何由节

---

① 里姆斯基-柯萨科夫（1844—1908），俄罗斯杰出的作曲家、音乐教育家。

目制作者和听众构造、争论,以及最后到 20 年代被创造出来的。

我还想思考,在 20 世纪 20 年代初,我们文化中一种重大的感知转变,即集中而专注地转向倾听,是如何影响不断演变的、不确定的男子气概和国家概念的。是男人和男孩把收音机带进了家里,摆弄收音机让他们能够主张新的男性主宰形式,同时进入一个隐形的领域,在那里,他们可以躲避某些关于男子气概的压力。与此同时,对民族性的探寻和复原它的对立面——部落文化,主要是指白人部落文化,成为 20 年代的特征。

这种由技术创造的听觉使得听众通过收听一致的信号和不同的信号,重新明确了他们作为个人和国家成员的定位。在 20 世纪 20 年代末期,"连锁广播"集中了纽约的广播节目,并且使每日广播标准化,因此听众在夜间调台的时候往往听到同一个系列的节目。同时,独立电台以由本地人才在当地制作的节目为特色。听众可以调到其中的一种,或者对两种都加以收听,并且在设想中,他们应该被试图捕捉和再现"民族"文化和那些试图捍卫地方与地区权威的节目所吸引。在关于什么类型的节目和电台更好的讨论中——这是在广受欢迎的《广播文摘》(*Radio Digest*)杂志的"写给编辑的信"的页面上占据主流位置的讨论,我们可以看到广播协作网在推动文化民族化中所扮演的角色的周围,存在着巨大的张力。

这里有必要强调的是,在 20 世纪 20 年代,"收听"这个词很快被创造出来,并且经历了三个截然不同但又相互重叠的阶段。收听模式的转变与收音机的技术变革有关。第一个阶段,大致在 1920 年(尽管在业余爱好者那里,这个时间应该更早)到 1924 年,这一阶段以被称为"远程接收"(DXing)的现象为特征:人们试着调试以尽可能多地收听远方的电台。许多使用晶体设备的远程接收者转向电子管设备,并且第一次用耳机收听,这样就能通过将两个黑色圆盘状的东西戴在耳朵上,而把家中的其他声音挡在外面。我们没有历史学者所渴望的关于听众的详细调查,而新闻记录中包含着各种各样的中产阶级"远程迷"的浪漫的记述,他们滔滔不绝地谈论着远程接收的乐趣。这些描述中特别有争议的,是他们形容的使用收音机收听的方式,这样的描绘将美国设想为比其实际更为和谐的民族,甚至与此同时,这个民族陶醉于并且接受各种差异,这些差异分裂了这个民族、使人们反对"美国"是一个同质化民族的观点。

第二个阶段是收听音乐。这一阶段当然与远程收听同时开始,因为电台大部分时间播放的都是音乐,在 1925 年引入改进的扩音器后,播放音乐变得更可行而且更流行。

第三个阶段是随着《先知安迪》作为广播协作网节目在 1929 年的成功而形成的,在这个阶段,人们在每天或每周的固定时间,坐下来收听由同样的剧组所进行的喜剧或戏剧表演。

如果没有被同业行会称为业余话务员的人,以及后来被当作业余无线电操作人员的人群,探索式收听的快速增多就不可能出现。[5] 他们在 20 世纪的第一个十年里,组成了真正的第一批收音机听众,而且通过他们的技术革新以及他们对无线电报在社交领域的使用,在20年代为无线电广播铺平了道路。此外,他们扩展了这类收听的特性。在20世纪20年代,当大部分听众正在努力调到广播电台的时候,那些在1912年之前就不仅能在他们希望的任何时间和任何地方收听而且广播的业余爱好者,正被禁止在无线广播波段中发射信号,并被降级到那时被认为毫无价值的频段预留地:波长在200米和200米以下,即短波。短波在那个时候被认为无法穿越任何距离,而长一些的电波才可以。如果业余爱好者打算继续在波谱中成为活跃的活动者的话,他们没有别的选择,只能弄明白他们能否从短波中发现什么。而他们在马可尼或其他公司之前就解决了这个问题。

美国的业余爱好者协会是在1906年到1907年间形成的,是在发现了某类诸如硅、碳化硅的晶体后成立的,而这些晶体是非常好的无线电波探测器。更为重要的是,与原来的电子管不同的新产品在1907年出现在市场上了——晶体管便宜、耐用而且可靠。在接收站的活动与在发射端是一样的,只是顺序相反。在发射终端,发明者必须设计出能最高效地从直流电源中生成非常高频的交流电的方法。在接收终端的问题是"纠正"这些振荡:将高频交流电转变回可以在电话线中流动的单向性的脉冲。广播电报因为是这样的高频,因此无法仅凭电话机的振动膜处理它们的速度和高速反转。1906年,真空电子管的前身,即弗莱明(Fleming)的"真空管"和李·德福雷斯特(Lee De Forest)的"三极管",得到了开发,虽然它们使得电流只能朝一个方向流动,但是它们非常昂贵,也很不稳定,而且使用寿命短。晶体管可以用同样的方式修正广播信号,但是在那个时候没有人知道如何使用晶体管以及为什么晶体管能调节信号。

晶体探测器的发现,为大批基本上都是业余爱好者的男孩和男人打开了广播的大门,在那个时候广播还被称作无线电报,完全处于它的婴儿期。这些业余爱好者主要是白人、中产阶级,大部分住在城市地区,尤其是港口城市,他们在自家的卧室、阁楼或车库里建造自己的电台。他们心灵手巧,弄清楚了如何装配混杂排列的电子和金属废弃物,从窗帘杆和床柱到T形点火线圈,将这些做成一个非常高效的自制的设备。有一个组成部件通常对于大部分业余爱好者来说都难以复制,而且过于昂贵,这就是耳机设备。巧合的是,电话在美国各地的公共电话间里消失了,因为业余爱好者拿走它们并将其用在自己的电台里了。1910年,发送广播的业余爱好者比私人无线电公司和军队广播的数量还要多一些。

这段时间的流行文化,从童子军手册到《汤姆·斯威夫特和他的无线电消息》(*Tom Swift and His Wireless Message*),再到《纽约时报》上的文章,都将无线电爱好者的广播称赞为"美国男孩的雄心壮志和真正的发明创造天赋"的典范。当真实生活剧创造了专业无线电操作员中的英雄时,这些报道赢得了影响力。1909年1月23日,"共和号"(Republic)和"佛罗里达号"(Florida)两艘船在南塔克特(Nantucket)东南26英里处的大雾中相撞了。"共和号"的无线电操作员杰克·宾斯(Jack Binns)为两艘船发出了求救信号,因为他的努力,两艘船上大约2000名乘客全部获救。这个故事连续四天都是头版新闻。当宾斯回到纽约时,他已经成为名人,被记者和想得到亲笔签名的人追逐着，而且被提供以每周 1000 美元、一共 10 周，出现在轻音乐喜剧舞台上的机会。听到宾斯的求救信号的业余爱好者成为行会的英雄，也更加诚心诚意地投入这项爱好。

图 24.1 《男孩无线电年刊》(*The Boy's Wireless Annual*)。The Advertising Archives.

同时，也要清楚并不是所有的爱好者都是这样的正直的童子军典范。也有人故意发送虚假的或下流的消息，而且他们最喜欢的目标就是美国海军，在当时它是无线电最主要的军队使用者。沉溺于此类恶作剧的诱惑因为肇事者不可能被发现而进一步增强了。因此，当业余爱好者冒充舰队司令派舰艇进行徒劳的搜寻时，当海军接线员因为当地的业余爱好者忙着将答案与他们的数学作业进行比较且不愿意安静下来而无法接收到信息时，空中就会出现发射信号的"战争"。[6]

最开始，海军无法将业余爱好者阻挡在空中电波之外。但是，泰坦尼克号惨剧使得公众和国会的态度转向反对业余爱好者不受限制地进行信号发射。惨剧发生时，附近有离得足够近的船只，而只要它们有随身携带的无线电就能及时去救援。由于发生了这个让很多人丧生的巨大悲剧，此后所有的船只都被要求安装无线电设备，并且至少配备两名操作员。

但是，灾难发生后，无休止的干扰、残酷的谣言和完全错误的信息充斥于空中电波，没有什么比这更让人们愤怒的了。在泰坦尼克号上的无线电操作员哈罗德·布莱德（Harold Bride）通知各电台泰坦尼克号撞上了冰山后，北美东北海岸的无线电台立即用询问和信息堵塞了它们的电波。在这些杂音中出现了一条消息，大西洋两岸都接收到了，并将其刊印在各大报纸上："泰坦尼克号的所有乘客均安全；正被牵引到哈利法克斯(Halifax)。"伦敦的《泰晤士报》和《纽约时报》的编辑在第二天惊骇地发现这条消息是假的，他们谴责业余爱好者制造了这样残忍的恶作剧。

在幸存者前往纽约的途中，持续存在的天空中的堵塞进一步巩固了业余爱好者的命运。仅在4个月之后，《1912年广播法案》(Radio Act of 1912)就通过了，它要求所有业余爱好者都必须有执照，而且不允许他们在主要的商业和军事波段发射信号。他们能够收听，但是发送信号只能在被认为是没有用的频谱区域：在200米短波或更短波区域。他们的设备功率被限制在1000瓦之内。

尽管如此，在20世纪第二个十年里，业余爱好者的人数还是在增加。他们在风暴或其他灾害而使电话和电报线路被摧毁时，提供了临时通信网络，并借此改善了形象。1914年，发明家及无线电爱好者海勒姆·珀西·马克西姆(Hiram Percy Maxim)组织成立了美国无线电转播联盟(American Radio Relay League)，在无线电业余爱好者中间建立了一个正式的转播系统或网络，这样在发生自然灾害的时候就能进入常规系统，因此就有了草根咫尺天涯般的传播网络。按照《大众机械》(Popular Mechanics)的说法，它使"私人公民能够在不需要政府或公司帮助的情况下，就能够跨越很远的距离进行交流"[7]。

在第一次世界大战期间，联邦政府封锁了无线电业余爱好者的所有活动，关闭了所有业余爱好者的电台，以防止对政府传播的任何干扰。但是，1920年6月，美国的业余爱好者电台的数量，已经是其他类型电台数量总和的15倍了，到了第二年，有10809家有执照的业余电台(真实的数字更大，因为更小型的接收设备没有登记)。[8]那些构成远程接收者核心的早期的广播听众，常常热情地谈论收听广播给他们的休闲时光带来的变化，并且帮助他们的朋友和邻居安装自己的接收设备。

当这些男孩和男人在20世纪20年代戴上耳机的时候，他们也在穿越各种文化变化，而这要求每个人在传统和现代化的大潮中把握方向。无论在当时还是在现在看来，20年代都似乎是一个充满了文化极端和对立的时代。而一件事情是清楚的：大部分美国人都深陷于两个极端之间的矛盾。新技术的普及，裙摆的缩短，头发的波浪形，现代主义在艺术、文学作品和音乐中的扩散，以及人口普查报告指出的在美国历史上第一次有一半人口生活在城市(尽管城市被不合理地定义为有2500名或2500名以上居民)中，所有这些都在坚定地宣称现代化到来了，维多利亚文化已经终结了。在许多城市——诸如纽约、芝加哥和旧金山，人口大多由那些出生在外国或出生在当地而父母为外国人的居民所组成，这类居民的数量有时是父母为土生土长的本地美国人的两三倍。

速度和变化看起来可以定义广播出现后的文化。尽管无线电报已经环绕在各处，并且自19世纪90年代以来在大众刊物上被广为称赞，但是人们认为，无线广播重新定义日常生活的速度是前所未有的。"在电学历史上从来没有一项发明如此深受大众的喜爱，"《评论回顾》(Review of Reviews)杂志这样断言。"它的快速成长在工业历史上是绝无仅有的，"这是《全国商业》(The Nation's Business)杂志的回应。[9]美国人兴奋地推翻过去,包括过去的速度和生活主旨,这样的观点具体体现在广播的繁荣发展中。

毫不奇怪,许多美国人希望回到甚至重建"90年代花花公子"("Gay Nineties")的生活,那时还没有汽车、电影、第二次移民大潮、妇女选举权和哈莱姆文艺复兴(Harlem Renaissance)。因此,20世纪20年代以"反动"为特征,但其中的有些"反作用力"是凶残的。在1917年到1919年之间,发生在东圣路易斯(East St. Louis)、芝加哥和华盛顿特区的暴力种族骚乱,以及后来的私刑泛滥和"三K"党(Ku Klux Klan)的兴起,暴露了这个文化中病态的种族裂痕。1924年出台的《移民出生国配额法》(National Origins Act)严格地限制了移民,尤其是针对来自欧洲南部和东部国家的移民。这被加州大学伯克利分校的历史学家劳伦斯·莱温(Lawrence Levine)称为"盎格鲁-萨克逊化"——本土主义者坚持主张,移民要丢弃他们的过去,而接受盎格鲁美国人的外表和行为——但这遭到很多人的拒绝,他们反对被同化,而后被同质化,最后消失的命运。[10]

因此,历史学家一致认为,广播在20世纪三四十年代在传递和锻造民族文化方面发挥了核心作用,这样的作用并不是在广播热潮刚一出现时即存在的,这不可能。在人们普遍使用广播的环境下,广播不但颂扬而且加强了以地域、伦理道德、宗教以及阶级为基础的社区的地位,并且见证了全国范围内的一些奇观,例如选举结果的公布、1921年7月底登普西与乔治斯·卡朋泰尔的拳击比赛(Dempsey-Carpentier)以及世界棒球锦标赛(World Series)。

图24.2 早期的广播开始以明星制度为依托。这是巡回比赛的重量级拳击冠军杰克·登普西1922年在地方电台接受采访。National Archives of Canada.

# 第 25 章 节目的黄金时代

克里斯托夫·斯特林(Christopher Sterling)
约翰·基特罗斯(John M. Kittross)

克里斯托夫·斯特林是乔治·华盛顿大学(George Washington University)教授；约翰·基特罗斯是波士顿爱默生学院(Emerson College)教授。

在 20 世纪 30 年代的后半段，大部分广播电台每天至少播音 12 个小时，有许多广播电台播音 18 个小时甚至更多。通常，电台用已经发展起来的各种各样的节目填充膨胀的广播时间。与这种模式不同的三种节目类型是新闻和评论、日间连续剧、问答和听众参与的节目。

联邦通信委员会 1938 年 3 月对广播节目的调查显示，53% 的节目是音乐节目，11% 是谈话和对话节目，9% 是广播剧，9% 是综合节目，9% 是新闻（这种节目在几年前还无法测量），5% 是宗教和朝拜，2% 是特别事件，2% 是其他类型的节目。尽管广播协作网附属电台有 50% 到 70% 的节目来自广播协作网，但是它们也增加了地方节目和直播节目的时间。在调查期间，所有的广播节目中，64% 是现场直播——几乎一半来自广播协作网，一半是当地节目——21% 是电子转录节目，12% 来自留声机唱片——这是有代表性的电台非直播节目中不断增加的部分。

音乐一直是大部分广播节目时间表的主要部分。一些由广播协作网和独立团体运营的录音公司为地方电台提供事先录制好的音乐，有时还会将其剪辑成节目。在 1939 年初，超过 575 家电台订购了至少一家转录公司的服务，而且它们中的几乎一半使用两到三家的服务。尽管在 30 年代末有 25 家到 30 家公司共同创造了 500 万美元的年营业额，但美国无线电公司(RCA)的转录操作可能占到这个行业的业务的 35%。

一家广播电台通常与一家录音公司签订合同，后者一开始提供几百首录制音乐选段，通常是录制在 16 英寸磁盘上，转速为每分钟 33 又 1/3 转，即大约每面可以播放 15 分钟；之后每个月再增加大约 50 首以供挑选。录制公司通常在某一市场上只与一家电台合作，以避免节目重复。电台向录制公司的付费，可以是从它的毛利润中提取一定的比例，也可以是一个固定的数额。广播协作网附属电台平均只有 10%—15% 的时间使用这些音乐材料，而地方电台却使用得更多，有些达到它们节目时间的 80%。流行歌曲和乐器演奏占主导地位，但是各种类型的音乐也都有播放。

尽管地方电台使用音乐的数量不断增加，但是古典音乐节目在 20 世纪 30 年代初之后在广播协作网中的数量开始减少。而美国全国广播公司交响乐团(NBC Symphony Orchestra)是一个引人注目的例外,它是美国出色的广播文化产物之一。这个乐团是在大卫·沙诺夫①说服当时刚刚退休的纽约交响乐团(New York Philharmonic)指挥阿尔图罗·托斯卡尼尼(Arturo Toscanini)②从意大利回来指挥10场音乐会后成立的,其中第一场音乐会在1937年的圣诞夜举办。全国广播公司尽可能聘用最好的音乐家为新的交响乐团工作。三个月后,广播协作网宣布托斯卡尼尼将在今后三年领导这个交响乐团;但是,最后的结果是全国广播公司的交响乐团持续存在了将近17年,直到托斯卡尼尼最后退休,那是1954年,他已经八十多岁了。对这些交响乐的播音,最开始通常是在特殊建造的8H播音室(Studio 8H),之后是在坐落于洛克菲勒中心(Rockefeller Center)的美国无线电公司大楼里的世界上最大的播音室,按照这位指挥家所坚持的,以全国广播公司蓝网(NBC-Blue)为维护基础进行播放。在全国广播公司交响乐团正式解体之后,交响乐队仍然作为"空中交响乐团"("Symphony of Air")独立演出。

大型舞蹈乐团也越来越多地出现在全国和地方广播节目中。20世纪30年代是"乐团的大时代",许多有名的交响乐团第一次在地方电台被听到,而后在广播协作网中露面。这两个行业都从这样的广播中获得收益,因为主要的电台所进行的宣传吸引了更多的人去看乐团音乐会。1937年,本尼·古德曼(Benny Goodman)、奥齐·尼尔森(Ozzie Nelson)、卢斯·摩根(Russ Morgan)、塞米·凯(Sammy Kaye)和汤米·道尔西(Tommy Dorsey)的乐队在广播协作网上演出。《流行音乐榜》(*Your Hit Parade*)是在广播中经久不衰的热门节目之一,再现了前一周最流行的歌曲,榜单是基于对唱片和乐谱的销售情况的全国"调查"决定的;在广播中播放时由著名歌手和乐团现场演出。这样的表演开始于1935年的秋天,直到1953年都在广播上播放,从1951年到1959年在电视上播出。无论广播节目还是电视节目,都是由美国的好彩烟草公司(American Tobacco Company's Lucky Strike),以及在最后阶段由首个音乐流行榜单"流行榜"(Hit Parade)赞助播出的。

地方电台播放了多种多样的现场演奏音乐,有的电台支持整个乐团,也播放越来越多的录制音乐。广播电台与美国作曲家、作家和出版者协会(ASCAP)之间的冲突……对1940—1941年的广播音乐有着实质性的影响。

与高度专业的各类综艺节目相比,地方或全国的业余爱好者广播时间里展现了希望通过演唱、跳踢踏舞或进行模仿而开启自己的职业生涯的无名小辈。这些节目在许多年里被用于填充时间。尽管节目的质量参差不齐,但是听众为家乡的天才喝彩,并支持全国各地的参赛者。最著名的业余爱好者的综艺表演《鲍斯少校和他原创的业余爱好者的比拼时间》(*Major Bowes and His Original Amateur Hour*)于1934年开始

---

① 大卫·沙诺夫(1891—1971),被誉为美国广播通信业之父,是美国商业无线电和电视的先驱和企业家;1919年他参与创立美国无线电公司,1922年创立全国广播公司。

② 阿尔图罗·托斯卡尼尼(1867—1957),意大利指挥家、大提琴演奏家。

在纽约的 WHN 电台广播,1935 年转到全国广播公司红网(NBC Red)。在几个月里,它是最受欢迎的广播节目,其收听率曾经一度达到不可思议的 45%,而 20% 就已经超出常规了!它介绍了一些后来出了名的业余爱好者,其中包括法兰克·辛纳屈(Frank Sinatra)[①],他在这个节目开播的第一年初次登场;也有一些业余爱好者失败了,因而一直默默无闻。鲍斯因为他的口头禅和出其不意的风格而闻名,甚至会粗鲁地使用一面锣作为"钩子"的声音替代物以赶走那些笨拙的或在舞台上害怕的表演者。这个节目在广播中一直播放到 1952 年,而且在 1949 年进入电视,直到 20 世纪 60 年代末,其间鲍斯去世后由特德·麦克(Ted Mack)继续主持,并且在 70 年代中期产生了有家族相似性的节目《铜锣秀》(Gong Show)。

许多其他的全国和地方节目是围绕单独的表演者构建的,几乎总是一位男性歌手或喜剧演员,通常会有一个音乐团体为他们提供支持或者由每周的客座表演者作为补充。大部分这样的综艺明星来自歌舞杂耍表演、滑稽歌舞杂剧、正统剧剧院或杂耍戏院。鲍勃·霍普(Bob Hope)是其中的一位,他从 1935 年开始每周在哥伦比亚广播公司(CBS)上一期节目。

这些各式各样的节目一直是广播协作网所喜欢的,变动很少,这种情况一直延续到第二次世界大战即将开始时,军队策划的介入使节目在 20 世纪 40 年代早期向部队倾斜。全国广播公司蓝网的《军队节目》(Army Show)[后来改为《军队时间》(Army Hour)]、共同广播网(Mutual)海军乐团时间的《这是福特·迪克斯》(This Is Fort Dix)和《美国之翼》(Wings over America)都是典型代表。这些节目的形式类似于早期广播的综艺节目,由歌曲、幽默、聊天组成,但是参与的往往是部队人员,而且节目通常来自军营和部队驻地。

## 广播剧

当时最著名的广播协作网的广播剧节目是女性连续广播剧,每周播出几个小时。从 1935 年开始,这类节目的播出时间急速增长,直到 1940 年,4 家广播网每周总共有 75 个小时用在这类节目上,每 10 个广播剧节目就有 9 个在广播协作网的白天时间播放。这些节目时长 15 分钟,每周在同一时间播放,是由肥皂和食品生产商赞助播出的。播放时间较长的典型代表是《幕后太太》(Back Stage Wife)("成为一位百老汇明星的妻子是百万女性的甜蜜梦想"),这个节目开始于 1935 年;还有《照明灯》(The Guiding Light)(一位善良的牧师的故事)、《洛伦佐·琼斯》(Lorenzo Jones)(没有用处的小玩意的发明者)、《我们的女友星期日》(Our Gal Sunday)(来自西部小镇的女

---

[①] 法兰克·辛纳屈(1915—1998),美国流行乐坛上非常有影响力的表演者,身兼歌手、演员、节目主持人、唱片公司老板等多个身份。

孩,成为一个有钱有爵位的英国人的妻子,能找到幸福吗?),以及《生活之路》(Road of Life)(医生和护士的故事,以一位爱尔兰裔美国母亲试图抚养孩子的故事作为开头)。每个剧目都讲述了家庭生活的兴衰沉浮,尤其是家族的没落。许多男女演员几十年来一直扮演同样的角色。他们每天用一部分时间表演一段鲜活的、令人信服的、充满感情的剧集,而晚上的时间可以用于舞台演出或其他的职业表演。在很多连续剧后面都有弗兰克和安娜·赫默特(Frank & Anne Hummert)组成的夫妻档团队,他们先写好自己的表演剧本,然后聘请对话撰写人基于性格塑造和故事线索写对话。伊莱恩·卡林顿(Elaine Carrington)和伊娜·菲利普斯(Irna Phillips)也写"肥皂剧",有时会同时写几部。

典型的连续剧的形式是相当简单的:由在演播室风琴上弹奏的简短音乐导入,故事的讲述者通过回顾上次发生了什么而开始今天的这一集,商业广告将表演分成两段,结尾是故事的讲述者提出目前所面临的问题。对话和风琴音乐是忧郁而简洁的;故事进展很慢;给予角色以性格塑造的时间,而且听众即使落下一两集也没关系。听众很忠诚,许多节目都有15季或更长,直到20世纪50年代,节目的特征才发生了变化。肥皂剧的听众是社会心理学者的首批研究对象之一,批评也集中在1940—1941年间,因为节目的播出时间覆盖了从上午10点到下午5点的时间,人们几乎无法安排别的事情。这些指责随着战争年代连续剧数量的减少而减弱了。

"有声望的"广播剧从20世纪30年代开始增多。这些节目通常是"选集",每周有不同的故事和新的演员,有时是由其他媒介改编的,但通常是原创的广播节目。作者有诗人、后来的美国国会图书馆馆长(Librarian of Congress)阿契博尔德·麦克利什(Archibald MacLeish)和当时并不出名的作者,如诺曼·考文(Norman Corwin)和阿西·奥博勒(Arch Oboler),他们几乎都一夜成名。有声望的广播剧包括《哥伦比亚工场》(Columbia Workshop),它是在1936年末开始的哥伦比亚广播公司的实验剧目;还有由诸如海伦·海丝(Helen Hayes)和莱斯利·霍华德(Leslie Howard)等明星,以及一位叫奥森·威尔斯(Orson Welles)的当时还不出名的演员演播的《力士广播剧场》(Lux Radio Theater),这个剧目更为传统,是根据当时的电影改编的一个小时长的广播版本。

1938年秋天,23岁的威尔斯成为哥伦比亚广播公司一部新广播连续剧——《空中水星剧场》(Mercury Theater on the Air)的指路明灯。作为编剧、导演和明星演员,他成立了演员公司,旗下成员在那个时代都大名鼎鼎,如约瑟夫·科顿(Joseph Cotten)、阿格尼丝·穆尔黑德(Agnes Moorehead)、埃弗雷特·斯洛恩(Everett Sloane)、雷·柯林斯(Ray Collins)等。他的周日晚间节目,在1938年10月30日万圣节那天,可以算得上迄今为止最有名的一个广播节目。这个节目由威尔斯和霍华德·科克(Howard Koch)改编自赫伯特·乔治·威尔斯的科幻小说《星球大战》(War of the World)。故事发生的地点改在了新泽西的北部,时间也回到了当时的年代,而且更为重要的是,叙述的方式改成了符合广播报道的形式。那些从一开始就调到这个节目的听众和那些认真收听了节目中间的告示的听众清楚这些背景。但是,那些后来才换到这个波段的听众,以及许多习惯在最初几分钟收听口技表演者埃德加·伯根(Edgar Bergen)和他的名为查理·麦卡锡(Charlie McCarthy)的玩偶在全国广播公司的节目,然后才换台到哥伦比亚广播公司听《空中水星剧场》的听众,都会大吃一惊。当时,这个节目似乎在播放一个乐队在酒店的现场演奏。刚刚播放了一会儿音乐,一位播音员就用"新闻简报"的方式播报了有人观察发现了火星上一块毒气云团的新闻;然后又回到音乐;接下来的中断是请观察者保持关注;接着继续放音乐;继而是对一位"著名的天文学家"有关火星上生命存在的可能性的采访(不太可能);音乐继续,然后,突然新闻快讯说,一颗巨大的陨石落在新泽西的格罗弗斯米尔镇(Grovers Mill)附近。这一系列新闻简报和现场报道包括这个圆柱形"陨石"打开缺口、火星人出现、火星人战斗机集合、美国军队的溃败和政府的反应。伤亡情况、交通堵塞情况、不幸的空军飞行员的消息、现场报道中不祥的中断,以及后来现场记者的"遇难",还有使用人们都熟悉的人名和地名,这些都赋予节目真实性。当火星人的战斗机飞往纽约,在这个城市的上空释放毒气的时候,收音机里伴有远洋班轮逃离的声音、一位记者在广播电台最后喘着气说话的声音,而后突然闯进一个业余无线电爱好者孤独的声音:"还有人在吗?还有人吗?"许多听众没有等到节目中间插播的声明——这个声明向大家澄清有关这一切都是恶作剧。在8点30分,许多人都在祷告,为世界末日做准备,并且打算逃离火星人。

当时这样的反应并不是愚蠢的,今天看来仍然如此。节目内容的设计破坏了人们质疑的能力。它使听众相信,记者"在10分钟内"在格罗弗斯米尔镇周围方圆几英里的地方到处走动,尽管实际上刚刚过去了3分钟。听众已经确信,大家都在逃跑,因此当他们从窗口往外看的时候,尽管看到许多人正在正常地走动,但是他们理解为人人都正如广播里说的那样在试图逃离火星人。如果看不到一个人,他们就会猜测其他所有的人都已经跑掉了,只剩下他们了。几乎没有人听到有关这个节目为虚构作品的三次声明,也没有听到最后半个小时的内容——大部分是威尔斯唱独角戏扮作科学家,他相信自己是少数几个幸存者之一,观察到地球上的微生物和细菌的作用导致了火星人的死亡。如果听到了这些显然非常戏剧化的内容,许多人就会恍然大悟。在东部,尤其是临近"降落地区",几千人——这在人口中只占一小部分,但是也是很大的数量了——给警察打电话、逃离他们的住宅,或做出其他反应,好像袭击是真的一样。

这场恐慌的出现有很多原因,显然在开始介绍时掩盖了节目是"万圣节恶作剧"的特性。后来,研究者发现许多听众没有尝试通过其他电台或打电话给朋友来验证这则"新闻";而那些在其他电台听到按计划播出的正常节目的人,则认定这些电台没有收到这则消息。这样的恐慌也是对一个月之前的"慕尼黑危机"(Munich Crisis)的反应,当时美国人正"黏"在他们的收音机上,等待战争的一触即发。

威尔斯对节目造成的冲击感到惊讶,但只是略感羞愧。美国联邦通信委员会指出,广播这类"恐怖"节目及其形式不符合公众利益。尽管《星球大战》最近在美国作为

"文物作品"的重播没有产生太大的影响,但是它最初被改编成广播作品在其他国家播出时也引起了同样类型的恐慌。在南美,因为被愚弄的愤怒爆发,几人在骚乱中丧生。这个戏剧性的事件比其他节目或剧集更好地展示了广播对社会的影响——"如果在收音机里播放了,那就是真的"。

情节紧张的故事和情景喜剧相对其他类型的广播剧,填充了每周广播协作网中更多的时间。开始于20世纪30年代早期的冒险节目和为成年人准备的犯罪侦探节目……都可以在晚间听到,而针对儿童的动作冒险连续剧则在傍晚播出。这些生动的、大部分在广播协作网上播出的节目在技术上是复杂的,拥有大量的演员,有很强的音响效果,时间控制上分割到秒。这些节目包括对真实故事进行再创作的《扫荡流氓的执法者》(Gangbusters),它开播于1935年,影片中响亮的警笛声、机关枪的枪声和行进的脚步声催生了"像执法者一样前进"("Coming on like Gangbusters")的说法。还有《失踪人群的追踪者金先生》(Mr. Keen, Tracer of Lost Persons);以及《我爱神秘》(I Love a Mystery),这个节目拥有最忠实的广播听众。《我爱神秘》的作者是卡尔顿·莫尔斯(Carlton E. Morse),他也是经久不衰的《一个人的家》(One Man's Family)的作者。《地方检察官》(Mr. District Attorney)是一个开始于1939年的节目,以地方检察官诵读他的就职誓言开始,为一代人提供了律师是保护者也是公诉人这样的观念。

以儿童为受众的节目包括《全美最佳男孩杰克·阿姆斯通》(Jack Armstrong—The All-American Boy)和一个牛仔冒险节目《汤姆·米克斯》(Tom Mix);《午夜上尉》(Captain Midnight)和《霍普·哈里根》(Hop Harrigan)是两档讲飞行英雄的节目;《特里和海盗》(Terry and the Pirates)是以米尔顿·卡尼夫(Milton Caniff)的漫画为基础创作的;还有其他大量的连续剧,使得美国的"儿童时间"与英国在几十年的默片时代里所提供的节目有很大区别。《孤胆骑警》(The Lone Ranger)和《青蜂侠》(The Green Hornet)从1938年开始在共同广播网上播放,由底特律(Detroit)的WXYZ电台编剧并表演……甚至,出版商英雄青蜂侠还是孤胆骑警的侄孙!《青蜂侠》使用了古典音乐主题曲和冲击力很强的开场白:"他猎取最大的猎物!在助手加藤(Kato)忠实的辅佐下,青蜂侠布里特·雷德(Britt Reid),这个勇敢的年轻出版商与黑社会较量才智,冒着生命危险在法律保护下与罪犯和骗子斗争;那些想要毁灭我们美国的公敌将从青蜂侠的毒刺中感到它的分量……"直到美国联邦调查局(FBI)的最高长官胡佛(Hoover)提出抗议,反对将青蜂侠的目标说成是抓获"就连联邦调查局的探员(G-Men)也抓不到的公敌"。当美国参加第二次世界大战时,忠实的助手加藤很快就从日本人变成了菲律宾人。

广播中的半小时情景喜剧在许多年里一直是主要节目。《莱尔·阿布纳》(Li'l Abner)于1939年开始在全国广播公司播放,它和当时的许多节目一样起源于芝加哥;

音乐剧《滑稽女郎》(Funny Girl)是以范妮·布莱斯(Fanny Brice)①为原型的,而布莱斯创造了不朽的《宝贝斯诺克斯》(Baby Snooks),故事中的小恶魔和她的婴儿弟弟罗伯斯庇尔(Robespierre)为她的爸爸制造了一个个危机;《金发女郎》(Blondie)是1939年哥伦比亚广播公司完全以奇格·杨(Chic Young)的连环画为基础改编的,讲述了达格伍德(Dagwood)和金发女郎巴姆斯蒂德(Blondie Bumsted)的磨难故事,这是电台偏爱软弱爸爸形象的另一个例子;《亨利·奥尔德里奇》(Henry Aldrich)讲述的是一个嗓音沙哑的青少年的各种意外遭遇,这部广播剧在作为其他节目的一部分连续播出几年后,从1939年开始在全国广播公司蓝网上作为独立的节目播出。

除了日间连续剧和恐怖节目,大部分协作网的广播剧、选集或像《一个人的家》和《我们所热爱的那些》(Those We Love)一类的节目都在晚上播放。只有最大的电台定期生产它们的广播剧节目,大部分电台都是用协作网提供的节目,不过许多电台也为商业节目或特别节目提供剧本和声音效果。

对于那些看电影、业余戏剧演出和巡回表演长大的受众来说,广播提供了一些新鲜而且迷人的东西。因此产生的这些忠实的听众对广告主有很大的吸引力。由于只能通过耳朵接收广播,因此听众必须使用他们的想象对情境和行为进行补充。而这样的想象通过大量的音乐和音效的联合使用而很好地得以实现。每个人都能通过音响效果理解时间和空间的变化;广播世界里没有地毯的家庭会告诉听众何时有人进入或离开房间。转移一些音频的过滤器可以把声音变成电话里的声音;使用更多的过滤器和一些混响或"回声"能够把幽灵带入梦幻世界。没有听众的想象,广播剧根本就不会成功……

## 政治广播

广播在美国作为政治工具,是从富兰克林·罗斯福(Franklin D. Roosevelt)的第一个任期②开始盛行的。延续他在纽约当地方长官的习惯,罗斯福开始了一系列"炉边谈话"("Fireside Chats"),与美国公众讨论美国大萧条的问题。这样的节目一共有28期,在他的前两个任期各有8次;第三个任期有12次,那时正值战争时期。这些时长为半小时的节目几乎每期都在黄金时间播出,而且它们的收听率通常是最高的。罗斯福对广播有天然的亲近性,而且他的语言风格更像是老友之间的聊天,而不是政治演说。在第三次"聊天"中,还有短暂的中断、拿起杯子喝水,这显得非常自然和恰当。

在1936年的总统大选中,孤注一掷的共和党尝试了对广播的许多创新用法。大佬党(GOP)③的提名人、堪萨斯州州长阿尔弗雷德·兰登(Alfred Landon)就在他被提名之前接受了长篇广播采访。200多家广播电台转播了在克利夫兰召开的大会,大

---

① 范妮·布莱斯(1891—1951),美国著名的舞台表演者和电影演员。
② 罗斯福的第一个任期是从1933年到1937年。
③ 大佬党是美国共和党的别称。

## 第25章 节目的黄金时代

会现场的地板上到处摆着麦克风。竞选宣传开始后,时常插播的广播广告强调了大佬党的政纲要领。10月,参议员阿瑟·凡登堡(Arthur Vandenberg)出席了在哥伦比亚广播公司的"辩论",其间他向不在场的罗斯福总统提了一些问题,然后仔细地从以前富兰克林·罗斯福的录音中节选演讲和承诺的片段作为回复播出。这个节目违反了哥伦比亚广播公司的录音规定,并且广播协作网的许多附属电台要么拒绝转播,要么在意识到这种做法不公平后中断播出。最后,协作网在共和党大会后拒绝出售广播时间给共和党,大佬党只能使用芝加哥的WGN台播出一个有譬喻意义的节目,来描述他们的竞选诺言。

而在另一边,民主党并没有使用特别的方法,他们只有富兰克林这一个"法宝"。这位完美的政治演说家拥有大量的听众倾听他的广播演讲。在选举夜,广播协作网首次不时地中断常规节目,实时公布投票情况,并且进行评论。哥伦比亚广播电台在晚上10点30分开始将所有的时间用于公布选举结果,而共同广播网在那一年第一次报道了选举。

罗斯福的第二个任期体现了对广播更多的使用,不仅是总统本人和他的内阁,而且许多联邦政府机构也是如此。例如,教育管理办公室(The Office of Education)制作了11个教育网络节目;作为大萧条所催生的联邦政府临时机构工作改进组织(Works Progress Administration)的一部分的联邦戏剧项目(Federal Theater Program),尽管存在的时间短,但是比其他任何机构都制作出了更多的节目;农业部和内政部为不同的电台提供了录制的节目。许多地方电台也从美国气象局的预报服务中获益,并制作了当地农业机构的专题节目。

在1940年的总统大选中,罗斯福再次参选,这次的对手是共和党的温德尔·威尔基(Wendell Willkie),他是一位当时鲜为人知的公用事业的管理者,直到旋风式的公共关系活动将他推到公众注意的中心。威尔基如此努力地推广自己,以至于在竞选宣传中他的声音变弱了,而这可能是罗斯福一直获得更高支持率的原因之一。针对竞选活动的调查显示,大部分投票人都认为广播是比报纸更重要的政治新闻来源,并且更喜欢收听他们喜欢的候选人的节目;换言之,广播加强了选民的倾向性。在选举前夜,共和党增加了特别的广播节目,有演讲、政党宣传和由舞台、银幕与广播中的明星表演的娱乐节目。同1936年一样,专门的选举节目在日常的黄金时段娱乐节目之后,但是关于选举情况的新闻快报整个夜晚都没有间断。人们感兴趣的片段和选民采访比前几年更普遍。

政治广播也不只局限于总统选举。路易斯安那州的参议员休伊·朗(Huey Long)直到1935年被暗杀前,都在不断进行反对罗斯福的平民主义的演讲。就像罗斯福一样,他也采取非正式的途径,邀请听众告诉一两个朋友说休伊·朗在做直播呢,而后将他演说的主要部分延缓几分钟播出。天主教广播考夫林(Coughlin)神父的讲话也用了类似的方法……1936年他曾许诺如果他的第三方候选人得到的选票少于900万张,他就离开广播,事实上他得到的票数还不到100万张,但是之后还是回来了,并且开始反对新政。他变得更加右倾,批评犹太人,并且为纳粹的信条辩护,直到教堂的管理机构施加的压力以及其他压力迫使他从广播中离开……

# 第 26 章　奥森·威尔斯的《星球大战》广播

保罗·海尔(Paul Heyer)

保罗·海尔是加拿大滑铁卢市威尔弗里德·劳里埃大学(Wilfrid Laurier University)传播学荣誉教授。他是本书主编之一,在媒体研究领域撰写了数部专著,包括《泰坦尼克号世纪:媒体、神话和文化偶像的形成》(*Titanic Century: Media, Myth, and the Making of Cultural Icon*),《媒介与魔术师:奥森·威尔斯,广播年代》(*The Medium and the Magician: Orson Welles, the Radio Years*)。

图 26.1　奥森·威尔斯在演播。Bettmann archive (Getty).

威尔斯的所有(广播)技巧都展现在《空中水星剧场》最著名的广播节目《星球大战》(*The War of the Worlds*,1938 年 10 月 30 日)中。除了一些惯常使用的神奇桥段,他还使出了一些从未用过的新技巧。他用一篇篇新鲜出炉、令人信服的新闻简报来呈现部分故事，把广播新闻"媒介"（medium）变成了广播剧媒介所呈现的故事中的"讯息"（message）。为了让其中一些新闻报道好像现场直播，他模拟了所谓的"广播纪实"（radio vérité）——完美再现麦克风杂音、访谈中的抢话和尴尬，以及火星人袭击后令人不寒而栗的死寂。

多年来，很多人都认为火星人恶作剧是一次万圣节广播，部分原因是威尔斯在节目结束时宣称这是一次"不给糖果就捣蛋"（trick-or-treat）的恶搞。当时是万圣节前夜，根本不可能像圣诞夜那样让人联想到节日的喜庆。对《空中水星剧场》的忠实听众来说，这次广播并非完全出乎意料，只是某些形式略有新意罢了。《星球大战》的播出计划早在一周前播完《80天环游世界》（Around the World in 80 Days）后已经向听众预先播报了，读者在报纸的广播节目时间表中也能读到。当时的恐慌很大程度上是由我们今天所谓的"频道冲浪"（channel surfing）造成的。（不同于电视频道冲浪，更准确的说法也许是"电台冲浪"。）在那个时段——周日晚上8点——听众最多的广播节目是全国广播公司的"蔡斯与桑伯恩时间"（The Chase and Sanborn Hour），由口技表演者埃德加·伯根主持。开场白是一番插科打诨（这是节目的忠实观众永远不会错过的部分），接着纳尔逊·艾迪（Nelson Eddy）就开始了平淡无奇的低声播报。听众开始纷纷转台，寻找更有趣的节目。而能满足这种需求的，正是一直引领广播新闻潮流的哥伦比亚广播公司广播网，以及主播威尔斯。

刚听到节目开头就会发现，这是典型的空中水星剧场风格。以脍炙人口的柴科夫斯基降B小调第一钢琴协奏曲为背景音乐，标准节目预告宣布：奥森·威尔斯携《空中水星剧场》倾情演绎H.G.威尔斯的《星球大战》。随后，播音员丹·西摩（Dan Seymour）开始介绍"本广播剧导演兼主演"奥森·威尔斯。而这次，威尔斯一改平日轻松、闲散、不无风趣的播报风格，而是换上了一种大事不妙、大祸临头的语气。

广播剧以简短的天气预报开场，随后听众被带到纽约市公园广场酒店绝顶厅，拉蒙·拉奎罗（由威尔斯的音乐顾问伯纳德·赫尔曼扮演）正在那里指挥管弦乐队演奏舞曲。第一首曲子《圆舞曲》很快就被虚构的《洲际广播新闻》特别报道打断，新闻宣告火星上多次发生氢气爆炸，爆炸物似乎正向地球飞来。新闻报道并不急迫，声音、风格与之前的天气预报相似。

随后是进一步的更新报道。同样，演播语气给人感觉这不是什么扣人心弦的广播剧，而是打断音乐节目的真实新闻报道。就算这样，那些刚好把频道调到哥伦比亚广播公司电台的听众已经觉得很奇怪了。正如威尔斯的联合制片人约翰·豪斯曼（John Houseman）所说，慢条斯理、不清不楚、提出的问题比答案还多，正是这样的播报节奏让广播剧开头效果拉满。

将近10分钟的火星事件最新报道打断了音乐节目（故意演奏得很慵懒）。结束部分是对天文学家理查德·皮尔森（威尔斯饰）的采访，由卡尔·菲利普斯（弗兰克·瑞迪克饰）主持，地点选在普林斯顿天文台。菲利普斯绘声绘色地介绍了天文台的种种设施，威尔斯则以相当严谨的科学态度回答了一些基础性问题，颇令人信服。问题包括火星的基本情况、那里是否有智慧生命等。天文学家否定了火星上有人工运河的流行假说,但也承认,最近的氢气爆炸令人困惑。

采访结束前,有人递给皮尔森一条信息,而菲利普斯把它读了出来。据报,普林斯顿天文馆20英里内出现了地震。天文学家否认这与火星上的氢气爆炸有关,并认为原因"可能是陨石"。一段短暂的钢琴演奏后,传来了更多氢气爆炸的消息,还有报道称新泽西州格罗弗斯米尔镇附近有燃烧物从天而降。(威尔斯在广播中使用了真实的地名,如格罗弗斯米尔镇,只不过提到的楼房都改了名字。)菲利普斯宣布,已经向该市派出了机动采访团队。听众越来越急不可耐,这时又响起了一段音乐,由鲍比·米列特(还是伯纳德·赫尔曼饰)在布鲁克林的马丁内特酒店指挥管弦乐队演奏。

半分钟后,听众又被带回格罗弗斯米尔镇威尔姆斯农场。菲利普斯声称,他和皮尔森教授一起只用了10分钟就赶了11英里的路。实际的广播时间当然要比这短得多,但剧中各部分节奏安排十分有效,听众很容易认为广播剧中的事件是实时发生的——这个例子再次表明,媒体能使一种真实与另一种真实的界限变得模糊。

此时此刻,菲利普斯开始巧妙地形容"本人亲见的文字画面"。他描述得明显像是亲眼所见:一个并非陨石的金属柱状物,以及它所引发的大规模恐慌。与此同时,他还在不停地向教授征求意见。整个主持风格是松散、真实的——这就是"广播纪实"。现场新闻报道的气氛被有效地烘托出来,而对此听众也早已熟悉,因为欧洲动荡的情况总在电台直播中实时更新,国内危机如火灾等也日益由移动设备现场直播。这段剧情还有效借用了广播剧的一种桥段,即用声音特效和人物对话来建构背景。这一次,对话和讲解是合二为一的,因为整个故事就是通过一个人向另一个人讲述自己的见闻来展开的。

在这段广播中,威尔斯敏锐的媒体嗅觉还产生了另一种变戏法般的效果。在排练期间,他让菲利普斯的扮演者瑞迪克反复收听赫伯特·莫里森(Herbert Morrison)的录音:惊心动魄地讲述前一年5月6日"兴登堡号"飞艇坠落新泽西州莱克赫斯特镇的事故(Houseman 1989)。对那场悲剧的报道被永远刻录在唱片中。广播将它反复播放,直到刻录进听众的耳朵,最后变成广播史上的决定性时刻。瑞迪克完美地复刻了莫里森的动情讲述。威尔斯还让他把纪实报道再往前推进了一步。当火星人从柱状物里走出来,发射出类似激光的高温射线,把人群、房屋和地面上的一切燃烧殆尽后,他们把武器指向了菲利普斯,然后……一片死寂……悄然无声。威尔斯在这里插入了六秒钟的提示音,但对电台工作人员和听众来说,停顿仿佛永无止境。这也许是整个广播中最恐怖的时刻,也正是它导致新泽西人蜂拥出逃,把通往纽约州和宾夕法尼亚州的高速公路堵得水泄不通。

死寂结束后,广播信号恢复,播音员宣布由于"无法控制的情况",我们已经与格罗弗斯米尔镇失去信号联系,这么一来气氛更加紧张了。随后播出了一段此时看来无关紧要的旁白,声称火星上的氢气爆炸是由火山喷发引起的。一段扣人心弦的肖邦钢琴曲插播结束后,播音员终于回到广播中,承认在格罗弗斯米尔镇发生了混乱。随后,新泽西州民兵部队(原剧本中写的是新泽西州国民警卫队)的领导者蒙哥马利·史密斯将军通知听众,袭击事件发生周围的几个县已经宣布进入战时状态。接下来,我们听到了皮尔森教授对这场惨剧的目击描述,他藏在附近的一个农舍里,躲过了火星人的暴怒。在电话连线中,他用规范的学术话语证实了听众已经猜到的情况。

教授不祥的报告结束后,出现了哈利·麦克唐纳的声音,他是"负责行动的副总统"。行动是什么一直没有明说,但我们大概可以猜想针对的是广播网本身,因为他宣布,整套广播设施将被移交给州民兵组织。他给出的理由太搞笑了,很容易想象威尔斯与其他演员肯定是极力忍住才没笑出声。麦克唐纳宣称,把广播媒体移交给军队是因为相信"广播的明确职责是无论何时都应服务于公众利益"。因此,广播本身不仅应该认真倾听即将发生的事件,还应该积极参与它奉命报道的事件。

接着讲述故事的是军人的声音。我们开始了解到,他们几次尝试挫败火星人。每一次努力都以失败告终,参与行动的人都牺牲了——但我们期望在广播剧或电影中听到的爆炸性高潮并没有出现。媒体嗅觉让威尔斯尝试一种更逼真的现实主义:空气突然安静,然后是暂停,再通过另一个现场的电波连线恢复讲述。

在如此混乱中突然出现的平静一刻,就像暴风眼一样令人恐惧不安。"内政部部长"通过广播向全国发表讲话,强调局势十分严重。这位官职响亮、姓名不详的政治家以低沉的语调敦促听众,"人类对地球的统治"已经遭到挑战,必须坚定信仰,展现勇气。光是这些话也许还不足够吓人,演员肯尼思·德尔马(Kenneth Delmar,不确定是否受过威尔斯指导)还近乎完美地模仿了罗斯福总统向全国发表所谓"炉边谈话"时的声音。

追随来自军方的更新报道,我们被带到下一个重要现场,一位播音员在纽约"广播大楼"(原剧本中写的是哥伦比亚广播大楼)的屋顶上播报。城市正在遭受攻击。我们听到背景中警铃大作。这警报为纽约人拉响,提醒他们在火星人威胁降临前撤离城市。港口挤满了船只,街道上充斥着四下逃窜的居民。当第一架火星飞行器飞进曼哈顿并开始喷射毒气时,我们得知,火星人的柱状物也正在全国各地降落;曼哈顿下城成千上万的人开始撤离。场面一片混乱,烟雾弥漫,尖叫不息,警报大作,很容易让人想起 63 年后 9 月 11 日出现的挥之不去的画面。

正当播音员用颤抖的声音描述着火星人引发的恐怖,致命的气团已经向他徐徐飘来。他气喘吁吁,突然窒息,跌倒在地,发出吓人的扑通声。不过,"媒介"(medium)的生命力比"信使"(messenger)更强,因为无线电麦克风还一直开着。在令人难忘的 20 秒的时间里,我们听到船号、警报、工厂的哨声此起彼伏,逐渐沉寂在 10 秒的空白中。终于,一个孤单的业余无线电广播员打破了寂静,让我们的心里又是一沉。他的讯息是简单的重复:"广泛呼叫,广泛呼叫"(无差别地呼叫任何接收台),接着是"还有人吗?"无人应答。末日来临……业余台也停了。完了!

终于,节目宣布这只是一部广播剧。听到这番话,依然守在收音机旁的听众感到既宽慰又愤怒,因为他们以为听到的都是真的。电台的广告间歇结束后,广播的风格就完全变了。鉴于火星人已经摧毁了大部分文明,包括无线电台,故事改为由皮尔森教授朗读日记。他的讲述让人想起威尔斯的第一部广播剧《第一人称单数》(First Person Singular),以及他在大部分广播剧中采用的旁白。以一种令人抓狂的缓慢而笃定的语气(这是直播提前了吗?),教授全面介绍了灾难过后的破败景象。他从曼哈顿下城进入纽约,徒步到达中央公园,终于发现了……希望。如同 H. G. 威尔斯的小说描述的一样,入侵者虽然没被地球军队打败,却被细菌感染消灭了。人类将会复兴,只不过重新认识到自身的脆弱。

威尔斯以他独有的幽默方式结束了广播:他把这次节目称为万圣节恶作剧,是水星剧场发出的"嘘"声。他肯定觉得松了一口气,竟然如此顺利地完成了几天前还觉得难以完成的广播剧。他也肯定怀疑过,这出戏可能会让很多人惊慌失措。但当走出演播室时,他可能和格罗弗斯米尔镇的民众一样,对即将到来的爆炸性后果毫无准备。

广播的创造性从未被如此有效地利用或滥用过。这次广播结束后,哥伦比亚广播公司大楼已经被警察和记者围得水泄不通。威尔斯及其联合制片人约翰·豪斯曼被推搡到后面的办公室里接受扣押和质询。报社记者尤其穷追不舍。两人都表示对这次经历深感不安,因为当时以为造成的后果极其严重。可能有众多伤亡,据称大多数是人们在高速公路逃亡时相互踩踏导致的。不过,令《空中水星剧场》全体成员颇感庆幸的是,事后人们发现没有一例死亡是因为节目造成的。但在广播引发的骚乱中,在新泽西州收费公路被夺走生命的受害者似乎和火星热射线杀害的一样多。

媒体采访在混乱中结束,没有人遭到逮捕,但还是留下了许多教训。第二天,广播的细节和后果被通讯社和报纸头版竞相报道后,威尔斯被召回哥伦比亚广播公司,参加一个正式的新闻发布会,并被拍摄下来。他宣读了一份事先备好的声明,后来被全国报纸转载,并回答了提问。他否认有任何恶意,指出节目已经在报纸上预告过,其虚构性质——他称之为"幻想"和"童话"——在节目开始、间歇、结束时都声明过。这的确没错,但他没有说的是,广告间歇出现在节目播出 42 分钟后,除了大多数人错过或忽略的介绍之外,没有任何内容表明这是一个戏剧节目。必须记住,在没有录音带和录像带的 1938 年,除了哥伦比亚广播公司,没有人能得到节目的醋酸纤维唱片(acetate recording)[①]录音,也不可能把录音发布给媒体。

引发这次恐慌的广播被主流媒体报道了好几天,在美国有些地区甚至持续报道了好几星期。指责的矛头依次指向威尔斯、哥伦比亚广播公司、美国公众和广播电台本身。有的媒体将威尔斯描绘成一个斯文加利(Svengali)[②]或格里高利·拉斯普京(Grigori Rasputin)[③]式的人物,这二人巧言令色,迷惑了整个国家。而一些不那么针

---

[①] 醋酸纤维唱片是黑胶唱片的一种,常见于 20 世纪 30—50 年代,是广播电台专用的唱片。

[②] 斯文加利是英国小说家乔治·杜·莫里耶(George du Maurier)1894 年出版的经典小说《特丽尔比》(Trilby)中的音乐大师,他利用催眠术控制女主人公特丽尔比,使她唯命是从,沦为牟利工具。"斯文加利"这个名字后来用于形容那些对他人产生极坏影响的权威人物或导师。

[③] 格里高利·拉斯普京是俄国沙皇尼古拉二世的权臣和妖僧,据称擅长利用蛊惑人心的巫术把持朝政、秽乱宫廷。

对个人的指控则认为,哥伦比亚广播公司应该解释一下为什么没有密切监控自己的节目。大多数报纸认为,联邦通信委员会完全应该查一查这个节目。调查结果表明,广播剧应该受到更充分的监管——包括节目的表现形式和内容。应该制定法规,防止将新闻报道与虚构情节混淆,以避免像这次节目一样引发恐慌。这次事件的后果也与"9·11"事件相似:在"9·11"事件之后,远程通信政策,尤其是关于手机使用的政策受到了严格审查,航空公司的安保系统也经历了一次重大改革。

围绕这次广播的报纸社论持续发表,很多文章开始承认听众本来就不应该当真,不过这时广播台和威尔斯都成了批评对象。这里有一个隐藏的议程——两种媒体长达十几年的竞争。作为这一领域的新生力量,广播挑战了报纸对新闻报道的垄断。这种情况在大萧条时期更加严重,广播听众人数的增长以牺牲报纸发行量和广告收入为代价。报纸尽管已经承认广播是一种可行的娱乐媒体,但认为这种媒体的娱乐惯性正在向着新闻报道扩展,导致浅薄化和情绪化。在"恐慌广播"的例子中,人们面临的情况正是"广播娱乐节目把自己当作了新闻节目"。

不过,并不是所有的报纸评论都把恐慌性广播的影响归咎于电台。一些报纸赞同《纽约时报》的看法,对无法区分事实与虚构的民众表示担忧,并呼吁加强教育。尽管没有明说如何加强教育,但报纸暗示说至少应该多信赖印刷媒体,减少收听广播的时间。为了进一步保护民众,联邦通信委员会应该对广播加强监管——不是1934年在天主教道德联盟(the Catholic Legion of Decency)施压下发起的那种道德审查,而是提出必要的具体措施,防止一切媒体巫师再次妖言惑众。

是什么让《星球大战》广播造成了如此巨大的破坏?一个最常被引用的原因是,威尔斯巧妙利用了晚间新闻听众熟悉的纳粹侵略欧洲的新闻联播形式。由于世界大战一触即发,人们对这种播报既焦虑又恐惧,担心下一条新闻可能就是宣布开战了。

威尔斯在"恐慌广播"中的高超表演,以及由此带来的声誉——已经使他荣登1938年5月9日的《时代》杂志封面——后来为他赢得了好莱坞的合同,拍摄了《公民凯恩》(*Citizen Kane*),这是他的第一部电影,堪称20世纪最伟大的艺术电影之一。走进雷电华电影公司(RKO)摄影棚拍摄《公民凯恩》时,他还在奇怪,电影为什么不能像他掌控的广播那样富有创意。不过,这一点很快变成现实,曾经用来吸引广播听众的媒体嗅觉也被他运用到了电影胶片上。

# 第27章　广播的声音

米歇尔·希尔姆斯（Michele Hilmes）

米歇尔·希尔姆斯是威斯康星大学（University of Wisconsin）传播艺术学教授。除了这篇选文所摘自的著作《广播的声音》（Radio Voices）之外，她还是《好莱坞和广播：从无线电到有线广播》（Hollywood and Broadcasting: From Radio to Cable）一书的作者。

在这一时期（20世纪20年代），美国最大的和在无线电领域最活跃的广告公司中就有智威汤逊广告公司。关于这家广告公司进入无线电领域的故事，以及它与当时主要的广播网——全国广播公司之间的关系，让我们得以大略了解很快为美国公众所熟悉的关于明星和节目的内幕，并且透露了关于文化标准和惯例的谈判条件……

按照罗兰·马钱特（Roland Marchand）的观点，尽管广告公司很久之后才看到广播进行产品宣传的可能性，但其实对于广播的态度，公司与公司之间的差异很大。[1] 在20世纪20年代早期，广告公司中对于广播的态度存在着对立，但如果想到广告公司与印刷媒介之间的密切关系，就不会对此感到奇怪了，印刷媒介的确担心来自广播的竞争。马钱特和其他许多作者引述的从1922年到1926年发表在印刷业行业出版物《印刷厂油墨》上的文章，表明了反对将广播作为广告媒介的态度。然而，这些很难代表整个广告领域的利益，这个行业中的许多成员可能已经意识到不要冒犯印刷媒介，同时也不断觉察到新媒介所展现出来的机会。

广告公司参与到广播中的全部历程是由历史本身决定的，尤其是因为它实质上是与商业无线电广播密切相连的。在20世纪20年代，分析广告公司所做的节目和实验性广播的一两个例子可能有一定的帮助。正如已经提到的，艾耶（N. W. Ayer）广告公司负责一个在20年代早期特别有影响的广播节目——《每日时光》（The Eveready Hour），这个节目是由电池（这显然是一种与广播听众有密切联系的产品）制造商国家碳素公司（National Carbon Company）赞助的。艾耶广告公司早在1923年就组建了广播部门，并且通过美国电话电报公司对《每日时光》的有限传播而最早进入广播协作网的试运行。艾耶广告公司在20世纪20年代一直积极尝试，包括转向扣人心弦的虚构内容的节目、文学作品改编和各种各样的节目形式。[2] 另一个例子是威廉·兰金广告公司（William H. Rankin Agency），它在1922年初就是WEAF广播电台收费服务的早期大量使用者之一，它也提供了好莱坞与广播相互作用的最早典范之一——邀请演员玛丽恩·戴维斯(Marion Davies)在广播上为他们的广告客户美娜兰矿泥(Mineralava)做一个谈话节目《我如何为拍电影化妆》("How I Make Up for Movies")。[3] 据大多数人说,这是第一次为所有写信给广播电台说他们听了这个节目的人提供额外奖励——有戴维斯亲笔签名的照片,并且"成千上万"的大量需求有助于将广播塑造成一个能够抵达消费大众的有效率的媒介。[4]

智威汤逊广告公司所显现出来的是,这个广告公司在更为大胆的客户端的引导下,开始进入广播广告业务。虽然它明显对广播这个媒介有兴趣,并且拒绝参加印刷媒介占据主流的委员会在 1924 年所开展的反对广播广告的抗议活动,但是智威汤逊在 1925 年 2 月的《新信》(Newletter)杂志中还是发表了一篇题为《为什么我们不使用广播?》("Why Don't We Use the Radio?")的颇有意味的文章,概括了到那个时候为止的业务情况。这篇文章总结了广播电台和 WEAF 电台广告主的业务类型,但是仍然下结论认为:"就目前而言,这还是一个对我们来说有疑问的媒介。"主要的反对意见集中于 1925 年的广播的"不安宁的状态"、对广播中的言语产生误解的可能性、不可能确定流通量,并且担心由于广播是更加"间接"的销售,因此不如印刷媒介有效率。[5] 但是,两周之后的另一篇文章承认,智威汤逊的两个客户已经在某些地方开始做广播广告,都为女性听众播放了"家政谈话"节目,这两个节目都插入了与智威汤逊在芝加哥办公室的"女性部门"的关联。[6] 玛丽·黑尔·马丁(Mary Hale Martin)是其中的一员,她原来是为利比(Libby)罐头产品公司服务的印刷媒介的专栏作家,而从 30 年代开始,她通过每周五早上的《玛丽·黑尔·马丁的家政时间》(Mary Hale Martin's Household Hour)继续为这家公司服务。

但是,直到 1927 年,智威汤逊广告公司才建立了它的第一个正式的广播部门,这个部门由威廉·英赛恩(William H. Ensign)管理,他以前是艾耶广告公司的管理者,也是《罗西和他的团伙》(Roxy and His Gang)的音乐指导。1928 年 5 月,根据英赛恩的部门工作汇报,该领域增加了两名新员工,而到了 7 月,智威汤逊的广播广告客户包括百路驰轮胎公司(Goodrich Tire Company)、壳牌石油(Shell Oil)、伊苏安公司(Isuan Corporation)、瑟图明胶(Certo Gelatin)和麦斯威尔咖啡(Maxwell House Coffee),还有另外六家意向客户,其中大部分在当年也开始在广播上做广告。英赛恩的报告也指出,大量广告公司开始在前一年组成广播部门——一共有 15 家主流的公司,包括扬罗比凯广告公司(Young & Rubicam)、巴顿、德斯廷和奥斯本广告公司(Baron, Durstine and Osborne)、罗德、托马斯和罗根广告公司(Lord, Thomas and Logan)以及勒尔曼和米切尔广告公司(Lerman and Mitchell)。非常有意思的是,关于电视将要到来的谈论发生在这么早的时间。[7] 在接下来的一年,智威汤逊继续使用和接受广播,而后在 1929 年,这个部门已经为收购准备就绪了。

……在智威汤逊的男士组和女士组之间的权力斗争……发生在 1929 年,在此期间,纽约女子部(New York Women's Division)的艾明塔·卡塞雷斯(Aminta Casseres)在与约翰·雷伯(John U. Reber)竞争广播部的负责人中失利,后者以前是名业务经理,而现在是新业务的领导。"严苛无情的雷伯"("The Grim Reber")在智威汤逊有一定的名气,在1929年5月成为广播部的主管之后,他很快就对广播的有限影响不再抱有幻想,而是设想代理广播协作网的广告,特别是全国广播公司。雷伯在智威汤逊的大部分职业生涯中,他的老同事卡尔文·库尔(Calvin Kuhl)一直与他密切合作,他使雷伯成为"第一个解雇全国广播公司所设置的'广播专家'(节目制作者、编剧、导演)而使用广告公司的人来指导和编写节目"的人。库尔描述了雷伯在20世纪20年代末和30年代初所发展起来的节目理念:

> 最初,全国广播公司自然转向百老汇和歌舞杂耍表演场寻找写作和导演经验……这些人顽固地坚守他们的思路和技术手法……他们认为观众是穿着燕尾服和晚礼服坐在舞台前面的一排排椅子上的……在20世纪20年代晚期和30年代早期,代表客户利益的广告公司可能与全国广播公司接洽,试验性地"购买"一个节目,全国广播公司因此想象着从百老汇和歌舞杂耍表演场挑选出一场表演……在几乎说服智威汤逊的一个客户购买半小时的全国广播公司生产的这类胡说八道的节目之后,约翰立即向全国广播公司抱怨它们节目的平庸和毫无趣味。他说,"如果这真是你们做得最好的,那么我们能通过我们自己的编剧和导演做得更好",然后他就这样做了。[8]

雷伯在自己成为广播部的主管后,开始发表上述论调。到了1930年4月,智威汤逊在电台上已经有超过33个节目在播出,每周总共播放60小时。在那时召开的业务代表大会上,雷伯引证客户的感谢信直截了当地批评道:"我们的广播部能够比全国广播公司制作更好的广播节目。"[9]

用来说明智威汤逊对所掌握的技能的精通与熟练程度的最常用的一个术语是"表现力",智威汤逊拥有它,而全国广播公司没有。最特别的是,"表现力"来自对受众和他们的品位的理解。[10] 与全国广播公司的双重方案——既要立即从商业节目中获利,又要在公众面前维护和保持文化标志——不同,像智威汤逊这样的广告公司更早地意识到,要从大批量售卖中产生广告收益,而大批量售卖则产生于对"庸俗小报内容"的关注。

早在1923年,智威汤逊的《新闻简报》(News Bulletin)——内部的关于广告活动和创意的通讯,就显示了对于"普通"读者的习惯和情绪的关注。在《威尔金斯太太阅读〈妇女家庭杂志〉》("Mrs. Wilkins Reads the Ladies Home Journal")一文中,智威汤逊的文案撰稿人桃乐茜·德怀特·汤森(Dorothy Dwight Townsend)提醒这个世界应该注意新近出现的中产阶级,他们将大众传媒作为同化和"提升"自我的途径:

> 她看着她从不敢进入的那些家庭;研究城市里那些她从不敢盯着看的女性的打扮;这些伶俐时髦的女人——在这样美丽的家中——做事时的姿态如此优雅! 她看到那个女人向她的朋友展示用力士(Lux)香皂洗马甲。第二天当她给海伦洗晚会长袜的时候,她就会想起这些。绝非偶然,她发现自己

也用两根指头拿起精致的东西——她的其他手指像力士广告上的女人那样或钩着或伸展着……她可能告诉过你她的妈妈传授了她知道的所有家政,但是她从这本杂志中学到了比她妈妈知道的更多的东西。[11]

1927年,智威汤逊不仅意识到中产阶级的存在,而且认识到"这个庞大的新阶层有钱去花费,并且除了追求轰动效应的低俗小报和宗教忏悔杂志几乎没有别的媒介抵达他们"所带来的价值,因此智威汤逊开始主张使用新的"粗俗"的广告方式。[12] 在这里,我们不仅看到对新的社会群体的承认和这个先前被忽视的群体的市场能力,而且看到在最初确定媒介对他们的影响时,尤其是广播,将"大众"和"文化"两个术语组成了一个新的强有力的组合。

这种方法在由众多好莱坞明星代言的力士香皂广告中达到了顶峰,因此毫不奇怪,《电影剧》(*Photoplay*)杂志的东部广告经理作为公司的先锋以中间人的身份与明星们签署了合同,请他们一起支持这一产品。1928年,智威汤逊声称,"如果不使用力士香皂就无法洗干净你的手",接着,大量热情洋溢且不需为之付钱的对力士香皂的赞赏出现在发行量很大的杂志上。[13] 这些努力大多得到了智威汤逊洛杉矶办公室的一个耀眼的人物——丹尼·唐克(Danny Danker)的帮助,他通过过着好莱坞式的生活而在所有的业务中都成功地迎合了好莱坞演艺界的上层人士,不过这让拘谨的智威汤逊纽约办公室的成员感到懊恼,这其中也包括约翰·雷伯。按照一位没有透露姓名的"前雇员"(女性)在智威汤逊档案里的记录(并且被标记为"引述不可透露出处"):"丹尼·唐克是好莱坞的动力,据说行事方式很像卢埃拉(Louella),通过讹诈的方式得到一切他想要的人才。他也为来参观访问的执行官介绍、撮合服务,他在任何时候手上都有一群小明星。"[14] 大家一致同意,约翰·雷伯"可能是第一个意识到作为电影命脉的明星制度能够使广播发生彻底变革的人",[15] 而且他在很大程度上被公认为将广播节目市场推向好莱坞模式的人。为了实现这一点,他不得不依赖协作网的合同和由唐克建立起来的明星背书制度①,尽管后者并不是一种令人舒服的关系。根据智威汤逊好莱坞办公室的一位长期撰稿人卡罗尔·卡罗尔(Carroll Carroll)的说法:

> 雷伯先生不希望唐克用"他"的部门插手任何事情。但是丹尼在好莱坞的能量就像我们对客串明星不断增长的需求一样,他在好莱坞的运营中越来越关键……自然,随着丹尼的实力不断增强,他与雷伯之间火热的长期争斗也剧烈地沸腾了。谁能赢是所有人都在猜测的。丹尼先死了。[16]

1934年3月,雷伯派了年轻而且没有什么经验的卡尔文·库尔前往洛杉矶担任智威汤逊广播运营名义上的领导人,其实这更像是让他监视唐克,并且向雷伯汇报。尽管两人之间的关系很紧张,但是雷伯和唐克共同努力的组合,开创了所谓的"广播的好莱坞时代",这也是广告公司占优势地位的时代。20世纪30年代中期,每年的十佳

---

① 通过签订合同,请明星支持和参与对产品的广告宣传。

节目中至少有 5 个是智威汤逊制作的,这些节目来自好莱坞,智威汤逊通过使用它的无可比拟的途径获得好莱坞的人才——无论如何这都是唐克和他的同事的功劳。很快,其他广告公司也火速设立了洛杉矶办公室。1942 年,智威汤逊可以说比其他机构培育了更多的广播明星,其中包括鲁迪·瓦利(Rudy Vallee)、彭斯和艾伦(Burns and Allen)、艾尔·乔森(Al Jolson)、沃尔特·温切尔(Walter Winchell)、埃迪·坎特(Eddie Cantor)、鲍斯少校(Major Bowes)、范妮·布莱斯(Fanny Brice)、埃德加·伯根和查理·麦卡锡。在开创时期,播放的既有有名的综艺类表演,也有改编自电影的节目,其中最著名的是《力士广播剧场》;智威汤逊也将越来越多的在好莱坞有一定地位的明星带到无线电中。

20 世纪 30 年代中期,不仅是黄金时段,还有大部分的日间节目,都被广告公司所提供的代表赞助商利益的节目所占据了,特别是非常流行的日间连续剧。尽管广播协作网一直致力于其节目生产:在纽约、芝加哥,尤其是洛杉矶都建立了人才办公室、努力稳定环境,并时常跟进采用成功的节目形式,但是其主要目标仍然是将这些节目卖给客户。这些客户的广告代理公司于是接手了这些节目产品,与全国广播公司人才局(NBC Talent Bureau)就编剧、明星等签署合同,并且只将全国广播公司附属电台作为彩排和实际播放空间。许多广告公司甚至进一步减少了本已对广播协作网不多的依赖——哥伦比亚广播公司从来没有试图着手节目规划或试图控制全国广播公司分支的人才,因此尤其是日间节目时间已经变成赞助商特许专营的了。

诸如宝洁(Procter & Gamble)等公司会购买一两个小时的时段,播放或是自己制作或是花钱使用广告公司制作的节目。布莱克特·桑普尔·赫默特广告公司(Blackett-Sample-Hummert)是弗兰克·赫默特(Frank Hummert)和安娜·赫默特(Anne Hummert)的"肥皂剧生产工厂",完全在广播协作网的监管之外运营,在有关"没有品位和不恰当的"内容的争议中可以看到它。的确,在 20 世纪 20 年代晚期,广播节目正从音乐综艺节目向虚构的广播剧和系列故事转变,几乎完全由广告公司推动,取代了早期广播协作网在实际操作中所倡导的更有教育意义、更有"品位"和意义的派生形式。像芝加哥办公室这样的制作方,远离广播协作网总部的运营,并且从历史上来说更愿意顺从其广告客户的利益,因此引导协作网采用这样的形式。当然,这最初遭到了全国广播公司和哥伦比亚广播公司的拒绝,因为它们认为这是对其标准的破坏和懈怠。此外,也是广告公司最先开始推动使用录制节目的,它被称为转录,目的是满足那些希望回避协作网的费用并且能够送达地方听众,从而实现更有效的广告效果的需求。最初的企业联合组织形式遭到了广播协作网的极度反对,因为它直接将协作网隔离在商业运作之外,而支持无线广播中其他主要对手的利益,即那些强有力的电台能够按照自己的意愿播放转录节目,并且得到所有利润。[17]

## 广播协作网的悲哀

对于广播协作网这样的权威的挑战和伴随而来的轻蔑的态度,没过多久就在全国广播公司的运营中产生作用了。尽管能够尽可能多地将时间卖给赞助商从而在一开始就保证实现两家广播协作网的主要目标,但是随着广告公司实力的增强且更有控制力,协作网对自己业务的控制逐渐被削弱了。当赞助商或广告公司生产并拥有自己的节目时,它们就能够在广播协作网之间跳来跳去,找到最合适的时间空白,而离开无助于它们建立分销系统的协作网。更为重要的是,针对出现的对节目操作的批评,当广播协作网在向联邦通信委员会、它的附属电台和公众为自己辩护时,却处于一个尴尬的位置,因为它要坚持自己实际上是作为公众利益的受托人来运营这样的理念,但又对那些节目中的内容没有实际的控制权。尽管有各种监控政策,例如要求剧本在播放前送交节目串联词审查部门(Continuity Acceptance Department)、呈交给全国广播公司的导演,并且广告节目部门和人才办公室也一直存在,但是广告公司制作的节目越来越多地躲避了广播协作网的监管。一则哀怨的评注蹑手蹑脚地进入了全国广播公司部门之间的通信。

1932年6月,约翰·罗伊尔(John F. Royal)对全国广播公司销售负责人罗伊·威特默(Roy Witmer)抱怨,虽然广告公司离播放还有足够的时间,但迟迟不呈交被称为节目串联词的脚本。

> 在我看来,广告公司领先于我们,不仅在后期拷贝上,而且在其他许多事情上……客户通过他们的广告代理公司洽谈合作,但是他们很少做出让步。麻烦在于每家广告公司都只考虑自己的节目。它们自私自利,不替别人着想……如果广告公司发现自己的节目串联词有必要成为其总体商业机会的一部分,它们就会将它准备好,但是这只是因为它们要与广播公司合作,这是它们脑子里唯一所想的事情。[18]

全国广播公司试图采取严厉措施制裁这样的产品,但是1933年5月,广告公司设计了其他绕开广播协作网审查的路径。广告节目负责人伯莎·布赖纳德(Bertha Brainard)描绘了新的问题:

> 广告公司和客户已经习惯于将它们认为根本不会用于播放的非常简略的脚本呈交给节目串联词审查部门。节目串联词审查部门仔细阅读这些脚本,作为管理者盖下印章,并且送交制作部门。并非罕见的是,在排练的当天,一个全新的剧本送到了制作人手中,让他使用。如果这些资料看上去会引起争议,制作人就必须尽力找到某个负责批准脚本的人。这是一种令人非常不满意的方式,尤其是在周末。[19]

布赖纳德概述了一项新政策,该政策要求在任何情况下只有盖章同意、被批准的脚本才被允许播出。不幸的是,即便这样的流程也不能控制似乎是商业广告节目中固有的危险。臭名昭著的梅·韦斯特(Mae West)①的一集节目就显示了,经过预先审查的脚本在广播时也可以用完全不同于它在节目串联词部门审查时的方式读出来,而破坏书面词语的效力。[20] 更糟糕的是,一些类型的节目从其实质上看,已经颠覆了体制和社会的控制。有三类节目尤其有问题:夜间综艺节目中以说笑为主的滑稽节目、儿童的冒险节目和女性日间连续剧。所有这些类型的节目都是由广告代理公司开发出来的。

智威汤逊开创的有名的综艺节目包括《弗莱施曼发酵时间》(*The Fleischmann's Yeast Hour*)(鲁迪·瓦利)、《追逐嬉闹》(*The Chase and Sanborn Hour*)(埃迪·坎特、伯根和麦卡锡)等,为全国广播公司提供了高调娱乐,吸引了大量的听众,并且广泛地提升了广播协作网的名声——不过这是有代价的。尽管由电台和管弦乐团的长期演员和一些支持主办机构的固定演员主持,但是大部分节目还是邀请了来自电影业、歌舞杂耍表演和其他演出场所的明星,他们以每夜或几个夜晚的方式进行结算。因此,当人们读到罗伊·威特默 1935 年 10 月底给生产部门一位名叫肖(D. S. Shaw)的成员的备忘录时,人们就有了足够的理由感到惊讶:

> 节目部门的工作人员抱怨在弗莱施曼-鲁迪·瓦利、壳牌石油、卡夫食品(Kraft)的节目中,他们往往没有被告知要考虑特别来宾,而他们知道节目中到底播放了什么的唯一途径就是第二天他们听到了什么。似乎在 A&P 连锁超市、好彩公司(Lucky Strike)、维克斯公司(Vicks)的节目中也是如此……你难道不能看看是否能够做些努力,使节目部门能够提前知道都有哪些来宾出席吗?[21]

这个问题,在轻率地请来的嘉宾使用了广播协作网所不能接受的调侃时,就变得更加严重了。即便节目串联词审查部门有预先审查政策,但滑稽演员尤其会因在播音的时候改变自己的路线而臭名昭著……

随着电视的出现,同样的结构性张力也出现在新的节目中,这个变化达到顶峰肇因于智力竞赛节目丑闻,但是正如几位历史学家所指出的,实际上是因为广播协作网对依赖赞助商和广告公司越来越失去了耐心。[22] 出现的矛盾呈现出怪异而可爱的形式,可能对此最好的例子是广播协作网在 1947 年与弗雷德·艾伦(Fred Allen)②那次最有名的摩擦。艾伦已经赢得了广播中的坏男孩的名声,而且他经常将被广播协作网审查这一行为本身作为他玩笑中的笑柄。1947 年 4 月 20 日,他的节目像往常一样又提到广播协作网的控制,他指出上周的节目因为超时而被全国广播公司唐突地中断

---

① 梅·韦斯特(1893—1980),美国 20 世纪 30 年代著名的演员、歌手和剧作家,以提出性解放而著称。
② 弗雷德·艾伦(1894—1956),美国广播演员、幽默表演家、电影演员,他主持的播音节目选材新颖、结构恰当、语言犀利幽默,深受听众欢迎。

了。在接下来一周,艾伦的脚本里就包括了这些内容:

　　波特兰(Portland):他们如何通过剪掉节目的结尾而省下时间?

　　艾伦:哦,在广播里有个大执行官。他带着大铜锣坐在一个小玻璃间里。当你的节目超出了时间,他就会"咣"的一声敲响铜锣,你就被切断在电波之外了。然后他会记下来他节省了多少时间。

　　波特兰:那他将节省下来的时间用来做什么?

　　艾伦:他将这些累加在一起,这里10秒钟,那里20秒钟,当这个大执行官积攒了足够的秒数、分钟数和小时数,直至两个星期时,他就会用这个原本属于你的两个小时去休自己的假。

　　全国广播公司觉得有关这个"大执行官"的描述有攻击性,并威胁如果这个脚本不修改就不能播出。他们提出了可供选择的建议:改成"有一个广告公司的执行官坐在那里……"当艾伦拒绝做出这样的修改时,他的节目就有了25秒钟的沉默。[23] 全国广播公司显然已经受够了。尽管直到20世纪50年代末,广播协作网才征服了它的长期竞争对手,并且重新赢回其在30年代失去的主导位置,但是广播协作网早期最有权威的总裁帕特·韦弗(Pat Weaver)立即开始通过共享赞助商和提供协作网生产的豪华巨作来削弱广告公司的力量,也并不是一个巧合。

　　不过,直到20世纪50年代的幸福时光来临前,30年代的广播协作网以两种方式回应社会协商的压力:一是通过创造单独的日间播放时间,在那里对于官方品位的最凌厉的攻击会受到控制……;二是通过鼓励家庭剧,而避免关于种族、道德、麻烦的两性关系和性的内容以及只追求过度刺激的冒险内容之类的陷阱,只是聚焦于"普通美国人的家庭生活"。这些节目小心翼翼地以白人、中产阶级和小镇为题材,将兴趣局限于美国中心地带没有争议的老百姓的日常所为。这些节目通常达到了非常高的编剧、表演标准,并且用受欢迎的方式移情日常生活,因此被大批听众忠实追随。其中最有名也是最受欢迎的是保罗·莱默(Paul Rhymer)(赞颂地)描绘简单的家庭生活的《维克和瑟得》(*Vic and Sade*);卡尔顿·莫斯的《一个人的家》,这的确是一个连续剧,但是一直按照夜间节目的标准制作;以及《奥尔德里奇一家》(*The Aldrich Family*),这个节目已经超出了我们现在所说的家庭情景喜剧的范畴,是话剧和滑稽剧的结合。这些新兴形式的另一分支是丈夫和妻子之间的喜剧故事,典型的例子有《费博·麦克奇和莫莉》(*Fibber McGee and Molly*),还有古德曼·艾斯(Goodman Ace)编剧的《快乐的艾斯一家》(*Easy Aces*),并由他和他的妻子简(Jane)表演;《乔治·伯恩斯和格蕾丝·艾伦秀》(*The George Burns and Gracie Allen Show*)是从智威汤逊的《弗莱施曼的发酵时间》(鲁迪·瓦利)节目开始的;除此外还有很多。

　　尽管直到20世纪40年代这种节目形式还没有普遍流行,但是它使得许多情景喜剧被搬到了早期的电视屏幕上,那些主演包括琼·戴维斯(Joan Davis)、露西尔·鲍尔(Lucille Ball)、伯恩斯和艾伦,节目有《与路易基一起生活》(*Life with Luigi*)、《无忧无虑的生活》(*The Life Riley*)、《蜜月中人》(*The Honeymooners*),这个清单还可以继续列下去。尽管20世纪50年代的情景喜剧受到了更多的批判性的关注,但是很少有学者使用它们在广播中扎根的故事,这损害了许多非常有启发意义的社会和文化背景资源。其他形式和辩论占据了广播发展史的这几十年。日间时段的女性故事、晚间时段的讲究排场的广播剧,以及战争期间这两者的变化都应该加进我们的历史。

# 第 28 章　电视时代的广播

彼得·福纳塔莱（Peter Fornatale）
约书亚·米尔斯（Joshua E. Mills）

　　彼得·福纳塔莱在 30 多年里一直是纽约市经典摇滚电台的先锋人物。约书亚·米尔斯是纽约城市大学（City University of New York）财经新闻硕士课程的负责人。

　　20 世纪 50 年代早期，到处都是关于广播的笑话。一幅卡通画展示了一个男孩为放在阁楼上的收音机掸灰尘，然后问他爸爸："这是什么？"美国人看到卖冰激凌的人失去了工作，冰箱代替了存冰棍的箱子，而默片让位于有声电影。这有悖于一些记忆——最近的一些回忆，即许多人都在估计广播在其与电视竞争中的机会。广播很快成为某个其他事物，但是究竟是什么，没有人能够说清楚。毫不奇怪，许多人在谈论广播即将消逝的过程中，将广播协作网和这个产业混为一谈。广播协作网无疑已经是被削弱的，但是这与广播业的兴旺无关；这个小小的会说话的盒子还远没有准备好被束之高阁。引领广播发展第二个春天的年轻先锋们不像广播协作网的大亨们那样引人注目。这些非常具有革新精神的人大部分在中西部努力工作，而远离传媒大都市。因为他们通常用试错法开展工作，所以他们不会总伶牙俐齿地陈述他们的机会和战略。但是，他们正在成功。

　　即便在发展情况最令人不满的广播业的冬天，即 1954 年，当年广告的总收入自 1938 年以来首次下滑，但是行业总收入也显然超过了 4.5 亿美元。电视让广播打了个寒战，患上严重的颤抖病，但是广播生机勃勃的景象并没有任何停滞。电台所有人、投资者、生产商和它们所有的雇员，都怀着极大的兴趣去寻找广播发展的新路径。这些人必须要做的是决定如何变化，然后向他们的听众解释他们正在如何变革。

　　地方广播电台的成功有一些关键因素。其中之一是对录制节目和电台音乐节目主持人（DJ）的广泛依赖，这些播放录音节目的播音员，朗读广告，宣传自己所在的电台，有时也会播送新闻。["唱片骑士"（"disc jockey"，DJ）这个术语在 1941 年 7 月 23 日的《综艺》杂志上首次出现，替代了以前的"录音骑士"（"record jockey"）。]早期的一些播音员可以算作电台中音乐节目主持人的前辈，比如雷吉纳德·菲森登（Reginald Fessenden），这位著名的发明家和先锋，在 1906 年的圣诞夜通过无线电广播了他所朗读的《路加福音》的一段经文（许多无线电接线员只能听摩尔斯电码和他们自己设备上的静电声音,因此当他们听到菲森登的广播时非常吃惊,甚至震惊;他们中的一些人确信这是上帝在圣诞节对他们的召唤)。福兰克·康拉德(Frank Conrad)于1920年在他的匹兹堡的车库里,创建了非正式的新闻、天气预报和唱片广播,他是另一位英雄。但是,当代的电台音乐节目主持人一直到在广播中播放唱片广泛流行后才出现,而这样的实践在许多年里都比较艰难。

由于电台的习惯一直是播放现场演奏的音乐,这个行业传统的观点就认为播放录音是低级的做法。此外,还有法律上的障碍。20世纪30年代,对于唱片公司来说,在它们的出版物上盖上"不授权无线电广播使用"的图章是常见的做法。它们担心在广播上播放会削减唱片的销量和演出者的音乐会收入(这是一个和现在的理论完全相反的观点,现在人们将电台播放作为提升销量的关键)。而且,联邦通信委员会坚持认为,在电台播放录音节目要不断提醒听众他们在收听的不是现场表演。尽管如此,一些播音员还是在尝试播出录音节目。

早期开拓者是艾尔·贾维斯(Al Jarvis),他认为他能够通过使用录音而为听众提供更加多样的节目,能够夜复一夜地为他们提供明星万象。1932年,他在洛杉矶的KFWB电台开始了一档名为《世界上最大的假面舞厅》(*The World's Largest Make-Believe Ballroom*)的节目。尽管这个节目在当地非常成功,但是它并没有吸引到非本地听众。那个时候的洛杉矶,在广播协作网的领导人和主要的东海岸电台的所有者眼中,还不是一个重要市场。但是,贾维斯的节目受到了KFWB电台的新闻记者马丁·布洛克(Martin Block)的密切关注;布洛克后来搬到纽约,加入了一家独立的电台——WNEW电台,在那里他因为在播报关于对布鲁诺·豪普特曼(Bruno Hauptmann)的审判的新闻报道中间插播录音音乐而赢得了声望,布鲁诺·豪普特曼因在1935年绑架了一名姓林德伯格(Lindbergh)的儿童而受到指控。布洛克还播放了一个他称为"假面舞会"("Make Believe Ballroom")的节目,并且因此收获了"第一位现代流行音乐节目主持人"的名声。

1940年,电台音乐节目主持人赢得了法律援助;法院规定,一旦广播公司购买了唱片,就可以按照自己的意愿在电台里播放。联邦通信委员会放宽了每半个小时提醒听众播放的是录制节目的要求。但是,法律上的小冲突在另一条战线上持续着——和美国作曲家、作家与出版者协会关于版税的谈判。广播公司对美国作曲家、作家与出版者协会在1939年资助第二个授权组织——广播音乐公司(Broadcast Music, Inc., BMI)的发展非常不满。美国作曲家、作家与出版者协会与广播音乐公司之间的争论对50年代的美国广播业有显著的影响……

对地方电台来说,电台音乐节目主持人显然是关键。音乐节目主持人的节目不需要乐队、编剧。演员、导演和大部分辅助性员工也都不需要。音乐节目主持人的产品被贴上了一个有轻蔑意味的批评性标签"吉卜赛广播",并且标注着:"它便宜得荒唐……只需一张许可、一个传送者和一份订阅的《公告牌》(*Billboard*)杂志(上面刊载着每周唱片销售的排行榜)就足够了。"除了音乐节目主持人守在麦克风前之外,电台经理还开发了一个新战略,这成为地方电台的重要组成部分。最开始这被称为"程式电台",后来叫作"类型电台"。最为人熟悉的类型是"最佳40排行榜"(Top 40),这意味着只播放从40张最畅销的歌碟里选取的歌曲。但是,"最佳40排行榜"不只是一个准则。这个概念出现在20世纪40年代末和50年代初,相对其内容来说更重要的是方法。电台不再让事情的发展听天由命,也不再任由音乐节目主持人一时兴起。它们发展出一套程式,这样每家电台对于它的听众来说都会形成一个明确的电台特性。相关规则大致包括一个小时内播放X首歌、播出X次它的标识呼号,以及特别规定什么地方插播广告。程式电台假定听众重视一致性:无论音乐节目主持人是谁或无论在什么时间,电台应该能从它的竞争对手中被识别出来。这是最根本的想法。

电台的目标转变为留住听众。电台相信被某一台吸引的听众,如果这个台的节目的"声音"一直保持连续性,那么他们就不会换台。因此,广播从不同来源选辑的节目就让位于各种程式。

广播协作网最终开始尝试请明星做电台音乐节目的主持人。他们的名声、个性特征和所说的话都应该能吸引听众。但是,唱片和大碟的主持人在地方电台因为一些原因做得比广播协作网更好。因为如果地方电台认真地调查商店里人们购买录音制品的情况,就能够播放在当地热门的歌曲。它们也能够提供熟悉当地社区的音乐节目主持人,这些主持人可以在一些活动现场与他们的听众见面,从而熟悉当地情况。

地方电台的主持人只是广播在电视时代获得成功的最重要的因素之一。电台接受了自身不再是黄金时间的娱乐媒介的地位之后,就自由地为不同的人提供不同的内容。无论是广播协作网还是电视协作网都可以把世界带到你的家中,但是它不能告诉你上班的路哪条是畅通的。地方电台不仅能够播放当地流行的音乐,而且可以比协作网提供更多的地方新闻、公共服务告知(接种疫苗计划、教堂义卖、学校关闭①)、家乡小镇的体育比赛结果,以及通过广告、新闻传达的地方商业信息。这听上去是如此的简单和显而易见,很难想象有人会想到广播将要消亡。广播者必须学会提供这样的信息,而公众必须学会在需要时去广播上找到这些消息。

1954年,全美广播电视联合会(National Association of Radio and Television Broadcasters)发表了一则报告,其中指出,"广播电台越来越多地参与到社区行为中。它们开展了建立新图书馆和更好的高速公路的宣传。它们使自己的话题走进俱乐部、学校、教会、商业协会。对于地方新闻和活动的报道占据了主要部分,现在在已经在普通电台的所有新闻报道中约占40%"。新技术起了帮助作用:通过磁带和编辑设备,地方电台能够提供全国协作网没有时间复制的深度报道。

在地方化的进程中出现了专业化:找到并且迎合有特殊兴趣的听众。如果电视就像黄金时期的广播一样,努力为它的广告客户提供尽可能大的受众群,那么广播现在就能够填补这一空白,并且找到那些不看电视或不接受电视服务的人。仅在几年前,

---

① 美国为了消除种族隔离而关闭黑人学校。

广播还是提供标准的、从东海岸到西海岸的声音,现在它用各种各样的声音服务专业化的听众。这个广播节目上的突破,早在1947年的联邦通信委员会的报告《对标准广播的经济学研究》("An Economic Study of Standard Broadcasting")中就被提出了。联邦通信委员会建议,"仔细将听众分成小部分,从中选择那些忠实地追随电台的少数群体,从而对广告客户形成独特的魅力"。

甚至在电视欣欣向荣之前,独立电台,尤其是那些与协作网的附属电台竞争的独立电台,已经开拓出专业化的听众,只是因为它们无法与协作网的高价格的明星体系竞争。关注特殊听众的最早的研究之一是1948年由全国广播公司完成的。这个项目考察了纽约市、费城、匹兹堡和芝加哥的十几岁青少年收听广播的习惯,发现64%的青少年拥有自己的收音机。第二年,全国广播公司发表了题为《作为广播听众和消费者的城市青少年》("Urban Teen-Agers as Radio Listeners and Customers")的报告,指出这些听众的购买力是60亿美元。这份报告发现,《流行音乐榜》是18—19岁青少年所喜欢的节目,也在更年轻一些的青少年中受欢迎。具有讽刺意味的是,全国广播公司发表了这项研究报告,却忽视了其中的发现,倒是独立电台通过追逐青少年市场而抢占了全国广播公司的附属电台的市场。

联邦通信委员会的关于专业化听众的报告建议培育"少数群体"以扩张规模。随着电视时代的到来,这样做的动机变为保证生存。首批被开发的群体之一是黑人听众。电视,像在它之前的广播协作网一样,没有特别为黑人提供的内容。长期播放而且极其受欢迎的广播节目《先知安迪》在1951年成功地转型为电视节目。很多年来,它是唯一的关于黑人家庭生活的电视节目,尽管传播了刻板印象且推动形成了偏见。(在60年代早期,拥有越来越大势力的民权组织说服电视台取消播放这个节目。)不仅因为电视无法接触到黑人观众,而且因为黑人的收入低于白人,在50年代早期很少有黑人能够买得起电视机,因此他们是广播的自然形成的目标受众。一个城市接一个城市的研究都显示,大部分黑人都收听看上去最关心黑人利益的广播。

一些广播电台通过为黑人听众设计节目,获得了令人振奋的结果。阿尔伯特·阿巴班内尔(Albert Abarbanel)和亚历克斯·黑利(Alex Haley)1956年在《哈珀斯》杂志探讨了"黑人广播"的现象,他们提出黑人广播通过以下方式发挥了一些作用。

- 帮助黑人商人和服务于黑人地区的白人,确定他们的目标群体。
- 帮助听众辨明广告,这样他们能自如购物(特别是在黑人白人隔离地区更有用)。
- 提供黑人社区里的非常明确、有声望的工作岗位。
- 提供关于黑人市民群体、教会群体、娱乐设施的社区服务告示。

大部分电台都是白人所有的,而且他们吸引白人听众,尤其是因为这些音乐,无论是福音音乐、节奏布鲁斯,还是爵士,都比可以从其他广播电台能听到的大部分音乐更有趣。阿巴班内尔和黑利下结论说,黑人电台"似乎满足了每个人。它给美国的商人带来了大量的、以前未曾开发出来的利润。它使小型无线电广播电台变得更有活力,并且为大型电台带来新的收入……"

"黑人电台"还为广播业带来了其他后果；如果能够确定其他特别兴趣群体，它们也能够得到电台的服务。节目直接向青少年、农民、民族群体、宗教派别传播。这些群体中的大部分发现电视里很少有特别针对它们的兴趣的节目。在地方化和专业化之间，广播直接回避了与电视的竞争，并且发现它能够在没有晚间受众的情况下获利。

马歇尔·麦克卢汉在《理解媒介》(*Understanding Media*)一书中观察到："中心协作网与电视一起，背负了我们的工业组织中心化导致的负担，而广播可以自由地多样化，并开始为它还不太知晓的地方和当地的社区服务，这甚至在广播的'业余爱好者时期'刚开始时就出现了。由于电视的出现，广播要转向人们在一天里不同时间的个性化需求；一个事实是，在卧室、浴室、厨房、汽车和现在人们的口袋中加进来了多种多样的接收设备。不同的节目被提供给从事不同活动的人。"

这似乎是显而易见的：人们可以一边做着其他的事情，一边仍然听着收音机。广播在黄金时代的地位以及它在起居室里的位置，让人们意识到观念发生了怎样的革新。收音机从起居室里被解放出来。它自由地渗入家中的其他房间，寻找那些不看电视的人。它被移到厨房里、露台上、汽车中，而且它的节目反映了这样的变化。广播提供服务、娱乐和友情陪伴；它变成了一个无处不在的媒介。

新技术进一步加强了广播在美国人的生活中的渗透：晶体管的发现、更成熟的车载收音机的开发，以及有定时自动开关功能的收音机的发明和投入市场。

电子管在1907年被李·德福雷斯特①加以改进和完善后，一直为广播业服务到第二次世界大战结束，但是它相当低效。由于体积巨大而且易碎，因此它的能耗高，并且使用寿命有限。早在1924年，研究人员就开始探寻增大功率的替代方式。直到二战后他们才找到它。1947年12月23日，约翰·巴丁(John Bardeen)、沃尔特·布拉顿(Walter H. Brattain)和威廉·肖克莱(William B. Shockley)这几位在新泽西默里山(Murray Hill)贝尔实验室(Bell Laboratory)工作的博士，发现了开启广播的未来的钥匙。他们将它称为"晶体管"，是**转换电阻**的缩写。与电子管一样，晶体管能够传导、调制和放大电子信号。但是，它通过固体而非真空移动电子。晶体管比起电子管有许多优势：它消耗更少的能量，并且产生较少的热量；它经久耐用，有更长的寿命；它不那么昂贵；而且它的体积很小。晶体管使电子设备的小型化成为可能，因而成为广播对抗电视的重要武器。

因为晶体管在军方使用要经过审查，因此有关这个重大突破的新闻一直被封锁到1948年6月30日。它在后面几年里被继续完善，然后被尝试性地应用在民用设备中。第一部民用晶体管收音机叫雷根希(Regency)，是德州仪器(Texas Instrument)制造的，售价是40美元，1953年开始出售。最开始它被当作新奇品推销，公众也是这

---

① 李·德福雷斯特(1873—1961)，美国发明家，发明了真空三级电子管，拥有300多项专利。他被称为"电子管之父""无线电之父"和"电视始祖"。

样看待它的。"世界上最小的收音机——小得足以放在掌心中,昨天下午它在时报广场(Times Square)展出了,"杰克·古德(Jack Gould)在《纽约时报》中写道。"人们用令人担忧的冷静迎接'至尊神探时代'(Dick Tracy Age)。"但是,很快消费者对晶体管收音机变得狂热,销售势头强劲。在1953年到1956年间,便携式收音机的年销售数量每年都翻一番,直至310万台。在1965年,一年中卖出的晶体管收音机超过了1200万台。

# 第六部分·讨论题

1. 这一部分的几篇选文描述了 20 世纪二三十年代无线电普及带来的文化变革。你能发现这些描述与我们时代讨论互联网普及带来的变革有何相似之处吗？

2. 广播允许人们一边消费媒体，一边做其他事情，这种形容使得广播与当代的"多任务"媒体消费有何相似之处和不同之处？

3. 威尔斯的《星球大战》广播使人们怀疑美国大众容易上广播媒体的当，也质疑广播媒体对人们信念的影响。你认为这件事与当前电视上、互联网上关于所谓"假新闻"的讨论有何相似之处？

4. 你最喜欢的电视节目是什么——电视剧、情景喜剧、科幻片、肥皂剧、警匪片，还是其他类型？听一段广播黄金时代（20 世纪三四十年代）的同类节目。请比较一下该节目与当代常见的同类节目在形式、风格与特征方面有何不同。

# 第 七 部 分

# 电 视 时 代

电视向观众推销自己的方式是与更早的媒体合作：突出明星制，在报纸杂志上刊登节目时刻表，出版电视收视指南，比如20世纪50年代面向英国观众的《电视时报》（*TV Times*）。
The Advertising Archive.

北美的第一次电视播报出现在1939年。此时广播正值黄金时代,但其垄断地位已经受到挑战。不过,正如第一次世界大战搁置了广播电台的发展,第二次世界大战也把电视变成新兴大众媒体的梦想推迟了近十年。到20世纪50年代初,电视经历了迅速的发展。电视机销量激增。收音机风光不再。我们已经讨论过新媒介与旧媒介的关系,所以得知电视最初从电影和电台获取内容也就不足为奇。但电视很快有了新的发展方向,最引人注目的是喜剧和冒险片。《我爱露西》(*I Love Lucy*)是这类节目中较早的一部。它打破了广播剧与早期电视剧一直采用的直播形式。

20世纪30年代,迷恋广播的听众怀着极大的热情去适应电视。一战结束后,生产和消费增长,电视文化随之出现,这是威廉·鲍迪(William Boddy)在第一篇选文中讨论的。由于人口的流动更加频繁,各种新的工作机会也不断涌现。但人们的生活依然顽固地"以住所为中心"(home centered),尤其是晚上和周末。每周的工作时长缩短,人们有了更多的时间和金钱用于休闲活动。鲍迪的文章表明,电视机价格低廉,既有全国节目也有地方节目,还通过广告全方位展示了新的消费文化,这项科技很快成为社会生活的中心。

20世纪50年代,尽管电视总能让人离开收音机和电影院,但它在技术上还不太可靠。画面变雪花、声音变嘈杂、信号突然中断都时有发生,尤其是在大城市的边缘——日益扩大的郊区。所幸,随后几十年信号传输系统有所改进:晶体管取代了老式真空管(20世纪50年代,真空管故障导致电视机坏掉的情况十分常见,每个街区都有电视维修店);便宜可靠的彩色电视机出现了;有线传输和卫星网络也变成了现实。近年来,我们见证了一场新的变革,即数字高清电视正在广泛普及。数字有线电视极大地提高了屏幕分辨率,能为观众带来堪比35毫米和70毫米胶片电影的视觉享受。随着电视的标准化生产日益围绕数字技术展开,节目制作方式和观看方式也发生了重大变化。数字视频录像机(DVR)的使用,也许更重要的是网飞(Netflix)等流媒体服务被广泛采纳,"时移"(time-shifting)出现,并从根本上改变了全球人的电视消费习惯。

电视的独特方面是埃德蒙德·卡彭特(Edmund Carpenter)所关注的。他是一位人类学家,20世纪50年代曾与马歇尔·麦克卢汉共同研究一个重大项目,并共同出版一份关于人类传播的期刊《探索》(*Explorations*)。与麦克卢汉一样,卡彭特也认为,媒介建构信息既是通过其形式,也是通过其特定的内容。(将这一看法进一步扩充,就形成了麦克卢汉的著名论断"媒介即讯息")。因此,媒体从来不是中性的。它们传递了哈罗德·英尼斯——他也对卡彭特有影响——所说的"传播的偏向"(bias of communication)。卡彭特的选文将包括电视在内的不同媒介比作各种语言。电视与广播、电影、戏剧和印刷书籍都不相同,每种媒介都以不同的形式讲述看似相同的故事。他在这方面对《叛舰凯恩号》(*The Caine Mutiny*)的分析发人深省。

20世纪50年代电视产生的社会影响是下一篇选文的主题。林恩·斯皮格尔(Lynn Spigel)探讨了电视、郊区生活和战后新的消费模式如何相互作用、共同发展。

她提出,由此造成的家庭空间的变革和新兴中产阶级的愿望总是反映在电视节目中。

加里·埃德加顿(Gary Edgarton)的选文考察了20世纪60年代的电视。他首先指出,婴儿潮一代的长大与社会的动荡都与20世纪60年代的电视内容之间存在某种一致性。在结尾处,他讨论了1964年初披头士乐队在《埃德·沙利文秀》(*Ed Sullivan Show*)上的亮相和1969年7月的登月飞行,揭示了规模庞大、内容相对充裕的青年文化如何在很多重要方面,尤其是内容方面影响了电视。登月行动绝不是第一个,也肯定不是最后一个全球电视事件,但在当时却被认为意义非凡,不仅因为其惊人的技术成就,还因为它是传媒史的分水岭,吸引了大批目不转睛盯着电视的全球观众。

在最后一篇文章中,理查德·布奇(Richard Butsch)讨论了针对电视的一种批评,它曾被用来批评从前的电影,如今也被用来批评基于电子游戏和计算机的娱乐:观看会上瘾,会导致不健康的心理影响和社会影响。他的论文大量综述了电视史的研究文献,几乎可以追溯到电视诞生之初。"笨蛋电视"(boob tube)①和"沙发土豆"(couch potato)这两个词尽管源自20世纪中期,但今天依然还在使用。布奇的文章还研究了社会阶层和教育在这场辩论中发挥了怎样的作用。

在电视发展的中间阶段,我们看到人们担心——往往并无根据——一种新技术可能导致旧技术消亡。20世纪50年代,看电视成为大势所趋,去电影院的人数急剧下降,这引发了好莱坞的恐慌。但好莱坞从业者很快意识到两件事:第一,他们在做电视制作人方面具有独特的优势;第二,通过将老电影卖给电视网播放,之前毫无价值的老电影片库重新获得了相当不错的新价值。20世纪80年代的电影发售尤其是电影租赁同样表明,录像机(VCR)对电影生意未必是坏事。收音机是另一个例子。电视机出现时,它的消亡似乎是注定的。但正如我们在上一部分看到的,广播形式的不断变化、调频(FM)和互联网的兴起,都确保它能够继续生存下去。

电视所能达到的发展规模远远超越报纸和广播时代。即便如此,每一种媒体都以先前的媒体为基础,并试图避免它们固有的局限性。今天,电视依然令人信服地展示了"同时性"(simultaneity)和"共存性"(co-presence),但这一切实际上始于近150年前的有线电报。登月、奥运会、柏林墙倒塌和"9·11"事件都是全球共同经历的重大事件,对它们的不断反思必须同时考虑电视媒介的历史与特性。毕竟,这种媒介至今仍在影响我们的生活,哪怕面对计算机屏幕的竞争。

---

① 笨蛋电视一词是基于"boob"(有"笨蛋"和"女人乳房"的双重含义)和"tube"("显像管",电视机的口语叫法)构造的新词,是对电视机的贬低说法,形容观众收看电视中的低俗内容时完全不动脑子,缺少思考和辨析能力。

# 第 29 章 电 视 初 现

威廉·鲍迪（William Boddy）

威廉·鲍迪目前任教于纽约市立大学（City University of New York）巴鲁赫学院演讲系（Department of Speech at Baruch College）。

美国商业电视在第一个十年就已经确定了美国电视产业在接下来三十年里的经济结构、节目形式以及监管模式。美国电视剧自 20 世纪 50 年代起开始大量输出，这种输出为全球的制作商提供了电视节目形式的样板和统一的大众流行口味。

早期的一些监管决策确立了一些美国标准，如广播频段的分配、图像质量、彩色还是黑白等，这些标准至今还在规范着美国的电视业。这些决策对于参与电视广播产业内部或者外部私人竞争者的直接影响，就是催生了一小群营利能力极强的电视台和网络运营商，它们迅速成为政治和监管领域的重要角色。从 20 世纪 30 年代开始，联邦监管机构和产业受益方都很清楚，在一些既定的标准下批准商业电视的运营，很可能会阻止行业在将来向更高的技术标准的转换，进而影响投资。这些监管决策的另一个影响，就是美国的电视图像分辨率和色彩质量都处在一个低标准下，部分地反映了联邦广播监管政策的不相关性和不一致性。在电视发展的初期，这样的监管背景，加上其他的意识形态和经济方面的限制，影响了美国电视产业的商业结构和节目形式，也影响了美国电视与世界其他地区的联系。

美国的广播监管政策是建立在两个互相矛盾的原则之上的：第一，联邦执照赋予广播运营商以特权而不是权利，允许其为了"公共利益"使用公共频段；第二，对网络运作和节目内容实施监管，在这种监管的制约下，联邦执照确立并保护私营电视和广播电台的广义上的事实财产权。于是，在美国电视产业的萌芽期，经济的集中开始出现，且局势愈加明朗。到 1954 年，除两大电视网及其所属或经营的 12 家电视台外，美国电视产业还有另外两家电视网和数百个地方电视台，但两大电视网及其 12 家电视台的利润占整个电视产业总利润的一半以上。

这种集中（它对电视产业的影响主要体现在产业内部业务、节目形式、出口政策等方面）出现的主要原因是联邦通信委员会把电视服务定位于甚高频（VHF, Very High Frequency），这一电磁频段在全国范围内只能够支持 12 个频道，在大多数大城市里，只能支持三个或更少的电视台。这就迅速催生了相对数量较少而利润丰厚的大市场——电视台运营商，这些电视台运营商主要由两家电视网支持，即美国国家广播公司(NBC)和美国哥伦比亚广播公司(CBS),其他几家公司诸如美国广播公司(ABC)和杜蒙电视网(DuMont)[①]也在这个"二加零点五"经济网中扮演了那"零点五"的角色。1955年,杜蒙电视网推出商业电视,而美国广播公司在电视发展的头十年里拼命奋斗,到1960年的时候,它虽然在竞争中得到了一席之地,但实力还是较弱。

## 制造业

美国电视业头十年的发展方向,大体上是由无线广播的领导者和电视机制造商引导的,特别是像美国国家广播公司—美国无线电公司(NBC-RCA)[②]这样的电视业主打企业。无线电广播在20世纪30年代晚期和第二次世界大战中开始崭露头角,彼时这个行业处在一种优势和劣势相互矛盾的境地。广播网的经济优势源于十年间无线电网络产生的不断增长的利润,主要表现为广告收入、股票价格以及战后雄心勃勃的计划——投入数百万美元去延揽广播人才、开发传真广播、发展国际商业广播网络以及开发电视机。同时,司法部开始第一轮的努力,把好莱坞的电影公司与其下的连锁剧院剥离开来,进而取缔已成定规的发行方式,因此,两大电视网忐忑不安地等待着反托拉斯和监管的严密审查。1940年,美国国家广播公司的一名执行官担心"'新政'最终还是在无线电传播领域实行了",并警告说,类似好莱坞正在经受的反托拉斯诉讼和司法名义之下的剥离行动,将会使得整个电视网变得不堪一击。在罗斯福总统的第二个任期里,一个新的具有改革精神的联邦通信委员会的确撼动了无线电广播网的运营模式,迫使美国国家广播公司放弃了其较小网络的运营(因此创立了美国广播公司),并制造了声誉不佳的"蓝皮书",其中规定了广播许可的公共服务责任。

## 捍卫商业电视

新政使针对广播产业的反托拉斯和监管改革成为可能,有鉴于此,战后的网络运营商启动了广泛的公关战略,它们同时强调两点:在开发战时军用电子产品方面的爱国作用;在理念上捍卫商业电视。而电视产业得益于第二次世界大战中的防卫合同,迅速发展并繁荣起来。一份美国国家广播公司1942年的备忘录提到了公司致力于保护关键的技术人员免受战争的牵连,"抵抗其他国家的防卫研究委员会(NDRC)实验室对我们的电视机工程师的不良企图,因为可以预期的是,在未来我们需要现在的这些工程师去把当前的电视机开发项目继续做下去"。然而,尽管做出了许多幕后努力,

---

① 世界上第一家商业电视网络,1946年在美国成立。
② 美国国家广播公司及它当时的24家附属电台在1926年11月15日开始广播,当时受成立于1919年的美国无线电公司(Radio Corporation of America, RCA)管理。

在战争中脱颖而出的电子产业和广播产业还是比商业电视更受大众的尊敬——毫无疑问,前者也更富有。

第二批公关网络的开拓启动了对商业广播原则的更强硬的辩护,其中就有哥伦比亚广播公司负责人威廉·佩里(William S. Paley)在1946年发表的广为传播的讲话。他在讲话中指出,最近公众批评获得商业支持的广播节目制作,这正是"我们这个行业目前最迫切需要解决的唯一问题"。在谈到对未来十年的电视节目政策所做的无数辩护的时候,佩里解释道:

> 首先,我们有责任给予大多数人在大多数时间里想要的东西。其次,我们的客户作为广告商来说,需要能够在大多数时间里触及大多数人。这并不是像攻击我们的那些人所说的是一种悖逆的或者反向的因果关系。广告商有着强烈的愿望要把产品卖给最大的公众客户群,我们的责任是为最大的公众客户群服务,二者不谋而合,而这正是我们这类广播的一个巨大优势。

有的人担心这些广告商会带来阻止效应,对此佩里告诉广播的批评家说"广告商在买到了时间和人才的同时,也为听众购买了自由,因为从历史意义上讲,唯一的异类广播就是政府广播了"。正是通过这样的极端化的语言,广播商们为其商业电视的实践作了成功的辩护,并在未来的十年里争得了特殊地位。

对于美国商业电视来说,除去其财富和政治方面的自信外,其发展并没有在战后立刻进入起飞阶段。在两群人中产生了激烈的争论:一群人与美国国家广播公司—美国无线电公司站在同一战线上,他们倾向于立即开发甚高频;另一群与哥伦比亚广播公司站在同一战线上,而哥伦比亚广播公司想延迟开发甚高频,目的是在频谱范围更广的超高频(UHF, Ultra-high Frequency)上建立彩色电视服务。包括联邦通信委员会在内的所有市场主角都意识到了20世纪40年代甚高频的反竞争的本质,但是联邦通信委员会本身经受着巨大的压力,无法重新启动彩色电视服务。截至战争结束,美国广播组织在电视上已累计投资了1000万美元,而且在电视领域其甚高频的专利权地位也极其稳固。出于担心被人认为阻碍了电视行业的政治顾虑,以及战后需要刺激电子行业以产生新的岗位需求的考虑,联邦通信委员会在1945年认可了对于甚高频的限制,但同时却承认"开发甚高频的高频段对于建立一个真正覆盖全国并具备竞争力的电视体系来说还是必需的"。

潜在的甚高频电视机制造者及电视台的运营者的投资热情,被这样一个负责任的决定泼了冷水。以哥伦比亚广播公司为代表的超高频彩色电视的运营商又发起了一系列关于政策审核的争论,使得上述两群人更为谨慎小心。当时,哥伦比亚广播公司内部和外部的一些人都明白,与其说超高频彩色电视推动了整个网络的发展,还不如说哥伦比亚广播公司通过在展示电视机的同时保护其无线电网络利益的强烈欲望在起作用。与美国国家广播公司—美国无线电公司不同,哥伦比亚广播公司在电视设备方面没有专利,也不会承担这方面的风险。哥伦比亚广播公司和美国国家广播公司都明白，电视网络至少要等待十年才能够盈利。哥伦比亚广播公司因而陷入了一个左右为难的局面：联邦通信委员会已经批准把甚高频作为唯一的商业电视技术标准，那么是决定参与其中，还是阻挠或者设法延搁它的竞争对手美国国家广播公司—美国无线电公司对于甚高频的兴趣。哥伦比亚广播公司举棋不定，其最终的结果是一个不可思议的现象：在所有哥伦比亚广播公司的广播中，每隔30分钟就会出现如下带有免责意味的话："我们希望大家喜欢我们的节目。但是，哥伦比亚广播公司并不生产电视接收装置，也不希望大家把我们的这些广播看作你们在此时去购买电视的诱因。因为有很多因素我们无法控制，我们不能够肯定这样的电视广播能够持续多久。"

同时，为了抢在联邦通信委员会之前证明甚高频电视标准还不够完善，哥伦比亚广播公司关闭了它在纽约的所有电视演播室，不再申请额外的甚高频广播许可，并警告其他将要使用甚高频的电视台"明智的广播人在尚未涉足电视领域之前应理性地考虑自己的资金问题——最好不涉足这个领域——要一直等到新的标准出台和手边有较好的画面素材为止"。规定方面的不确定性，加上哥伦比亚广播公司掀起的反对甚高频的斗争，即哥伦比亚广播公司1945年在年度报告中所谓"哥伦比亚广播公司支持超高频彩色电视的奋斗"，直接导致了电视行业的不景气，以至于美国无线电公司警告说这对美国经济有可能是毁灭性的打击。

1947年开春，哥伦比亚广播公司向联邦通信委员会提出请求通过一个修改过的超高频彩色电视标准方案，那个时候，战后的电视产业好像是一个大的败笔。到1946年8月，由于美国民众对在飘移不定的产业现状下拥有电视不再感兴趣，有80份电视台执照的申请主动撤回了，而且到1946年底，售出的电视机数量仅仅为8000台。但是在1947年4月，联邦通信委员会拒绝了哥伦比亚广播公司的超高频申请，认可了现存的甚高频标准，这标志着美国商业电视的真正开端。在两个月的时间里，联邦通信委员会接到了60份新开电视台的申请，电视的销售量也终于开始上涨了。《国民经济》（Nation's Business）1947年7月那一期刊登的一篇文章写道："美国平民家庭刚刚发现，没有电视是不行的。"根据《新闻周刊》的报道，到1948年3月，电视"像高歌猛进的猩红热一样传播开来"。尽管在1947年的后半年出现了真正的增长，但是早期电视产业仍面临着许许多多的困难。

## 培训电视受众

很多对早期电视发表评论的人都说，电视要求观众的全部或者绝大部分注意力，因此观众每天看电视的时间不会超过一两个小时，这使得相比已经成型的广播而言，电视沦为次等服务。一本1940年出版的书中提到，电视"要求注意力非常集中，而且不能在一些诸如玩桥牌或者谈话之类的活动中充当背景。正是基于电视和广播的这种差异，很多广播商相信，电视永远无法取代有声广播，它只不过为现有的广播提供了更为细分的服务而已"。其他的评论者则把矛头对准了电视提供大量节目时长所需的财力和人力。在《纽约客》(New Yorker)杂志1940年的某一期中,一位作者假设自己处于1960年的电视繁荣时代,然后回顾了1945年的"电视时代"。他指出,电视规模庞大的网络体系与运作,要求其广告能够产生非常丰厚的利润,这导致广告商品的价格暴涨,从而引发了1947年的面包骚乱。另外,这位作者还指出,电视这种媒介对人力资源的巨大需求,降低了成年人失业率,并保证通过了简单认字测试的青少年都可以成为电视写手,且无须继续学习。这种充满讽刺意味的预测的基础是,以网络广播形式传播的一个完整的电视节目体系,其成本要远远超出广播赞助商的支付能力。

在早期还有人害怕电视会造成美国家庭的破裂。1947年,一名商业报刊的观察家就担心,由于电视要求人们全神贯注,"那些习惯了在洗衣、熨衣以及做家务的同时听广播剧的家庭主妇们,很难在看一个视频节目的同时来做这些"。在1948年,《纽约时报》的电视专题评论员抱怨说,"美国家庭正处在革命的边缘。妻子几乎不知道厨房在哪儿,更不用说她本人在厨房的那些任务了。年轻人着迷于阴郁黑暗的起居室而瞧不上午后的阳光。父亲的手提箱放在门厅里,还没有打开。这一切都是因为有了电视"。在1948年的一期《父母杂志》(Parent's Magazine)上,一位作者说她的家庭成功地把日常生活与电视融合在一起,但是抱怨说她的成年邻居在晚间电视娱乐节目播出的时候"仍然坚持聊天"。很多早期的评论家都担心长时间看电视会引起眼疲劳。但直到1951年,《父母杂志》才发现应该提醒读者"戴太阳镜看电视是不值得提倡的"。诸如此类的抱怨和担忧,都表明了早期商业电视在美国家庭生活中引发的复杂的适应过程。

## 寻求国家信号

电视信号能否像广播信号在20世纪30年代中期一样真正进入每一个美国家庭,大家在电视发展初期对这一点还是充满了疑问的。电视仅仅局限于有线传输。同时,同轴电缆在经济上的可行性和微波传输网络散布各处的中转站又造成了一种不确定性。在20世纪40年代,出现了很多想要弥补人们预期中的电视网络缺陷的怪异提案,包括在堪萨斯州建设一个300英里高的发射台以覆盖整个美国;还有"空中覆盖"(Stratovision)计划,即33架飞机在2万至2.5万英尺的高空做直径为20英里的划圈飞行以使信号能够覆盖整个美国,另外还要兴建公路公司,让工人们穿梭服务于各个基站。其他批评商业电视的人预言,以商业为背景的电视,在5年到10年内都将受到两个限制:地理因素,以及赞助商无力支持完整的电视节目规划。他们认为,受众群体很小,节目预算更少得可怜,这是一个鸡生蛋还是蛋生鸡的问题,而这也显示出英国广播公司(BBC)体系的优越性——用执照费来支持电视的发展。他们还认为,在受众群体增长到足够支持全国电视服务之前还要等上一二十年,这不符合大众的利益。然而，商业电视发展迅速，以其无可争议的生存能力和经济能力平息了这场反对它的重大争论。

到1947年秋天，全美国仍然只有6万台电视，其中超过2/3都在纽约城，这是因为电视机生产厂商都把产品给了处于美国媒介和广告中心（纽约）的零售商，因此电视节目制作商面临着受众群开发的问题，这个困难非比寻常，尽管有可能仅仅是暂时的困难。1947年9月，在纽约城的47000台电视中，有3000台是在酒吧里；其他的都属于高收入家庭。但是，酒吧里每一台电视吸引的受众都远远多于在私人家庭里的电视，因此，这3000台电视与私人电视相比，其总的受众人数大体相等。《商业周刊》（*Business Week*）担心"满足这两个受众群体对于电视人来说是一个难题"；业界人士认为，酒吧里的受众更喜欢体育和新闻节目，而为高端人士制作的节目对于他们来说不值得一看。更重要的是，当时还没有足够的体育或新闻素材用以填充节目单。1947年夏，一个观察家注意到了这种节目倾向："到目前为止，电视节目还是男人的天下，体育和新闻平均每周都攫取了20个小时的播出时间。"这样的节目偏好，加上人们普遍认为的对男人尤其有吸引力的台词，正反映了早期对于战后电视节目发展的预测。一个联邦通信委员会的委员在1941年披露，电视会在偏远地区播放体育节目以及"当前灾难，诸如火灾、洪水灾害以及其他人们感兴趣的事件"。与此类似，1943年《新闻周刊》的一篇题为《战后电视发展趋势》（"What Will Postwar Television Be Like?"）的文章预言将会出现两种形式的电视节目，"一种把观众从家里挪移至某地或某一事件中；另一种则把人或事件带入观众的起居室"。前者除体育赛事外，还包括"火灾、火车碰撞，或者政治会议"。到了20世纪50年代，为性别和阶级特征鲜明的受众——无论其居家或者外出——提供节目这个难题，很快被电视机销量的暴涨所遮掩了。

## 美国家庭开始喜欢电视

在一些研究电视工业史的人看来，电视受众由高收入家庭转向中低收入家庭，对20世纪50年代中期电视节目的转变有重要的推动作用，这其中也包括情景喜剧的兴起、广播连续剧的衰落以及情景喜剧的背景由大城市向城市郊区的转变。尽管这种人口统计学意义上的电视机购买者和电视受众的转变的确发生了，但这种转变的发生要比大家看到其效果的时间更早一些。事实上，中低收入家庭电视机拥有量的增长速度，让很多当代电视工业的研究者都大吃一惊。1948年1月的一期《商业周刊》引用了一个受众调研，其中指出，纽约城拥有电视机的家庭，主要以大公司老板、小企业主或职业人士为主。但在1949年，一个记者认为，一年前人们关于电视机销售仅限于中上收入人群的结论不再有效了，他指出："电视已经成为穷人的剧院。"在1950年1月，一个观察家指出，"这是一种鲁莽的浪费，人们甚至在手头没有现金的情况下去购买电视。电视成为穷人最新的也是最昂贵的奢侈品"。1950年的前6个月，电视机的销量超过300万台,其中60%都是信用购物。《商业周刊》认为"穷人正在逐渐地把富人挤离电视销售的柜台"。一个经济学家研究了1950年的电视机拥有群体,结果表明,这些电视机主的受教育程度和收入已经在中等水平以下,而且大城市郊区和小城镇的家庭比大城市的家庭更有可能购买电视机,尽管大城市的受众可以看到更多的频道。杂志《财富》(Fortune)认为,在消费者信用愈来愈紧缩、10%的消费税开征以及彩色电视政策持续不确定的情况下,电视机销量的持续增长,是对"美国经济弹性"的赞颂。

早在1948年,很多商业观察家就认为甚高频电视将会是一个有利可图的行业;1月的《商业周刊》把1948年称为"电视年",并同时宣称"对于电视广播商来说,盈利的可能性是直接的而且是无限的"。当年晚些时候,《商业周刊》又报道说,"电视人正在赌博——他们认为,一旦政府开始放松政策,电视将会成为盈利巨大的产业。因此,他们正拼力进入电视产业"。战后广播行业持续的高收益也补贴了早期的电视发展,哥伦比亚广播公司和美国国家广播公司都大幅削减了文化类和教育类节目。更重要的是,在电视的"冰冻期"①,据估计75%的电视台都被广播商掌控,它们同样需要削减成本并把盈利模式从旧媒介形式上转移出去。对于美国国家广播公司来说,同样重要的还有美国无线电公司的电视机销售和专利税的收入中的巨大利润。在1948年已经有66家电视机生产厂商,75%的电视机市场份额由美国无线电公司、杜蒙电视网以及菲力克②掌控。1949年电视机制造商的股价狂涨反映了早期电视机的高额利润,美国无线电公司当年的股价就上涨了134%。在1950年春天的一周里,7个最大的电视机制造商的股票交易额,占了整个华尔街交易额的10%。

尽管在20世纪40年代电视节目稳步增加,但也出现了歉收之年。在1947年7月,商业媒介声言,电视网络"在广播商眼里不过是一丝微光",并抱怨说"目前影视公司制作的节目,让人们想起了电影发展过程中的'火车大劫案'(Great Train Robbery)③阶段"。《纽约时报》电视专栏则写道,"细心的零售商提出,播出节目太少,连恰当地展示店铺里的电视机都不够用"。哥伦比亚广播公司在甚高频电视产品和电视网络设施方面故意放慢脚步而导致自身发展缓慢,因而《生活》杂志在1947年底指出"现在我们只有一个重要的电视网络",并抱怨说电视"已经翻出歌舞杂耍最陈旧的成分……(和)广播中最糟糕的部分……只有在偶然的情况下……这种娱乐方式才好像勉强算得上二流水平"。另一位记者在1948年抱怨说很多电视节目"只能让人回想起初中毕业表演"。《财富》杂志在20世纪50年代中期也抱怨"电视节目的胡言乱语使得最糟糕的电影和肥皂剧都好像是阳春白雪"。早在1949年,曾经在1939年至1945年间担任哥

---

① 1948年至1952年被称为美国电视的"冰冻期"。
② 菲力克,又译飞歌,美国老牌收音机公司,1906年在美国佛罗里达州成立,早期的产品是电池和电源等,1927年开始生产收音机,之后一直执美国收音机生产业之牛耳。
③ 《火车大劫案》根据1900年发生在美国的一个真实抢劫事件改编,讲述了强盗抢劫火车上的旅客的钱财并最终被警察追击而受到惩罚的故事。《火车大劫案》在画面内部信息的组织上,在镜头与镜头之间时空交错的切换技巧的表现上,创造性地发展了电影叙事的流畅性和连贯性。影片吸引了许多观众,在商业上取得了巨大的成功,曾占据美国银幕达10年之久,为"西部片"在美国的统治地位打下了基础。

伦比亚广播公司电视总监的著名批评家吉尔伯特·赛尔德斯（Gilbert Seldes）就已经哀叹电视节目质量的衰退。他认为，在早期，少得可怜的受众群体使得节目制作商从照顾最广泛大众的口味的不懈努力中解脱出来，"我们好像第100次在看一个美国艺术产业的传统发展：机制上不可思议的精巧，制作技术上的伟大技巧——还有陈腐、做作、毫无益处、极不自然的平庸的结果"。面对20世纪40年代晚期奇差无比的电视节目，观察家常常对美国人的电视口味产生困惑。

在这种口味的背后还有一个因素，那就是婴儿潮和城市化所带来的巨大的人口统计上的变化。美国无线电公司主席大卫·沙诺夫在1941年写了一篇题为《电视可能带来的社会影响》("Possible Social Effects of Television")的文章，并在文中预言在1945年至1960年间，美国大城市的人口将会逐步流向汽车行驶较为方便的郊区。他认为，电视机与新兴的郊区家庭将会是绝佳的组合，并会像高速公路一样把这些家庭联系在一起。结果正如《商业周刊》在1956年所言，"录像机已经滑入新的社会大变革的中心，而这次的社会变革包括：居民大规模迁移到郊区、新的休闲活动领域的出现、收入的上涨，以及长久以来被战争和经济衰退所压抑的对物品和娱乐的巨大需求"。战后商业电视迅速获得了经济上的优势地位，为那些批评家和政策制定者提供了一个坚不可摧的**既定事实**（fait accompli），同时让商业上的挑战者和改革家望而却步。

## 社会影响

新兴的郊区家庭成为电视节目预料中的阵地，这对媒介的言论自由有着深远的影响。1945年美国国家广播公司的一位执行官说道：

> 电视直接进入了家庭。曾经围绕着广播而采取的使其能够被国内民众接受的那些谨慎措施，都可能会自动成为电视发展的基本要素。更重要的是，视觉印象更倾向于生动和具体，而且相比听觉印象来说，受众不需要有那么多富有想象力的回应来理解它，因而，如果让电视避免触犯众怒，我们要更仔细地监管电视。这就意味着任何形式的粗俗、亵渎、大逆不道，以及任何形式的放荡，都不应该出现在电视上。所有的节目都必须拥有良好的品位，都不能损害他人，都必须公正无欺。

人们抱怨说，从纽约起源的电视节目中出现了滑稽表演、女演员的领口，还有悬疑、恐怖的思想，这些对广大内陆观众来说是十分不宜的。于是，电视业迅速制定了全行业节目审查制度。在天主教团体压力的推动下，联邦通信委员会的委员、国会调查员以及国内的电视公司在1951年颁布了以好莱坞的《电影法规》（Production Code）为模板的《电视法规》（Television Code）。

## 电视界面临的政治压力

  与好莱坞现代事件相呼应的是反共右翼的成功运作,即对20世纪50年代电视的人员结构和节目内容的重组。在1950年出版的《红色频道:共产主义对广播电视的影响的调查报告》(*Red Channels*: *The Report on the Communist Influence in Radio and Television*)中,大部分内容都在谈论一个名单,其中有150人被认作与左派有关联的演员和电视人,这导致了在以后的十年中电视行业里普遍的政治黑名单行为。就在那一年,让·缪尔(Jean Muir)①被迫从通用食品(General Food)赞助的情景喜剧《奥尔德里奇一家》中退出。1951年,著名剧作家艾尔默·莱斯(Elmer Rice)②因反抗黑名单而辞职;1952年,尽管当时的流行情景喜剧《金山》(*The Goldbergs*)的主演莫利·歌德伯格(Molly Goldberg)极力维护,但菲利普·李奥博(Philip Loeb)③还是被逐出剧组。1951年,《生活》杂志惋惜地说,反共的举措"给一个正常的、阳光下的职业蒙上了恐惧的阴影",但它还是赞同公开操作黑名单。《生活》杂志高调表扬了那些自封为电视网审查者的护法人,认为"在拒绝宣布共产主义不合法的过程中……国会实际上把反共产主义的责任转嫁给了美国人民。这是一项艰巨而谨慎的任务,在其中拥有斗争力量的任何个体——电视赞助商拥有更强大的力量——都必须自主开展斗争"。反共产主义的极右分子在20世纪50年代早期一直保持高调,马丁·伯克利(Martin Berkeley)在1953年写了一篇题为《你家中的红潮》("Reds in Your Living Room")的文章,警示大众说共产主义在被"非美活动调查委员会"(House UnAmerican Activities Committee)④粉碎于好莱坞以后,转而制订了精细的计划以控制美国的无线电波。伯克利警告读者说,如果这个计划成功的话,"共产党——通过其秘密成员、追随者、受其欺骗者以及对其同情者——将会控制通过无线电波传出去的每一个单词"。1954年春,另一保守派作者也发出警告说,电视的说服力量吸引了那些"欲变革世界者"和"激进者"的注意。但文章对两件事情很满意:一是右翼电视评论员的勇敢行为及其个性,二是某电视赞助商近期开除了一个评论员,此人曾挑战约瑟夫·麦卡锡(Joseph McCarthy)议员的权威。独立的电视厂商及纽约的广告商跟在电视界后面,紧密配合那些自封的反共产主义领导者,这对电视节目内容产生了广泛而持久的影响。

---

  ①  让·缪尔(1911—1996),美国女演员。
  ②  艾尔默·莱斯,美国著名剧作家,美国联邦戏剧项目(the New York Office of the Federal Theatre Project)的第一任主任。
  ③  菲利普·李奥博,美国著名剧作家,1955年9月1日为抗议麦卡锡主义下的黑名单运动而自杀。
  ④  麦卡锡时任此委员会主席。当时他大肆渲染共产党侵入政府和舆论界,推动成立"非美活动调查委员会",在文艺界和政府部门煽动人们互相揭发,许多著名人士受到迫害和怀疑,如演员查理·卓别林和原子弹之父罗伯特·奥本海默等都受到迫害,被指控向苏联透露机密和为苏联充当间谍。

因此,在早期的电视产业里,产业的繁荣与意识形态上的保守主义共同成长。而巨大的经济利益确立并维护了美国电视节目持久不衰的美学特点。例如,很多当代评论家认为,美国电视节目反映了电视这种媒介对于声音的依赖。1948年,一个广告公司的执行官对此深有感触:"我想在电视上播出商业广告之时,广告词应一直跟着电视机主,即使在机主站起身或走出去上厕所时也应如此。"持有同样观点的人还有哥伦比亚广播公司总裁弗兰克·斯坦顿(Frank Stanton),他的话更有意思。1951年,他站在彩色电视一边,认为"人的意识摄取一个黑白的图像,将其转入大脑中的'暗室'并在高级意识的层面上打印出来,而后图像才与眼睛在自然界看到的真彩图片一样。而彩色电视机能够完全消除这其中的间隔。因此,电视大大提升了传输速度与清晰度。每一个图像、每一个场景都能给人更深的印象,提供更多的信息。我们由此可以判断,对商业电视感兴趣的有钱人,十分热切地想把握并效仿那些对他们早期的电视战略发展目标有益的美学诉求"。

很多美国早期的电视评论家,都试图从电视这种戏剧性的媒介的技术限制和接收条件出发推断其美学特点。观察家常常惋惜,在人才和资源方面,电视只能跟在广播、电影和戏剧的后面捡漏。他们特别提到,在电视最受欢迎的1948年至1953年间,轻歌舞剧以各种不同的喜剧形式再次流行起来。《纽约时报》对早期紧抓传统戏剧剧目舞台中心效果的做法颇有微词,认为这样做"就像看了一系列风景明信片,对剧情的平滑发展和连续性造成了严重的损害"。大多数评论家都倾向于赞同在电视上上演原创剧目。早期的电视剧制作人面临着财务方面的限制(剧作家只能从原创电视剧本中拿到25美元至200美元)和与产品相关的限制,这样的制约因素经常被评论家们理解为电视艺术的基本要素。某制片主任在1947年建议那些想要成为剧作家的人考虑以下局限性:狭窄的演播室、很少的预算、很小的电视屏幕,以及"要围绕起居室、厨房、办公室、教室等展开描写",不要超过三四个角色,并且极力主张电视导演们尽量通过特写来传达特定的行为。

由于电视的接收是在起居室内完成的,很多电视评论家据此推断出电视这种媒介的本质主义美学特色。吉尔伯特·赛尔德斯在1950年写道:"电视中的表演风格由接收条件决定。在普通美国人的起居室里,不可能有空间让那些华丽的手势、过度流露的感情,以及夸张的声音、面部表情或者动作去自由发挥。"赛尔德斯还认为,电视"和广播或是电影相比,拥有更完善的传输和转换丰满的人物角色的能力。这就是电视特殊力量的源泉;必须加以开发利用以获得彻底的成功"。他发现,"存在于当前世界的意义"将成为电视的根本特征。在此基础之上,"一个出色的电视导演的整体风格、运动的韵律、特写镜头出现的频率、面部表情的强度,以及声音展示的层次都会得以凸显;赞助商也会据此制作其广告"。

尽管甚高频频段的限制条件引起了电视产业的不正当竞争,商业电视还是发展起来了。在1948年秋至1952年春之间,联邦通信委员会停止发放设立电视台的许可证,但是在禁止期末,开播的电视台已经增加到108家,很多家都是日进斗金。到20

世纪50年代中期,电视网的商业结构已经成型,并将在以后的几十年里保持不变。各电视公司不约而同地利用其从甚高频许可证的稀缺性中获取的利润和兑现能力,形成全国广告的卖方市场和黄金时间节目的买方市场。面对日益增加的节目时长和节目开销,电视广告商不再仅仅赞助节目,而是采取了多种形式的赞助合作,把节目许可转让给电视公司,但同时仍列出非正式或者特定的禁止名单,包括主题、角色、情节以及脚本语言,以保留对于节目内容的审查和控制。同时,电视公司对于黄金时段节目的控制,使得节目独立制作人只能依赖三家电视网的市场,并允许各大电视网要求其节目的所有权和辛迪加权利以换取电视节目档期。

这种拍摄节目的财务模式,早在1950年就已经成型了。而且这样的模式在后来还占领了电视网的黄金时间,也占据了国际节目市场。当时,电视网与若干独立制作公司达成了一系列协议,在1952年又与哥伦比亚电影公司(Columbia Picture)下属的荧屏精华(Screen Gems)电视电影公司合作,达成了一个好莱坞影视公司早期的主要协议。这种财务模式的特色就在于它涵盖了电视网的某些权力,即把当时流行的每季39集的剧目进行二次播出。通常情况下,电视网的转让费会少于整个节目的制作成本。为了弥补这个赤字,制作公司往往期望把这些剧集再卖给国内或者国外的辛迪加市场。1952年,每集30分钟的系列剧《我爱露西》和《法网》(Dragnet)大获成功。这鼓励了其他制作公司进入电视电影市场。同时,在20世纪50年代,美国和其他国家网络二次播映的辛迪加收益日益增长,这导致的后果是:到1957年,在黄金时段,直播剧几乎消失在人们的视野中。同时,在20世纪50年代间一直上涨的节目转让费也吸引了好莱坞的大制作公司进入电视电影市场,基本上确定了直至今日仍在美国电视界通用的节目制作商和电视网之间的产业关系。

在这些节目制作的变幻中,电视网采纳了早期电视批评家的论断,即电视具有对戏剧性或者非排练事件的直播能力,这种能力决定了它独特的本质和任务——这成为电视网掌控黄金时段节目的基础。很明显,只有电视网能够为散布各处的电视台提供相互连接的直播服务,因此,电视网要保卫电视的这种直播的本质,以防范那些如哥伦比亚广播公司总裁弗兰克·斯坦顿在1956年哥伦比亚广播公司附属公司大会上所提到的"将会摧毁电视直播命脉和魔力"的因素。具有讽刺意味的是,电视网对直播电视钟爱无比的时候,恰恰也是三大电视网为了追求辛迪加收益的迅速增长,坚决地进入黄金时段电影节目制作的时候。而这种辛迪加收益的增长是不可能通过直播节目实现的。

到了20世纪50年代中期,围绕着冷战和民族主义的主题展开的对于电视美学任务的忠心保卫,对损害电视网力量的严正警告,成为一种常态。在1956年,哥伦比亚广播公司总裁弗兰克·斯坦顿对某组织说,洲际核导弹时代("有可能是我们历史上最危险的年代")要求文明能够通过具备神圣力量的电视网络系统进行同步动员。他认为,"现在我们有如神助,能够——在这个重要的历史时刻——极为迅速地同步触及几乎每个美国家庭"。就在这一年,斯坦顿对国会的一个委员会说,现在是美国民族的统一性最巩固的时刻:"试图削弱或者摧毁电视网这种同步国内互联的特性,将会造成巨大的倒退,这将使得合众国更像欧洲而不像美国。实际上,这种做法将引导美国走向巴尔干化①,即分裂。"在谈到从政治上把电视频段的商业使用合法化的时候,斯坦顿在1956年对国会的另一个委员会说,"电视网的合法性与选举出来的政府官员的合法性是一样的——都是民选和民有的"。正如当代传媒经济学家所言,对于美国电视网来说,集中的私人经济力量和伪装的大众利益标准的奇特结合,有的时候能够导致对于独占特权的曲解。

美国早期电视业电视网的主权经历了两大挑战,其一来自在好莱坞的广播商经济上的对手,另一挑战来自公共领域里理性的否定者(nay-sayers)和未来的改革者。好莱坞的影视公司既没有忽视电视的存在,也没有限制电视探索宽荧幕(Cinema-Scope)、三维电影(3-D movies)以及其他方面的革新噱头,这与以后发生的一些历史性事件正好相反。例如,派拉蒙这样一个大影视公司对1947年全国首批九个电视台中的四个都有股权,同时派拉蒙还拥有电视专利权股份和杜蒙电视网的股份。然而,围绕着发行方式和电影院的所有权,派拉蒙和其他几个大影视公司与美国司法部发生了争论,在劣势下坚持了十年最终败北。这些大影视公司还面临着战后与电视无关的院线票房的锐减、战后国外市场的分崩离析,以及对电视业产生了毁灭性影响的政治黑名单运动。各大影视公司试图在电视台所有权和电视网运营方面形成强势影响,但这种努力被联邦通信委员会非善意的举动挫败了。他们也曾经试图开发电视广播的替代方式,即在影院里用大屏幕电视播放节目,但这样的努力也没有成功,因为联邦通信委员会拒绝分配广播频段,也不同意进行同轴电缆速率规定上的改革,而且公众对此反应冷漠,装修影院也将会是一大笔开支。尽管在1948年至1951年间好莱坞数次雄心勃勃地发表声明,要规划影院电视,但全国范围内只有不到100家影院安装了电视,而且影院电视也逐渐萎缩,成为职业拳击赛和商业会议上的特定设备。

---

① 指的是某一地区分裂为数个通常相互敌对的小团体的情况。

# 第 30 章 新 语 言

埃德蒙德·卡彭特(Edmund Carpenter)

埃德蒙德·卡彭特是一位人类学家,其研究针对媒介对于原始社会和现代社会的影响,非常广泛且生动。1953 年至 1959 年间,他与马歇尔·麦克卢汉合作了《探索》(*Explorations*)项目及其相关论文的撰写。该项目是一个跨学科的大型论坛,集中研究人类交流的问题。

> 新世界的大脑,你的任务是什么?
> 是规划现代
> ……是重铸诗歌、教堂、艺术
> ——惠特曼

英语本身就是一种大众传媒。所有的语言都是大众传媒。新的媒介,如电影、广播、电视等,都是新的语言,只不过它们的语法尚待明确。每一种语言对现实的阐释都不尽相同;每一种语言中都隐藏着独特的抽象的文字。语言学家告诉我们,如果使用足够多的词语和形象,我们就可以用任何语言描绘任何事情,但是我们没有时间这样做;对于某一个文化来说,很自然的做法是去充分利用其媒介偏向。

对于其他新兴语言来说情况也是如此。广播和电视都仅提供彼此毫无关联的短节目,节目中间和节目之间还会被商业广告干扰。我之所以说"干扰"是因为我是个老古董,仍然喜欢书本文化。然而我的孩子们却不认为商业广告是一种干扰,即打断了电视节目的连续性。相反,他们认为商业广告是整个电视节目的一部分,而且对于广告,他们的反应既不是厌恶,也不是冷漠。理想的新闻广播应该涉及 6 个来自世界各个角落的播音员,播报尽可能多的事件。伦敦的通讯员不会评论华盛顿通讯员的报道;他甚至从没有听说过这个华盛顿的通讯员。

不把商业广告看作干扰,在这一点上孩子们是正确的。电视上的每个人都在微笑,这种情形只会出现在广告中。相形之下,除却广告以外,在新闻播报和肥皂剧中,我们的生活就变得非常可怕,好像只有购买了某种产品,我们才能渡过生命中的难关:然后你才会微笑。伊索寓言表达得再清楚不过了。天堂和地狱是永恒的话题:地狱是头条,而天堂存在于广告之中。没有了任何一方,二者都会失去意义。

在新的语言中,电视与戏剧和宗教仪式最为接近。电视综合了音乐与艺术、语言与手势、修辞与色彩。它更倾向于声音和视觉形象的同步性。镜头对准的不是讲话人,而是听者或者被谈论者;受众听到的是原告,而看到的是被告。在简单的印象中,人们听到的是检察官的声音,看到的是坏蛋颤抖的双手,并读懂了托比议员(Senator Tobey)①脸上充满道德感的愤怒。这才是真正的进行中的戏剧,结局仍是一团迷雾。印刷媒介无法做到这样,因为它并非偏重于此。

书本和电影仅仅是仿制生活中的不确定性,而现场直播的电视却保留了这个重要特色。在电视上,我们可以看到,1952年民主党大会上的吵闹将会迅速升级成争战;而从报纸上看,那仅仅是个历史事件,看不到任何的发展趋势。

对于其他媒介来说,由于它们的偏向不同,如果使用得当的话,不确定性的缺乏并不能被称为缺陷。因此,从一开始,哈姆雷特的命运就很明确了——他注定要倒霉。然而,这远没有把读者的兴趣引开,相反,这样的设计增强了剧本的悲剧感。

西方文化自文艺复兴以后所发展出来的时间—空间双重理论,其作用之一就是在艺术内创造了分界线。音乐与绘画成了不同的艺术,因为前者的符号在时间的范围内,而后者的符号在空间的范围内。在一方面有专长的人,很少会在另一方面下功夫。舞蹈和宗教仪式把二者有机地综合在一起,却不再那么受欢迎。只有在戏剧中,音乐和绘画才结合在一起。

需要注意的是,上文提到的四种新媒介——书、广播、电视、电影——出现得比较晚的后三种都是戏剧性的媒介,尤其是电视,它综合了语言、音乐、艺术和舞蹈。然而,这四种媒介,都没有像舞台那样,可以不受时间限制,自由地排练。错综复杂的情节,无数的闪回,不同的时间视角的互相重叠,这些东西在舞台上一目了然,但在屏幕上就会显得很神秘。受众没有时间去回想,去在早期的暗示和后面出现的情节之间建立联系。图像在眼前飞快掠过,受众没有时间记住已经发生的事情,并把其与将要发生的事情联系在一起。而观察者更是处于一种被动的状态,他们不大关心字幕。电视和电影都是更偏向于描述的,更大程度上依赖间断的段落。在电影中,我们可以构建一个复杂的时间关系,但是在现实中我们做不到。《理查三世》(Richard Ⅲ)中的独白是属于舞台的;对于电影观众来说这种独白就显得很突兀。在舞台上,奥菲利亚的死亡是通过三个独立的群体表现的;观众在听到台词的同时也看到了舞台上的动作。而电影上,镜头只是在平面上显示她溺死在"垂柳斜倚的一条小溪"里。

这些媒介的不同之处告诉我们,这不仅仅是用不同的方式传达单一想法的问题,而是一条给定的信息或见解主要属于一种媒介,尽管这种所属不具备排他性;同时,只有通过这种媒介,我们才能够以最佳的方式获取和交流这条信息或见解。

每一种媒介都会选择自己的信息。电视是一个小盒子,盒子里挤满了活生生的人;电影则给了我们一个广阔的世界。电影的巨大屏幕使得它能够完美地反映社会悲

---

① 《伪装者》(The Pretender)(1996年上映)中的角色。这部系列电视剧讲述了1963年,一个名为"中心"的社团隔离了一个伪装者,即一个名叫杰瑞的小男孩,并利用他的大脑进行研究。后来,这个伪装者逃走了,并与邪恶势力进行了形形色色的斗争。

喜剧、内战全景、大海、陆地侵蚀以及塞西尔·戴米尔(Cecil B. DeMille)①的壮观场面。与此形成对照的是,电视屏幕在只有两张,至多是三张脸的时候看起来才舒适。电视更接近于舞台,但是与舞台不同。帕蒂·查耶夫斯基(Paddy Chayefsky)认为：

> 剧院的观众距离戏剧的真正动作相当远。他们无法看到演员静默的反应。舞台上的声音要很大,这样他们才知道上演的是什么。情节从一幕到另一幕必须有标记,而不能像电视上那样逐渐地隐去。在电视上,你可以探索其中最谦卑、最平凡的各种关系;探索布尔乔亚式的孩子和他们母亲之间的关系,中产阶级丈夫和妻子的关系,白领父亲和秘书的关系——简而言之,各色各样的人际关系。我们彼此通过不可思议的复杂的关系相联结。一个男人为何结婚,这比他为何谋杀某人具有更令人兴奋的戏剧因素。工作上不顺心的男人,思念情人的妻子,想上电视的女孩子,你的父亲、母亲、姐妹、兄弟、亲戚朋友——所有这一切,都比伊阿古(Iago)②更适合成为戏剧的主题。是什么让一个男人雄心勃勃? 为什么一个女孩总是要抢她亲姐姐的男朋友? 为什么你的叔叔每年都忠实地参加同学聚会? 为什么去看自己的父亲总是感到沮丧? 这些都是优质电视剧的素材。你越深入地去探索这些扭曲的、非完整的情感纠结,你的剧本就越会变得令人兴奋。

视觉中的人的手势,并不传达言语可以表示的概念,而是传递内心的经历和非理性情感,因为通过言语表达了所有能够表达的东西以后,这样的经历与情感仍然可能没有被传递出来。有一些情感隐藏在最深层,仅仅能够反映概念的语言根本无法触及,就像理性的概念无法表达音乐体验一样。面部表情是一种人类的体验,产生后立刻就可以看到,不需要言语作为中介。这就是屠格涅夫(Turgenev)所说的"人类面部活生生的真相"。

印刷术的出现,使人们的面目变模糊了。我们可以从纸上看到太多的东西,以至于用面部表情传递信息的方法已经处于闲置状态。平面媒介开始成为主要的沟通桥梁,通过这座桥梁,更远距离的人与人之间的精神交换得以实现,而更为隐秘和内在的精神交换却消亡了。身体提供给我们的更为细微的各种表达方式不再有用。我们的面部变得僵化;我们的内心世界也静止下来。打个比方说,干涸的井正是那些不再能挖出水的井。

正如广播帮助人们回忆起演讲中的变化一样,电影和电视也帮助我们重新认识对于手势和面部表情的感知——这是一种词汇丰富、色彩浓厚的语言,传达了我们的情感和情绪、发生的事件、事件的主人公,甚至我们的想法。词语无法把这一切恰当地结合在一起。如果无声电影能够再保持十年,这种语言上的变化可能会快得多。

---

① 塞西尔·戴米尔,影片《十诫》的导演。
② 伊阿古,《奥赛罗》中的人物角色。

通过一种媒介来为另一种媒介提供内容,这种方式会创造出新的产品。好莱坞在购买一本小说的时候,只买标题和名气,其他的不要,也不应该要。

《叛舰凯恩号》(The Caine Mutiny)的四个版本——书、话剧、电影、电视剧——主角各不相同:分别是威利·基思(Willie Keith)、律师格林沃尔德(Greenwald)、美国海军和奎格船长(Captain Queeg)。媒介和受众的偏重都很明显。因而,在书里,大篇幅的细节用来讲述美国海军少尉威廉·基思(William Keith)的性格和成长经历,而电影镜头则华丽地展示了战舰和大海,无意之中把美国海军当作了主角,这种偏重的缘起在于一个事实:美国海军与制片方的合作。由于舞台的限制,话剧除了在最后一幕以外,更多地注重法庭的情景,把辩护律师当作主角。电视剧瞄准了广大观众,强调爱国主义、权威以及忠诚。更重要的是,电视剧只有主要的几个演员,剧情也只为爱国主义、权威以及忠诚的原则服务。真正的道德上的难题很清晰——拒绝服从一个不称职的、不受欢迎的上司,但这个难题在书中被大量的细节淹没了,在电影中被景色遮盖了。在纽约上演的话剧中,由于卡维提钻探公司(Cavity Drill Company)的西部销售经理桑普森(Sampson)为观众购买了电影票,这部戏变成了一个道德剧,剧中,威利·基思这个无辜的美国年轻人在两种影响之间备受折磨;作家基弗聪明却在道德方面不够完美;同样聪明的律师格林沃尔德却有很大的依赖性,是一个为商人服务的知识分子。最后,格林沃尔德拯救了威利的灵魂。

这就是为什么保留书的文化与发展电视同样重要。这也是为什么创造新的语言而不是摧毁原有的语言更令人兴奋。被摧毁的只有独白。在电视节目《挑战64000美元》中,当星探爱德华·罗宾逊(Edward G. Robinson)与星探文森特·普莱斯(Vincent Price)就艺术展开论战时,罗宾逊被问及这种智力问答如何影响了他的生活,他很莽撞地回答:"我现在不是去观赏,而是不得不去阅读艺术作品中的图画了。"

印刷品与其他原有的语言(包括演讲)一样,从新媒介的发展中获益匪浅。福斯特(E. M. Forster)这样说道:"对于各种各样的艺术形式来说,它们发展得越好,在被界定的时候就越依赖彼此。我们首先从绘画中借用词汇,叫作风格;然后从音乐中借用词汇,叫作旋律。"

新媒介的出现通常把旧媒介从创造的努力中解脱出来。这样,旧媒介就不必再为权力和利益服务了。伊莱亚·卡赞(Elia Kazan)在谈到美国的话剧时说:

> 用1900年至1920年这20年作例子。在此期间,话剧在全国范围内繁荣起来。当时没有竞争。票房也大幅上升。为此繁荣而付出的最初的代价是《西部女孩》(Girl of the Golden West)。这部话剧向当时的文化屈服,成了一部过时的莎士比亚作品……后来出现了电影。这样的话,话剧要么改善自我,要么就走下坡路。结果是话剧得到了改善。话剧的改善幅度非常大,而且非常迅速。在1920年至1930年间,话剧焕然一新。或许尤金·奥尼尔(Eugene O'Neill)在那个时候登上历史舞台是一个偶然——

但是，在那个竞争还不激烈的时代，话剧给了他空间，这绝不是偶然。原有的话剧形式被割裂，被挤压，结果，奥尼尔的实验作品，他的闻所未闻的主题，他的激情，他的力量，都有了发挥的空间。他有了充足的成长空间。他之后的那些才华横溢的人从此有了自由。

然而，新的语言总是不受原有语言的欢迎。传统上对口头表达的喜爱使得书写不受信任，手稿文化也不喜欢印刷品，传统书本文化痛恨各种平面媒介——19世纪一位学者把平面媒介称为"地狱般的激情的垃圾堆"。一位父亲反对一份波士顿的报纸刊登关于犯罪和各种丑闻的报道，他说宁愿自己的孩子们"待在坟墓里以保持真正的纯洁，也不要从这些如此肆无忌惮的报道中获得任何乐趣"。

对那些钟爱书本的人来说，真正让他们气愤的不是报纸的耸人听闻，而是报纸的非线性形式，即对于体验的误读。保守学者的座右铭因而变成了：坚守底线！

新的语言让我们能够以孩子般全新的锐利的眼光看问题，它给我们带来了纯粹的发现的乐趣。最近有人告诉了我一个关于波兰夫妇的故事。这对夫妇虽然在多伦多定居已久，但他们仍然保留着祖国的很多习惯。他们的儿子曾经想让爸爸买一件裁剪合时的衣服，或让妈妈尝试加拿大人的生活方式，但都没有成功。然后，他给父母买了一台电视。几个月后，他就发现家里发生了巨大的变化。一天晚上，他妈妈发表评论说"伊迪思·皮亚弗（Edith Piaf）[①]是百老汇最新出现的人物"，而且他爸爸穿上了"电视上商界人士常穿的西装"。在过去的很多年，他爸爸无数次经过的商店橱窗里陈列着同样的西装，也看过现实生活里的男人穿同样的西装，但是，直到他在电视里看到这样的西装，他才会购买。这个例子对所有的媒介都适用：每一种媒介对现实做出了独特的展示。这种展示在刚刚出现的时候，有着一种新鲜感和明晰感，而这种新鲜和明晰又有着强大的说服力和吸引力。

对于电视来说情况尤其如此。我们通常不说"我们有一部无线电产品"而说"我们有一台电视"——好像有什么事情发生。不是"你喜欢触摸的皮肤"，而是"喜欢触摸你的尼龙"。我们不看电视，电视在看我们：电视引导我们。杂志和报纸不再传递"信息"，而是给我们提供看事情的方法。它们太轻易地背弃了现实性。生活完全是形形色色的广告：生活的文章把情感和思想打包出售，正如付费广告销售商品一样。

几年以前，我们一群人在多伦多大学做了如下实验。把136名学生按照他们上一学年的成绩平均分成四个小组，分别去做如下事情：（1）在电视演播室听和看一个讲座；（2）在电视屏幕上听和看这个讲座；（3）在广播中听这个讲座；（4）阅读这个讲座的稿子。这样，在哥伦比亚广播公司电视台的四个演播室就有四个经过设计的小组，小组成员同时接收同一个讲座的信息，讲座结束后立刻作答同一张试卷以展现他们对于内容的理解和记忆。然后再用三个组重复这个实验。这一次是：（1）在课堂上做这个讲座；（2）在一个小剧场用幻灯机把讲座模拟成电影的形式；（3）阅读讲稿。这个

---

[①] 伊迪思·皮亚弗，法国传奇女歌手，1915年12月19日出生于巴黎。

实验的机制相对比较简单，但是为这个讲座写讲稿是一个难题，这也使得我们要考虑这种很有戏剧性的实验形式中的资源和局限。

实验结果立刻通过各种方式证明了参与者对于每一种媒介的倾向——赞同或者反对，而讲稿是怎么写的、表演是如何设计的等，这些因素所起的作用不大。实验没有找到不包含媒介偏重的证据。对于这几个媒介来说，唯一的相同元素就是演示是同步的。不同的传播方式对现实的编纂程度不相同，令人吃惊的是，它们所传递的信息也受到了影响。一种媒介不仅仅是传递一封信的信封，其本身就是信息的重要组成部分。因而，我们决定不再对某一种媒介穷根究底，而是努力为所有这些元素描绘出一个中间路线。

最终设计成型的讲座从语言学的角度出发，对现实做出解读并探讨语法系统之中隐藏的纯抽象概念。之所以这样设计，是因为很少有学生学过这方面的知识；更重要的是，这样的设计给了学生使用手势的机会。讲座自始至终都有镜头在四处移动，在需要的时候还有特写。其他的视觉辅助手段都没有使用，讲座进行中也没有对全体受众进行拍摄。实际上，在27分钟的讲座中，所有的镜头都只对准了演讲者。

我们发现，在课堂上和在电视上做讲座，第一个不同是后者更为简洁。如果不是理想状态，至少是在实践中，课堂上的讲座比较慢。课堂上的讲座，是节奏缓慢、重复较多的。课堂让演讲者有了更大的发挥空间，并容许其谈一些相关的话题。然而，电视却直奔主题，只预留了完成一个话题的时间，很少有时间去谈什么限定性的条件或者其他补充性的说明。（在这27分钟的讲座里，我们放入的内容需要两个小时的课堂授课来完成。）典型的电视演讲者直接说出观点，然后通过不同的方式阐明这个观点的几个不同方面。但是，课堂上的演讲者却没有这么细致，他不断地重复同一个要点，或许是希望所有的学生都能听懂，也或许他本人就不是那么聪明，这让那些好学生非常恼火。教师一直以来都拥有可控的受众，因此他们之中很少有人会通过新媒介去吸引学生的注意。

我们发现的另一个不同点是从印刷媒介开始的每一种媒介的抽象化功能。哈佛大学法学教授埃德蒙德·摩根（Edmund M. Morgan）这样写道：

> 一个人独自从阅读任何材料中获得的见解都有可能是错误的，因为印刷品无法制造或者传递口头语言所制造的印象或传递出来的想法。书记员先听到了对某人的指控，然后把这些指控读给陪审团听。他很吃惊地发现，在口述中表达出来的强烈倾向，在印刷品中变成了得体的、公正的陈述。他看见过，被初审法官口头宣布为最糟糕的伪证的一个证人的证词，在上诉法庭却被严肃地宣读出来，变得非常清楚，十分可信。

印刷品和广播的选择性到此应该解释得比较明白了。但是，我们还对电视的选择性不甚明了，部分原因在于电影的速记表达法让我们已经适应了电视。巴拉斯（Balázs）这样说过：

一个男人匆匆赶往火车站去送别他的爱人。我们在站台上看见了他。我们看不到火车,但是这个男人搜寻的眼神告诉我们,他的爱人已经坐在车厢里。我们只能够看到男人脸部的特写。我们看到他的脸抽搐了一下,好像吃了一惊。然后,在他脸上看到一条条的灯光和影子。灯光和影子越来越快地划过屏幕。男人的眼里充满了泪水,这一幕到此结束。我们应该知道发生了什么,而且今天我们确实知道了。但在柏林第一次看到这部电影的时候,我对这一幕并不理解。然而,很快,每个人都知道屏幕上发生了什么:火车开动了,车厢里的灯光投射在男人的脸上,开动得越来越快的火车造成了那种效果。

看电视与在电影院一样,只有屏幕是亮的,在屏幕上只展示有直接关系的要点,其他的都抛弃了。这种明确的态度使得电视不仅具备了私人性,而且具有强迫性。这也是为什么电视演播室的导演都是通过地面监视器来看演出,而不是亲自去看真正的演出。

为广播准备的脚本,对于电视来说太长了。电视提供的视觉辅助及其所用的手势不仅代替了某些单词,而且要求一种特殊的脚本。完美的广播强调故事的起伏变化和音调的变幻,以补充视觉效果缺失的不足。"路边采访"中那些平淡的、断断续续的谈话,往往是没有受过广播传播培训的人做出的。

这个实验的结果表明,在媒介偏重方面,电视胜出了,其次是课堂讲座、电影、广播,最后是印刷品。8个月后,我们用这批学生又做了同样的实验。结果仍然证明,接触不同媒介的小组显示出大不相同的偏重倾向,这些区别和第一次的实验基本完全一致。在演播室的那一组得出的结果与其他组不同,从最后一位升到了第二位。这是因为讲座的条件十分混乱。两年以后,我们又重复了这个实验并对实验作了很大改进,参加实验的学生都来自莱尔森学院(Ryerson Institute)。马歇尔·麦克卢汉在报告中总结道:

> 在以前的实验中,我们努力使每一种媒介尽可能地中性化,而在这次重复的实验中,我们努力使每一种媒介在主题方面都尽可能发挥作用。每一次实验中使用的油印机仍保持不变。本次实验中,我们增加了一个印刷品的形式,在这种形式里使用了比较有想象力的排版方式。讲座者使用了黑板并允许学生进行讨论。广播和电视也采用了戏剧效果、声音效果和图形效果。在实验中,广播轻易地胜过了电视。然而,正如在第一次实验中一样,相对于讲座和书面形式,广播和电视都显示出了决定性的优势。作为思想和信息的传播者,电视的作用在第二个实验中很明显地被其戏剧效果削弱了,而广播却得益于这种效果的渲染。莱曼·布莱森(Lyman Bryson)写过"技术即是明确直白"。那么,广播和电视是否比讲座和书面形式更直白呢?在这个实验中,是否某一媒介胜过其他媒介的原因在于它更为直白?

第一个实验结果的宣布引起了广泛的兴趣。广告商们在宣扬这个结果的同时,还评论说这科学地证明了电视的优越性。这不是一件好事,而且没有抓住主要的观点,因为实验的结果根本就没有证明某种媒介相对于其他媒介的优越性,而仅仅是引导大家去注意各种媒介的不同点。这些媒介的差异非常大,是种类上的差异,而不是程度上的差异。哥伦比亚广播公司的一些官员非常生气,并不是因为电视胜出,而是因为印刷品失利了。

这个问题曾经被误读为民主与大众传媒之间的争战。但是,大众传媒本身就是民主。书籍本身就是第一种机械化的大众媒介。当然,需要我们真正去思考的问题是:书籍通过独白传播知识,它能否在新语言的挑战下生存?答案是否定的。我们还应该思考的问题是:印刷品如何做才能胜过其他媒介?那样做是否值得?

# 第31章　为电视让路

林恩·斯皮格尔（Lynn Spigel）

林恩·斯皮格尔是美国南加州大学影视学院批判研究学系（University of Southern California, Department of Critical Studies, School of Cinema-Television）副教授，撰有若干关于电视研究的作品，包括本文。

尼古拉斯·雷（Nicholas Ray）在1955年执导了一部影片《天生叛逆》（*Rebel without a Cause*），其中有一个非常戏剧化的情节，即家庭成员之间的裂痕无法弥补。这个家庭的儿子吉姆（Jim）是一个十多岁的少年。在一个片段中，他与朋友飙车的时候自己停在了悬崖边，却眼睁睁看着他的朋友掉下悬崖摔死。回到家，他发现父亲在电视机前熟睡，然后他躺在了沙发上。镜头从吉姆的头上摇下对准了沙发，然后切换到他脾气暴躁的母亲身上，她正在楼梯井的顶端。然后，镜头慢慢旋转了180度，始终对准她，视觉上好像吉姆在看着她走下旋梯。这个特色鲜明的镜头把我们从电影中虚构的现实里摇醒。然后，镜头里出现了一个电视屏幕，上面是忧郁、蓝色的静电干扰图像。这时，我们又被带入了那个虚幻的现实。镜头一直对着电视机，此时吉姆承认了自己的所作所为。过了好一会儿，吉姆的母亲让他不要去警察局自首。吉姆恳求他那个畏妻如虎的父亲帮他一把。最后，吉姆好像是怀着杀人的意向，扼死了他的父亲。镜头扫过电视机，蓝色的静电干扰图像凸显了家庭不和谐的意义。电视因"信号不好"而成为家庭成员之间沟通缺失的象征物。实际上，在更早出现的情节中，吉姆的父亲承认，在那个决定命运的夜晚，他甚至不知道儿子去了哪里。但他通过外部的权威信息源知道了这场事故，那个权威信息源就是电视新闻。

正如这个经典的情节所展示出来的那样，战后的那些年里，电视机成为家庭关系的中心代表。电视机进入家庭，意味着各家庭成员需要适应这种新通信媒介的存在。而且这种媒介可能会改变各成员间的交流方式。当时的流行媒介上经常发表社会批评家和社会科学家的报告和建议，他们研究的正是电视对家庭关系的影响。各媒介还大力渲染国内人民的生活，从中能够看出，电视如何会——也可能不会——适应美国人生活的状态。最重要的是，如《天生叛逆》中的情节所示，媒介话语是围绕家庭和谐或不睦的主题组织起来的。

事实的确如此。在电视刚刚进入家庭的日子里，人们对电视作用的看法，其核心就是和睦与分裂的矛盾。电视是家庭的，把爸爸、妈妈和孩子聚在一起。同时，电视必须被小心掌控,这样它才能与独立的性别角色和单个家庭成员的社会功能有机地结合在一起。这意味着和睦与分裂并不是简单的二元对立,并不是你死我活,而更像是二者同时共存。电视机把家庭成员聚拢在一个空间,但并未干涉家庭之中原有的社会与性别界限。实际上,在当时风行一时的关于电视及家庭的论述中,争论的焦点就是在这两者之间如何取得平衡。

## 家庭团聚

1954年,《麦格尔》(*McCall's*)杂志创造出了一个词:亲密无间(togetherness)。在一本女性杂志中出现这个单词,意义十分重大。这不仅因为这个词显示了战后那些年里人们对于家庭和睦的重视,还源于这个词对描述家庭主妇之类的论述来说具有典型意义。最初,家庭类杂志在描述家庭生活时,用的都是表现空间意象的语言,诸如远、近、隔离以及结合。事实上,这种对家庭空间的组织,被视为一套科学规律,通过这些规律人们可以掌握和计算家庭成员的关系。人们用空间意象语言谈论的主题范围很广,涵盖了抚养孩子及性别取向。对于家庭内部矛盾的解决,也很强势地被空间化了:如果你感到紧张,那就离家庭生活的中心区域远远的,找一个角落静坐一会儿。如果你的孩子顽皮,让他们去院子里玩儿。如果你的丈夫在办公室待厌烦了,把你的车库变成一个工作间,让他去干活,他会从中找回童年的快乐。最初,人们就是这样以空间元素作为前提来讨论电视的。其中核心的问题是:"你应该把电视放在哪里?"在那个时候,人们经常谈到这个问题。大家把这个问题细化分解,再次细化分解,找到解决方案,然后再次从其他角度展开重新分析这个问题。就在这个过程中,电视机成为杂志上经常描述的家庭环境不可分割的一部分。

从最简单的层次出发,人们通常谈到电视机放在哪一间屋子里合适。1949年,《好家园》(*Better Homes and Gardens*)杂志提出了一个问题:"电视机应该放在哪儿?"然后,杂志给出了几个选项,包括客厅、游戏室,或"可从客厅、餐厅和厨房直接看到的某个'战略点'"[1]。然而,当此之际,在样板间的照片中,电视机并没有成为室内装修的一部分。即使在少数几个样板间中的确出现了电视的影子,但它们不是被放在地下室就是被放在客厅。到了1951年,在杂志上描述的家庭空间里,电视有了更大的活动自由。它可以被放在地下室、客厅、卧室、娱乐室、改装的车库、起居室、音乐室,甚至是特设的"电视室"。同时,人们要考虑的不仅是房间,还要考虑房间内可用作电视区域的确切位置。

随着电视机进入家庭生活的中心,其他传统上与家庭幸福息息相关的家用器具必须给它让出位置。很多杂志都把电视描绘成家庭的新炉灶,通过电视,各家庭成员间的亲情得以重燃。[2]在1951年,《美国家庭》(*American Home*)杂志第一次在其封面上展示了一台电视机的照片。照片中的家庭采用了那种典型的客厅布局,即以壁炉为中心安排家具,很有传统象征意义。但在这幅照片中,电视机被放在了壁炉架上。更为彻底的做法是让电视机完全取代壁炉,因为很多杂志都在向读者讲述电视机如何成为家庭的新宠儿。这种"取代"潮流来势汹汹,到了1951年,《美好家园》(*House Beautiful*)杂志向读者展示了另一个"电视机取代壁炉成为家庭中心的例子,房间内的安排应该围绕电视机而不是壁炉来进行"³。从20世纪50年代开始,每年圣诞前夜一些电视台都会播放烧圣诞木柴(Yule logs)①,或许是这方面最极端的例子了。

更典型的例子是,电视机开始取代钢琴在家庭中的位置。⁴例如,在《美国家庭》杂志中,电视机的出现与钢琴的消失,有着十分密切的联系。在1948年,小型平式钢琴(baby grand piano)占据了典型起居室的主要位置。但慢慢地,在几年以后,钢琴逐渐淡出,成为诸如地下室之类的边缘区域的摆放物件。同时,电视机进入了典型房间的主要生活空间,在这样的房间里,独具风格的电视机柜与室内装修融为一体并增加了装修的亮点。这种新的"娱乐中心"综合了无线广播、电视、留声机的优点,这使得钢琴完全过时了。1953年,《美好家园》在"音乐角"展出一台电视机时,极力鼓动说"应取消钢琴",而当时钢琴已经退缩到地下室了。⁵在同一年,《好家园》发行了一期特刊,名为《音乐与家庭娱乐》("Music and Home Entertainment")。杂志聚焦于无线广播、电视和留声机,并问读者:"你们真的需要一架钢琴吗?"⁶一位女士写信给《电视世界》(*TV World*)专栏作家凯西·诺里斯(Kathi Norris),用极其肯定的语气回答了这个问题:

亲爱的凯西:

自从家里有了电视机以后,我们不得不改换起居室里家具的布局,因此钢琴只能不要了。我需要几幅新画,但买电视机已经花了很多钱,没有钱买画了。因此我想,或许我可以找到愿意用一两幅画换我钢琴的人。⁷

我认为,这位女士与其他和她类似的人一样,开始考虑用电视机来取代家庭生活中传统的固定配件了。⁸

随着各种杂志继续把电视机描述为家庭活动的中心,电视机好像成为家庭空间的一个自然部分。在20世纪40年代早期,在家庭的结构布局中,地面规划中通常就有电视机的位置。后来,越来越多的杂志都把电视机看作日常的、普通的、每一个家庭都想拥有的产品。的确,在很多美国人还不能够接收电视信号的时候,这些杂志就把电视机看作一种家居用品了,而美国人当时还没怎么考虑购买这种昂贵的产品呢。媒介话语在很大程度上并不能反映社会现实;相反,媒介话语领先于社会现实。家庭杂志树立了电视机作为属于家庭空间的家常用品的形象。然而,更令人惊奇的是,在仅仅差不多四年的时间里,电视机就成为美国家庭场景的中心物品,成为优质家庭生活的文化象征。

---

① 圣诞木柴是放在壁炉中燃烧取暖的大块木柴。在英国的民间传说中,通常圣诞老人肩上会扛着这样一根木头。Yule即为圣诞之意。

据说,电视机能让家庭成员彼此靠得更近。这样的表达本身就是一个空间的暗喻,但当时的流行媒介——不仅仅是女性杂志,还有一般性的杂志、男性杂志,以及广播——却在大范围内一再重复这种说法。电视具备了充当团结介质的能力,这使得它与战后人们想回归家庭的价值观十分契合。人们把电视看作家庭纽带,认为其能够把战争期间被迫分离的家庭成员的分崩离析的生活重新组合在一起。这也意味着新的城市郊区家庭单元的强化,这些家庭与其在城里的亲戚或者朋友已经很疏远了。

"家庭活动室"这个词在战后出现,是当时人们非常重视围绕家庭和睦而组织家庭空间的最好例子。这个词最初出现在乔治·尼尔森(George Nelson)和亨利·赖特(Henry Wright)的《未来之屋:建房完全手册》(*Tomorrow's House: A Complete Guide for the Home-Builder*)(1946)中。家庭活动室在战后那段时间里一直封存着一个大家共同的理想。尼尔森和赖特别出心裁地把家庭活动室叫作"无名之屋",并提出这个新的家居空间可用于实现如下社会功能:

> 在互敬互爱的基础上,家庭成员彼此更愿意在一起。无名之屋能够成为这种日益增长的需要的明证吗?它是否通过为生活提供好的设计从而喻示着根植于内心的渴望——重新确认家庭的效力?我们就应该这么认为。如果在上述假设中有真理的存在,我们寻求名字的历程也就结束了——我们就应该叫它"家庭活动室"。[9]

在随后的若干年里,家庭类杂志上提出的家庭凝聚力的概念流行开来。这一概念是生活设计的不可分割的一部分。它也与电视机的角色紧密结合在一起。电视机经常出现在杂志中样板间的家庭活动室里。1950 年,《好家园》杂志把电视与家庭活动室真正融为一体,告诉读者去设计一个双重目的区域,即"家庭电视室"。[10]

但是,如果人们想把家庭成员都聚拢在电视机周围,建造一个新的房间并不是必要的。厨房、起居室和餐厅也可以成为这样的一个空间。真正需要的是弥漫在房间里的一种特别的态度,一种亲密的感觉。照片,尤其是广告中的照片,生动地描绘了家庭圈子的想法:大家围成半圆看电视。

罗兰·马钱特(Roland Marchand)在其关于 20 世纪 20 年代和 30 年代的广告的论述中提到,家庭圈子是一个出色的销售家居产品的形象化战略。广告中的图片总是假定所有家庭成员都在场。而且这样的场景的拍摄,通常都使用软焦点或者加入梦幻般的薄雾效果,这使得家庭单元被浪漫的朦胧所围绕。有的时候艺术家甚至在家庭的周围画出同心圆,或者用弧光唤起主题。按照马钱特的说法,这种家庭圈子的视觉印象是陈词滥调,其来源可以追溯到维多利亚时期的家庭避难所,隐喻家庭是安全而稳定的。广告——马钱特说,虽然父亲在某种程度上仍然是这种生动描述的决定性角色——还假定了家庭生活的民主模式,即所有的成员共同决定消费品的购买。在这种浪漫化的图景里,现代科技产品很容易就被家庭空间吸收了:

> 在这个中空的圆圈里,现代科技产品,包括无线广播和留声机,都找到了

合适的位置。无论现代主义会带来什么样的压力或者谜团,这些图景都喻示着,在家里的家庭成员享有安逸的和谐与安全。在一个忧虑家庭关系和离心的社会力量的年代,这种视觉上的陈腐腔调并不是社会的镜子,相反,它是一种让人心安的形象化传统手法。[11]

与针对广播和留声机的广告大体类似,针对电视的广告大量使用了这种让人感觉到安逸的形象化传统手法——尤其是在战后最初的几年里,当时广告界正处于再次转型时期,把整个国家从战时的压力中引导回现实,即从战时的个人牺牲和家庭剧变引导至基于消费主义和家庭价值观的和平时期的经济建设。通过广告可以看出,电视机将成为催化剂,促使人们回归家庭之爱与亲情的世界——这样的一个世界,一定会大大有别于归来的美国士兵在战场上的切身体验,也大大有别于战后混乱的年代里这些士兵的新家庭对百姓生活的适应过程。

从战场归来的士兵及其妻子经历了社会和文化体验方面的急剧转折。心理类期刊上满篇都是战争中受到惊吓的男人的恐怖故事。在1946年,社会工作者在弗吉尼亚州的医院里对144000个男人进行了心理疏导。这些人中半数患有神经心理疾病。[12] 即使是那些幸运地躲过了战争伤痕的人,在流行的媒介上诸如黑色电影(film noir)①中也成了饱受折磨、滥性的男人。他们的心中充满恐惧,不能和战后生活中美好家庭的理想和官僚作风的现实相融合。1946年的《走出过去》(*Out of the Past*)中备受折磨的男主角就是一个经典的例子。更富有戏剧性的反映社会问题的电影,如《兰闺春怨》(*Come Back Little Sheba*)(1952)、《浪子回头》(*A Hatful of Rain*)(1957),主要呈现了那些情绪不稳定、往往依赖毒品的家庭型男人。更重要的是,这类形象不仅仅出现在当时流行的文学作品中。一些社会学研究,如威廉·怀特(William H. Whyte)的《组织人》(*The Organization Man*)(1956)就描述了令人发冷的景象:白领职员变成了软弱无力的墨守成规的人,因为整个国家都被不知其名不见其面的公司控制。[13] 即使其工作、生活十分紧张,理想的男人仍然应该是家庭的主要经济支柱。而且,如果男人不能够结婚和生育,人们就会怀疑他的"男子气概"。按照泰勒·梅(Tyler May)的说法:"很多现代人都害怕从战场归来的士兵会无法重新成为负责任的家庭型男人。他们担心这种男子气概的危机会导致犯罪、'心理错位'和同性恋。因此,在战后的那些年里,人们对单身男人越来越怀疑,对单身女人也是如此,因为男人在家里和工作中的权威地位受到了威胁。"[14] 在此期间虽然也出现了放荡的单身汉(swinging bachelor)形象——尤其是通过《花花公子》(*Playboy*)杂志的出版——但如果对这个概念理解不清的话,我们可以把这种"浪荡公子"(swinger)的形象看作对强制性异性恋家庭生活方式的极端回应。换句话说,在一个异性恋的世界里,浪荡公子的形象为单身男人指出了一条路:把对当时流行的针对不愿结婚的单身汉的同性恋倾向的怀疑转移开来。[15]

---

① 黑色电影是对好莱坞风格的警匪片、犯罪片的统称。

同时,女人在性别角色的转换和性别认定方面也只有有限的决定权。尽管在战时人们鼓励中产阶级和工人阶级的女性从事传统上的男性的职业,但她们现在被告知,自己应该回归家庭,生孩子,烹制色彩诱人的饭菜。[16] 玛丽尼亚·法南姆(Marynia Farnham)和费迪南德·伦德伯格(Ferdinand Lundberg)在《当代妇女:迷失的性别》(*The Modern Woman: The Lost Sex*)(1947)一书中从职业、心理的角度为家庭妇女的形象进行了定位,他们声称妇女的基本职责是看护者、母亲和性伙伴。在外面有付薪工作的女人会蔑视这种生物秩序并会变得神经质。[17] 一本战后出版的婚姻指南甚至包含"神经质倾向测试",在这个测试里,妇女如果选择展示了她们在工作上获得权威地位的欲望的答案就会丢分。[18] 家庭主妇需要把精力放在家务、养孩子以及与丈夫的积极主动的(一夫一妻制)性生活里。[19] 人们是如何解析并把这些信息应用于生活之中的,令人迷惑不解,但流行媒介中经常出现这样的信息。这的确使得妇女能够为以下行为找到充足的依据:早婚、以孩子为中心、不愿意离婚,以及把高等教育仅仅当作通向婚姻的阶梯。[20]

尽管人们发现这种理想的家庭很诱人,但住房的紧缺,加上对婴儿房间的需求,使得这样的家庭幸福都比较昂贵,通常是无法获得的奢侈品。在一定程度上,也正是因为如此,对已婚妇女加入劳动大军、赚钱以便生活能够达到理想水平这种局面来说,推崇中产阶级家庭生活,好像产生了非计划性、矛盾的效果。尽管战前单身女性占了女工的大多数,但在20世纪50年代已婚女工的数量仍在激增。[21] 事实上,很多女性工作是为了赚钱支付额外的开销,但是调查表明,部分女性发现,家庭之外的工作给了她们一种自我成就感,并且帮助她们进入了家庭生活之外的社会网络。[22] 同时,诸如怀特的《组织人》和大卫·里斯曼(David Reisman)的《孤独的人群》(*The Lonely Crowd*)(1950)等社会学方面的研究指出,家庭主妇开始质疑她们的个人奉献、婚姻关系,以及在偏远郊区的日常生活。尽管战后大多中产阶级女性还没有准备好接受西蒙娜·德·波伏娃(Simone de Beauvoir)的《第二性》(*The Second Sex*)(1949;英文译本 1952)的猛烈冲击,但她们仍然不是"文化傻瓜"(cultural dupe)。事实上,正如女权主义历史学家依莲·泰勒·梅(Elaine Tyler May)和罗塞尔·盖特林(Rochelle Gatlin)的作品所言,战后妇女对于理想家庭中的压抑面采取了协商与理性分析相结合的方式加以应对。

因而,从战时到战后生活的过渡引发了一系列意识形态和社会上的涉及性别和家庭单元构建的矛盾。广告商为公众设计的温暖安逸的家庭形象本来就是为了实现"疗愈"功能,这种功能被罗兰·马钱特和杰克逊·利尔斯(T. J. Jackson Lears)归于广义的广告。对于家庭娱乐和消费繁荣的描述,为战后生活的紧张气氛注入了宽心剂。[23] 通过让中产阶级家庭有机会去购买代表"好生活"的牧场风格小屋和耐用消费品,政府的建筑政策和退伍军人的住房贷款促进了欢乐家庭广告形象的物质化。即便如此,广告形象和家庭本身都是建立在社会巨变和文化冲突的不可靠基础之上的,而文化冲突从来就没有得以完全化解。家庭类的广告就像远离城市的郊区本身一样,只不过是一系列错综复杂的政治、经济和社会问题的临时消费解决方案。

在电视机这个案例中，此类广告几乎总是把电视机作为家庭的中心组件来展示。尽管有的时候广告也应用了柔焦或者雾幻效果，但清晰的画面和优质的信号能够更好地阐述产品的属性，因而清晰对焦与高对比度已经成为生产商的必要选择。这种以产品为中心的宗旨不仅揭示了电视机的家庭属性，而且暗示了它的使用方式：广告告诉我们，电视机是让家庭受众来观看的。

1951年克罗斯利（Crosley）公司的"家庭影院电视"的广告就是一个明显的例子。这个广告与同类广告具有相同的特色，广告详细描述了电视机的技术质量，而且附加的说明给现代技术赋予了家庭意义。在这个案例中，图片的构成用了"镜像迷宫"（mise-en-abyme）的手法：在页面的中心是一个大幅的电视机屏幕以及架板，还有清晰对焦的正在看电视的一家人。家庭成员分散在房间三面的沙发上，而一个小男孩坐在房间的正中央，并伸出胳膊。所有的眼睛都盯在电视机上，而电视机放在架板中心偏下的位置，事实上读者几乎看不到它。按照这种组合的逻辑，读者欣赏的中心点并不在电视机上，因为它处于画面下方低处的边缘，相反，他们注意的焦点是电视机把家庭成员聚集在其周围的能力。这个广告的镜像迷宫手法表明，克罗斯利的广告慰藉实际上包含了一个家庭的图景，因而许给大众的不仅仅是一台电视机，还有家庭的理想映像，通过电视机这种新的商品让家庭成员团聚在了一起。[24]

即使是那些战后并未能进入中产阶级大熔炉的家庭，也期望通过购买电视机获得家庭的幸福。《埃伯尼》（*Ebony*）杂志常常刊载展示非洲裔美国人在中产阶级起居室里高高兴兴看一晚上电视的广告。很多此类广告与以白人消费者为客户群体的杂志上的广告惊人地相似——虽然广告展示的经常是黑人家庭在看以黑人演员为主体的节目。[25]尽管存在这种形象上的替换，但很明显，这是适应中产阶级市郊生活理想的文化产业所传递出来的信息。通过电视机这种奢侈品，那些居住在同一屋檐下的小家庭将能够展开频繁的私人社会交往。

战后人们普遍期望电视机能够把家庭成员更紧密地聚在一起，正是在这种氛围中，上述广告产生了。在《电视时代》（*The Age of Television*）（1956）一书中，利奥·伯格特（Leo Bogart）对大量的针对电视这种新媒介的受众研究作了总结，发现许多美国人相信，电视将会促进家庭生活的复兴。在总结发现时，伯格特提出，社会科学的调查结果"充分证明，电视所具备的效应，使得人们比从前更愿意待在家里"[26]。在南加利福尼亚做的一个调查中，一个被调查者自豪地声称"家人们现在会一直待在家里看同样的节目。（我们）下午3点钟打开电视机，一直看到晚上10点。我们哪儿也不去"[27]。更有研究表明，人们相信电视能够增进家庭关系。1949年对东部一个城市的调查发现，较早拥有电视的人表现出了"增进家庭团结的意识"[28]。在一个1951年进行的关于亚特兰大家庭的研究中，一个被调查者说"它让我们更团结了"，另一个被调查者表示："它创造了一个更为亲密的家庭圈子。"一些妇女甚至把电视看作解决婚姻问题的良药。一个家庭主妇声称："我的丈夫总是闲不住，但现在他常常放松地待在家里。"另一位妇女说:"我和我丈夫现在关系好多了。我们不会大起争端。这对于结婚十年或更久的夫妻来说真是太好了……在有电视之前,我丈夫通常是进屋就睡觉。现在我们有了在一起的时间了。"[29] 对一些人口聚集的城市郊区,包括长岛(Long Island)的莱维顿(Levittown)、伊利诺伊州(Illinois)的森林公园(Park Forest)等的研究也发现了类似的模式,即妇女们对于电视"带回浪漫"的能力表示了信心。一位妇女甚至说:"在我们没有买电视的时候,我以为我丈夫已经忘记了如何接吻。"[30]

同样具有典型意义的是电视也被看作问题儿童的良药。在20世纪50年代,少年犯罪成为公众讨论的焦点。女性杂志和儿童心理学家如本杰明·斯伯克(Benjamin Spock)为母亲们源源不断地提供建议,以找到防止儿童产生反社会情绪或者情感受到伤害的方法。斯伯克博士所著的《婴儿与儿童保育》(*Baby and Childcare*)到1951年为止已经卖出了100万册。不仅育儿作品大受欢迎,政府也对以精神受到干扰的年轻人为主题的作品显示了浓厚的兴趣。政府开始使用一些机构来监控青少年犯罪,这些机构包括不良行为控制与防范委员会和儿童局等。[31] 与此相反的是,受众研究表明,父母们相信电视能够让他们的孩子不再在街上游荡。在南加利福尼亚的调查中,一位母亲声称:"我们的儿子总是在看电视,为了让他待在家里我们就给他买了一台。"[32] 在亚特兰大的调查中,一位母亲说:"我们更亲密了。我们在家中发现了乐趣。朵娜和她的男友如今是待在家里而不是出去逛了。"[33] 这种观点在《好家园》杂志所做的调查中得到了推广,父母们多次提到电视把家庭成员聚在一起的能力。一位家长甚至给出了攀比的新理由。她说:"'电视机'能让孩子们留在家里。这不是因为我们在这个方面有很大的问题要解决,而是因为这是一种潮流,在我们想买电视的时候,几乎每家都有一台了。"[34]

# 第32章　从动荡到寂静

加里·埃德加顿（Gary Edgarton）

加里·埃德加顿教授是位于美国印第安纳州印第安纳波利斯的巴特勒大学（Butler University）传播学院院长。

1966年的"年度风云人物"是整整一代人：25岁以下的男男女女……从没有一代年轻人像他们那样自信决断，能说会道，受过良好的教育，见过世面。可以预见，他们是一群高度独立的人，而且——在成年人看来——这种独立反而使他们很难预测。他们不只是新一代人，而且是新一类人。

《时代》，1967年1月6日[1]

肯尼迪遇刺后不到三个月，20世纪60年代收视率最高的四个电视网节目（除了中断正常节目播出的电视直播事件，如肯尼迪的葬礼和1969年的登月行动）在1964年1月8日至2月16日的六周内接连出现。60年代收视率排名第二和第四的节目是1月8日和15日播出的电视剧《贝弗利山人》（*The Beverly Hillbillies*），分别吸引了7200万和7000万观众。这两集的情节都是在大多数流行电视剧中经常能见到的打了鸡血般、脱离现实的桥段。例如，1月8日的那一集讲述了一连串愚蠢的翻车事故，起因是奶奶[艾琳·瑞恩（Irene Ryan）饰]把一只袋鼠错当成了超级大野兔；1月15日的那一集则讲述一个骗吃骗喝的欧扎克（Ozark）①登山客来到克兰佩特（Clampetts）家，企图把他那肥嘟嘟的女儿埃西贝尔（Essiebelle）嫁给杰斯罗（Jethro）[小马克斯·贝尔（Max Baer Jr.）饰]，为的是得到杰德（Jed）[巴迪·易卜森（Buddy Ebsen）饰]的酬劳。

对比鲜明的是，20世纪60年代收视率排名第一和第三的电视节目则是完全不同的娱乐类型。2月9日和16日，《埃德·沙利文秀》第一次把披头士乐队介绍给美国广大电视观众。沙利文是电视网最重要的策划人，他首次发掘"披头士四人组"（Fab Four）是四个月前，当时他们正在全英巡演，到处盛行"披头士热"。沙利文以7.5万美元的价格与乐队签下了三场演出，大约是1956—1957年付给猫王薪酬的一半。但对披头士乐队及其经纪人来说，这已经是一笔不菲的费用，因此他们迫不及待地签了合

---

① 欧扎克是位于美国密苏里州的一座小镇，临近阿肯色州与密苏里州的交界处，以风景优美而闻名。

同。作为回报，约翰、保罗、乔治和林戈的 2 月 9 日美国电视首秀吸引了近 7400 万观众；一周以后，又有 7100 万美国人转到他们的频道来探个究竟。

早期的披头士乐队在全美各地的电视上都显得衣着优雅、举止得体、性格温和，但是从他们身上还是能窥见一种新兴的、年轻的反主流文化，这种文化将在 20 世纪 60 年代末 70 年代初席卷整个北美和西欧。意气风发的披头士与僵硬呆板的埃德·沙利文站在一起，反映了两代人在风格和气质上的明显对立。围住沙利文的四个"拖把头"发型略显怪异，穿着皮尔·卡丹无领夹克，脚踩古巴高跟鞋。他们浑身散发着个人魅力，恰如刚刚在舞台上爆出的巨大声量。可想而知，传统媒体严厉抨击了这支乐队和他们的表现。《纽约时报》认为披头士乐队只是"一阵风"；《纽约先驱论坛报》称他们是"75%的宣传，20%的发型，外加 5%的无病呻吟"；《华盛顿邮报》莫名其妙地称他们为"无性的、平庸的"。不过《埃德·沙利文秀》的现场观众的一刻不停的尖叫，证明事实完全相反。[2] 全国各地的成年乐评人都表达了强烈的反对，这只能证明，披头士乐队是老一代人既不欣赏，也不理解的现象。相比之下，年轻的观众完全被原创的音乐、时髦的打扮和温和的叛逆姿态吸引住了。身为英国人，披头士乐队还拥有猫王无法企及的国际声望。改变的迹象无处不在，沉默一代（the silent generation）[①]末期的年轻人，以及他们婴儿潮一代的弟弟妹妹，都接受了这种新的生活风尚。

披头士等反主流文化艺人向粉丝提供了一种难以抗拒的新选择，以取代众多传统主流电视中的老节目。《埃德·沙利文秀》开始定期邀请美国黑人登台表演，这在整个 20 世纪 50 年代到 60 年代初的黄金时段都是绝无仅有的。的确，无数黑人表演者，如路易斯·阿姆斯特朗（Louis Armstrong）和埃拉·菲茨杰拉德（Ella Fitzgerald）、纳京高（Nat King Cole）和艾萨·基特（Eartha Kit）、博·迪德利（Bo Diddley）和胖子多米诺（Fats Domino），以及许多黑人运动员，如舒格·雷·罗宾逊（Sugar Ray Robinson）、威利·梅斯（Willie Mays）和威尔特·张伯伦（Wilt Chamberlain），都经常出现在沙利文的舞台上。现在，披头士乐队为新一代摇滚乐和流行乐艺人打开了涌向《沙利文秀》和其他音乐综艺节目的闸门。例如，在 1964—1965 年音乐季，戴夫·克拉克五人乐队（Dave Clark Five）、海滩男孩乐队（the Beach Boys）、动物乐队（the Animals）、滚石乐队（the Rolling Stones）和佩图拉·克拉克乐队（Petula Clark）以及其他英国和美国乐队和歌手都出现在电视节目上。电视台也创造了一些新的音乐节目以吸引 25 岁以下的年轻人，如美国广播公司电视台的《狂欢会》(*Shindig*)与全国广播公司电视台的《喧闹》(*Hullabaloo*)和《顽童合唱团》(*The Monkees*)，以及灵感来自披头士的热门电影《一夜狂欢》(*A Hard Day's Night*，1964)。作为披头士的复刻版，顽童合唱团同样采用了一系列"超现实主义电影技术（快慢动作、扭曲焦点、穿插喜剧电影片段）、俏皮话、不合逻辑的句子，所有这些都以极快的节奏呈现"[3]。从 1965 年开

---

[①] 沉默一代指的是 1928—1945 年间出生的美国人，他们生于大萧条时期，经历了"麦卡锡主义"，参与了朝鲜战争和越南战争，因不敢自由说话、批评政府而得名。

图 32.1　披头士乐队在《埃德·沙利文秀》上。Photo by CBS Photo Archive/Getty Images.

始,披头士热导致电视上出现了其他英国人,如哥伦比亚广播公司《特工》(Secret Agent)中的帕特里克·麦高汉(Patrick MaGoohan),美国广播公司《复仇者》(The Avengers)中的帕特里克·麦克尼(Patrick Macnee)和戴安娜·瑞格(Diana Rigg),以及全国广播公司的《圣徒》(The Saint)中的罗杰·摩尔(Roger Moore)。即使是美国制作的电视剧如全国广播公司和 MGM-TV 的间谍恶搞片《秘密特工》(The Man from U.N.C.L.E.),也会让英裔演员担任重要角色以吸引青少年和青年观众。以《秘密特工》为例,大卫·麦卡勒姆(David McCallum)因在该剧中扮演伊利亚·库里亚金(Ilya Kuryahin)而迅速走红。

然而,真正的内容变化都是缓慢发生的,因为电视台更多的是将反主流文化用于风格而不是内容。一个典型的例子是电视制作人艾伦·斯班林（Aaron Spelling）的《雌虎双雄》(The Mod Squad)，于1968年9月在美国广播公司首播。斯班林15年前曾在杰克·韦伯（Jach Webb）导演的电影《法网》(Dragnet)中担任角色，此时加入电视圈，创作了一种面向青少年和成年人的新型警察剧。"我想让我们的电视剧完全不同于老式警察剧。"斯班林在1996年出版的回忆录中写道，全国广播公司的《法网》与1967年的《法网》更新版"是右派，而我们是自由派。他们认为25岁以下都是变态，而我们认为25岁以下的人都被误解了"[4]。因此，《雌虎双雄》围绕三个嬉皮士警察（"一个黑人，一个白人，一个金发女郎"，这是广告词原话）展开，他们的主要目的是"渗入反主流文化，找到在南加州剥削年轻人的成年犯"[5]。这部电视剧受年轻人喜爱，因为林肯（克拉伦斯·威廉姆斯三世饰）、皮特（迈克尔·科尔饰）和朱莉（佩吉·利顿饰）从未互相背叛。另外，"三人组其实是暗中为情报部门工作，这一点让老观众也感到满意"。表面上看，《雌虎双雄》十分时髦，比如林肯的蓬松卷发和黑色墨镜、皮特的披头士发型和牛仔服、朱莉的金色飘逸长发和鲜艳的花童礼服。如此一来，"美国广播公司就可以讨论时下的争议话题，如青春叛逆、嗑药吸毒、种族关系紧张等，同时确保最后获胜的总是合法的当权者"[6]。

披上反主流文化的外衣，而不是大声批判国家的保守社会风气、长期存在的民权问题、对越军事干预的日益扩大化，其效果在哥伦比亚广播公司的《斯莫瑟斯兄弟喜剧时间》(The Smothers Brothers Comedy Hour)和全国广播公司的《罗文和马丁的笑声》(Rowan and Martin's Laugh-In)的不同命运中表现得最为明显。这两部喜剧都是季中替换播出的剧集，在竞争激烈的20世纪60年代，相隔不到一年先后开播。哥伦比亚广播公司的《斯莫瑟斯兄弟喜剧时间》于1967年2月5日首播，用来接替失败的《朱迪·加兰秀》(The Judy Garland Show)和《加里·摩尔秀》(The Gary Moore Show)，对抗全国广播公司常年热播、在1964—1967年蝉联全国收视三连冠的电视剧《伯南扎的牛仔》(Bonanza)。但出乎所有人意料的是，1967—1968年间，《斯莫瑟斯兄弟喜剧时间》成为排名20的热播剧，还把《伯南扎的牛仔》打到了第6名。"我们很学院派，干净利落，"汤米·斯莫瑟斯（Tommy Smothers）在1967年夏天说，"美国退伍军人协会（American Legion）喜欢我们，左翼也喜欢我们。"斯莫瑟斯兄弟还吸引了"年轻一代的各个群体"，当时全美的人口结构正在发生重大变化，"25岁以下公民总人数几乎超过了他们的长辈"，到1970年，"1亿美国人"的年龄依然低于30岁。[7]

与此同时，越南战争持续升级，强制征兵随之而来，战争成为大批需要服兵役的婴儿潮一代首先面对的问题。例如，"美军人数从1965年底的184000人增至一年后的385000人，1967年底又达到486000人。'归根结底'，一位官方军事史学家看到，'美国的战略只不过是向南越派驻更多的美军士兵以观后效'"[8]。《纽约客》杂志的电视评论员迈克尔·阿伦德（Michael Arlend）将越南战争称为"客厅战争"，因为这是"第一场主要通过电视向观众报道的战争"。[9] "在'客厅战争'爆发的最初几年，"丹尼尔·哈林补充说："大多数报道都是乐观的。"[10] 态度突然改变发生在1968年1月30日，8万多名越南共产党和北越军人进入南越,攻击了全部主要城区和众多原以为固若金汤的战略要地,如总统府和美国驻西贡大使馆。春节攻势震惊了约翰逊政府和美国公众。哥伦比亚广播公司主播沃尔特·克朗凯特(Walter Cronkite)听到春节攻势后评论道:"这到底是怎么回事?我还以为我们快打赢了呢。"[11] 尽管越共和北越遭受重创并最终被击退,但他们成功地将南越变成了一个血腥、混乱的战场,这对美国政府、全球媒体和国内民众都产生了可以预料的心理影响。盖洛普组织的调查显示,认为美国出兵越南失策的美国人的比例从两年前的16%骤然增至1968年2月的45%;同样,不赞成约翰逊政府战争决策的美国人的比例也从两年前的22%增加到50%。

"电视新闻在越战期间日渐成熟,"历史学家小查尔斯·帕奇(Charles Pach Jr.)指出:它"展示了战争的原貌——混乱不堪、支离破碎、漏洞百出的行动"[12]。春节攻势后的六个月,美国的新闻情况急转直下。例如,1968年2月27日晚,美国最受欢迎、最有公信力的电视新闻记者沃尔特·克朗凯特在其节目《越南报道:何人、何事、何地、何时、为何?》(Report from Vietnam: Who, What, Where, When, Why?)的结尾处清醒地下了结论:"我们陷入了僵局……本记者越来越清楚,唯一的合理出路是谈判,不是作为胜利者,而是作为尽力履行承诺、捍卫民主价值的可敬之人。"[13] "克朗凯特的报道确实改变了平衡,"大卫·哈伯斯塔姆(David Halberstam)在《媒介与权势》(The Powers That Be)一书中承认,"这是美国历史上第一次由一名主播宣布战争结束。在华盛顿,林登·约翰逊一边看着电视,一边告诉新闻秘书乔治·克里斯蒂安(George Christian),这是一个转折点,一旦失去沃尔特·克朗凯特的支持,也就失去了普通美国人的支持。"[14] 接着,在3月12日,林登·约翰逊在新罕布什尔州的民主初选中险些被反战候选人尤金·麦卡锡(Eugene McCarthy)击败(49%的支持率对42%的支持率)。不到三周,3月31日星期日,三个电视网都在黄金时段播放了约翰逊总统关于越战进展的报告,报告结束时他突然发布了令人震惊的声明:"我不会寻求连任总统,也不再接受党内竞选提名。"紧随约翰逊的惊人声明,4月4日,小马丁·路德·金(Martin Luther King Jr.)在孟菲斯(Memphis)遇刺,引发了美国60多个城市的种族骚乱;6月5日凌晨,罗伯特·肯尼迪(Robert Kennedy)在前一晚刚赢得加州民主党总统初选后,被西尔汉·西尔汉(Sirhan Sirhan)枪杀;而在民主党全国代表大会会场外的芝加哥街头,警察与反战示威者之间的暴力冲突持续了整整四天(8月26日至29日)。

……

不过,在20世纪60年代结束之前,一场史诗级的电视盛宴吸引了全球观众,让他们暂时忘记了美国的所有国际冲突和国内动荡。登月是一个全球性的电视事件,由哥伦比亚广播公司、全国广播公司和美国广播公司的新闻部门提供的现场直播镜头汇集而成。更重要的是,登月行动好像是一部长演不衰的迷你剧,从六次水星号飞行(1961—1963)和十次双子星号飞行(1965—1966),到七次阿波罗号飞行(1967—1969),最后到1969年7月20日,阿波罗11号在距离地球约239000英里的月球静海(Sea of Tranquility)着陆,剧情随之达到高潮。

整个阿波罗 11 号任务始于 7 月 16 日星期三土星五号(Saturn V)火箭在佛罗里达州肯尼迪角(Cape Kennedy)升空,终于 7 月 24 日星期四指挥舱哥伦比亚号(Columbia)在太平洋上溅落并由美国航空母舰大黄蜂号(Hornet)回收。广播和电视的精彩报道延续了整整九天,但核心的电视转播是 7 月 20 日至 21 日的 31 个小时不间断报道:登月舱鹰号(Eagle)与指挥舱哥伦比亚号分离,在月球上着陆,这个明显更小的舱内载有任务指挥官尼尔·阿姆斯特朗(Neil A. Armstrong)和鹰号飞行员小埃德温·(巴兹)·奥尔德林[Edwin E. ("Buzz") Aldrin Jr.]。这两个人在月球表面探索了 2 小时 14 分钟,而哥伦比亚号飞行员迈克尔·柯林斯(Michael Collins)则在月球轨道飞行,等待阿姆斯特朗和奥尔德林最终返回。7 月 21 日,鹰号飞离月球表面,与哥伦比亚号对接,阿波罗 11 号的三名宇航员开启了返回地球的旅程。据估计,全世界有 5.28 亿电视观众观看了登月,创下当时所有电视节目观看人数的纪录。[15] 与此同时,收听广播的人将受众总人数扩大到了近 10 亿,其中广播听众几乎占全球人口的 25%。[16]

图 32.2　阿波罗 11 号宇航员登月电视转播画面。Photo by CBS Photo Archive/Getty Images.

登月显然是人类经历的一个分水岭,既实现了古老的梦想,也标志着电视的影响和威力前所未有地到达了外太空。

透过冷战和超级大国博弈的滤镜观察,登月显然有了更重大的意义。早期太空争霸中所有引人注目的"第一次"都是由苏联人实现的。他们于1957年10月4日发射了斯普特尼克一号(Sputnik I,意为"旅行者")。这是第一个环绕地球运行的人造卫星。一个月后,他们发射了斯普特尼克二号(Sputnik Ⅱ),里面载有一只名叫莱卡(Laika)的狗,这是第一个进入太空的生物。1961年4月12日,苏联宇航员尤里·加加林(Yuri Gagarin)成为第一个进入绕地轨道并安全返回的人类。美国人于1958年创建了国家航空航天局(NASA),但在太空计划的最初几年里一直只能追赶苏联人。1961年5月25日,新当选的约翰·肯尼迪总统在国会联席会议上向美国民众发布了一项公开挑战:"我相信,我们国家应该全力以赴,争取十年之内实现人类登陆月球并安全返回地球的目标。"太空已经成为"冷战的新战场",第一个到达月球的超级大国将在全世界面前果断展现其压倒政治对手的科技优势。太空竞赛也是为电视量身定做的。尤其是行程更短的水星号和双子星号太空飞行,自始至终都通过学校、工厂的小型移动电视机和家里的大屏幕电视机播出,被数千万观众围观。

每一次独立的太空发射计划本身就是一期电视新闻特别节目,每隔三到六个月不定期地发生一次,其本身就充满戏剧性:有条不紊的缓慢倒计时,爆炸性的升空画面,太空舱内外安装了很多摄像头,让整个太空旅行仿佛身临其境,通常有一个传统的欢乐大团圆结局,以激动人心的太空舱的溅落和回收告终。电视转播更迷人的是其显而易见的危险性。灾难时有发生,如1967年1月27日在肯尼迪角发射台,阿波罗1号的三名宇航员被困在巨大的土星IB(Saturn IB)助推火箭上部的太空舱内,活活烧死。无处不在的危机感是每次任务的一部分。在观看阿波罗11号发射的5亿人中,没有人能确定登月计划最终会以胜利还是悲剧告终。这种不确定性造就了一种引人关注的早期电视真人秀节目品牌。登月的高潮出现在7月20日晚上世界时间10点17分左右(美国东部标准时间下午5点17分),尼尔·阿姆斯特朗从连接登月舱着陆平台的梯子上慢慢走下,一步步向月球表面靠近。在下行三分之一处,他停了下来,"拉开一个D型把手,打开一个储物舱,露出一台黑白(RCA)摄像机镜头",从那一刻起,他的一举一动都将被这台摄像机记录下来。[17]

但实际登陆月球的过程并不是由摄像机现场拍摄的。相反,哥伦比亚广播公司投资建造了"指挥舱和登月舱的全尺寸模型,由哥伦比亚广播公司记者和国家航空航天局顾问操作,在一个1/4英亩大小的演播室里重复宇航员的动作",演给全世界的电视观众看。[18]一旦阿姆斯特朗打开鹰号上的摄像机,信号就会被传送到绕月飞行的指挥舱哥伦比亚号,然后再发送给位于澳大利亚、西班牙和加利福尼亚的三个巨大的地球天线,在那里被转发到休斯顿,最后传输到电视网。短短"1.3秒"内,阿姆斯特朗好像发着光一样出现在暗淡的灰色背景下,穿着闪亮的白色太空服,慢动作一样移动。[19]在梯子的最后一个台阶,他轻轻跳了下来,靴子安全地踏上了月球表面:"这是个人的一小步,却是人类的一大步。"阿姆斯特朗在月球表面迈出第一步时,美国有4000万个家庭——几乎占人口总数的70%——将电视频道调到了登月节目。[20]除了这些美国观众,还有大约 4.25 亿来自"(其他)49 个国家的观众,目不转睛、津津有味地盯着电视屏幕"[21]。"在巴黎的富豪派对中,在赞比亚南部的部落篝火旁,在曼谷佛教寺庙的庭院,在锡兰(今斯里兰卡)科伦坡的街角,在都柏林舒适的酒吧,数百万人挤在电视机和收音机旁,见证以几十种语言播报的阿波罗旅行。"[22]

登月的戏剧性更多的是源于事件本身的不同寻常,而不是源于视觉上的美感。在实际着陆前先由演播室播出了逼真的灰黄色鹰号复制品,与首次从月球表面传来的黑白图像形成了巨大的反差。这些用固定镜头和视角拍摄的静态模糊画面让人联想起最早的实验性电视。阿姆斯特朗率先走出鹰号 15 分钟后,巴兹·奥尔德林成为历史上第二个在月球上行走的人。在半个多小时里,这两名宇航员测试了月球引力下的行动能力,互相拍了照,检查了登月舱,并在大约 60 英尺开外的三脚架上安装了第二台黑白 RCA 摄像机,将其对准登月舱。通过这第二台站立式电视摄像机和更短焦距的镜头,登月的整体图像质量得到显著提升。现在阿姆斯特朗和奥尔德林的动作更清晰了,甚至偶尔还能瞥见他们的脸部,两个宇航员都在重新学习走路,既要习惯更轻的月球引力,又要承受超大背包造成的陌生重量和体积。最基本的任务显然需要付出最大的努力。例如,阿姆斯特朗和奥尔德林利用余下的大部分月球漫步时间收集了 20 磅岩石样本,又一起使劲,花了十几分钟才把这几袋矿石搬回登月舱。

诸如此类的平凡任务和简陋的黑白画面本身并不令人难忘,但史无前例的月球环境和卫星实况转播外太空的新奇感使登月的电视节目激动人心。更何况,登月的政治性和宣传性也从未脱离电视广播的表象。例如,在全世界数亿观众的见证下,阿姆斯特朗和奥尔德林在月球表面插上了一面美国国旗,下一秒,理查德·尼克松(Richard M. Nixon)总统就从白宫椭圆形办公室打来"两分钟无线电话",向阿波罗 11 号全体宇航员致以热烈的祝贺。[23]尼克松的实时画面出现在全球电视屏幕的左上角,他对宇航员说:"由于你们的努力,太空已经成为人类世界的一部分。你们在静海跟我们通话,激励我们要加倍努力,为地球带来和平与安宁。"尽管登月"抢了越南战争的头版风头,而且(至少暂时)让全世界五亿人忘了它"[24],尼克松的通话却在不经意间提醒了世人,国内的一切并不平静,哪怕阿波罗 11 号任务取得了前所未有的成功。其实,登月引发的广泛反应就像这个时代本身一样复杂和分裂。"20 世纪 60 年代,一位总统(肯尼迪)被暗杀,另一位总统(约翰逊)的政治生涯被越南战争所葬送。民权斗争撕裂了美国大学,种族骚乱在城市蔓延,"新闻史学家布鲁斯·埃文森(Bruce Evensen)写道,"但登月似乎表明,更光明的未来还是有可能的。"[25]

7 月 16 日,估计有"100 万地球人到场,创下发射围观人数最高纪录,他们挤在肯尼迪角附近的海滩,摩肩接踵,热烈欢送阿波罗 11 号"[26]。聚集的人群中有副总统斯皮罗·阿格纽(Spiro T. Agnew)、伯德夫人(Lady Bird)①和前总统林登·约翰逊、参

---

① 伯德夫人(Lady Bird Johnson,1912—2007)是美国总统林登·约翰逊的妻子,原名克劳迪娅·阿尔塔·泰勒(Claudia Alta Taylor)。

议员巴里·戈德华特(Barry Goldwater)、杰克·本尼(Jack Benny)、约翰·卡森(John Carson)、200 名众议员、100 名外交官员和 275 名工商界领袖。哥伦比亚广播公司记者查尔斯·库拉特(Charles Kuralt)发现,美国人已经"为月球疯狂"。相反,《时代》杂志则质问:"月亮是白色的吗?"[27]"发射日那天,"杂志接着说:"看台贵宾席简直是一部微型美国白人名人录;我们忧心如焚,黑人的面孔太少了。"[28] 耗资巨大的太空计划在美国黑人社区中遭到的反对尤其强烈。"德克萨斯州拥有油井、大农场,如今还有了全球太空中心,这一切都象征着美国的富强,"全国福利权利组织(National Welfare Rights Organization)黑人事务主任赫伯特·詹姆斯(Herbert James)说:"但在这个伟大的州却存在着令人发指的贫困。饥饿距离太空中心不过几英里远。"[29] 7 月 16 日,"由拉尔夫·阿伯内西(Ralph Abernathy)①领导的穷人游行(the Poor People's March)骡车队伍"也来到现场抗议月球发射。然而,当这位民权领袖看到阿波罗 11 号升空时,"他忘记了贫穷问题,反而为宇航员的安全祷告"[30]。至少在这一刻,登月使人们对太空计划产生了空前的兴趣,而且电视转播似乎让一些人比另一些人更兴奋。"在许多人看来月球好像是白的,那么它似乎也是中年的,"《时代》杂志进一步推测道,"年轻人本来就出生在电视时代和太空时代,他们根本就不在乎。"[31]

在打败苏联人登上月球后,美国政府不再像以前那样支持国家航空航天局的未来计划,而这些计划包括"在月球上建立美国人的永久基地,载人火星旅行,能容纳 100 人的绕地空间站",以及其他一系列雄心勃勃的目标。[32] 剩下的六次阿波罗任务(第 12—17 次)按计划进行,其中有五次用电视机镜头转播了另外 10 名宇航员的月球漫步。但观看后续电视转播的观众人数逐渐减少,因为人们越来越担心各种社会问题和与越南的长期冲突。原本计划好的最后三次阿波罗太空飞行(第 18—20 次)最终被取消了资金支持,太空竞赛在 1972 年 12 月戛然而止。不过多亏了电视,阿波罗 2 号使全人类有机会以全新的方式观察地球。在浩瀚的太空中,人类看到自己的家园是一个十分渺小、内部紧密联系的星球。在鹰号登陆月球表面的第二天早上,《纽约时报》头版刊登了阿奇博尔德·麦克利什(Archibald MacLeish)②的诗《登月之旅》:

    高高在上,比月球更美丽……
    人类眼中的奇迹,可望而不可及……
    这就是光明的地球。[33]

电视显然促成了地球人自我意识的增强,即使冷战的紧张局势彰显在 1969 年 7 月的登月行动中,数亿人观看之后也开始默默反思。不仅如此,这次非同寻常的电视广播有着全球传播力和影响力,预示了电视的未来潜能,也超越了电视网衰落时代(大约从 1948 年持续到 1975 年)美国电视自我强加的绝大多数限制。

---

 ① 拉尔夫·阿伯内西(1926—1990),美国黑人民权运动领导人,也是南方基督教领袖会议创始人和主席(1968—1977),小马丁·路德·金的好友。
 ② 阿奇博尔德·麦克利什(1892—1982),美国诗人、评论家和剧作家,三次获得普利策奖,曾任美国诗人学会会长(1946—1949)。

# 第33章 笨蛋电视、粉丝和电视迷

理查德·布奇(Richard Butsch)

理查德·布奇是新泽西州莱德大学(Rider University)社会学、美国研究、电影和媒体研究教授。

有一种与孤立个体截然不同的观众形象,最早可以追溯到默片电影明星时代,自第二次世界大战以来得到了更加广泛的传播,即认为观众根本上已经出现了公共健康问题,甚至是一种病。有些成人看电视明显过度,有些儿童因为看太多电视或看不良的节目而损害了健康。同样,太喜欢电影和电影明星的人也会被贴上"不正常"的标签。最近,这种观众形象是媒体成瘾者,即一个人——一般是男人——远离亲人、朋友、邻居,对家庭、社区、国家不负责任,不能提升自我。不仅如此,病态的观众还成了公共卫生问题,是国家的负担。对观众病症的描述广泛出现在报纸、杂志、电影、广播和电视中。同样的话题也在教育、科学、医学领域传播。然而,它们也在普通美国人的对话和关注中沉淀下来,每当人们以观众、学生、病人的身份出现时,总会遭遇类似的说法。

## 笨蛋与电视

这种趋势更加温和地表现在人们对电视用户的一般称呼中,尽管可能没有那么病态。在日常交谈中,美国人有各种说法来形容电视及其过度使用者:沙发土豆(couch potato)、笨蛋电视(boob tube)、白痴盒子(idiot box)和电视迷。这些说法通常只是开个玩笑,但也的确是被当真了,即认为有些头脑蠢笨、不求上进的成年人确实看电视太多了。缺乏自制力是造成这一形象的关键原因。而假如孩子看电视太多,他们的父母就会被指责没有尽到家长的责任。电视重度观看的原因被归结为性格缺陷,而不是外部条件有限,这就为总结观众的病理特征奠定了基础。

20世纪40年代末的杂志文章渲染了过度沉迷电视的形象。大多数讨论聚焦于电视对儿童的影响,但也有关于成年观众行为的讨论。除了抨击电视的低俗趣味,还有一些贴近生活的幽默文章和漫画描述了早期观众看电视过量的问题。早在1947

年,电视机还是一种昂贵的新奇事物,只有很少一部分家庭能拥有,《纽约客》的一篇文章就讽刺了一个富裕家庭对电视机欲罢不能。到20世纪60年代,新奇感早已消失,大多数人都有了电视机,《星期六晚邮报》(Saturday Evening Post)上的一篇文章还在叹息:"哎呀,大众!唉呀,笨蛋!你为什么看电视?"电视的缺点被归咎于大众。

漫画对笨蛋电视和沙发土豆的描绘远早于这些术语被创造出来之前。整个20世纪60年代,杂志源源不断地发表着关于看电视的漫画。正如《纽约客》的许多漫画揭示的那样,电视侵入了美国生活。从20世纪40年代中期到50年代初,大量漫画描绘的电视家庭都有一个穿西装打领带的丈夫,说明当时的观众以买得起电视机的中上层阶级为主。到20世纪50年代中期,漫画人物开始代表更广大的阶层。但讽刺对象往往是电视重度观看者,他们是依赖电视远超过依赖妻儿的男人,常看的节目是体育比赛。在一幅漫画中,丈夫正看着球赛,妻子把他介绍给闺蜜:"这是我老公萨姆——的后脑勺。"在另一幅漫画中,丈夫在看棒球赛,妻子站在窗户前,指着需要安装的窗框问道:"这里有个72英寸的精彩视窗,不知道你有没有兴趣?"还有一幅漫画描绘了一个丈夫,双手已被食物、饮料和电视节目表占满,却在电视上看到一句广告词:"你今晚为什么没出去玩?"《展望》(Look)杂志几乎同一时间也刊登了一幅漫画,描绘了一个显然是中下阶层的男子,胡子拉碴,穿着T恤,套着袜子,房子水泥开裂,灯泡光秃秃的,电视机前堆着啤酒罐和报纸,而他的妻子正跟朋友解释:"你见过洛杉矶公羊队的四分卫吗?马西亚诺的经理……"类似的故事一直讲述到20世纪60年代中期,在《星期六晚邮报》的一幅漫画中,一位女士让送货员把新电视机放到丈夫面前,而她那打着领结的丈夫,一直呆呆地盯着一面空墙。

漫画似乎表明沉溺电视是各阶层普遍存在的现象,但研究者更多地是将过度收看与下层阶级联系在一起。对成年观众的刻画主要来自问卷调查,它们通常有商业机构支持,发布在面向普通读者的书籍中,如《电视时代》(The Age of Television)(1956)、《大众传播的影响》(The Effects of Communication)(1960)、《与电视生活》(Living with Television)(1962)和《人们看电视》(The People Look at Television)(1963)。这种研究建立了"重度观众"(heavy viewer)的概念,并根据观众报告的收视时间对他们进行了分类。随后,重度观看又与观看时来者不拒、儿童观看时缺少父母监管等联系在一起,这就是所谓的"被动观看"(passive viewing)综合征,也被认为是下层阶级观看电视的一种普遍模式。而"积极"的观众看电视时应该精挑细选,而且应该限制孩子的看电视时间。诸如此类的研究进一步塑造了懒惰、邋遢的工人阶级男性电视观众群像。

利奥·博加特(Leo Bogart)1956年在其名著《电视时代》中总结了那个时代,他直言不讳地指出:"教育水平更高、更加富有的人,拥有更丰富的(精神)资源,因而也最可能掌控电视。"另外两位市场研究者艾拉·格利克(Ira Glick)和西德尼·列维(Sidney

Levy)深入分析了工人阶级电视,他们的著作《与电视生活》以阶级差异为主题。他们把工人阶级观众与儿童相提并论,认为他们"内心资源匮乏,无法培养其他'外部'兴趣",希望获得即时满足,希望节目"简单粗暴","不要弯弯绕绕",别让他们"看得烧脑"。他们声称,我们今天所说的"沙发土豆"原型"最适用于工人阶级观众,他们总是不愿以一种主动、审视、选择的方式行事"。格利克和列维将这些工人阶级观众与中上阶级观众进行对比,认为后者更"积极主动,自我主导,(对他们来说)选择、辨别和计划是看电视的关键"。他们寻找"值得看的"节目,并且"几乎不允许自我放纵"。他们的观看目的值得称赞,符合主流文化标准,能收获更多文化资本。诸如此类的描述促成了更大范围的讨论,把电视当作衡量社会地位的指标。

通过对父母监督的调查,阶级差异还被引入儿童电视使用的学术研究。最重要的早期研究也许是威尔伯·施拉姆(Wilbur Schramm)和他在斯坦福大学的研究生杰克·莱尔(Jack Lyle)以及埃德温·彼得斯(Edwin Peters)合著的《儿童生活中的电视》(*Television in the Lives of Children*)。这本书启发了后来的许多研究,包括美国卫生局1972年关于电视对儿童影响的著名报告。施拉姆及其合著者一开头就声称,电视的影响取决于家庭的社会规范,也就是社会阶级的差异。最引人注目的是那些负面词汇,被他们用来描述工人阶级、总结研究发现。他们认为,中产阶级的"职业伦理"导致"看电视少,主要看现实的、非娱乐的、自我提升的节目",而他们所说的工人阶级"享乐伦理"导致"看电视多,尤其爱看幻想类、娱乐类节目"。既然已经认定了工人阶级是电视重度观众,他们就把这些观众定义为"幻想群体",而把看电视少的中产阶级定义为"现实群体"。在另一篇文章中,他们将幻想与投降、被动、情感和愉悦联系在一起,将现实与警觉、积极、认知和启蒙联系在一起。他们的结论是,工人阶级的男人觉得自己的问题"太大,无法解决",从而寻求放松和逃避,而中产阶级的男人直面挑战,努力解决自己的问题。最后他们声称,中产阶级的孩子发展出所谓"成熟"的电视使用模式,也就是延迟满足,而工人阶级的孩子却没有。他们提出"成熟原则",也就是暗示工人阶级成年人不成熟。尽管他们承认这些都是刻板印象,并且不无同情地解释了体力劳动者为何看电视更多——累,没钱选择其他娱乐——甚至声称是在"绝不带任何贬义地使用'社会阶级'一词",但他们还是利用了刻板印象,并从科学上认可了它。中产阶级"现实群体"的所有特征都符合良好公民的身份,而对工人阶级"幻想群体"来说,情况正好相反。

……

早在第二次世界大战后,电视登上历史舞台,主流媒体上的文章就开始讨论看电视失控、过度、成瘾的现象。家庭杂志《冠冕》(*Coronet*)1955年发表的一篇文章题为《我被电视治好了:一个顽固的电视迷和他努力恢复生活的漫长故事》。同一年,《美国新闻与世界报道》(*US News and World Report*)上一篇更严肃的文章引用了好几个人的原话来说明他们无法控制自己看电视,即已经上瘾。新泽西州普林斯顿的一位妻子说:"……这玩意儿似乎已经闯入、接管了我们的生活……(我们)似乎被它迷住了。"旧金山一位秘书说:"如果不看紧自己,我会一直看电视,啥也不干。"同样是1955年,一位医生在《读者文摘》(Reader's Digest)中将心比心地说道:

> 这就是电视的狡猾之处。你本来想上楼,却走过去调频道,让图像更清楚些。等你意识到时,你已经跪在屏幕前,把频道转到第7台看了起来。三个小时后,你的孩子已经在床上啜泣,你的老婆错过了爱乐乐团的演出,电视机又让一个幸福的家庭陷入了黑暗。

关于电视成瘾的讨论甚至出现在科学论文中。两位有影响力的研究者,埃尔诺·麦科比(Elanor Maccoby)和威尔伯·施拉姆,都认为儿童看电视会上瘾。两人的观点都不是基于对调查数据的解读,而是基于个人的观察。医学专家也对电视危害儿童表示担忧,但却很少发表关于电视成瘾的研究。

除了偶尔提到的电视成瘾,更普遍的倾向是先把问题归咎于电视这种新媒介,认为它是一种危险的"存在",是引发问题的主要原因。电视被形容得好像是处方药:疗效强大,一旦不严格按照规定使用就会很危险——医学协会甚至会发布"电视媒介使用方案"。就像酒精和烟草,电视是合法的,但需要管制。公共话语的主要焦点则是保护"纯真"的儿童不受电视影响。例如,《父母杂志》告诫父母应限制孩子看电视的时间,监督他们看什么,每周规划他们怎么看,不让他们看乱七八糟的节目,不要把电视当保姆,而是要陪着孩子看,并向他们解释。医学专家认为过度使用电视与教育程度较低有关,他们指责下层阶级父母与他们的孩子都在不负责任地看电视,并认为这会引发青少年犯罪。

关于上瘾的文章和随口评论持续散布在大众媒体上,不断提及"电视迷""上瘾",以及如何"戒掉这个陋习"。大多数作者都夸张地用"上瘾"一词来强调人们看电视太多,或是让孩子看电视太多。这些文章总是把读者或某个熟人说成是潜在的电视迷,要么指责此人意志薄弱,要么指责电视太过诱人。1962年,《读者文摘》转载的一篇文章来自《电视指南》(TV Guide)——正好是美国发行量最大的两本杂志——题目是《别光坐着——去换个频道啊!》。幽默作家利奥·罗斯滕(Leo Rosten)严肃地写道:"(那些谴责电视的人)显得好像电视有股神秘的力量,逼得他们放弃了一直以来对年轻人扮演的角色:监护,教导,当然还有审查。"

20世纪60年代初出现了一系列类似文章,但此后电视成瘾的说法似乎消失了大约十年,因为美国人已经接受了电视,转而关心城市骚乱、越南战争、青年反叛等更紧迫的问题,而研究者也开始更多地关注电视暴力的影响,而不是电视的过度使用和逃避现实。接着,到了20世纪70年代末,新的结论纷至沓来……很多自救类文章将一系列症状定性为媒体成瘾,并将传闻逸事当作证据。成瘾的原因通常没有解释。最重要的是,第二波批判浪潮开始宣扬媒体成瘾真的是一种病,而不只是一种比喻。

这其中最成功的是玛丽·温(Marie Winn)的《插电的毒品》(*Plug-in Drug*),这是关于这一主题的开创性著作,1977 年首次出版,在接下来的 25 年里多次重印和再版,书名本身也成为众多漫画的灵感来源。甚至德高望重的心理学家杰罗姆·辛格(Jerome Singer)和多萝西·辛格(Dorothy Singer)也在 1981 年出版的讨论电视暴力的重要著作中赞许地引用了温的观点。与 20 世纪 70 年代的潮流相反,当其他人还在担心孩子们在电视上看到暴力时,温则认为问题不在于看什么,而在于怎么看。根据读到的文献以及围绕电视与人展开的"长谈",她断定电视就像毒品一样令人上瘾。她详细解释了成瘾的判定标准,并声称人们可以在自己或他人身上发现这些特征。在温的著作大获成功后,又出现了两本关于电视成瘾的类似著作。

# 第七部分·讨论题

1. 以家庭为中心的早期看电视的方式,以及更早的"电视派对"——没电视的人齐聚到有电视的家庭或各种公共场所看电视——并没有完全消失。你能想出最近还有哪些场合在这么做吗?

2. 参考卡彭特的文章,请你对一部电影或一种电影类型(也可以是小说)与它的电视剧版、迷你剧版或电视电影版进行比较。小屏幕改编版的惯用技巧与之前媒体形式的故事呈现有何不同?

3. 这一部分提到的许多节目,尤其是林恩·斯皮格尔文章中提到的节目,仍然可以在重播辛迪加(在那些怀旧频道)、DVD 和互联网上看到。请多看几部。它们如何呈现了一个与今天不同的世界?它们在哪些方面与当今的电视节目很相似?

4. 显然,广播电视史上最重要的发展是所谓的"VCR 革命"。理查德·布奇的文章讨论了盒式磁带录像机(VCR)在 20 世纪 80 年代的影响。而且其余波一直伴随我们进入个人视频录像机(PVR)时代。你认为多功能遥控器如何影响了当今电视媒体的格局,尤其是生产者与消费者的关系?

# 第八部分

## 数字时代的新媒介与旧媒介

ENIAC，一台早期模拟计算机。© Time & Life Picture / Getty.

本书最后一部分涉及计算机、互联网，以及更加新近的移动通信、社交媒体等现象。它们如何影响我们自己的时代，甚至影响我们大多数人有生之年很快就能见证的将来？要贸然做出判断可不容易。计算机与活字印刷机一样，展现了一项技术的发展如何影响其他技术，又如何反过来受到其他技术影响——这就是第八部分的标题。

计算机最早出现在大型组织中，为管理、科研和军事活动提供了辅助。随着20世纪70年代微芯片技术的发展，计算机电路进入工业和商业，成为从炉灶、电视机到电子游戏机等各种家用电器的支柱。随着个人电脑的出现，人们在家就能工作，还能获得以前只有大型机构才有的信息处理能力。世纪之交见证了网络的迅速扩散——最典型的是全球互联网、企业内部网和万维网。这一切导致电脑的使用范围越来越大，包括行政、研究、教育、公共表达、艺术、社会活动和商业等。除此之外，近年来移动网络计算普及，意味着很多人无论走到哪里都随身携带着一台高度复杂的计算机。

为了理解这些发展的意义，我们可以借鉴历史上的媒介革命。例如，我们知道，新媒介往往避开旧媒介遭遇的困难、瓶颈或障碍。举例而言，中世纪后期，印刷促成了阅读大众的扩散，削弱了文人墨客与宗教团体对读书写字的控制，由此产生的变革深刻地重组了知识流通的方式。同样地，20世纪广播等电子通信的普及，也让研究者看到了图书与报纸如何被超越和取代。也许计算机最有争议的"弯道超车效应"发生在课堂上，手持计算器取代了依赖记忆的传统数学运算。正如沃尔特·翁所说，这种批评与柏拉图对写作的批评有着惊人的相似：写作是一种"人为的"辅助手段，会导致智力尤其是记忆受损。

如今，计算机和移动计算已经产生了巨大的影响力，但我们依然不能忘记，它们很大程度上是由旧媒介已有的传统信息处理方式构成的。计算机程序就是一个很好的例子。摩尔斯电码是一种程序，一种能够传输电报信息的程序。同样，白话文和阿拉伯数字也是一种程序，促成了印刷术的应用和推广。印刷书籍中的索引是另一种程序的例子。索引把一本书变成工具书。由此产生的字典、百科全书、语法手册等，促成了对知识体系标准分类系统的采纳。工具书可以与当代电子数据库（如谷歌）相提并论，因为它们都能存储和检索包罗万象的知识和信息。

不只是存储和检索，即使就军事、工业、商业信息的传输而言，计算机也与电报十分相似，两者都创造了"连线世界"。计算机将全球股票市场和外汇交易所联系在一起，令人想起一个世纪前电报对大宗商品价格和市场体系的改变。而且，就像早期铁路交通管理系统和前向订货系统依赖电报一样，诸如空中交通和库存控制等高度相关的系统也越来越依赖计算机的协调能力。

在本部分第一篇选文中，列弗·迈诺维奇（Lev Manovich）提出，新媒介从计算机的算力中应运而生，改变了媒体的呈现方式与传播方式。在他看来，网站、虚拟世界、虚拟现实、多媒体、电脑游戏和电脑动画都是新媒介的各种形式；它们最终将共同重塑当代文化的视觉语言。迈诺维奇还强调了新媒介与旧媒介之间的历史连续性。在选文中，他提出了计算机和摄影之间存在历史连续性。例如，他指出，计算机最早的模型之一是 19 世纪的提花织机,它使用打孔机来控制编织的纹样,从而能够编织图像——这就是图像合成器的早期形态,似乎已经预示了未来媒介对视觉的关注。我们还可以指出计算机和印刷机之间存在关键联系。正如我们的许多作者所指出的,任何时代基于主流媒介形成的习惯,一定程度上总是由这种媒介的能力局限造成的。因此,计算机似乎注定要对印刷文字产生重大影响,最直接的也许是重塑信息访问的方式,极大地提高信息检索能力。我们还会依靠传统媒介检索需要的东西,但书面信息与图书报刊的实物形式不再有必然联系。甚至作为全部话语终极仓库的图书馆,其角色虽然已经完全改变,但依然至关重要:开始引导我们访问新的信息空间,成为资源导航与调查资源的来源。毕竟,有多少次字典查阅和图书检索被谷歌搜索轻易取代了?

我们的下一篇选文聚焦新媒介空间或新媒介环境最突出的例子,即互联网本身。珍妮特·阿贝特(Janet Abbate)的研究强调,互联网是众多参与者造就的,整个故事充满合作与冲突,情节堪比莎士比亚戏剧。她的选文详细审视了互联网及其支撑技术赖以发展的国际背景,展示了互联网如何超越国家和地区的边界与障碍,在强大的协同效应中成长起来。她认为,万维网延续了这一趋势,与互联网的早期史有相似之处。

在下一篇选文中,杰伊·戴维·博尔特(Jay David Bolter)和理查德·克卢辛(Richard Grusin)就万维网产生的影响发表了看法。博尔特和克卢辛呼应了马歇尔·麦克卢汉发人深省的观点,即旧媒介往往成为新媒介的内容。但博尔特和克卢辛大大强化了这一逻辑,提醒我们考虑新媒介与旧媒介的相互联系。他们提出的"再媒介化"(remediation)[①]旨在提醒我们,新媒介当然会不断地借鉴与改造旧媒介的呈现方式,但反向趋势也在发挥作用,即旧媒介反过来也会借鉴和改造新媒介。例如,我们会发现,电子出版物——以及博客、播客、推特与便携式手持设备应用——也发展出了一些网络视听属性,能够让报纸与广播电视不断地采纳和适应。博尔特和克卢辛认为,万维网的大众吸引力源于它能让文本与图像相互联系。在讨论旧媒介时,他们也欣赏这些旧媒介形态呈现的各种可能性。例如,他们发现,中世纪手绘抄本和 20 世纪初的照片都可以被视为网络超媒体视窗的原型。

博尔特和克卢辛的文章对于今天的我们是非常有用的提醒,因为新媒介的很多方面都表现得像是革命性的历史突破。然而,计算机与互联网的结合尽管产生了强大的、激动人心的电子传播方式,但还是没有形成某种固定的形态。

爱丽丝·马威克(Alice E. Marwick)的文章很好地证明了这一点。她考察了有关"Web 2.0"发展的话语,发现这是一套适用于众多技术和应用的笼统话术,有些 12 年后依然为人熟知,有些早已不复存在。她在这篇文章中证明,当我们"讨论"Web 2.0 时,我们主要是在说 Web 2.0 与此前各种传播方式有本质区别——它甚至不受制于法律与市场的力量。马威克指出,当与 Web 2.0 相关的传播新技术释放潜能、被众人

---

① 请注意,"remediation"在这里可以作双重解读:一是把它当作"remedy"的名词形式,有"补救,矫正,纠正,消除"的意思;二是把它当作"re-media"的名词形式,有"改造媒体,重组媒体"的意思。

追捧时，资本和权力还发挥了强大的抵制作用。

　　站在当下来看，新事物似乎总是毫无争议地要与过去决裂。在最后一篇选文中，汤姆·斯坦迪奇（Tom Standage）却向我们表明，若是以为Twitter、Facebook、Youtube等当代社交媒体是史无前例的发明，那可就大错特错了。他证明了博客与社交媒体平台其实非常像古老的小册子和咖啡馆。我们还可以举出更多先于新媒介实践的例子：19世纪报纸上的个人广告，活跃于20世纪多数时期的业余无线电台，以及流行于20世纪七八十年代的公民乐队广播，它们都与今天的社交媒体有相似之处。

　　互联网，就像本书前几部分探讨的其他传播媒介一样，一方面赋予人类言语行动以新的形式，另一方面也使其他形式失去作用。这是本书中很多文章讨论过的话题。哈罗德·英尼斯分析了文字在中东早期文明中发挥的作用，其结论似乎也适用于当代计算机与电子化表达与体验的融合。英尼斯提出，媒介永远不可能真正保持中立。媒介的使用会重塑个人之间、群体之间、国家之间，以及社会之间的互动、选择与关切。反过来，媒介也在塑造着社会中信息与知识的存在形式与流通方式。当然，每个社会也都会在一定程度上塑造和指引由它们创造的媒介。对传媒专业的学生来说，这一点很适合作为本书结论，它提醒我们，在探讨媒介变革的同时还必须关注其持续产生的社会后果。

# 第34章 媒介如何成为新媒介

列弗·迈诺维奇（Lev Manovich）

列弗·迈诺维奇是加州大学圣迭戈分校（Univesity of California，San Diego）视觉艺术系（Visual Arts Department）副教授。

1839年8月19日，巴黎的皇宫研究院（Palace of the Institute）挤满了巴黎人，他们前来听路易斯·达盖尔（Louis Daguerre）正式讲解他所发明的新的复制工艺。达盖尔已经因为他的立体透视图而出名了，他将新工艺称为"达盖尔银版摄影"（Daguerreotype）。按照当时的报道，"几天之后，光学仪器店挤满了渴望得到达盖尔银版照相机的业余爱好者，他们到处对着建筑物来测试照相机。每个人都希望拍下窗外的景色，他们也很幸运地在第一次尝试中得到了以天空为背景的屋顶的轮廓"[1]。对这种媒介的狂热开始了。五个月之内，世界各地，如巴塞罗那、爱丁堡、那不勒斯、费城、圣彼得堡、斯德哥尔摩发表了30多种对这种技术的不同的描述。一开始，建筑物和风景的达盖尔银版照片占据着公众的想象力；两年后，随着对这种处理方法的各种技术改进，肖像照片展览在各地开办，而且每个人都赶去从新机器里得到一张自己的照片。[2]

1833年，查尔斯·巴贝吉（Charles Babbage）开始设计一台被他称作"分析引擎"（Analytical Engine）的装置。这台引擎包含大部分现代数字计算机的关键特征。打孔卡用来输入数据和指令。信息被储存在这台引擎的记忆系统中，被巴贝吉当作"作坊"的处理单元完成对数据的运算，并且将结果写进记忆系统，最后的结果可以用打印机打印出来。这台机器被设计成能够完成数学运算；它不仅能够遵循通过卡片输入的程序，而且能够根据中间结果而决定下一次执行什么指令。但是，与达盖尔银版摄影不同，这项发明没有创造出实际的机器。达盖尔银版摄影的发明作为对现实世界加以复制的现代媒介工具，立即对社会产生了影响，同样，计算机所产生的影响也是可见的。

有趣的是，巴贝吉借用了早期程序化机器通过打孔卡片存储信息的想法。在1800年左右，加卡（J. M. Jacquard）发明了能够通过打孔纸卡片自动控制的织布机。这样的织布机能够织出错综复杂的形象图案，包括加卡的肖像。可以说，这是一个专门的制图计算机，为巴贝吉设计他的用于数字计算的通用计算机——分析引擎提供了灵感。正如巴贝吉的支持者，也是世界上第一位计算机操作员阿达·奥古斯塔（Ada Augusta）所说："分析引擎织出代数图案，就像加卡织布机织出花朵和叶子一样。"[3]因此，程序化的机器在被用于处理数字之前，已经能够合成图案了。加卡织布机与分析引擎之间的联系并不是研究计算机的历史学者特别重视的，因为对于他们来说，计算机的图案合成能力只是对现代数字计算机的上千种功能的一种应用而已，但是对于一位新媒介的历史研究者而言，它却是非常引人注目的。

我们不应该对现代媒介的发展轨迹和计算机的发展轨迹几乎在同一时间开始而感到惊讶。无论是传媒机器还是计算机器，对现代大众社会的运行都是绝对必需的。将同样的文字、图像和声音传播给上百万的公众，从而保证同样的意识形态领域里的信仰的能力，是与追踪他们的出生记录、就业记录、医疗记录和政治记录一样至关重要的能力。摄影术、电影、胶版印刷、广播和电视使得前者成为可能，而计算机使后者成为可能。大众媒介和数据处理是互补的技术；它们同时出现，并且肩并肩地共同发展，使现代大众社会成为可能。

在很长一段时间里，这两条轨迹平行发展，没有任何交叉。在整个 19 世纪和 20 世纪早期，大量机械和电子的制表机和计算器被开发出来；它们逐渐变得越来越快，并且被更广泛地运用。与此同时，我们见证了现代媒介的出现，它们能够将图像、影像、声音和文字存储在不同的物质载体上，如照相底片、生胶片、留声机唱片等。

让我们继续追寻这段相互联系的历史。在 19 世纪 90 年代，现代媒介迈出了前进中的另一步，即让静止的照片变成了活动的。1893 年 1 月，第一家电影工作室——爱迪生的"黑囚车"(Black Maria)开始制作 20 秒长的短片，并在特殊的活动电影放映厅放映。两年后，卢米埃尔第一次向观众展示了他们新开发的活动电影机，这是拍摄和放映电影的混合体，而后在 1895 年开始向付费的公众展示。一年之内，约翰内斯堡、孟买、里约热内卢、墨尔本、墨西哥城和大阪的观众都成了这个新媒介机器的臣民，而且他们发现它的魅力不可抗拒。[4] 逐渐地，镜头变长了，在摄影机前对真实生活的舞台表现和对样片片段的顺序编辑，都变得越来越复杂，拷贝也在增加。在芝加哥和加尔各答、伦敦和圣彼得堡、东京和柏林，还有成千上万的小一些的地方，电影影像安抚了那些在电影院外要面对越来越密集的信息环境的电影观众，外界环境不再是通过他们自己的收集和数据分析系统（也就是他们的大脑）就能充分应对的了。定期走进电影院黑色的消遣大厅，成为现代社会公民惯常的生存策略。

19 世纪 90 年代不仅对媒介的发展是关键的十年，对计算机的发展也是如此。当个人的大脑被他们必须要去处理的大量信息淹没的时候，同样的情况也发生在公司和政府部门。1887 年，美国人口普查局仍然在分析 1880 年人口普查收集来的数据。而对于 1890 年的人口普查数据，人口普查局使用了赫尔曼·霍尔瑞斯(Herman Hollerith)设计的电子制表机。收集到的有关每个人的数据都被打孔到卡片上；46804 名人口普查员完成了 62979766 人的调查表。霍尔瑞斯制表机打开了在业务中使用计算机器的大门；在接下来的十年里，电子制表机成为保险公司、公用事业公司、铁路办公室和会计部门的标准设备。1911 年，霍尔瑞斯制表机公司(Hollerith's Tabulating Machine Company)与另外三家公司合并组成了计算—制表—记时公司(Computing-

Tabulating-Recording Company);1914年,托马斯·沃森(Thomas J. Watson)被选为这家公司的总裁。十年之后,这家公司的业务翻了三番,沃森将它改名为"国际商用机器公司"(International Business Machines Corporation),即 IBM。[5]

进入20世纪,媒介和计算机历史上的关键年份是1936年。阿兰·图灵(Alan Turing)撰写了产生了巨大影响的题为《关于可运算的数字》("On Computable Numbers")的论文。其中,他提供了对多种用途计算机的理论描述,后来这样的计算机以它的发明人命名——"通用图灵机器"(Universal Turing Machine)。尽管它只能进行四种操作,但是这台机器能够完成所有人类能做的计算,并且模仿任何其他计算机。这台机器能够运算读在或写在无尽的带子上的数字。在每一步,带子都能够事先检索下一个命令,读取数据或写下结果。它的线路图看上去很像电影放映机。这难道是个巧合?

如果我们想到"电影摄影术"(cinematography)这个词表示的是"记录瞬间"的含义,那么电影的实质就是以物质的形式记录和储存可视数据。电影摄影机将数据记录在胶片上,电影放映机将它读取出来。影片仪器与计算机在一个关键方面是相似的:计算机程序和数据也必须储存在某个介质上。这就是为什么通用图灵机器看上去像电影放映机了。它也同时是某种电影摄影机和电影放映机,读取储存在无尽的带子上的命令和数据,将它们写在带子的另外的位置上。实际上,开发合适的存储媒介和数据编码方式,代表着电影和计算机史前史中的重要部分。正如我们所知道的,电影的发明者最终决定将不连续的图像记录在一连串的电影胶片上;计算机的发明者则需要更快的进入速度,以及快速读取和写下数据的能力,因此最终决定将数据用二进制编码进行电子存储。

随着德国工程师康拉德·楚泽(Konrad Zuse)在他父母位于柏林住宅中的起居室里建造了一台计算机,媒介和计算机的历史进一步交织在一起,这正与图灵撰写那篇影响深远的论文发生在同一年。楚泽的计算机是第一台数字化的计算机。他的一个创新是使用打孔带子控制计算机程序。楚泽用的带子恰恰是废弃的35毫米电影胶片。[6]

这段电影胶片保存下来的片段之一显示了二进制编码被打孔在一次室内镜头的原始帧上。一个典型的电影场景——在一个房间里的两个人参与某些行为——变成了对一组计算机命令的支持。这段电影场景到底是什么含义,表达了什么情绪,都在这段胶片承担数据载体的新功能后被彻底抹去了。类似地,现代媒介也不再生成模仿可感知的真实世界的拟态环境了;媒介简化了它们的原始状态,而成为信息承载体,不多也不少。这是恋母情结(Oedipal)的技术翻版,儿子杀掉了父亲。电影中的图标符码被废弃了,取而代之的是更有效的二进制编码。电影成为计算机的奴隶。

但是这还不是故事的结局。我们的故事有了新的转折——令人愉快的转折。楚泽的在图标符号上有着奇怪的二进制叠印的胶片,预示着半个世纪后所追求的汇聚。两条在历史上相互分离的轨迹最终交会了。媒介和计算机,即达盖尔的达盖尔银版摄影、巴贝吉的分析引擎、卢米埃尔的活动电影放映机和霍尔瑞斯制表机融合为一体。所有现存的媒介都被翻译为计算机所接受的数字型数据。结果是：图画、活动影像、声音、外形、空间和文字都可以用计算机处理，也就是成为一组简单的计算机数据。简言之，媒介成为新媒介。

上述变化定义了媒介和计算机自身。计算机不再只是一台计算器、控制机制或通信设备，而是媒介处理器。以前，计算机能够读取一行数据，输出炮弹轨迹的统计结果。现在，它能够读取像素值、模糊图像、调整对比度，或检查物体上是否有轮廓线。以这些低级别操作为基础，它也能够完成更雄心勃勃的工作：在图像数据库中搜索与输入的图像在构图或内容上相似的图像、识别电影中的拍摄变化、合成电影镜头、将布景与演员配套。在历史的循环中，计算机又回到它的原始面貌。它不再是仅适合于数据计算的分析引擎，而是成为加卡的织布机——一台媒介合成器和操纵者。

# 第35章 互联网的普及

珍妮特·阿贝特(Janet Abbate)

珍妮特·阿贝特在弗吉尼亚科技大学(Virginia Tech)社会学课程项目中的社会与科学专业执教。

## 全球图景

今天,几乎没有哪个国家缺少互联网的连接。这种全球范围内的扩展是如何进行的呢?尽管互联网起源于美国,但是它并不是简单地从美国蔓延到世界上的其他地方。它抵达全球是多条网络开发的支流汇聚到一起的结果。其他许多国家在20世纪70年代开始建造大型数据网络,这些是由它们当地的文化所塑造的,并通常被作为经济发展和国家政权的原动力及象征。问题不是这些国家是否采用了"美国的"技术,而是它们是否以及如何将它们现有的国家或私人网络连接到互联网上。

20世纪70年代早期以来,阿帕网络(ARPANET)和互联网已经包含了美国之外的网页;伦敦大学学院(University College London)有一个用于研究目的的阿帕网络的连接,美国国防部高级研究计划署(ARPA)的卫星网络将美国与在挪威的地震监测中心连接起来。互联网的防御部分也将许多海外驻军基地连接起来。但是,美国政府对互联网的所有权是将它与外国的民用网络连接在一起的障碍。美国国防部高级研究计划署和美国国家自然科学基金会(NSF)的管理者担心,这样的连接可能会使美国公众理解为,是将纳税人所提供的资源拱手让给外国人,而其他国家的居民会将美国网络的侵入看作帝国主义的一种形式。外国的、草根的用户支持网络具有较弱的政治特性,因此像BITNET和UUCP就比互联网扩张得快。

因此,在私有化之前,很难通过增添主网站到美国运行的网络中而将互联网扩展到国外去,但是将互联网连接到其他国家的网络中是大有希望的。在20世纪70年代中期,许多国家建造了国家运营的网络,包括加拿大、德国、挪威、瑞典、澳大利亚、新西兰和日本(Carpenter 1987)。除了这些国家网络之外,还有一些建设跨越欧洲大陆以支持欧盟建立多国网络的努力。这些网络包括欧洲资讯网(European Informatics Network)(建立于1971年)和它的后继者欧洲计算机网(Euronet)。这些网络中的一些与阿帕网一样专为科研和教育而设计，另外一些提供商业网络服务。

拥有 Minitel 系统（1982 年投入使用）的法国电信公司（France Telecom）是第一家提供网络服务的电信公司，它既提供内容服务也提供通信服务。由于在那个时候的法国，很少有人拥有或能够使用计算机，因此电话公司通过提供并不昂贵的特殊用途的终端，从而使它的顾客能进入这个系统，以促进对 Minitel 的广泛使用。Minitel 使得上百万的普通公众能够使用在线电话号码本和其他商业及娱乐服务（包括在线色情作品、引起公众广泛评论的有趣的内容，还有美国政府所运营的互联网不能公开支持的内容）。

欧洲核子研究组织（CERN）的网站是全球计算机网络中重要的网页之一，欧洲核子研究组织包括欧洲粒子物理学实验室。由于其用户有独特需求，欧洲核子研究组织拥有较长的联网历史（Carpenter 1987）。高能物理领域的专家们必须在像欧洲核子研究组织网这样的快速页面上"冲浪"。数量巨大的数据因此产生。在 20 世纪 80 年代早期，为了让这些数据在设立在日内瓦的实验室中更方便地传输，欧洲核子研究组织网安装了局域网。物理学家们也需要与他们家乡的研究所沟通并传递数据，因此，为了满足这样的需求，欧洲核子研究组织网加入了各种广域网络，其中包括 EARN（BITNET 的欧洲分支）、瑞士公共数据网络和 HEPNET（一个建立在美国的高能物理网）。

在军方控制互联网的时期，美国之外的网络几乎没有与互联网的连接。但是，当美国国家自然科学基金会设立了它的民用网络——美国国家自然科学基金会网（NSFNET）之后，外国网络就能够建立与它的连接，并且因此得到了通往其他互联网的入口。1988 年中期，加拿大和法国将它们的网络连接到了美国国家自然科学基金会网。在它们之后，丹麦、芬兰、冰岛、挪威和瑞典在 1988 年末接入美国国家自然科学基金会网；澳大利亚、德国、以色列、意大利、日本、墨西哥、荷兰、新西兰、波多黎各和英国是在 1989 年；而阿根廷、奥地利、比利时、巴西、智利、希腊、印度、爱尔兰、韩国、西班牙、瑞士则是在 1990 年（MERIT 1995）。到 1990 年 1 月，一共有 250 条非美国网络接入国家自然科学基金会网，超过了网络总数的 20%。到 1995 年 4 月，当国家自然科学基金会终止运行时，它的互联网包括 22000 条网络，超过网络总数的 40%（同上，以及 histroy. netcount 档案）。这个系统的确在范围上是国际化的，尽管它的成员还是高度偏重发达国家。

其他工业化国家要比美国更难以实现网络化。在美国，联邦政府运营军队网络和科研网，而公众网络服务是在商业基础上提供的。在其他国家，公共网是政府垄断运营的，因此有关网络的决策涉及明显的政治操控和商业考虑。在许多国家，人们警惕地看待诸如互联网的美国网络的扩展，将它看作美国经济在计算机业占优势地位的又一明证。因此，尽管许多生活在美国之外和美国之内的人都赞成互联网在全球的扩张，但网络系统之间充满政治色彩的差异带来了大量的阻碍。

而一个技术层面的障碍是网络系统的不相容。最初，许多美国之外的网络使用私有的网络系统，或由它们的创立者所设计的协议。大部分国家运营的网络最终都采用官方的国际电报电话咨询委员会（CCITT）或国际标准化组织（ISO）的协议，这是它们认为唯一合法的标准；几乎没有只使用传输控制协议/网间协议（TCP/IP）的。

但是，20世纪80年代中期，许多建造在美国之外的私有网络，开始使用传输控制协议/网间协议，也许这是因为它们对国际标准化组织的标准的引入失去了耐心。1989年11月，一群使用传输控制协议/网间协议网络的欧洲运营者组成了欧洲网间协议网（RIPE）。在基本原理上与商业互联网连接（CIX）类似（而且也许是它为欧洲网间协议网提供了具体的模式），欧洲网间协议网连接了它的成员网，从而组成了泛欧互联网，每条网络都同意在没有委托的情况下，接受其他成员的信息传输。欧洲网间协议网也提供了成员聚集的公共平台，以讨论共同事项，并致力于技术开发。到了1996年，欧洲网间协议网拥有超过400家组织的成员，为大约400万主机服务（RIPE 1997）。

当互联网协议在美国之外得到普及时，许多网络运营者希望削弱美国在互联网方面的优势。一个容易引起争议的问题是域名系统（Domain Name System）的结构。由于分配主机名的最终权力在顶级域名的管理者手上，其他国家希望有它们自己的顶级域名。作为对这个问题的回应，国际标准化组织推广了一种每个国家都能拥有自己的最高级域名的系统，分别用每个国家名称的两个字母来表示，如"fr"代表法国或"us"代表美国。[1] 在这些最高级域名之内，各国政府能够分配它们认为合适的下一级的域名。新系统提供了所有国家的自主和符号上的平等。但是，原有的建立在组织类型（教育、军队等）基础上的互联网域名不被废止。在美国，大部分组织继续使用它们，而不是采用新的"us"域名（Krol 1992，p.28）。

由于互联网起源于美国，因此它的"母语"是英语，这一事实在其他语言群体中引起了一些不满。英语在互联网上的主导地位也引起了政治上的争论，这一点常被看作美国文化或美国语言的帝国主义。例如，在20世纪90年代中期，法国政府采取了许多措施以在这种媒介里保留法语内容，要求每一个建立在法国的网页都必须提供它的法语版本。而那些母语不是罗马字母的互联网使用者，则努力获得对扩展字符集的支持（Shapard 1995）。

最后，互联网的扩展还受到全球各地远程通信基础设施水平悬殊的限制，因为这些基础设施是网络接入的基础。例如，1991年，在工业国家中每100位居民拥有的电话线的数量从20条（葡萄牙）到67条（瑞典）不等；而在南美洲、非洲和中东地区的很多国家，每100位居民所拥有的电话线路少于10条，在巴基斯坦、印度、印度尼西亚和坦桑尼亚等人口数量在世界人口总数中占巨大比例的国家中，每100人所占有的电话线不足一条（Kellerman 1993，p.132）。显然，国家之间的财富不均等分配，将继续塑造互联网在全球所扮演的角色。作为即时通信媒介的互联网也许能够克服地域距离这一问题，但是它无法轻易地消除政治和社会的差异。

## 万维网

　　20世纪80年代,互联网基础设施的成长令人难忘,但是网络应用是滞后的:电子邮件和文件的传输仍然是最常见的使用活动,而很少有用户友好型的应用来吸引新手。阻碍互联网更广泛使用的一个因素,是它那单调乏味的纯文字界面,这与个人电脑的富有吸引力的图像界面形成鲜明的对比。CompuServe、America Online 和 Prodigy 利用了个人电脑的绘画能力,提供了吸引人的、容易掌握的用户界面,因而成为提供在线信息时包含图像的典范。有些软件开发商也努力为 Unix 工作站(特别是麻省理工学院在80年代中期开发的 X Windows 系统)开发更多的以图像为导向的界面,但是许多分时计算机的使用者,仍然继续局限于以文字为基础的网络界面。

　　另一个使用互联网的不利条件是难以定位和检索在线信息。文件传输程序是现成可得的,但是使用者必须知道所需要的文件的名称和它的主机,而没有获得这类信息的自动途径。在过去,阿帕网络信息中心的角色就是提供网络资源中的信息,而且即便如此,它提供的信息也常常是不充足的。私有化的互联网没有能够创建资源目录的中心权力,而且无论如何,互联网的规模都不可能提供这样的目录。

　　在20世纪90年代早期,新服务使得在互联网中确定文件的位置变得容易一些了。这样的服务之一是信息检索协议系统,这是明尼苏达大学(University of Minnesota)开发的。信息检索协议软件允许信息提供者组织与主题有关的等级系统信息;系统的使用者可以从菜单上选择主题,而不需要知道和录入计算机和文件的名称。另一个被广泛应用的系统是由思想机器公司(Thinking Machines Corporation)开发的广域信息服务器(Wide-Area Information Server,WAIS)。广域信息服务器不是使用菜单系统,而是允许使用者搜寻文字里包含特殊词语的文档;这些文档的题目会被显示出来,并且使用者能够找回文档(Schatz & Hardin 1994, pp. 895-896)。诸如信息检索协议系统和广域信息服务器这样的服务,朝着以内容而不是位置来组织信息的方向迈出了一步。但是,在互联网上找到信息仍然存在许多障碍。人们无法将在不同文件中找到的信息连接起来,而且在交换信息过程中所涉及的各种协议也不是兼容的;也没有一个程序能够处理诸如文件传输协议、邮件、信息检索协议和广域信息服务等多种多样的格式。

　　所有这些问题都由被称为"万维网"的新的互联网运用解决了。万维网从根本上改变了互联网,这种改变并不是通过扩张它的基础设施或主要协议,而是提供了一个对无数新用户都有诱惑力的新用途。万维网改变了人们对互联网的认知——网络不再被看作搜索工具或是单纯在人与人之间传递信息,而是承担着娱乐媒介、商店橱窗、将某个个人展示给世界的工具等新功能。

## 建造万维网

万维网并不是来自国防部高级研究计划署的研究团体；它是一群新的行动者的工作成果，其中包括欧洲核子研究组织的计算机科学家、美国国家自然科学基金会巨型计算机中心的成员，以及致力于提供万维网服务器、浏览器和内容的软件工业的新分支人员。

万维网的第一个具体的成形网络是 1990 年由蒂姆·伯纳斯-李（Tim Berners-Lee）、罗伯特·卡里奥（Robert Cailliau）和其他的欧洲核子研究组织研究者共同创造的。伯纳斯-李重视网络连接的价值；他也看到了其中严重的局限，虽然个人电脑越来越多地是图像导向的，但是大部分互联网的应用还是限制在文字界面。他想象了一个系统：通过简化制作和分享多媒介数据，推动科学家之间的协作（Berners-Lee,1994，p.82；Comerford 1995,p.71）。欧洲核子研究组织在 20 世纪 80 年代早期就采用了传输控制协议/网间协议，目的是为它的各类系统提供共同的协议，因此伯纳斯-李设计的新服务也是在这个互联网协议的基础上运行的。

伯纳斯-李所依据的计算机运作的传统，与阿帕网络和互联网的部队根基相距甚远，它是 20 世纪六七十年代的计算机迷的反主流文化。1974 年，这种反主流文化的积极捍卫者泰德·尼尔森（Ted Nelson）写了一份宣言《计算机解放》（*Computer Lib*），他在其中力劝普通老百姓学习使用计算机，而不是把它们留在"计算机大师"手中。更重要的是，尼尔森提出了一个组织信息的系统，他称之为"超文本"。超文本使得一条条信息之间的链接成为可能，而不必将信息用线性的方式呈现。

伯纳斯-李计划创建能够存放连接世界各地的文件的超文本系统，组成信息的"全世界网络"。在超文本这个概念之上，他还增加了对多媒介的使用：他的系统不仅包括以文字为基础的信息，还包括图像，后来的版本中还能加入音频和视频（请见 Hayes 1994,p.416；Schatz & Hardin 1994）。万维网对超文本和多媒介的使用，极大地改变了互联网的外观和使用的感觉。

在伯纳斯-李的想象中，万维网能够创造容易进入的"人类知识的海洋"（Berners-Lee 1994,p.76）。但是，在实现这个目标之前，伯纳斯-李和他的合作者必须应对许多技术挑战。他们必须先为超文本文件发明一个共享格式，他们称之为"超文本标记语言"（HTML）。[2] 为了使得万维网能够处理不同的数据格式，超文本标记语言的设计者详细规定了计算机之间的"格式协商"过程，以确保计算机交换信息时在所使用的格式上达成共识。伯纳斯-李（1993a）观察到："我们的经验是支持任何一种特殊的表现方法的努力……都导致直接的冲突……格式协商允许网络远离数据格式上的技术和政治障碍。"与万维网团队之前的阿帕网络的设计者一样，万维网的设计团队选择了创造一个能够兼容各种计算机技术的系统。

互联网的分层结构意味着伯纳斯-李能够在由传输控制协议/网间协议提供的通信服务的顶层建造新的应用。他的团队设计了超文本传输协议（HTTP），以指导信息在万维网浏览器和万维网服务器之间的交换。为了使浏览器和服务器定位信息在万维网中的位置，还必须有某种统一的方式来识别用户想要访问的信息。为了满足这个需求，他们创造了统一资源定位器（URL），这是一个标准的地址格式，既能够指定应用协议的类型，也能够确定所需要的数据所在的计算机。统一资源定位器的重要特征是它能够处理各种各样的协议，而不只是超文本传输协议。这使通过万维网进入过去的互联网的服务成为可能，比如信息传输服务、信息检索、广域信息服务和世界新闻网络的新闻服务。无论是现在还是将来，在单一界面中对所有互联网服务的调整、适应，将是使万维网成为拥有广泛用途和用户易掌握系统的重要因素（Berners-Lee 1994, p.76；Berners-Lee 1993b；Schatz & Hardin 1994, pp.896-897）。

1990年12月，万维网软件的第一版开始在欧洲核子研究组织运行。伯纳斯-李的系统在欧洲核子研究中心使用者那里一举成功。它不仅是一个富有创造力的发明，而且创造了一种能够使互联网普遍流行的实际应用。它也需要合适的环境：广泛分布的互联网的入口（私有化使之成为可能）和使用者用来运行万维网软件的技术工具（由个人电脑提供）。

个人电脑使得美国广泛的普通大众在20世纪80年代开始使用计算机，而在十年后，个人电脑又为万维网的普及奠定了基础。如果没有个人电脑，就不可能出现互联网的普及。例如，在法国被广泛使用的Minitel系统，就是以提供并不昂贵的家庭终端和易操作界面为基础的。但是，Minitel不允许融合用户生成自己的内容，这是与万维网的显著区别。万维网依赖在连接的用户端上可观的计算机能量。此外，个人在学习使用他们的个人电脑时所投入的时间和精力，将使他们更容易掌握使用万维网所需要的技能。也要感谢通过麦金塔（Macintosh）和视窗（Windows）操作系统而普及的图像用户界面，它们引入了诸如"点击"这样的操作，这对万维网的新手使用者来说清晰易懂，不会迷惑。特别是对于非专业用户来说，以互联网为基础的万维网代表了个人电脑与网络的融合。

## 参考文献

Berners-Lee, Tim. "W3 Concepts." Web page http://www.3.org/pub/WWW/Talks/General/Concepts.html, 1993a.

Berners-Lee, Tim. "W3 Protocols." Web page http://www.3.org/pub/WWW/Talks/General/Protocols.html, 1993b.

Berners-Lee, Tim, et al. "The World-Wide Web." *Communications of the ACM* 37(8):76-82, 1994.

Comerford, Richard. "The Web: A Two-Minute Tutorial." *IEEE Spectrum* 32:71, 1995.

Carpenter, B. E., et al. "Two Years of Real Progress in European HEP Networking: A CERN

Perspective." *Computer Physics Communications* 45:83-92,1987.

Hayes, Brain. "The World Wide Web." *American Scientist* 82:416-420,1994.

Kellerman, Aharon. *Telecommunications and Geography*. New York:John Wiley, 1993.

Krol, Ed. *The Whole Internet User's Guide & Catalogue*. San Francisco: O'Reilly & Associates, 1992.

MERIT. "Merit Retires NSFNET Backbone Service." Web page http://nic.merit.edu/nsfnet/news.releases/nsfnet.retired, 1995.

RIPE, "About RIPE." Web page http://www.ripe.net/info/ripe/ripe.html,1997.

Schatz, Bruce R., and Joseph B. Hardin, "NCSA Mosaic and the World Wide Web: Global Hypermedia Protocols for the Internet." *Science* 265:895-901,1994.

Shapard, Jeffrey, "Islands in the (Data) Stream: Language, Character Codes, and Electronic Isolation in Japan." In *Global Networks*, ed. L. Harasim. Thousand Oaks, CA:Sage, 1995.

# 第36章 万 维 网

杰伊·戴维·博尔特（Jay David Bolter）
理查德·克卢辛（Richard Grusin）[1]

杰伊·戴维·博尔特是佐治亚理工学院（Georgia Institute of Technology）语言学、传播学和文化学教授。理查德·克卢辛是韦恩州立大学（Wayne State University）英语系教授和系主任。

万维网已经经历了几个发展阶段，每个阶段都是对早期的媒介的再造。今天的万维网是兼收并蓄、范围广阔且连续不断地从几乎所有我们可以列举出来的视觉和听觉媒介中采借而来的，而且还对这些媒介加以修补。不断变化的是万维网对媒介修补的频率；而总是保持不变的，是通过万维网的网络化传播的灵活性和现场性可以实现的即时性。万维网的现场性是对广播电视的现场性形式的改造。

## 文字和图像设计

作为传播系统和文化符号的互联网自身就是对电报的修补。我们仍然将互联网想象成覆盖在工业化世界上网状排列的电线，如同电报最初在19世纪时的样子，尽管今天的互联网包含着各种各样的数据连接，其中有地面上的线路、埋在地下的电缆、微波连接和卫星连接。在万维网之前，互联网的服务（例如电子邮件和简单的文件传输）从根本上重置了传输字符串的媒介（如书、信件和技术报告）。尽管它可以传输数字图像，但是大部分使用者还都局限在美国信息交换标准码（ASCII）的文本上。而且由于互联网无法界定印刷材料的范围，因此它不得不将传播的速度作为最重要的补救措施。这样的速度大部分通过电子邮件体现出来，即便在20世纪90年代早期这也是对互联网最普遍的使用。

在万维网出现后最初那几个晦涩模糊的年份里，它只是对文字传播的修正。欧洲核子研究组织的物理学家蒂姆·伯纳斯-李建议万维网提供超文本服务，科学家凭借它就能更便捷地分享他们的论文和数字资料。比如 Lynx 这样的最早的浏览器，只能在网页上显示文字……但是，在1993年，马克·安德里森（Marc Andreessen）和他在伊利诺伊大学（University of Illinois）的同事创造了第一台图像浏览器，这是网景（Netscape）的前身，能够在页面上将静态的图像与文字一起展示出来……这个看上去微不足道的增添却产生了两个重大的后果。第一个后果是，万维网开始吸引更多数量的使用者，其中包括那些已经开始使用电子邮件的大部分学者和研究人员，而且很快包括了更多遍布在工业世界的对技术一窍不通的人。如果万维网上没有图像，现在就不会有上千万的网络使用者，也不会有商业团体对它产生浓厚的兴趣。第二个后果与第一个有关，那就是万维网现在能够改制许多早期的媒介。除了信件和科学报告之外，它现在能够修正杂志、报纸和图像广告。网络杂志和新闻服务成为受欢迎的和重要的种类。网页设计者惯于从印刷图像的设计中寻找灵感，而且网页设计的原理也与杂志文章、广告和封面的排版原理越来越相似……即便是像计算机屏幕的空间更小、分辨率更糟糕这样的差别，也对照着平面造型设计逐条进行了分析。

平面造型设计者将他们对完美视觉效果的执着带到了网页设计中，在这种新媒介中表现为需要控制使用者屏幕上的每一个像素的位置和颜色。（这样的执着并不是建造第一代网页和浏览器的计算机编程者所共有的，他们看中的是用户控制和用户定制。）一如既往，这些修补是尊重和竞争的组合。虽然已经很明显，计算机屏幕无法与印刷页面在精确度上竞争，但是网页在传输速度和点击互动上的确有优势。与此同时，随着服务者（信息来源）和用户（受众）数量的增长，万维网成为所有印刷信息的重要修正者。它开始在它的能力范围内模仿传统的公共图书馆，而同一时间，公共图书馆自身也在扩大它们对合适的资料的定义，甚至将互联网终端装到了阅览室。

传统的平面造型设计不能解决活动图像的问题，因此当互联网和万维网开始传输动画，更充分地和数字视频、音频互动时，它们必然进入了新阶段。旧的修补并没有被废弃。万维网再造了个人书信、图书和杂志，但是现在它也再造和改良了 CD 存储器或 DVD 多媒介、广播、电影和电视。它通过承诺更强的直接性，并通过将所有这些媒介形式重新语境化以适应网络空间的电子环境，而与这些媒介形式旗鼓相当。

## 万维网的各种补救措施

有多种潜在的补救策略，从尊敬的到激进的，万维网的设计者在不同时期采用了不同的策略。过去和现在都有许多网站在没有任何明显的批评意味的情况下强调了其他媒体。这种尊敬的态度在补救那些更为古老的媒介时最常见，比如印刷的图书、静态的图像、绘画和照片。古登堡项目（Project Gutenberg）的目的就是收集"经典"文章的纯文字版本；网页上增添的图形装饰非常少，因此不会让人们读文字内容时分心……这个网页的编辑迈克尔·哈特（Michael Hart）称计算机是"复制器技术"，因为它能够无穷无尽地复制文章，而不会增添错误（http://www.promo.net/pg/history.html，January，13，1998）。哈特的复制正是尊敬性的补救。人类电子原文中心（CETH）是另一个尊敬性的补救的例子（http://www.ceth.rutgers.edu/，January，13，1998）。这些文字的数据库实际上先于万维网的引入，并且最初通过互联网较早期的服务，甚至是数字磁带，实现它们尊敬性的补救。又如国会图书馆的美国回忆工程（American

Memory Project of Library of Congress)(http://lcweb2.loc.gov/amhome.html,January 13,1998),这个项目旨在保存文件、印刷品和早期的照片,也包括一些早期的电影和声音记录……有许多提供数字化图像的样品的虚拟博物馆和艺术画廊,通常按照能够反映建筑物本身物理空间的方式进行设计。

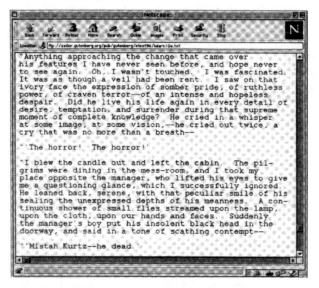

图36.1　古登堡项目的《黑暗的心》(*Heart of Darkness*)。http://www.promo.net/pg/,古登堡项目是迈克尔·哈特注册的商标。(本复制获得授权)

　　一般来说,可能这些网页的开发者和我们的大众文化都倾向于尊重这些媒介,因为它们被认为是落伍的,不可能威胁新的数字媒介。在复制挂在博物馆墙上的印刷品或油画的过程中,万维网能够实现存档的功能,而不用放弃它自己的革命性的主张。万维网的设计者觉得没有太大的必要与"经典"媒介产品的作者和摄影者进行竞争,因为这些再现模式看上去已经圆满了。在美国回忆工程中也有电影档案库,尽管万维网与电影的关系更复杂,更容易引起争议。

　　在这个新媒介中,对印刷品的补救一点都不是神圣不可侵犯的。例如,网络上的报纸、杂志和百科全书,都寻求在印刷版本的基础上加以完善。因此,光盘存储器、DVD或万维网形式的百科全书都声称是透明的和超媒介的。所有电子百科全书都是超媒介的,并且自称通过字符串检索或超级链接,能更有效地将读者带到所需要的信息那里。这些超媒介链接是重要的增补,这是由诸如在线版的大英百科全书(Britannica Online)等网络百科全书所提供的,尽管其中也包括一些视频,不过主要还是对带有静止图片的文字文章的收集。但是,CD存储器或DVD版的百科全书,通过呈现不能在印刷版本上出现的动画、视频和音频而保证了透明性。使用者能够听到小马丁·路德·金的声音或某种特别的外国鸟类的叫声,能够看到火山爆发或第一次登月的数字视频。这里的要点是,电子百科全书通过提供这些透明的媒介,而不只是散

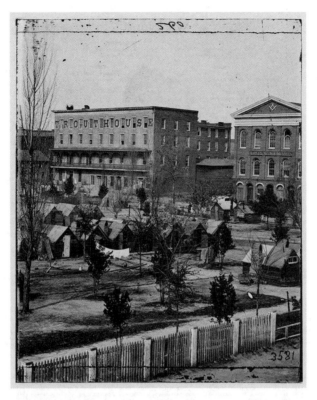

图 36.2　美国南北战争时期的照片：亚特兰大港（Atlanta, Ga.）迪凯特（Decatur）大街上的图罗特（Trout）楼、共济会大厅（Masonic Hall）和亲联邦政府军的宿营地。© Courtesy of the Library of Congress, Prints & Photographs Division. American Memory. http://lcweb2.loc.gov/ammen/.

文，让使用者更接近事件。这些多媒介百科全书也开始出现在万维网上（图 36.3）。

　　万维网和互联网的使用改造了新一代的感性媒介，如广播、电视和电话，对它们的再造要远比对印刷媒介的再造更有攻击性。对于广播和电视，互联网的主张不再是能够提供新的透明性，尽管音频（如果没有视频的话）的质量已经接近无线广播或电缆广播的质量了。但是，在互联网上，受众对视听体验比从广播中所得到的有更大的控制权。他们能够通过超媒介的视窗化界面实现直接性。听众可以通过一只手控制的鼠标收听互联网广播，与此同时他们还能浏览网页；他们在收听节目的时候，可以阅读标题，并且通过点击链接改变材料的顺序。类似的网络电视界面已经存在，并且在宽带接入家庭能够处理全屏和全动态画面后，它将毫无疑问地繁荣起来。互联网电话服务更多地被理解为一种娱乐，因为使用者可以通过图像化的用户界面制作、恢复和修改通话。但是，在提到它的主要改进意义时是集中在经济方面的——互联网电话比使用长途电话更便宜。

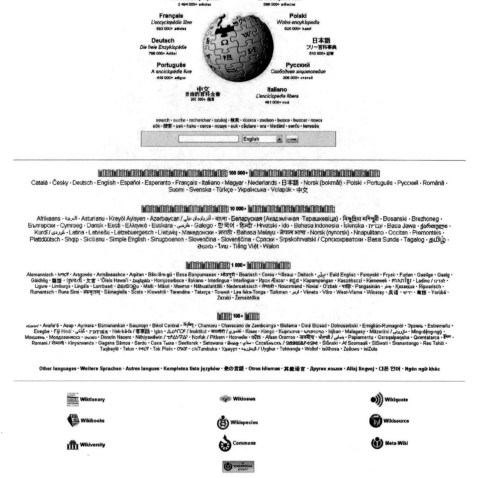

图 36.3 维基百科(Wikipedia)截屏。Wikipedia screenshot © 2000，2001，2002 Free Software Foundation，Inc.

## 网络摄像机

与其他的数字媒介一样,万维网也可以从根本上对其前辈进行修正,也就是完全不再承认它们。这个被称为"网络摄像机"的家伙,不过是偶尔承认它们的文化角色"只是更好的电视"。网络摄像机貌似不重要,但它实际上深刻地体现了网络作为修补者的特性。网络摄像机训练有素地存在于世界的某些角落,如仓鼠的笼子里、咖啡机里或高速公路上,它承担着电视和录像的功能。无线广播电视和闭路录像仍然能够在公共领域和私人领域完成这项文化任务。但是,隐秘的摄像机保卫着建筑物和私人住宅的内部和外部，与此同时我们也期望像美国有线电视新闻网（CNN）这样的新闻网，能够为我们提供任何一个重大的自然或人类灾害的连续视频。电视监视普通情况和灾难事件；它也能将普通的事情变成大事件（天气频道），或将灾难性事件变成普通小事（通过没完没了地对变化中的热带风暴或森林火灾进行报道）。

现在万维网和互联网上的相关服务，都开始与广播电视的这项作用展开竞争。因为万维网上的流式视频已经相当便宜，所以我们能够比以往任何时候都更密切地监控每天发生的事情。而且，互联网一如既往地能够为它的用户提供互动服务，而这是传统的无线电视无法实现的。在一些网页上，访问者甚至能够自己调整摄像机的视角。

与看电影相比，电视对外界的监控功能相对私人化一些，因为我们是坐在自己家的起居室里，而不是在公共场所看电视。而这种区别的一个例子就是录像机将电影带到电视上的方法。在满是令人分心的干扰和中间插入谈话的起居室环境中看电影，使得看电影的体验从集中注意力的观看变为随意的收看。但是，万维网提供了比电视更私密的体验，因为浏览者通常与计算机单独在一起，在许多情况下只有一个人在操作。网络摄像机在某些方面是比电视更好的监视器，并且的确还有能够运行观众收看的正在播放的电视节目的网站。网络摄像机现在还往往是断续的，但是全动态的视频最终将使万维网能够直接与无线电视和有线电视竞争……

每台网络摄像机都能提供未经编辑的影像流，这使得物理世界的某些部分对于互联网来说是透明的，因此看起来网络摄像机是在透明的逻辑下运作。如在高山和大海这样的自然场所放置许多摄像机，以捕捉每日的光线变化和季节变化，尽管每个变化

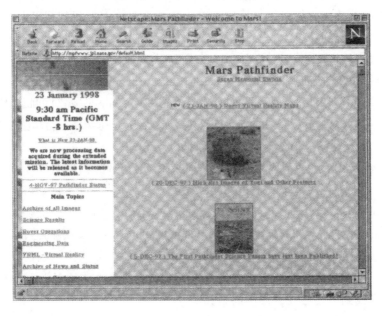

图36.4　"火星拓荒者号"的网站。http://mpfwww.jpl.nasa.gov. © 1998，Courtesy of NASA/JPL/Caltech.

都很细微。摄像机的这些记录大自然的功能，使观看者能够接触到奇异的或远方的景观，这曾经是在过去的一百年里由照片和电影来提供的服务。因此，在毛伊岛（Maui），一系列"机器人摄影机"以60分钟为一个段落跟踪这块伊甸园……而另一台摄影机将观众带到了南极洲上永远是冰天雪地的莫森考察站（Mawson Station）……1997年，当"火星拓荒者号"（Mars Pathfinder）成为第一艘着陆在其他行星上的宇宙飞船时，也是网站在全世界遍地开花之时，由美国喷射推进实验室（Jet Propulsion Laboratory）设计的网站，成为世界上最遥远和最吸引人的网络摄像机……相关网页在飞船降落之后的几天里，获得了几百万的"点击"，尽管那上面除了布满岩石的不毛之地和一成不变的天空之外，没有什么可看的。唯一的动作是宇宙飞船自身在以每分钟不到两英尺的速度穿越这颗行星时的自动飘浮，宇宙飞船在这个过程中拍摄照片，并且探测岩石和土地。对于大部分没有地理知识的公众而言，吸引他们的只能是媒介带来的真实，即科学家成功地将几台摄像机放在了火星上的事实。科学家让我们去看的，以及我们热情回应的都是这些运行中的媒介。

网络摄像机再次揭示了我们对媒介的着迷。否则在全世界传输一条金鱼不间断的图像流还能有什么其他的动机？这样的页面并不服务于可以想到的实用的或美学的目的；设计者只能向他自己和我们展示互联网的监控功能。透明的直接性再一次走进了超媒介，因为如果这些网络摄像机使得人们可以接近物理世界的某个部分，它们也通过将物理世界的某个角落带进电脑空间而让人们去接近。它们在互联网上制作毛伊岛、南极洲和火星的节点。许多这样的网站通过增加一个页面上的摄像机图像来探索超媒介的美感。它们可以展示同一部摄像机在不同时间里拍摄的几张图像，它们可能从几台紧密排列在一起的摄像机里获得图像，然后合成一幅全景图……或它们可以只是简单地展示不相关联的图像。一个网站让它的浏览者通过摆放并排放在一起的任意3台摄像机，从而做成自己的网络点唱机……这些技术使我们意识到每台网络摄像机都是一种媒介技术。"豚鼠电视"（"Guinea Pig Television"）页面以幽默的方式进一步承认了万维网对电视的修补作用，因为设计者将动物放在了电视机的画面框里……

希望万维网修补在它之前的所有媒介的文化期待意味着，网络界面并不能够做到完全的透明。在万维网占主导地位的战略是超媒介，这是通过在每个窗口中都填满小部件，并把每个屏幕都用窗口填满实现的。超媒介也是广播电视的支配性战略。在某种范围内，万维网与电视一样，都致力于对现实和每日发生的琐事的监控。但是，当电视还可以（勉强地）区分物理真实和它的媒介真实的时候，万维网的确已经更咄咄逼人地打破了这个屏障，并且坚持它自身的媒介真实。每件事情，从南极洲的雪地到火星上的荒漠，都找到了它通往万维网的道路。

# 第 37 章　Web 2.0 的文化史

爱丽丝·马威克（Alice E. Marwick）

爱丽丝·马威克是北卡罗来纳大学（University of North Carolina）教堂山分校传播系（Department of Communication）副教授。

2006年,《时代》杂志封面的"年度风云人物"描绘了一台电脑,亮晶晶的聚酯薄膜镜面屏映出观看者的脸。年度风云人物：你。封面报道作者列弗·格罗斯曼（Lev Grossman）写道：

> 2006年……这是一个空前的共享与合作的故事。它讲述了汇集全宇宙知识的 Wikipedia、拥有数百万频道的人际网络 YouTube、在线大都会社区 MySpace。它讲述了多数人如何从少数人手中夺权,互相帮助,不求回报。这一切不仅在改变世界,还在改变世界变革的方式。有一个工具造就了这一切,那就是万维网……但不是 20 世纪 90 年代末被过度炒作的互联网。新网络是完全不同的东西。这个工具能集数百万人的微薄之力于一体,并让他们发挥作用。硅谷咨询师称其为 Web 2.0,好像它是某种旧软件的新版本。但其实这是一场革命。

这篇封面报道早已成了技术乌托邦派的陈词滥调,但《时代》对用户生成内容的欢欣鼓舞也回响在主流媒体、数百场论坛与 TED 演讲的革命性论调中。用《投资者商业日报》(*Investor's Business Daily*)的话来说,"用户贡献的内容将永远改变在线媒体——以及整个传媒行业"。《洛杉矶时报》(*Los Angeles Times*)的一名作者声称,Google 收购 YouTube 是"激进左派政治的胜利——这意味着它既有能力颠覆商业,也有能力帮助商业再造"。《连线》(*Wired*)杂志的一位评论员的说法比较可靠:"Web 2.0……关乎数字技术的民主化。目前正是规范技术伦理、让民主社会更加民主的最佳时机。"学术界也出现了乌托邦式的修辞,学者们研究民主化的新网络,讨论众包如何扩大了用户参与的潜力,还创造了诸如"大众经济学"(folksonomy)、"聪明的大众"(smart mobs)、"自由文化"(free culture)等概念。知识分子、新闻媒体、技术精英似乎形成了一致的看法。革命的时机已经成熟,形形色色的技术早已在"Web 2.0"的大箩筐中集结待命。

技术公司和专家学者把 Web 2.0 的标签广泛地贴在维基、博客、社交网站、标签和用户生成内容网站如 Wikipedia、MySpace、Facebook、YouTube、del.icio.us、Flickr、Digg 和 Twitter 上。这些技术预示着获得了不受传统媒体或"大媒体"约束的自由。它们承诺更受欢迎的名流新闻和娱乐节目,更新形式的抗争行动,以及更公开透明的各种信息。Web 2.0 宣称社交技术的采纳预示着一个更加美好、更加自由的社会,而信息的收集与共享则是这一革命的基石。任何组织机构都不应阻止人们获取信息或以文化产品为原料进行创造,否则就成了障碍,必须通过必要的集体行动来清除。不过即便如此,Web 2.0 的政治力量却主要聚焦于网络中立、版权改革、点对点倡导和政府改革;例如,知识共享(Creative Commons)与自由文化运动(Free Culture movement)创始人拉里·莱斯格(Larry Lessig)发起了"改变国会"(Change Congress)运动,反对政府的腐败和参议院特殊利益集团的影响,与他并肩行动的还有曾任霍华德·迪恩(Howard Dean)[①]竞选经理的乔·特里皮(Joe Trippi)。科幻小说家、热门博客"Boing Boing"的作者之一科里·多克托罗(Cory Doctorow)的另一个身份是版权活动家,他的工作范围包括各种专利技术,从只能用一季的基因工程种子,到用过一段时间会自动失效的打印机墨盒。这些信仰很大程度上源自黑客与自由和开源软件(FOSS)的发展,看起来好像与 Web 2.0 的另一特征——工业资本主义的自由观念和自由市场——颇为抵触。

但重要的是要记住,Web 2.0 起源于旧金山。加州北部有着通过技术创新创造财富的悠久历史:晶体管、微电子、视频游戏和互联网公司便是如此。这样的历史催生了"加州意识形态",这是一套被广泛认可的信念,即相信越来越多地采用计算机技术将会带来积极的社会后果,相信技术行业是最优秀、最聪明的人茁壮成长的地方,相信不受约束的自由市场是确保所有人成功的最佳途径。[1] Web 2.0 叙事既传承了加州意识形态,又是它的延续。获得了风险投资的初创企业在科技界获得了最高地位:资本主义被视为政治变革的推动者,而不是质疑的对象。网络使真正具有创新性和潜在颠覆性的文化产品成为可能,不过旧金山科技界更关注的是 Twitter、Digg、Facebook 等成功公司(你也可以换成"Instagram""Pinterest""Quora"或在读此文时任何风头正劲的初创公司)的创始人积累的财富和名声。甚至主流媒体在高调庆祝这些公司带来的剧变时,也会把科技创始人与社交媒体新贵,如 Digg 的凯文·罗斯(Kevin Rose)、Twitter 的埃夫·威廉姆斯(Ev Williams)和 Facebook 的马克·扎克伯格(Mark Zuckerberg)塑造成封面明星。

这些变化似乎令人加倍兴奋,因为 2001 年互联网泡沫破灭后,大众智慧似乎从互联网上消失了。投资界和传媒界都在说,人们再也不会为在线内容付费了,打赢电子商务战的只有亚马逊一家,资金、风投与注意力都已经离开互联网,而且可能是永远离开。而 Web 2.0 却将聚光灯重新对准了硅谷的年轻企业家和"思想领袖"。在此过程中,理想主义回归,创造了新的投资和个人财富。

---

① 霍华德·迪恩(1948— ),美国第一位重度依赖互联网与选民沟通、接受捐款的总统候选人。

加州意识形态在硅谷依然流行，但湾区强大的反主流文化也在塑造着当代科技界。Web 2.0 意识形态的缔造者既有硅谷创业资本主义，也有激进亚文化，如独立出版、反全球化行动、火人节（Burning Man）①、网络狂欢文化、自由和开源软件等。这些反文化运动的关系错综复杂，不太容易理清头绪。很多反企业行动者相信，是里根时代和克林顿时代的媒体公司兼并催生了千篇一律、唯利是图的大众媒体，导致新闻媒体软弱无能，失去了制衡企业或政府的战斗力。在网络时代初期，互联网员工利用空闲时间建立个人主页，为的是提供一种主流娱乐之外的选择。而在 Web 2.0 时代，博客和 Twitter 促成了"公民新闻"（citizen journalism），这是一种自下而上的媒体形式，被认为能够弥补主流媒体的不足。Web 2.0 的自我定位是对主流媒体的反文化批判，但解决方案却是社交网络技术，而不是抗议斗争或政治参与。西海岸的反建制行动主义与技术文化的自制精神之间天然地相互吸引，为上述意识形态的融合创造了肥沃的土壤。激进行动主义与商业文化的结合创造了一种理想主义的技术决定论——非但不排斥主流资本主义，还全身心拥抱它。

## 谈论（技术）革命？

所谓的"Web 2.0 叙事"是什么？我想说的是，当普通人、大众媒体和学术界讨论 Web 2.0 时经常把真事、技术与人抽象成一套包罗万象的元叙事。谈论 Web 2.0 是科技圈社交活动的一部分，其本身也反映在社交媒体、博客文章、流行书籍和演讲中。这些文本深远地影响着人们如何思考自己的存在和行为，哪些技术被关注而哪些被忽视，金融资源应如何流通等。归根结底，Web 2.0 叙事会成为人们日常生活与交谈的一部分。

Web 2.0 叙事传达了一种所谓的"数字例外论"（digital exceptionalism），即互联网不同于其他传播形式，因此不受法律和市场力量的约束。显然，网络传播与大众传播或面对面传播相比有着不同的特性。［微软研究院科学家达纳·博伊德（danah boyd）将这些特性概括为持久性、可复制性、可扩展性和可搜索性。］[2] 从这些特性出发，就形成了一系列不太可靠的主张：互联网不能被监管，它本质上是民主化的，等等。在 20 世纪 90 年代中期，"网络空间"经常被看作一个独立于日常生活的空间。这种"分离假说"认为，互联网能使人们摆脱尘世肉身的束缚，享受没有歧视的纯粹交流。学者雪莉·特克尔（Sherry Turkle）和桑迪·斯通（Sandy Stone）假定，数字传播可以超越性别、种族等结构化的权力关系。（然而，研究表明，网络传播也反映了人际传播的权力关系。）Web 2.0 再次将例外论置于争论的焦点。但这种错觉并不新鲜。法学

---

① 火人节是一个由艺术家、创客和社区组织者组成的反主流文化组织，致力于在全球各地创作艺术、组织活动和发起倡议。每年，成千上万的"火人"会聚集在美国内华达州沙漠中的黑石城（Black Rock City），参与非营利性的火人节。

家蒂姆·吴(Tim Wu)曾指出,"过去一百年来,新的信息获取方式总是一次又一次地预告激进变革的来临,要说它们与今天有什么不同,只能说每一次都似乎比今天更引人关注"[3]。以为新媒介的革新是史无前例的,并为此欢欣鼓舞,不过是历史的无数次重演而已。

Web 2.0 叙事还经常假定,单是把社交网络技术引入社区就能扩大民主与参与的范围,同时消灭不适应的组织与产业。但这种无视具体环境、认为采用某种技术就能改变社会或行动的看法是错的。科学技术史表明,技术决定论是假的,因为不同地区、不同时代的政治、经济与社会差异都会影响技术的部署与使用。印刷机和古登堡的《圣经》并没有引发新教改革。这种观点忽略了例如反教权主义的兴起、封建制度的瓦解、城市主义与商人阶级的形成、文艺复兴的出现等各种因素。同样地,新技术被引入不同的社会环境后,也会具备不同的用途。例如,美国青少年、日本青少年、西非企业家与埃及行动者都以不同的方式使用手机,也都以不同的方式理解技术的用途。

大量关于 Web 2.0 的著作都在强调它的积极作用,但也有越来越多的流行书籍站在反对立场上。尼古拉斯·卡尔(Nicholas Carr)的《浅薄》(*Shallows*)认为,社交媒体、短信和网页浏览会分散注意力,使人难以集中精神。[4] 曾经的网络乌托邦人士杰伦·拉尼尔(Jaron Lanier)在《你不是个工具》(*You Are Not a Gadget*)一书中声称,"融入"社交媒体技术的价值观强调的是机器的从众性,而不是表达的个性化。[5] 安德鲁·基恩(Andrew Keen)的《业余者的崇拜》(*Cult of the Amateur*)认为,用户生成的文化是驱逐专业知识的劣币。[6] 这些书都堪称发人深省、引人入胜,但它们采用的说法却往往与 Web 2.0 的支持者并无二致。换句话说,它们也落入了数字例外论与技术决定论的双重陷阱,不同之处只在于,他们认为社交网络技术只有坏影响(基恩尤其扯得远,甚至谴责 Web 2.0 带来了儿童色情和在线扑克)。技术乐观派和技术悲观派均未能从经验数据出发,而是总结出了关于技术的单一宏大理论。

为了揭示 Web 2.0 意识形态中的复杂假设,有必要了解一下它的起源。这个词最初是一种营销策略,用以区分新兴的科技公司与失败的网络公司。Web 2.0 精神根植于长期的勤劳苦干,对创意资本主义的强调,通过工作实现个人价值,以及企业家的创业精神。这些传统与草根倡议结合,形成了旧金山技术工作者的 Web 2.0 "现场"。身处"现场"的主要是年轻的白人男性,尤其是愿意加入获得风投的初创公司且支持开放透明的 Web 2.0 核心原则的开发人员。也就是说,Web 2.0 的出现有其地理根源,而这份历史遗产也被带进了新时代。因此,社交媒体必须被看作现存文化力量的延续,而不是决定性的变革。

## 众多起源,而非一源

正如前文所述,Web 2.0 文化受到了各种因素的影响。20 世纪八九十年代,一系列社会运动都在批评企业、政府与媒体格局的日益国际化。对于黑客和反全球化行动者等不同群体来说,这些体制令人窒息,形成垄断,违背公共利益。反全球化行动者痛批跨国公司滥权。草根媒体行动者声称兼并后的主流新闻媒体已无法制衡政府与企业的权力,于是转而求助独立媒体中心、博客等替代方案。商业娱乐的同质化激发了"zine"和"e-zine"①发布者创作独立自主的复印杂志,强调的是"自己动手"。受黑客精神指引,自由和开源软件开发者批判专有软件与知识产权代理导致政治不公与经济纠纷。这些社会运动的众多参与者相信,互联网技术可以为他们的政治理想提供实实在在的例证。通过设计开放的参与式技术,行动者鼓励了合作和协调,对抗了自上而下的等级体制。互联网固有的去中心化可以打破信息不对称,让人们平等地使用广播发布技术,结束媒体实践的垄断。

这些哲学中的很多(但绝不是全部)都强调企业资本主义的根本缺陷,呼吁"退出"主流企业并另外创造替代方案。例如,在加州北部,一场明显的反文化运动与 dot-com 互联网技术同时兴起——声称在线交流可以建立社区、开放思想。这种乌托邦式的"赛博"思维依赖自我组织的社区和志愿服务。然而,Web 2.0 的意识形态并不排斥资本主义,而是全身心拥抱它。加州北部长期以来一直是技术创新和反主流文化的中心,但黑客文化和独立出版的反资本主义精神已经被硅谷新伦理盖过了风头,自由市场成为选择与创新的供养者。Web 2.0 叙事把企业家尊奉为神话英雄,认为获得风险投资的初创企业具有最崇高的地位。换句话说,社交媒体将资本主义视为社会变革的推动者,却不质疑它潜在的不平等。不仅如此,以前的许多社会运动都是多元化的,而 Web 2.0 的主要参与者却是白人、男性和技术决定论者。就这样,Web 2.0 有选择地汲取了旧金山反主流文化的某些因素,同时拥抱了技术推动下的硅谷经济成就。两种理想之间的紧张关系明显贯穿了 Web 2.0 的整个历史。

---

① "Zine"指的是那些独立出版、小规模印刷、手工感很强、不同于主流传媒的出版物。"Zine"是单词"fanzine"(爱好者杂志)的缩写,源自 20 世纪六七十年代美国的地下音乐和电影文化,当时年轻人会用这种小众独立出版物来传播地下音乐和电影文化。

# 第 38 章　社交媒体的历史重现

汤姆·斯坦迪奇（Tom Standage）

汤姆·斯坦迪奇目前是《经济学人》（The Economist）的科技作者。

你能回溯得更早，就能展望得更远。

——温斯顿·丘吉尔，1944 年

　　自从互联网普及以来，将基于数字技术的"新"媒介与之前的"旧"媒介区分开来早已司空见惯。但如今看来，旧媒介显然也曾是一种历史反常。旧媒介始于 1833 年创刊的《太阳报》，其创新的大众媒体模式基于聚集大量受众并将他们的注意力卖给广告商。然而，回顾 1833 年旧媒介时代开始之前的几个世纪——可以被称为"真正的旧"媒体时代——当时的媒介环境也是基于社交网络的人际信息传播，与当今世界有许多相似之处。从很多方面看，21 世纪的互联网媒体更像 17 世纪的小册子或 18 世纪的咖啡馆，而不是 19 世纪的报纸或 20 世纪的广播和电视。简而言之，今天的媒介与旧媒介有很大的不同，但与"真正的旧"媒介又有很多相似之处。介入其中的旧媒介时代是事物的某种过渡状态，而非自然的常态。经历了这段短暂的中间期——可以称之为"大众媒体过渡期"——如今媒介正向着前工业化时代的相似形式回归。

　　当然，社交媒体的古代（模拟）形式与现代（数字）形式的类比并不完美，二者还有一些重要的区别。纽约大学互联网学者、作家克莱·舍基（Clay Shirky）指出，基于互联网的出版是即时的、全球的、永久的、可搜索的，而这正是社交网络早期形式如纸莎草卷、诗歌和小册子所不具备的特性。但社交媒体的历史形式与现代形式还是有足够的共同点——底层的社会逻辑、引发的反应、对社会的影响——可以帮我们重新评价今天的社交媒体及其引发的争论。

　　有一个争论最能反映历史提供的有益借鉴，那就是社交媒体的政治影响及其引发抗争或革命的功能。一段时间以来，这场争论十分激烈——阿拉伯之春再一次激化了它。以舍基为代表的一方强调突尼斯、埃及乃至世界各地的行动者与革命运动都在使用社交媒体，而以马尔科姆·格拉德威尔（Malcolm Gladwell）和叶夫根尼·莫罗佐夫（Evgeny Morozov）等作家为代表的另一方则质疑网络上的某种立场声援是否必然会转化为现实行动。怀疑者甚至认为，在线支持某种立场可能会让人更不想采取行动，因为他们也许会觉得自己已经尽过力了［莫罗佐夫喜欢称之为"懒人行动主义"

(slacktivism)〕。比如说,既然在 Facebook 上就能点"赞",为什么还要去参加游行呢?

历史表明,小册子、书信、地方报纸等各种形式的社交媒体在新教改革、美国独立战争和法国大革命中发挥了重要作用。历史也表明,社交媒体的主要功能是公布与反映公众舆论,揭示当权者遭到了何种程度的反对。任何情况下,假如仇恨越积越深,革命就迟早会发生,使用社交媒体只是加快了这一进程。换句话说,将革命完全归因于社交媒体是错的,但完全低估社交媒体的作用也是错的。

有一种看法对阿拉伯之春和新教改革同样适用,即发动革命就像点燃一把火。美国国务院前官员、如今供职于谷歌公司的贾里德·科恩(Jared Cohen)将社交媒体在阿拉伯之春中的作用比作"助燃剂",它能使火势蔓延得更快。1572 年的一份插图手稿也表达了类似的观点,描绘了欧洲教会的反抗火药桶最终如何被点燃。在插图中,约翰·威克里夫(John Wycliffe)手捏火柴,扬·胡斯(Jan Hus)手持蜡烛,马丁·路德则手擎火炬。社交媒体的各种新形式并不能点燃大火,无论是在 16 世纪还是 21 世纪。但在这两个例子中,它们都帮助星星之火形成了燎原之势。

与此相关的另一个问题是,是否更多的人访问互联网尤其是社交网络媒体开放平台,也就意味着更多的自由与民主?最明确地肯定这一观点的是瓦埃尔·高尼姆(Wael Ghonim),他在 2011 年埃及动荡发生后对美国有线电视新闻网记者说,"我一直这么看,如果你想解放一个社会……如果你想缔造一个自由的社会,只需要把互联网给他们"。当记者问他哪个国家会效仿突尼斯和埃及推翻自己的政府时,高尼姆的回答是:"去问 Facebook 吧。"

这让人想起孔多塞于 18 世纪 90 年代提出的乌托邦式建议,即"印刷出版业……使人民的教育挣脱政治和宗教的枷锁"。更多的言论自由肯定会使专制政权更加难以为继。但孔多塞时代的历史表明,无拘束的出版也使政府更容易监控公众舆论,盯住反对派;而法国大革命的后果也表明,在一个无法可依的环境中,自由的出版业会被民粹主义者利用,导致暴民统治。

在现代社会,同样有人担心社交媒体的类似弊端。莫罗佐夫指出,专制政权有的是办法利用社交媒体。尤其是,社交媒体能帮助政府扩大宣传,创造新的监控方式,更快地识别出行动者之间的关联。例如,在莫罗佐夫的出生地白俄罗斯,反政府人士曾利用"LiveJournal"博客平台组织行动,但"社交媒体创造了一个阻止革命的数字监狱:网络向公众传递恐慌,它们已经被国家权力渗透、打败,毫无希望"。他的结论是,"反对派有了新的数字空间,但追踪反对派的新方法也随之而来……只要侵入一个行动者的收件箱,就能将所有跟他往来的人一网打尽"。

话虽如此,社交媒体,无论是以印刷书报还是互联网的形式,都可以成为加速自由开放的力量。原因很简单,专制政权为了稳定统治,必须操纵民众的世界观,而相对开放的媒体环境会让他们更难得逞。但天平的另一边并非空无一物,这一好处必须与社交媒体也会导致民众更容易被代表这一事实进行平衡。莫罗佐夫指出,互联网"渗入并重塑了政治生活的方方面面,但绝不限于有利于民主的方面"。任何希望用互联网传播西方式自由民主的人都必须记住,使用同一种数字工具的是目标各不相同的行动者,其中包括黎巴嫩真主党和俄罗斯极右翼民族主义团体。

社交媒体还引发了一个更实际,也更受关注的担忧:现在谁都能轻松地在网上发表自己的观点了,无论是在Twitter、博客,还是在评论区,这就导致了公共话语的粗俗化。种族对立、性别歧视、极端言论、偏激观点、人身攻击和迷信糟粕充斥于众多在线论坛。Twitter允许任何人向其他用户直接发送威胁或辱骂。难怪政客、牧师和报纸评论员经常把互联网比作下水道。

然而,媒介的历史表明,这只不过是知识精英永恒的抱怨的现代版本,每当技术进步使得观点发布变得更容易,坏人就会利用它来发布坏东西。在16世纪早期,伊拉斯谟(Erasmus)抱怨印刷商"把愚蠢、无知、恶毒、诽谤、疯狂、不敬和颠覆的小册子与书籍强塞给世界;就好像洪水,本来是有点好处的,到头来造成的完全是破坏"。更糟的是,这些"汗牛充栋的新书""损害了学术",因为它们诱使读者远离经典,而伊拉斯谟认为只有经典才是该读的。

但印刷商很快意识到,与经典著作的印刷版相比,小册子和当代作品的印刷版拥有更广大的受众,也能赚更多的钱。同样,在英国,"出版同业公会"(Worshipful Company of Stationers)哀叹1641年新闻管制瓦解后无证小册子激增,抱怨"每个无知之徒都能利用宽松的出版环境发布无脑之人的妄想,就像那些在街上到处叫卖的丑闻书和讨厌的小册子"。出版同业公会希望重新获得印刷垄断权,像从前那样控制印刷的内容,从而也控制人们阅读的内容。他们的抱怨与专业记者的牢骚并无不同:穿着睡衣的博客写手开始兴起,侵入记者的地盘,挑战现状。

每当信息发布渠道增加,权威人士总会大声疾呼。约翰·弥尔顿(John Milton)就曾在《论出版自由》(Areopagitica)中指出,更大的言论自由意味着坏思想会与好思想一起散播,但也意味着坏思想更容易遭到挑战。应该为极端、偏激的言论提供一个宣泄的渠道,这样就能反驳它们,千万别假装这类观点和相信的人不存在。在一个人人都能发表观点的世界里,另一种选择——限制言论自由——肯定更糟。与弥尔顿同时代的亨利·罗宾逊(Henry Robinson)也在1644年说道,"应该把很多错误的教义出版出来,尤其是那些本意是好的或单纯因为判断力弱而造成的错误,这么做总好过强行扼杀或故意隐瞒一个健全的真理;因为错误或不良的教义自相矛盾、荒诞不经,衬得真理更加光辉万丈、惹人喜爱"。一个人的话语低俗化是另一个人的出版民主化。妖怪已经跳出了瓶子。让真理和谬误搏斗吧!

无论你怎么看待在线讨论的标准,有一点是毫无疑问的:人们总是花很多时间参与其中。这引发了另一种担忧:社交媒体分散精力、浪费时间,使人们忽视了更有价值的追求目标,比如工作或学习。2009年的一项调查发现,超过一半的英国公司和美国公司已经禁止员工使用 Twitter、Facebook 等社交网站。大多数公司还屏蔽了商务用户社交网站 LinkedIn 的访问权限，担心它会让员工把时间用于社交和向其他公司推销自己。简而言之，企业早已将社交网络（social networking）等同于社交摸鱼（social notworking）了。

这种担忧也很常见。17 世纪的咖啡馆是当时的社交媒体平台，也曾引发类似的反应。在 17 世纪 70 年代，它们被斥为"浪费大量时间的纯粹新事物"，是"勤劳的大敌"。然而，咖啡馆也是各种人和思想的交汇处，各行各业的人聚在一起讨论最新出版的小册子，带来了科学、商业和金融领域的诸多创新。咖啡馆提供了一个环境，让意想不到的联系得以建立，最后变成了协作创新的温床。

同样，也有越来越多的公司认为，社交网络可以在工作场合发挥作用，只要使用得当。他们建立了"企业社交网络"，创建类似 Facebook 的私人社交网络，方便员工之间进行交流，有的甚至还能用来与用户或供应商交流。这种交流方式看起来有很多好处：因为与 Facebook 相似而很少或根本不需要培训，通过讨论线程共享文档和交流比使用电子邮件更高效，员工的潜在知识与才能更容易被发现；距离遥远的团队合作起来更容易。

……

社交媒体是否有侵害私人生活的危险？有的观察者担心，社交媒体其实是反社会的，因为它鼓励人们与网上毫不相识的人交流，损害了现实生活中的亲友关系。"虚拟的亲密关系会妨碍我们体验其他类型，甚至所有类型的接触吗？"这是麻省理工学院学者雪莉·特克尔在《群体性孤独》（*Alone Together*）中的发问。她担心"无情的联系会导致一种新的孤独。我们寻求用新技术来填补空虚，但技术日新月异，我们的情感生活却每况愈下"。同样，《哈姆雷特的黑莓》（*Hamlet's Blackberry*）的作者威廉·鲍尔斯（William Powers）也在感叹，家里人宁愿与网上的朋友聊天，也不愿彼此交流。他写道："数字人群总有办法挤进任何地方，甚至一家人共处一室半个钟头都不可能了，总有人——甚至所有人——要离开。"他的解决方案是一个"不插电星期天"：禁止使用电脑和智能手机。

很明显，任何时代的人都想与远方的朋友保持联系，无论使用什么技术。西塞罗（Cicero）心爱的女儿图利亚（Tullia）于公元前 45 年去世，此后几个月内，他尤其重视写信与朋友保持联系。他很享受通过每天与朋友阿提库斯（Atticus）通信而获得的信息，即使有时候信里没什么内容。"给我写信……每天都写，"他在信中对阿提库斯说，"当你无话可说时，就写'我无话可说'好了！"新媒体技术会让人产生不健康的依赖，这样的担忧也由来已久：回想一下柏拉图在《斐德罗篇》中如何反对写作，以及塞涅卡（Seneca）如何嘲笑罗马人蜂拥到码头去取信。到 17 世纪，讽刺作家也在嘲笑新闻迷如饥似渴地到处搜寻最新消息。

从罗马写信人到手抄诗分享网，再到美国殖民地分享新闻的神父们，媒体交换一直以来都在加强社会联系。今天也是如此。普林斯顿大学传媒学者泽伊内普·图费克奇（Zeynep Tufekci）认为，社交媒体之所以流行，是因为它能让住在郊区、长时间工作、家人散居全球各地的人们重新获得联系。她认为，社交媒体也是针对孤立、单向的电视媒体的一剂解药。只要使用了社交媒体，人们就能与原本失联的人保持联络，还能与原本不可能接触的同道中人保持联络。图费克奇认为："社交媒体增强了人际联系，人们的交谈采用了史无前例的方式。"宾夕法尼亚大学研究人员2011年发表的一项研究得出结论，"如果认为互联网便利了远程联系却牺牲了本土关系，那就错了。互联网不仅能让异常遥远的人相互联系，也能让本土互动获得新的辅助手段"。多伦多大学的研究人员2009年针对4000名加拿大人的研究发现：35%的人认为科技使他们感觉与家人更亲近，而只有7%的人认为科技使他们感觉与家人更疏远。值得注意的是，51%的受访者表示没有区别，这说明很多人不再区分线上世界与线下世界，而是将它们视为一体。

新技术经常遭到质疑。特克尔对"逃避交谈"感到担忧，她说，青少年宁愿发短信也不愿打电话。在"不插电星期天"，鲍尔斯一家人干什么事都在一起，包括一起看电视。不过，对电话、电视这些更旧的技术的顶礼膜拜似乎也很奇怪，毕竟它们也曾被斥为反社会，就像今天的社交媒体。（"电话使人更积极还是更懒惰？它是否破坏了家庭生活和走亲访友的老习惯？"这是1926年旧金山一项调查中的问题。）新技术出现时总会有个调整期，因为社会需要找到使用它们的适当规则，而技术本身也需要做出相应的调整。在这个过渡阶段，短则几年、长则几十年，人们会经常批评新技术破坏了现有的行事方式。但是，今天被妖魔化的新技术，明天也会被视为健康有益的传统技术；到那时，另一种貌似危险的新发明又会引发同样的担忧。

关于社交媒体的未来演变，历史可以提供哪些线索？尽管Facebook、Twitter等社交平台方便了人们通过共享社交链接分享信息，但它们在两个方面仍旧与老式媒体公司如报纸和广播相似：它们是集中式的（只不过信息由用户而非平台所有者发布），大部分收入都依赖广告。集中化赋予社交平台所有者巨大的权力，让他们能暂停或删除用户的账户、对信息进行审查——只要他们愿意，或是受政府强迫。与此同时，依赖广告收入意味着平台所有者必须让广告商和用户都满意，哪怕二者的兴趣并非总是一致。社交网络运营公司总想把用户留在自己的平台，以便让广告受众最大化，它们甚至已经开始限制用户的某些功能，让信息更难从一个社交平台传播到另一个社交平台。新的社交平台总是在发展初期尽可能地保持开放以吸引大量用户，这是有道理的。但在此之后，一旦开始想赚钱，平台就总是想把用户困在"围墙花园"里。

……

但无论未来的社交媒体会以何种形式出现，有一点是明确的：它不会消失。正如本文所说，社交媒体并不是新生事物。它已经存在了几个世纪。今天的博客好比是新版的小册子。微型博客和在线社交网络不过是新型的咖啡馆。媒体分享网站则复活了司空见惯的书籍。它们都是共享的社交平台，能让思想在人与人之间传播，通过由社会纽带维系的人际网络广泛扩散，而不必勉强挤过广播媒体独占的狭窄频道。在互联网时代，社交媒体的重生代表着某种深刻的变革——从很多方面来说，也代表着回归历史。

# 第八部分·讨论题

1. 万维网及其访问技术带来的变化实在太快,你在自己的人生中已经把它们经历了一遍。请就这方面比较一下你能记得的时代(如十几年前)与现在的区别。

2. 斯坦迪奇将早期传播方式与今天的社交媒体进行了比较。你还能想到哪些文中没有提到的传播方式或实例,表明社交媒体积极地扩展了旧有的传播方式,但反过来也再次(或首次)滥用了旧有的传播方式?

3. 从第八部分的作者提出的一些重要洞见出发,尝试一下预测未来——有时候我们称之为未来学。猜一猜下一代信息技术在21世纪20年代会带来什么变化。

# 注　释

## 第 1 章

1. Harold A. Innis, *Empire and Communication* (Oxford: Clarendon Press, 1950), p. 11.
2. Suzanne K. Langer, *Philosophy in a New Key* (Cambridge: Harvard University Press, 1960), pp. 41-43.
3. Jerome S. Bruner, "On Cognitive Growth Ⅱ," in Jerome S. Bruner et al., *Studies in Cognitive Growth* (New York: John Wiley and Sons, 1966), p. 47.
4. Ibid., p. 31.
5. B. Vandermeersch, "Ce que révèlent les sépultures moustériennes de Qafzeh en Israël," *Archeologia* 45(1972):12.
6. Ralph S. Solecki, *Shanidar* (London: Allen Lane, Penguin Press, 1972), pp. 174-178.
7. Vandermeersch, "Ce que révèlent les sépultures," p. 5.
8. Simon Davis, "Incised Bones from the Mousterian of Kebara Cave (Mount Carmel) and the Aurignacian of Ha-Yonim Cave (Western Galilee), Israel," *Paléorient* 2, no. 1(1974): 181-182.
9. Among the sites involved are Ksar Akil, Yabrud Ⅱ, Hayonim, and Abu-Halka: Ofer Bar-Yosef and Anna Belfer-Cohen, "The Early Upper Paleolithic in Levantine Caves," in J. F. Hoffecker and C. A. Wolf, eds., *The Early Upper Paleolithic: Evidence from Europe and the Near East*, BAR International Series 437 (Oxford, 1988), p. 29.
10. Davis, "Incised Bones," pp. 181-182.
11. Loraine Copeland and Francis Hours, "Engraved and Plain Bone Tools from Jiita (Lebanon) and Their Early Kebaran Context," *Proceedings of the Prehistoric Society*, vol. 43(1977), pp. 295-301.
12. Ofer Bar-Yosef and N. Goren, "Natufians Remains in Hayonim Cave," *Paléorient* 1(1973): fig. 8: 16-17.
13. Jean Perrot, "Le Gisement natufien de Mallaha (Eynan), Israel," *L'Anthropologie* 70, nos. 5-6 (1966): fig. 22: 26. An incised bone radius from Kharaneh Ⅳ, phase D, may also date from the same period: Mujahed Muheisen, "The Epipalaeolithic Phases of Kharaneh Ⅳ," *Colloque International CNRS*, *Préhistoire du Levant* 2 (Lyons, 1988), p. 11, fig. 7.
14. Donald O. Henry, "Preagricultural Sedentism: The Natufian Example," in T. Douglas Price and James A. Brown, eds., *Prehistoric Hunter-Gatherers* (New York: Academic Press, 1985), p. 376.
15. Phillip C. Edwards, "Late Pleistocene Occupation in Wadi al-Hammeh, Jordan Valley," Ph. D.

dissertation, University of Sydney, 1987, fig. 4. 29: 3-8; Rose L. Solecki, *An Early Village Site at Zawi Chemi Shanidar*, Bibliotheca Mesopotamica, vol. 13 (Malibu, Calif.: Undena Publications, 1981), pp. 43, 48, 50, pl. 8r, fig. 15p.

16. Anna Belfer-Cohen and Ofer Bar-Yosef, "The Aurignacian at Hayonim Cave," *Paléorient* 7, no. 2(1981): fig. 8.
17. Enver Y. Bostanci, "Researches on the Mediterranean Coast of Anatolia, a New Paleolithic Site at Beldibi near Antalya," *Anatolia* 4(1959): 140, pl. 11.
18. Enver Y. Bostanci, "Important Artistic Objects from the Beldibi Excavations," *Antropoloji* 1, no. 2(1964): 25-31.
19. André Leroi-Gourhan, *Préhistoire de l'art occidental* (Paris: Editions Lucien Mazenod, 1971), pp. 119-121.
20. Denis Peyrony, *Eléments de préhistoire* (Ussel: G. Eyoulet et Fils, 1927), p. 54.
21. Alexander Marshack, *The Roots of Civilization* (New York: McGraw-Hill, 1972).
22. Walter J. Ong, *Orality and Literacy* (New York: Methuen, 1982), p. 46.
23. Marshall McLuhan, *Understanding Media* (New York: New American Library, 1964), pp. 81-90.
24. Jacques Cauvin, *Les Premiers Villages de Syrie-Palestine du IXème au VIIème Millénaire avant J. C.*, Collection de la Maison de l'Orient Méditerranéen Ancien no. 4, Série Archéologique 3 (Lyons: Maison de l'Orient, 1978), p. 111; Jacques Cauvin, "Nouvelles fouilles à Mureybet(Syrie)1971—72, Rapport préliminaire," *Annales Archéologiques Arabes Syriennes* (1972): 110.
25. Robert J. Braidwood, Bruce Howe, Charles A. Reed, "The Iranian Prehistoric Project," *Science* 133, no. 3469(1961): 2008.
26. Denise Schmandt-Besserat, "The Use of Clay before Pottery in the Zagros," *Expedition* 16, no. 2(1974): 11-12; "The Earliest Uses of Clay in Syria," *Expedition* 19, no. 3(1977): 30-31.
27. Charles L. Redman, *The Rise of Civilization* (San Francisco: W H. Freeman and Company, 1978), p. 163, fig. 5-18: A.
28. Ignace J. Gelb, *A Study of Writing* (Chicago: University of Chicago Press, 1974.), p. 65.
29. Cyril S. Smith, "A Matter of Form," *Isis* 76, no. 4(1985): 586.
30. C. F. Hockett, "The Origin of Speech," *Scientific American* 203 (1960): 90-91.
31. M. Shackley, *Neanderthal Man* (Hamden, Conn.: Archon Books, 1980), p. 113.

## 第 2 章

1. 尤其值得注意的是,对莎草纸的特别重视构成了封建社会的基础,这一点正如同字母文字和科层官僚体制是罗马帝国的根基一样。
2. Napthali Lewis, *L'industrie du papyrus dans L'Egypte Gréco-Romain* (Paris, 1834), p. 117. See F. G. Kenyon, *Ancient Books and Modern Discoveries* (Chicago, 1927).
3. Alfred Lucas, *Ancient Egyptian Materials and Industries* (London, 1934), p. 133 *ff*.
4. Alexander Moret, *The Nile and Egyptian Civilization* (London, 1927), p. 457 n.

5. Lynn Thorndike, *A Short History of Civilization* (New York, 1927), pp. 37-38.
6. Moret, *The Nile and Egyptian Civilization*, p. 457.
   直到步入神奇的王国——纸莎草,人们才受到启发
   用神秘的色调描绘声音和思想
   用智慧的语言印记庄严的历史篇章
   用硬石铭记时代的脚步
   [伊拉斯谟斯·达尔文(Erasmus Darwin),《热爱植物》(*The Loves of the Plants*),1789]
7. Cited Moret, *The Nile and Egyptian Civilization*, p. 270.
8. Cited V. Gordon Childe, *Man Makes Himself* (London, 1936), p. 211.
9. Cited in V. Eric Peet, *A Comparative Study of the Literature of Egypt, Palestine, and Mesopotamia* (London, 1931), pp. 105-06.
10. Reinhold Niebuhr, *The Children of Light and the Children of Darkness* (New York, 1945), p. 80.
11. 卡西尔(Cassirer)认为语言和神话之间具有根本性的、密不可分的相关性,它们不是彼此独立的。神话体现了语言是如何对思想发挥作用的。词语在一切起源和创作中都发挥着原始动力的作用。本身就是神秘的实体的言语结构天生拥有神奇的力量。语言中的词语告诉人们,离他们最近的是词语的世界,而不是其他任何物质世界。思维既依赖词语中所包含的物理魔法般的力量,也能够使这种力量变成精神力量。通过语言,概念之神第一次走向具体化。对神秘主义的狂热与不借助任何名词或符号完全理解《圣经》中最本质的真实的努力是相悖的。在这两者的搏斗中,世界将被带入超越语言的沉默之境。然而,事实上,言说本身已经为其得以超越,并独立于宇宙万物的最后步骤做好了准备,而语言的精神深度和力量正是在这里得以体现。诸神联合的要求使得众神在语言表达上站在了人的立场上,并且从词语中得到了最有保障的支持。《圣经》剥离了自己的一切属性,因而它是自主的。
12. Moret, *The Nile and Egyptian Civilization*, p. 383.
13. Ibid., p. 403.
14. Sir William Ridgeway, *The Origin and Influence of the Thoroughbred Horse* (Cambridge, 1903). 关于马匹和战车的引入对希克索斯王朝的入侵战争发挥了什么样的重要作用,请见 H. E. Wenlock, *The Rise and Fall of the Middle Kingdom in Thebes* (New York, 1947), ch. 8。
15. See Herman Ranke, "Medicine and Surgery in Ancient Egypt," *Studies in the History of Science* (Philadelphia, 1941), pp. 31-42.
16. 洪水期没有规律,且难以预测。
17. 行政官员一次性地完成各种分类账。
18. *Studies in the History of Science*.
19. 手握泥版的角度发生了90度的偏转,因而由垂直书写变成了由左到右的水平书写,这意味着从空间布局到时间布局的转变。
20. S. H. Hooke, "The Early History of Writing" (*Antiquity*, XI, 1937, p. 275).

## 第 11 章

1. Gerald Strauss, *Luther's House of Learning* (Baltimore: Johns Hopkins Press, 1978).

2. John Headley, "The Continental Reformation," in Richard L. DeMolen, ed., *The Meaning of the Renaissance and Reformation* (Boston: Houghton Mifflin, 1974).
3. Headley, "Continental," pp. 150-51; Richard Crofts, "Books, Reform, and the Reformation," *Archives for Reformation History* 7 (1980): 21-36.
4. Louise Holborn, "Printing and the Growth of a Protestant Movement in Germany," *Church History* 11(1942): 123.
5. Lucien Febvre and H-J Martin, *The Coming of the Book* (London: NLB, 1976), pp. 287-88, 288, 289, 289-95, 290, 291, 291-92, 292-93, 292-95; A. G. Dickens, *Reformation and Society in Sixteenth-Century Europe* (London: Thames and Hudson, 1966), p. 51.
6. Manfred Hanneman, *The Diffusion of the Reformation in Southwestern Germany*, Department of Geography, Research Paper no. 167 (Chicago: University of Chicago, 1975), pp. 9, 7-9, chaps. 5-7, pp. 12, 9-13, 12-13, 13, 212. Conclusion.
7. Febvre and Martin, *Coming*, pp. 295ff.
8. Elizabeth Eisenstein, *The Printing Press as an Agent of Change* (Cambridge: Cambridge University Press, 1979), chap. 4, pp. 310, 326, chap. 4, sec. 2, p. 333.
9. Eisenstein, *Printing Press*, pp. 344, 348; see also Febvre and Martin, *Coming*.
10. Eisenstein, *Printing Press*, p. 349, passim.
11. Eisenstein, *Printing Press*, p. 354.
12. 关于这一时期的读写能力现代化的方程式,请见 Bernard Bailyn, *Education in the Forming of American Society* (Chapel Hill: University of North Carolina Press, 1960); Lawrence Cremin, *American Education: The Colonial Experience* (New York: Harper and Row, 1970); Richard D. Brown, "Modernization and the Formation of the Modern Personality in Early America, 1600-1865: A Sketch of a Synthesis," *Journal of Interdisciplinary History* 2(1972): 201-228.
13. 为了获得有助益的介绍和论证,请见 Bailyn, *Education*; Cremin, *American Education*; Kenneth A. Lockridge, *Literacy in Colonial New England* (New York: Norton, 1974). 有关学制,请见 R. R. Reeder, *The Historical Development of School Readers and of Method in Teaching Reading* 中来自哥伦比亚大学(Columbia University)有关哲学、心理学和教育学的论文, vol. 8 (New York: Macmillan, 1900); Sanford Fleming, *Children and Puritanism* (New Haven: Yale University Press, 1933); Herbert Baxter Adams, *The Church and Popular Education*, Johns Hopkins University Studies in Historical and Political Science, vol. 28 (Baltimore, 1900).
14. 请特别参考 Lockridge 的著作。
15. Lockridge, *Literacy*, pp. 43, 99.
16. Kenneth A. Lockridge, "L'alphabétisation en Amérique," *Annales*: e, s, c 32 (1977); p. 509. 例如,参见 Alex Inkeles and David H. Smith, *Becoming Modern* (Cambridge, Mass.: Harvard University Press, 1974); Goody and Watt, "Consequences."
17. Louise Dechêne, *Habitants et Marchants de Montreal au XVIII$^e$ siècle* (Paris and Montreal: Plon, 1974), pp. 465-67.
18. Lockridge, *Literacy*, pp. 49-50 (his quotation is from Bailyn, *Education*, p. 27).

19. Lockridge, *Literacy*, p. 15.
20. Lockridge, *Literacy*, p. 38, passim.
21. Lockridge, *Literacy*, pp. 15, 17, 22, 29; Bailyn, *Education*, pp. 48-49; Cremin, *American Education*, pp. 546-50.
22. Lockridge, *Literacy*, pp. 33, 35-36. 最近, John Frye("Class, Generation, and Social Change: A Case in Salem, Massachusetts, 1636-1656," *Journal of Popular Culture* 11[1977]:743-51) 声称在新英格兰社区的识字群体和文盲群体中都存在着离经叛道的亚文化。
23. Jon Butler, "Magic, Astrology, and the Early American Religious Heritage, 1600-1760," *American Historical Review* 84 (1979): 317-46; Lockridge, *Literacy*, p. 37; John Frye, "Class, Generation, and Social Change: A Case in Salem, Massachusetts, 1636-1656," *Journal of Popular Culture* Ⅱ (1977):743-51.
24. David D. Hall, "The World of Print and Collective Mentality in Seventeenth Century New England," in *New Directions in American Intellectual History*, ed. John Higham and Paul Contein(Baltimore: Johns Hopkins University Press, 1979), pp. 167, 169.
25. Samuel Blist Morison, *The Intellectual Life of Colonial New England* (Ithaca: Cornell University Press, 1956), pp. 113, 115, 115-27, 127-32, chap. 6.
26. Morison, *Intellectual*, p. 71.
27. Edmund Morgan, *The Puritan Family* (New York: Harper and Row, 1965), pp. 88, 98, 101.
28. Cremin, *American Education*, pp. 240-41, bk. 1, pt. 2, passim.

## 第 12 章

1. *The Crying Murther: Contayning the Cruell and Most Horrible Butcher of Mr. Trat*; Reprinted in Joseph E. Marshburn, *Murder and Witchcraft in England, 1550-1640, as Recounted in Pamphlets, Ballads, Broadsides and Plays.* Norman, Oklahoma (1971): 40-57.
2. Cited, Philip Elliot, "Professional Ideology and Organizational Change: The Journalist Since 1800," in George Boyce, James Curran and Pauline Wingate (eds.) *Newspaper History: From the 17th Century to the Present Day*, London (1978): 180.
3. J. A. Sharpe, "Domestic Homicide in Early Modern England," *Historical Journal* 24:1 (1981): 53.
4. Samuel Eliot Morrison. *Admiral of the Ocean Sea: A Life of Christopher Columbus*, Boston, (1946): 380.
5. Jean-Pierre Seguin. *L'Information en France avant le Périodique: 517 Camards Impremés entre 1529 et 1631*, Paris 1964: 30.
6. Marshburn:65-73.
7. Hyder E. Rollins. "The Black-Letter Broadside Ballad," *Modern Language Association* 34 (1919): 285-6.
8. Sharpe 42.
9. Robert Darnton, *The Literary Underground of the Old Regime*, Cambridge, Mass. : (1983):

200-201.
10. Marshburn 65-73.
11. Seguin 28.
12. Marshburn after page 64.
13. Marshburn after page 64.
14. Francis B. Gummere, *Old English Ballads*, New York (1967): xxiv.
15. Reprinted in J. O. Halliwell, *Murder Narratives*, London (1860): 24-26.
16. John Earle, *Microcosmographie* (1628), cited in Charles Firth, *Ballads and Broadsides* (1916): 519n.
17. *Le Vray Discours d'une des plus Grandes Cruaultez qui ait esté veu? de nostre temps, avenue au Royaulme de Naples*, Paris (1577).
18. Seguin 56.
19. Cited in Firth 531-2.
20. Frederick O. Waage, "Social Themes in Urban Broadsides of Renaissance England," *Journal of Popular Culture* 2:3 (1977): 735-6.
21. *Luke Hutton's Lamentation: which he wrote the day before his death*. London, 1598.
22. Daniel Defoe, *Moll Flanders*, New York (1978): 30.
23. Halliwell 54-5.
24. Jean Harris, a headmistress, shot Dr. Herman Tarnower in March 1980.

# 第 14 章

1. George Herbert Mead, "The Nature of Aesthetic Experience," *International Journal of Ethics* 36(July 1926): 390. John Dewey 持有类似的观点："……报纸是我们能接触到的唯一真正的通俗文学。报纸不应该为地方主义感到羞愧，而应该沉醉于此，甚至是沉溺其中。我不认为报纸应该是曲高和寡的，或者对于大多数人来说是优秀的文学作品，哪怕所谓的'优秀'是自封的。然而，它一定是成功的小说和戏剧，而且在我们的文学领域中它几乎是无可替代的。"("Americanism and Localism," *The Dial* 68[June 1920]: 686).
2. Walter Benjamin, *Illuminations* (New York: Schocken Books, 1969), pp. 88-89.
3. Alvin Gouldner, *The Dialectic of Ideology and Technology* (New York: Seabury Press, 1976); and Basil Bernstein, "Elaborated and Restricted Codes," in "The Ethnography of Communication," ed. John Gumperz and Dell Hymes, *American Anthropologist* 66, (1964), pt. 2: 55-69. See also Basil Bernstein, *Class, Codes, and Control* (New York: Schocken Books, 1974).
4. Julian S. Rammelkamp, *Pulitzer's Post-Dispatch 1878—1883* (Princeton: Princeton University Press, 1967), p.109.
5. *Ibid.*, p.239.
6. *New York World*, September 30, 1884, quoted in Willard G. Bleyer, *Main Currents in the History of American Journalism* (Boston: Houghton Mifflin, 1927), p. 333.
7. Frank Presbrey, *The History and Development of Advertising* (Garden City, N.Y.:

Doubleday, Doran, 1929), p. 356.

8. *The Journalist* (August 22, 1885); quoted in George Juergens, *Joseph Pulitzer and the New York World* (Princeton: Princeton University Press, 1966), p. 95.

9. Robert Taft, *Photography and the American Scene* (New York: Macmillan, 1942), p. 428.

10. Juergens, *Joseph Pulitzer*, pp. 98-105.

11. Ibid., p. 27. Juergens 强调了在普利策接手的最初几年里,《世界报》的版式相当保守。

12. Quoted in W. A. Swanberg, *Citizen Hearst* (New York: Charles Scribner's, 1961), p. 90. The statement appeared in a *Journal* editorial on November 8, 1896.

13. Melville Stone, *Fifty Years a Journalist* (Garden City, N. Y.: Doubleday, Page, 1921), pp. 53, 107.

14. Juergens, *Joseph Pulitzer*, pp. 56-57.

15. Charles Dana, *The Art of Newspaper Making* (New York: D. Appleton, 1900), p. 84. From a lecture delivered at Cornell University, January 11, 1894.

16. Juergens, *Joseph Pulitzer*, p. 57.

17. See Theodore Hershberg et al., "The 'Journey-to-Work': An Empirical Investigation of Work, Residence and Transportation, Philadelphia, 1850 and 1880," in *Toward an Interdisciplinary History of the City: Work, Space, Family and Group Experience in Nineteenth-Century Philadelphia*, ed. Theodore Hershberg (New York: Oxford University Press, forthcoming).

18. Juergens, *Joseph Pulitzer*, pp. 39, 47.

19. *The Journalist* 32 (December 27, 1902).

20. Will Irwin, "The American Newspaper. VI: The Editor and the News," *Colliers* 47 (April 1, 1911).

21. *New York Times*, September 19, 1926.

22. Presbrey, *History and Development of Advertising*, p. 354.

23. Elmer Davis, *History of the* New York Times: 1851—1921 (New York: The New York Times, 1921), p. 218.

24. Meyer Berger, *The Story of the* New York Times 1851—1951 (New York: Simon and Schuster, 1951; reprint ed., New York: Arno Press, 1970), p. 124.

25. *The Journalist* 32 (December 20, 1902).

26. Davis, *History of the New York Times*, pp. 223-224.

27. Edmund Wilson, *Patriotic Gore* (London: Oxford University Press, 1962), pp. 635-669, 探讨了美国人在行文和语言方面品味的转变——在 19 世纪中期,从精雕细琢的文风转为言简意赅、平铺直叙。

## 第 15 章

1. 由 AT&T 再版, *A Capsule History of the Bell System* (New York: AT&T, 1979), 11。

2. Crandall, "Has the AT&T Break-up Raised Telephone Rates?" *The Brookings Review* 5 (Winter), 40-41.

3. 有关贝尔系统的发展演化过程,请特别参见 Robert Garnett, *The Telephone Enterprise*

(Baltimore: Johns Hopkins Press, 1985); Kenneth Lipartito, *The Bell System and Regional Business* (Baltimore: Johns Hopkins Press, 1989)。

4. Letter of 2 February 1880, in "Measured Rate Service," Box 1127, AT&THA [American Telephone and Telegraph Historical Archives]. 1884年，霍尔回忆了1879年的情景："在布法罗，我们有如此多的电报电话用户，以至于业务陷入混乱。我们的电话交换台上没有足够的设备处理这些在极大的竞争压力下成长起来的业务……"(Hall, "Notes on History of the Bell Telephone Co. of Buffalo, New York," [1884], 9)。

5. 请见 Robert J. Chapius, *100 Years of Telephone Switching* (New York: Elsevier, 1982); Morton Mueller, "The Switchboard Problem," *Technology and Culture* 30 (July): 534-60。

6. 请见 Albert Paine, *Theodore N. Vail* (New York: Harper, 1929). 在大部分电话史的文献中都有关于维尔的记述。

7. Los Angeles: "Telephone on the Pacific Coast, 1878—1923," Box 1045, AT&THA; Boston: Moyer, "Urban Growth," 352.

8. Letter (no. 75968) to Vail, 13 February 1884, in "San Francisco Exchange," Box 1141, AT&THA.

9. 贝尔公司计划从固定费率变成计量费率(通话数量费率)。在市政厅的支持下，用户组织了联合抵制活动。最后，贝尔公司同意将计量收费推迟5年实施，将他们的电线埋在地下，并且支付诉讼费用。请见 H. B. MacMeal, *The Story of Independent Telephony* (Chicago: Independent Pioneer Telephony Assoc., 1934), 111。

10. Los Angeles rates: "Telephone on the Pacific Coast, 1878—1923," Box 1045, AT&THA. 工资数据来源于 United States Bureau of the Census, *Historical Statistics of the United States*, tables D735-38。

11. On the debate over rates, see "Measured Rate Service" and other files in Box 1127, AT&THA. The quotation about "superfluous business" is from a Vail letter to Hall dated 7 February 1880.

12. Sidney Aronson, "Bell's Electrical Toy," in *The Social Impact of the Telephone*, ed. Ithiel de Sola Paul (Cambridge, MA: MIT, 1977), 19.

13. 第71卷的条目还包括通过电话授予学位、港口业务的快件、用电话测量水位、在飞机上通电话等。

14. 关于霍尔的简历资料选自美国电报和电话历史档案馆的 Mildred Ettlinger 所提供的新闻简报和报章简报。也请参见 Lipartito, *The Bell System*, for an account of Hall's work in the South.

15. William Patten, *Pioneering the Telephone in Canada* (Montreal: Telephone Pioneers, 1926), 1ff, 指出加拿大电话公司执行官也有电报业的从业背景。

16. 关于医药人员与电话业请见 Sidney Aronson, "*Lancet* on the Telephone," *Medical History* 21 (January): 69-87, and S. Aronson and R. Greenbaum, "Take Two Aspirin and Call Me in the Morning," Queens College, N. Y. Typescript courtesy of Sidney Aronson, 1985。电话史中经常会提及医生在电话使用早期所发挥的作用……

17. Letter to Thomas Sherwin, 11 July 1891, in "Classification of Subscribers," Box 1247, AT&THA.

18. 1883年12月28日维尔发表的通告，这份通告及其附件收藏于 Box 1080, AT&THA。

19. Mueller,"The Switchboard Problem."
20. 对 1883 年 12 月 28 日维尔发表的通告的回复,收藏于 Box 1080,AT&THA。
21. G. W. Anderson,*Telephone Competition in the Middle West and Its Lesson in New England* (Boston:New England Telephone & Telegraph,1906),13-14.
22. 加利福尼亚的案例收存于 "PT&T News Bureau Files," Telephone Pioneer Communications Museum of San Francisco,Archives and Historical Research Center。
23. 例如美国人口普查局发表的 *Special Reports*:*Telephones and Telegraphs* 1902(1906)中的第 10 章,强调了不要追求过于广阔的市场的合理性,重要的是对高质量的强调。例如,在南方,不鼓励地方经理建立简单的、低成本的系统,因为全国性的公司坚决主张保持长途通信网络所需要的质量水平(Lipartito,*The Bell System*)……
24. 在纽约和新泽西之间通过电话所传递的数据中有 80% 是商业领域的。同一年,在美国金斯敦(Kingston)、安大略(Ontario)的 70% 的电话是涉及商业的,尽管许多电话官方登记为居民电话,但是的确用于人们的业务往来,比如外科医生使用电话[Robert M. Pike,"Kingston Adopts the Telephone,"*Urban History Review* 18(June):32-47;Robert M. Pike and Vincent Mosco,"Canadian Consumers and Telephone Pricing,"*Telecommunications Policy* 10(March):17-32]。

## 第 16 章

1. 这些细节内容许多出自 Richard D. Mandell 的 *Paris 1900*:*The Great World's Fair*(n. p.:University of Toronto Press,1967)的第一章。有关法国世界博览会的精彩而简短的综述,请见 Raymond Isay,*Panorama des expositions universelles*(3rd ed., Paris:Gallimard,1937)。
2. Henri Chardon,"L'Exposition de 1900,"*Revue de Paris* 1(February 1,1896):644. Chardon 参与了有关是否应该在 1900 年举办另一场博览会的讨论,之所以有这样的探讨,是因为 1889 年的博览会体现了浓厚的商业主义色彩,而这完全有悖于其初衷。关于这场讨论请见 Mandell,*Paris 1900*,pp.25-51。
3. 这段描述出自 Paul Morand,*1900 A. D.*,trans. Mrs. Romilly Fedden(New York:William Farquhar Payson,1931),p. 66。也请见第 65—66 页和第 67 页的照片。
4. Eugene-Melchior de Vogüé,"La Défunte Exposition,"*Revue des deux mondes*,4th per., 162(November 15,1900):384-85.
5. Michel Corday(Louis-Léonard Pollet),"La Force à l'Exposition,"*Revue de Paris* 1(January 15,1900):439.
6. Maurice Talmeyr,"L'Ecole du Trocadero,"*Revue des deux mondes*. 所有引自 Talmeyr 的引言如果没有其他标注都出自这篇文章。他还写了一系列关于博览会的文章("Notes sur l'Exposition"),发表在 1899 年 4 月 10 日到 1900 年 4 月 25 日之间的 *Le Correspondant* 上。这一系列一共包含 13 篇文章。
7. Richard D. Sennett,*The Fall of Public Man*(New York:Alfred A. Knopf,1976),pp. 141-49.
8. Michel Corday,"A l'Exposition.—La Force a l'Exposition,"*Revue de Paris* 1(January 15,1900):438-39。请参见 438 页下方的注释,其中提到了在正常表演中所用的电力的千瓦数。
9. 在 Villiers de l'Isle-Adam,*Oeuvres*,ed. Jacques-Henry Bornecque(n. p.:Le Club Français du Livre,1957)的第 57 页。这篇短篇小说在 *La Renaissance littéraire et artistique*(1873 年 11 月

30 日)上首次转载,而后又在 1883 年作为 Villiers 的 *Contes cruels* 的一部分再版。

10. Robert de La Sizeranne,"La Beauté des machines, a propos du Salon de l'Automobile," *Revue des deux mondes*, 5th per., 42(December 1, 1907):657; Camille Mauclair, "La Decoration lumineuse," *Revue bleue* 8(November 23, 1907):656; and Emile Berr, "Une Exposition parisienne.—Le'Salon'des chauffeurs," *Revue bleu* 11(December 24, 1904):829.

## 第 17 章

1. Walter Lord, *A Night to Remember*(New York, 1955); Richard O'Connor, *Down to Eternity*(New York, 1956); Peter Padfield, *The Titanic and the Californian*(London, 1965); Geoffrey Marcus, *The Maiden Voyage*(New York, 1969).

2. Lawrence Beesley, *The Loss of the SS Titanic*(New York, 1912), 101.

3. U. N. Bethell, *The Transmission of Intelligence by Electricity*(New York, 1912), 6;Smith 的引言被 Wyn Craig Wade 引用,*The Titanic:End of a Dream*(New York, 1979), 399-400。

4. Lord Salisbury 的演讲刊登在 1889 年 9 月的 *The Electrician* 上,并且被 Asa Briggs 在"The Pleasure Telephone:A Chapter in the Prehistory of the Media,"in *The Social Impact of the Telephone*, ed. Ithiel Pool(Cambridge, 1977), 41 引用。

5. G. E. C. Wedlake, *SOS:The Story of Radio-Communication*(London, 1973), 18-74.

6. Sylvester Baxter,"The Telephone Girl," *The Outlook*(May 26, 1906):235.

7. Julien Brault, *Histoire du téléphone*(Paris, 1888), 90-95.

8. Jules Verne,"In the Year 2889," *The Forum*, 6(1888):664.

9. "The Telephone Newspaper," *Scientific American*(October 26, 1896); Arthur Mee, "The Pleasure Telephone," *The Strand Magazine*, 16(1898):34; and Asa Briggs, "The Pleasure Telephone," 41.

10. "The Telephone and Election Returns," *Electrical Review*(December 16, 1896):298.

11. Max Nordau, *Degeneration*(1892; rpt. New York, 1968), 39.

12. Paul Claudel, "Connaissance du temps," in *FouTcheou*(1904), 引自 Paer Bergman, "*Modernolatria*" et "*Simultaneità*":*Recherches sur deux tendances dans l'avant-garde littéraire en Italie et en France à la veille de la première guerre mondiale*(Uppsala, Sweden, 1962), 23。

## 第 18 章

1. 有关摄影时代前期的图片新闻,请见 M. Jackson, *The Pictorial Press:Its Origins and Progress*(London:Hurst & Blackett, 1885); C. Thomas, "Illustrated Journalism," in *Journal of the Society of Arts*, vol. 39(30 January 1891), pp. 173ff.; and P. Hodgson, *The War Illustrators*(New York:Macmillan, 1977)。

2. D. M. Kunhardt and P. B. Kunhardt, *Mathew Brady and His World*(Alexandria, VA:Time-Life, 1977), pp. 56ff.; J. D. Horan, *Mathew Brady, Historian with a Camera*(New York:Bonanza, 1955), pp. 35ff.; R. Meredith, *Mr. Lincoln's Cameraman, Mathew B. Brady*, 2nd rev. ed. (New York:Dover, 1974), pp. 88ff.

3. ……See H. and A. Gernsheim, *The History of Photography from the Camera Obscura to the Beginning of the Modern Era* (New York: McGraw-Hill, 1969), pp. 539ff.; E. Ostroff, "Etching, Engraving and Photography: History of Photomechanical Reproduction," and "Photography and Photogravure: History of Photomechanical Reproduction," in *Journal of Photographic Science*, vol. 27 (1969), pp. 65ff. and 101ff.

4. W. Knight, ed., *The Poetical Works by William Wordsworth*, vol. 8 (Edinburgh: Paterson, 1886), p. 172.

5. R. S. Schunemann, *The Photograph in Print: An Examination of New York Daily Newspapers, 1890-1937* (University of Minnesota, 1966), pp. 102ff. 到了19世纪90年代末，图片杂志突出的特点就是刊有大量的中间调照片(C. K. Shorter, "Illustrated Journalism: Its Past and Its Future," *The Contemporary Review*, vol. 75, 1899, pp. 481 ff.)。

6. *Harper's Weekly*, vol. 55 (29 July 1911), p. 6.

7. E. Jussim, *Visual Communication and the Graphic Arts: Photographic Technologies in the Nineteenth Century* (New York: Bowker, 1974, 1983), p. 288; Neil Harris, "Iconography and Intellectual History: The Half-Tone Effect," in J. Higham and P. K. Conklin, eds., *New Directions in American Intellectual History* (Baltimore: Johns Hopkins University Press, 1979), pp. 198ff. Jussim 明确表示，她主要对传播模式感兴趣。"我们并不关心传播模式意味着什么"(第12页)；这才是真正的问题。

8. 比照 Gernsheim (1969), pp. 397ff。

9. L. L. Gould, R. Greffe, *Photojournalist: The Career of Jimmy Hare* (Austin: Univ. of Texas, 1977), pp. 31ff.; C. Carnes, *Jimmy Hare, News Photographer: Half a Century with a Camera* (New York: Macmillan, 1940), pp. 152ff.; *The Russo-Japanese War: A Photographic and Descriptive Review* (New York: Collier, 1905).

10. 有关艺术摄影，请见 U. Keller, "The Myth of Art Photography: A Sociological Analysis," and "The Myth of Art Photography: An Iconographic Analysis," in *History of Photography*, vol. 8 (October-December 1984), pp. 249ff.; and vol. 9 (January-March 1985), pp. 1ff. 关于20世纪20年代关注点的变化，特别是在德国的变化，请参见 D. Mellor 编写的 *Germany: The New Photography, 1927—33* (London: Arts Council of Great Britain, 1978)。

11. 匿名相册部分是安德伍德和安德伍德公司留下来的东西。由于这家公司直到1901年还没有进入新闻摄影领域，而且拜因是唯一在1899年陪同麦金莱总统的摄影师，因此，非常有可能，但并不确定，这本没有署名的照片集是拜因的。J. Price, "Press Pictures Have Come Far in Half a Century," in *Editor and Publisher*, vol. 71 (February 19, 1938), p. 7.

12. Y. Okamoto, "Photographing President LBJ," in R. S. Schunemann, ed., *Photographic Communication: Principles, Problems and Challenges of Photojournalism* (New York: Hastings, 1972), pp. 194ff.

## 第 19 章

1. *Scientific American* 37 (December 1877):384.

2. "The Edison Speaking Machine, Exhibition Before Members of Congress," *New York Times*

(April 20, 1878), 1:1.

3. 这些内容选自 Frederick F. Garbit, *The Phonograph and Its Inventor, Thomas Alvah [sic] Edison*, Boston, 1878。

4. Charles F. Horner, *The Life of James Redpath and the Development of the Modern Lyceum* (New York: Barse & Hopkins, 1926), 227, 185.

5. 爱迪生留声机公司的录音收藏在纽约西奥兰治(West Orange)的爱迪生国家历史公园(Edison National Historic Site)、费城(Philadelphia)的宾夕法尼亚历史学会(Historical Society of Pennsylvania)。收藏在西奥兰治的文件已经被制成微缩胶片,并且成为正在制作的《托马斯·爱迪生文书、微缩胶片选集》(*Thomas A. Edison Papers, A Selective Microfilm Edition*)的组成部分,该选集由 Thomas E. Jeffery 等人编撰,目前已经有四辑(Bathesda, Md.: University Publication of America)。这些文献是正在编撰的爱迪生文书电子版的一部分,请见 http://edison. rutgers. edu。这里所引用的内容来自尤赖厄·佩恩特(Uriah Painter)在 1879 年 8 月 2 日写给托马斯·爱迪生的信,微缩胶片版文件的编号为 TAEM 49:316。从费城的宾夕法尼亚历史学会得到的文件,也是佩恩特文书集的一个部分,这里也引用了该文集的内容。公司文书合集的微缩胶片编号为 TAEM 51:771。有关爱迪生留声机公司的历史资料来自 *Thomas A., Edison, The Wizard of Menlo Park*, ed. Paul B. Israel, Keith A. Nier, and Louis Carlat (Baltimore: Johns Hopkins University Press, 1998)。也请参考 Paul Israel 的"The Unknown History of the Tinfoil Phonograph," *NARAS Journal* 8(1997—1998):29-42。

6. 约翰逊在 1878 年 1 月 27 日写给尤赖厄·佩恩特的信;佩恩特在 1878 年 2 月 18 日写的计划书, TAEM 97:623。两份文献都收录在《托马斯·爱迪生文书集》中。我对《托马斯·爱迪生文书集》的编辑 Paul B. Israel 等人深表感谢,他们在这本集子中与大家分享了一些手稿,并共享了对于佩恩特的文书的理解。

7. "The Phonograph Exhibited: Prof. Arnold's Description of the Machine in Chickering Hall——Various Experiments, with Remarkable Results," *New York Times* (March 24, 1878), 2:5.

8. 朗迪在 1878 年 8 月 31 日的信中颇有微词,TAEM 19:109;有关泽西城的报道请见 6 月 13、14 和 21 日的《泽西日报》(*Jersey Journal*),以及 6 月 20 日的《阿格斯》(*Argus*)。

9. 有关改善今后的展览的一次讨论,请参见 Charles Musser, "Photographer of Sound: Howe and the Phonograph 1890—1896," chapter 3 in *High Class Moving Picture's: Lyman H. Howe and the Forgotten Era of Traveling Exhibitions, 1880—1920* (Princeton: Princeton University Press, 1991)。

10. 在这里我想到的是 Benedict Anderson, *Voicing America: Language, Literary Form, and the Origins of the United States* (Chicago: University of Chicago Press, 1996), Chris Looby, *Declaring Independence: Jefferson, Natural Language, and the Culture of Performance* (Stanford: Stanford University Press, 1933), Jay Fliegelman and Christopher Grasso, *A Speaking Aristocracy: Transforming Public Discourse in Eighteenth-Century Connecticut* (Chapel Hill: University of North Carolina Press, 1999)。与 Michael Warner, *The Letters of the Republic: Publication and the Public Sphere in Eighteenth-Century America* (Cambridge: Harvard University Press, 1990)一样,上述作品显然都涉及了留声机发明之前的那个时代。安德森所提到的"人类语言的多样化的宿命"起到了刺激想象的作用(第 43 页)。

11. 这些细节来自佩恩特的文件和书信集,爱迪生留声机公司的出纳账目,此外还有史密斯在 1878 年 11 月 23 日写给哈伯德(Hubbard)的信、梅森(Mason)在 1878 年 11 月 1 日写给雷德帕斯的信、库欣(Cushing)在 1878 年 7 月 16 日写给雷德帕斯的信、雷德帕斯在 1878 年 7 月 10 日写给梅森的信。

## 第 20 章

1. 请见 Nasaw, *Going Out*, 120-14。
2. Read and Welch, *From Tin Foil to Stereos*, 269.
3. 引自 Roland Gelatt, *The Fabulous Phonograph*, 1877—1977 (New York: Appleton-Century, 1977), 29; Attali, *Noise*, 93; and Chana, *Repeated Takes*, 4。
4. "留声机……对制造商来说意味着,应该生产符合购买者需要的不同尺寸的专辑册,这样里面可以保存两个、四个、六个、八个,甚至上百个圆筒;这些专辑册应该制作得有艺术品位,最好尽可能地像相册一样,但是又必须能够尽可能方便地存放蜡制圆筒,使它们能够完好无缺地保留下来。"("Being Dead, He Yet Speaketh," *Phonogram I 2*, no. II [November 1892]: 249)。
5. 圆筒也能够批量生产(至少理论上如此),但是在格拉弗风留声机开始销售的 1888 年到 1895 年期间,圆筒的批量生产并没有成气候。
6. Ohmann, *Selling Culture*, 140-149.
7. Emile Berliner, "The Gramophone: Etching the Human Voice," *Journal of the Franklin Institute* 75, no. 6 (June 1888): 445-446.
8. Nasaw, *Going Out*。
9. Jacques Derrida、Briankle Chang 和 John Peters 都以自己的方式讨论了留声机的散播潜力,事实上,这是所有传播的决定性特征。而在散播这个方面,当代的声音文化可能特别"成问题"(无论是理论层面还是操作层面都是如此),因为无论是声音事件本身还是其所发生的环境,都变得可移动了。散播显然成为社会、经济和文化方面的问题了。请参考 Jacques Derrida, *The Postcard: From Socrates to Freud and Beyond*, trans. Alan Bass (Chicago: University of Chicago Press, 1987); Briankle Chang, *Deconstructing Communication: Representation, Subject, and Economies of Discourse* (Minneapolis: University of Minnesota Press, 1996), esp, 171—221; and John Peters, *Speaking into the Air: A History of the Idea of Communication* (Chicago: University of Chicago Press, 1999), 33-62。

## 第 21 章

1. 有关电影史前史的最好的记述是 Kenneth MacGowan, *Behind the Screen: The History and Techniques of the Motion Picture* (New York: Delacrote Press, 1965), pp. 25-84. 同样有帮助的还有 Kurt W. Marek, *Archaeology of the Cinema* (London: Thames and Hudson, 1965); and Frederick A. Talbot, *Moving Pictures: How They Are Made and Worked* (Philadelphia: J. B. Lippincott, 1912), pp. 1-29. 其他人这方面的论述,如 Marey、Muybridge 等,请参见 Robert Sklar, *Moviemade America* (New York: Random House, 1975), pp. 5-9; MacGowan, *Behind the Screen*, pp. 45-64。
2. Gordon Hendricks, *The Edison Motion Picture Myth* (Berkeley: University of California Press,

1961),p.142. 爱迪生的引言出自他为 W. K. L. Dickson and Antonia Dicksond, *History of the Kinetograph, Kinetoscope, and Kinetophonograph* (New York: n. p. ,1895)所写的序言,这本书讲的是 Dickson 自己的发明创造历史。

3. 关于电影放映机的成功和在各地广泛流行的记述请见 Gordon Hendricks, *The Kinetoscopes* (New York: Beginnings of the American Film, 1966), pp. 64-69。这些营业厅通常有留声机和其他新奇的机器。关于电影放映机在芝加哥的故事,请见 Robert Grau, *The Theater of Science: A Volume of Progress and Achievement in the Motion Picture Industry* (New York: Broadway Publishing Co. , 1914), pp. 3-4; and Hendricks, *Kinetoscope*, pp. 40-45。

4. 有关对这些早期电影以及它们的制作过程的描述请见: Dickson and Dickson, *History*, pp. 23-40; Hendricks, *Kinetoscope*, pp. 21-28, 70-97; Joseph H. North, *The Early Development of the Motion Picture, 1887—1900* (New York: Arno Press, 1973), pp. 1-26。

5. Gordon Hendricks, *Beginnings of the Biograph* (New York: Beginnings of the American Film, 1964); MacGowan, *Behind the Screen*, pp. 75-84; North, *Early Development*, pp. 23-33; Terry Ramsaye, "The Motion Picture," *Annals of the American Academy of Political and Social Science* 128 (November 1926): 1-19.

6. Norman C. Raft and Frank R. Gammon, two of Edison's business partners, to Thomas Armat, 5 March 1896, in Terry Ramsaye, *A Million and One Nights: A History of the Motion Picture* (New York: Simon and Schuster, 1926), p. 224.

7. Films in Vaudeville: "Edison Vitascope Cheered," *New York Times*, 24 April 1896; Grau, *Theater of Science*, pp. 11-12; Benjamin B. Hampton, *History of the American Film Industry* (1931; reprint ed. , New York: Dover Publications, 1971), pp. 12-14. Itinerant Exhibitors: Grau, *Theater of Science*, pp. 28-33; North, *Early Development*, pp. 55-56; George Pratt, "No Magic, No Mystery, No Sleight of Hand," *Image* 8 (December 1959): 192-211. Penny Arcades: Lewis Jacobs, *The Rise of the American Film* (New York: Harcourt, Brace and Co. , 1939), pp. 5-8; Grau, *Theater of Science*, pp. 11-16; Hampton, *History*, pp. 12-14.

8. Jacobs, *Rise*, pp. 52-66, 81-85; Hampton, *History*, pp. 64-82; Ramsaye, *Million and One Nights*, pp. 59-72. 有关电影版权公司的活动的一篇重要的评论文章是 Ralph Cassady, Jr. 的 "Monopoly in Motion Picture Production and Distribution: 1908-1915," *Southern California Law Review* 32 (Summer 1959): 325-90。

9. 独立派的兴起,以及他们在电影工业和电影艺术两方面的贡献本身就是一个传奇。请见 Jacobs, *Rise*, pp. 51-94; Hampton, *History*, pp. 83-145; Anthony Slide, *Early American Cinema* (New York: A. S. Barnes, 1970), pp. 102-35。

10. 塔里的广告复制在 MacGowan, *Behind the Screen*, p. 128; Hampton, *History*, pp. 44-46; Jacobs, *Rise*, pp. 52-63。

11. 这些数据是我从几个来源处收集得到的,当它们之间有冲突时,选用更保守的估值。1907: Joseph M. Patterson, "The Nickelodeon," *Saturday Evening Post* 180 (23 November 1907): 10; "The Nickelodeon," *Moving Picture World* 1 (4 May 1907): 140. 1911:专利公司的数据请见 Cassady, "Monopoly in Motion Picture Production and Distribution," p. 363 (这其中有略微超出半数的专利使用权是通过信托获得的,即每周缴纳 2 美元的专利使用费); William Inglis,

"Morals and Moving Pictures," *Harper's Weekly* 54(30 July 1910): 12-13。1914：Frederic C. Howe,"What to do with the Motion Picture Show," *Outlook* 107(20 June 1914): 412-16. 全国电影审查委员会(National Board of Censorship of Moving Pictures)主席 Howe 估计每天走进电影院的人数在 700 万至 1200 万之间；W. P. Lawson, "The Miracle of the Movie," *Harper's Weekly* 60(2 January 1915): 7-9。

12. 数据收集自：U. S. Department of Commerce, *Thirty-eighth Statistical Abstract of the United States* (Washington, D. C.：Government Printing Office, 1915), New York：Michael M. Davis, *The Exploitation of Pleasure: A Study of Commercial Recreation in New York* (New York：Russell Sage Foundation, 1911). 戴维斯仔细研究了纽约市剧院的观众人数，他估计仅是曼哈顿一地的电影院每天的入场人数就达到 90 万左右。三年后，全国电影审查委员会公布了纽约市日观影人数在 85 万到 90 万之间，因而之前估算的在 1911 年每周观影人数为 150 万的数据可能偏低了。Cleveland：Robert O. Bartholomew, *Report of Censorship of Motion Pictures* (Cleveland：n. p., 1913). Detroit：Rowland Haynes, "Detroit Recreation Survey"(1912), cited in Richard H. Edwards, *Popular Amusements* (New York：Association Press, 1915), pp. 50-51. San Francisco："Public Recreation," *Transactions of the Commonwealth Club of California* (1913), cited in Edwards, *Popular Amusements*, pp. 16, 51. Milwaukee：Rowland Haynes, "Recreation Survey, Milwaukee, Wisconsin," *Playground* 6(May 1912): 38-66. Kansas City：Rowland Haynes and Fred F. McClure, *Second Annual Report of the Recreation Department of the Board of Public Welfare* (Kansas City：n. p., 1912). Indianapolis：F. R. North, "Indianapolis Recreation Survey" (1914), cited in Edwards, *Popular Amusements*, p. 33. Toledo：J. J. Phelan, *Motion Pictures as a Phase of Commercialized Amusements in Toledo, Ohio* (Toledo：Little Book Press, 1919).

13. Edward A. Ross, Introduction to Richard H. Edwards, *Popular Amusements* (New York：Association Press, 1915), p. 5; Edwards, *Popular Amusements*, pp. 20-21, 133; Francis R. North, *A Recreation Survey of the City of Providence* (Providence：Providence Playground Association, 1912), p. 58; Belle L. Israels, "Recreation in Rural Communities," *Proceedings of the International Conference of Charities and Correction* (Fort Wayne：n. p., 1911), p. 105; Frederic C. Howe, "Leisure," *Survey* 31(3 January 1914): 415-16; Davis, *Exploitation of Pleasure*, p. 4.

14. Raymond Fosdick, *A Report on the Condition of Moving Picture Shows in New York* (New York：n. p., 1911), p. 11. 也请参见 Charles de Young Elkus, "Report on Motion Pictures," *Transactions of the Commonwealth Club of California* 8(1914): 251-72，这是一份关于在旧金山的 58 家电影院的报道。

15. Dr. George M. Gould in the *Journal of the American Medical Association*, quoted in "Health," *Survey* 29(15 February 1913): 677; John Collier, *The Problem of Motion Pictures* (New York：National Board of Censorship, 1910), p. 5; Jane Addams, *The Spirit of Youth and the City Streets* (New York：Macmillan Co., 1910), p. 86; John Collier, "Light on Moving Pictures," *Survey* 25 (1 October 1910): 801. 另见 Vice Commission of Chicago, *The Social Evil in Chicago* (Chicago：Gunthrop Warner, 1911), p. 247，其中声称"放映这些影片的场所对儿童产

生了有害影响"。

16. Davis, *Exploitation of Pleasure*, p. 54；Haynes and McClure, *Recreation Survey of Kansas City*, p. 78, 从中引用了一些传单的样本。有关五分钱电影院里究竟是什么样的, 以及它们迅速地在全国流行起来的原因, 可以参见行业报纸, 例如: "Trade Notes," *Moving Picture World* 1(30 March 1907): 57-58; Melville C. Rice, "The Penny Arcade as a Side Show," *The Nickelodeon* 1(January 1909): 23; "Vaudeville in Picture Theaters," *The Nickelodeon* 1(March 1909): 85-86。另见 Edward Wagenknecht, *Movies in the Age of Innocence*(Norman: University of Oklahoma Press, 1962), Introduction。

17. 出处同上, p. 28。

18. Collier, *The Problem of Motion Pictures*, p. 5; Grau, *Theater of Science*, pp. 19-20; Marcus Loew, "The Motion Picture and Vaudeville," in Joseph P. Kennedy, ed., *The Story of the Films*(Chicago: A. W. Shaw, 1927), pp. 285-300; William T. Foster, *Vaudeville and Motion Picture Shows: A Study of Theaters in Portland, Oregon*(Portland: Reed College, 1914), pp. 12-13; "Moving Pictures in Indianapolis," *Survey* 24(23 July 1910): 614; Bartholomew, *Report of Censorship of Motion Pictures*, p. 14。

19. "Vaudeville or Not?" *The Nickelodeon* 1(November 1909): 134. 关于赞成这个行业内的歌舞杂耍表演的观点请见 "The Elevation of Vaudeville," *Moving Picture World* 1(18 May 1907): 164。也请参见 Boyd Fisher, "The Regulation of Motion Picture Theaters," *American City* 7(September 1912): 520-22; John Collier, "'Movies' and the Law," *Survey* 27(20 January 1912): 1628-29。

20. "Say Picture Shows Corrupt Children," *New York Times*, 24 December 1908; "Picture Shows All Put Out of Business," *New York Times*, 25 December 1908; "Picture Show Men Organize to Fight," *New York Times*, 26 December 1908; "Mayor Makes War on Sunday Vaudeville," *New York Times*, 29 December 1908; Sonya Levien, "New York's Motion Picture Law," *American City* 9(October 1913): 319-21。另见 Sklar, *Movie-Made America*, pp. 30-31。

## 第 23 章

1. Bruce Barton, "This Magic Called Radio: What Will It Mean in Your Home in the Next Ten Years?" *American Magazine*, June 1922, 11-13, 70-71 at 70.

2. Hugh G. J. Aitken, *Syntony and Spark: The Origins of Radio*(New York: Wiley, 1976), and "Radio Wave Band for Every Country," *New York Times*, 23 August 1921, 4.

3. 密码技术在一战前和一战中的发展使得从技术的角度来看, 通过空中电波向某个特定的地址发送指定的信息成为可能。阿兰·图灵(Alan Turing)在英国的密码技术开发中扮演着关键的角色, 与之相对应的是美国的克劳德·香农(Claude Shannon)。

4. 引自 "To Stop Telephone Eavesdropping," *Literary Digest*, 17 October 1914, 733。

5. Covert, "We May Hear Too Much," 203.

6. 请参见 Susan J. Douglas, *Inventing American Broadcasting*(Baltimore: Johns Hopkins University Press, 1987), 以及 Susan Smulyan, *Selling Radio: The Commercialization of American Broadcasting, 1920—1934*(Washington D. C.: Smithsonian Institution Press,

1994)。

7. David Sarnoff, "Memorandum to E. J. Naily," in *Documents of American Broadcasting*, ed. Frank J. Kahn (Englewood Cliffs, N. J. : Prentice-Hall, 1984), 23-25.

8. Smulyan, *Selling Radio*.

9. Daniel J. Boorstin, *The Americans: The Democratic Experience* (New York: Vintage, 1973), 391.

10. Robert W. McChesney, *Telecommunications, Mass Media, and Democracy: The Battle for the Control of U. S. Broadcasting, 1928—1935* (New York: Oxford University Press, 1993).

11. 引自 Richard A. Schwarzlose, "Technology and the Individual: The Impact of Innovation on Communication," in *Mass Media Between the Wars, 1918—1941*, ed. Catherine L. Covert and John D. Stevens (Syracuse: Syracuse University Press, 1984), 100。

12. 相关文献可以在 Bernard Schwartz, *The Economic Regulation of Business and Industry: A Legislative History of U. S. Regulatory Agencies*, 5 vols. (New York: Chelsea House, 1973) 中找到。国会议员詹姆斯·曼恩(James R. Mann)参与了《1910 年曼恩法案》(Mann Act of 1910)的编写,该项法案禁止"出于不道德的目的跨州运送妇女"。该项法案用于规范各种类型的公共运输。

13. Heather A. Wessely, "Culture, History and the Public Interest: Developing a Broadcasting Service for the United States" (manuscript, Department of Communication Studies, University of Iowa, 1993), 54.

14. *Sta-Shine Products Co. v. Station WGBB of Freeport NY 188* ICC 271(1932);引自第 276 页,以及第 277—278 页。

15. 正如怀特大法官(White)在 1979 年所指出的那样:"第三节的措辞清楚明晰;它明确规定了不应该将无线电广播业当作公共运输业来对待。"引自 *FCC v. Midwest Video Corporation*, in *Documents of American Broadcasting*, ed. Frank J. Kahn (Englewood Cliffs, N. J. : Prentice-Hall, 1984), 364。

16. T. Barton Carter, Marc A. Franklin, and Jay B. Wright, *The First Amendment and the Fifth Estate Regulation of Electronic Mass Media* (Mineola, N. Y. : Foundation, 1986), 395.

17. 这种法律上的区分,后来被视为 1926 年 RCA 和 AT&T 两个实验室分家的依据,前者保留了广播业务,后者则是无线电和电话业务。请参见 Noobar R. Danielian, *AT&T: The Story of Industrial Conquest* (New York: Vanguard, 1939)。

## 第 24 章

1. "Astonishing Growth of the Radiotelephone," *Literary Digest*, April 15, 1922, p. 28.

2. 同上;Waldemar Kaempffert, "Radio Broadcasting," *Review of Reviews*, April 1922, p. 399。

3. 请参见 Susan Douglas, *Inventing American Broadcasting, 1899—1922* (Baltimore: Johns Hopkins University Press, 1987); Susan Smulyan, *Selling Radio: The Commercialization of American Broadcasting, 1920—1934* (Washington, D. C. : Smithsonian Institution Press, 1994); Robert W. McChesney, *Telecommunications, Mass Media, and Democracy: The Battle for Control of U. S. Broadcasting, 1928—1935* (New York: Oxford University Press,

1993)。

4. 真正的先锋是 Erik Barnouw,他编撰的三卷图书 *History of Broadcasting in the United States* 记述了几十年的标准。有关 20 世纪 20 年代的情况,请参见他的 *Tower in Babel*(New York：Oxford University Press,1966)。其他优秀作品包括 Philip T. Rosen, *The Modern Stentors：Radio Broadcaster and the Federal Government*, 1920—1934 (Westport, Conn.：Greenwood Press, 1980), 和 Smulyan 的著作,那本书尤其清晰地讲述了广播网和广播广告的出现过程。也可以参见 Michele Hilmes 的 *Radio Voices：American Broadcasting*, 1922—1952(Minneapolis：University of Minnesota Press,1997)。

5. 关于业余爱好者的更详细的内容请见 S. Douglas 的 *Inventing American Broadcasting*, chaps. 6 and 9。

6. Robert A. Morton,"The Amateur Wireless Operator," *Outlook*, January 15, 1910, pp. 132-33.

7. 引自 Clinton B. DeSoto, *Two Hundred Meters and Down：The Story of Amateur Radio*(West Hartford, Conn.：ARRL, 1936), p. 40。

8. S. Douglas, *Inventing American Broadcasting*, p. 299.

9. Kaempffert,"Radio Broadcasting," p. 398；cited in"The Radio Business," *Literary Digest*, May 5, 1923, p. 28.

10. Lynn Dumenil, *Modern Temper：American Culture and Society in the 1920s*(New York：Hill & Wang, 1995), pp. 224, 226-27；John Mack Faragher et al., *Out of Many：A History of the American People*(Upper Saddle River, N. J.：Prentice Hall, 1997), p. 742；Lawrence Levine, *The Opening of the American Mind*(Boston：Beacon Press, 1996), pp. 106-14.

## 第 27 章

1. Roland Marchand, *Advertising the American Dream：Making Way for Modernity 1920—1940* (Berkeley：University of California Press, 1985), 88-94.

2. H. A. Batten, speech transcript, January 5, 1938, N. W. Ayer, 9.

3. William Peck Banning, *Commercial Broadcasting Pioneer：The WEAF Experiment*, 1922—1926(Cambridge：Harvard University Press, 1946), 103.

4. "How Advertising Came to Radio—and Television, 1900-1932," from "History of Radio"file, N. W Ayer archive, 31-32.

5. "Why Don't We Use the Radio?"*J. Walter Thompson Newsletter*, February 5, 1925, 4-7. Box 7, JWT.

6. "Two J. W. T. Clients Use Radio Advertisements,"*J. Walter Thompson Newsletter*, February 19, 1925, 5. Box 7, JWT.

7. Minutes of representatives meeting—Wednesday, July 11, 1928, box 1, folder 5, JWT.

8. H. Calvin Kuhl,"The Grim Reber,"Writings and Speeches, JWT, 25-27.

9. Minutes of group meeting, Assembly Hall, April 16, 1930, JWT.

10. 对于这一主张的更具有批判性的回应请见 Ben Bodec 的"Ad Agencies and Radio Theories," *Variety*, January 3, 1933, 62。

11. Dorothy Dwight Townsend, "Mrs. Wilkins Reads the Ladies Home Journal," *JWT News*

*Bulletin*, June 1923, 1-5. JWT.

12. Minutes of representatives meeting, September 8, 1927, box 1, folder 4, JWT, 6.

13. Minutes of representatives meetings, April 9, 1929, JWT, 6-7.

14. JWT Officers and Staff—Sidney Bernstein—JWT Personnel Information—Daniel Danker, RG3, JWT.

15. Robert T. Colwell, "Theme Song Days," RG3, box 3, folder 9, Sidney Bernstein papers, Officers and Staff, JWT Personnel Information: Robert Talcott Colwell, JWT, 3.

16. JWT Officers and Staff—Sidney Bernstein—JWT Personnel Information—Daniel Danker, RG3, JWT.

17. Susan Smulyan, *Selling Radio: The Commercialization of American Broadcasting 1920—1934* (Washington, D.C.: Smithsonian Institution Press, 1994).

18. John F. Royal to Roy C. Witmer, June 15, 1932, Correspondence files, 1932, NBC.

19. Bertha Brainard to Roy C. Witmer, May 16, 1933, Program—Commercial, 1933, NBC.

20. Matthew Murray, "Television Wipes Its Feet: The Commercial and Ethical Considerations behind the Adoption of the Television Code," *Journal of Popular Film and Television* 21(Fall 1993).

21. Witmer to Shaw, October 23, 1935, box 92, folder 11, NBC.

22. William Boddy, *Fifties Television: The Industry and Its Critics* (Urbana: University of Illinois Press, 1990); Christopher Anderson, *Hollywood TV: The Studio Systems in the Fifties* (Austin: University of Texas Press, 1994).

23. "Operations Report for Studio and Office Sections, April 20, 1947," box 355, folder 59, NBC.

## 第31章

1. *Better Homes and Gardens*, September 1949, p. 38.

2. 在某种情况下,电视机的确是放在壁炉上的。在此,所用物品的不同对于人们的意义是多样的,因而原本传统上属于壁炉的那些家庭价值现在也属于电视机了。参见 *House Beautiful*, May 1954, p. 72。

3. 见 *House Beautiful*, September 1954, p. 153。

4. 人们把电视机看作喻示着知识分子的追求和高雅艺术的物品,这一特质原本是属于钢琴的。例如,参见 *Ladies' Home Journal*, April 1951, p. 132。

5. *Better Homes and Gardens*, March 1953, p. 72.

6. *House Beautiful*, January 1983, p. 76.

7. Kathi Norris, "How Now," *TV World*, August, 1953, p. 54.

8. 尽管很多杂志都在鼓励用电视机代替钢琴,但有证据显示,拥有钢琴对战后的家庭来说仍然意义重大。整个市场的销售量表明,从1940年到1950年,钢琴的销售量从136332台上升到172531台。尽管这些统计数字就其本身而言并不能说明其增长对国内市场的重要性,但这个上涨也提醒我们谨慎地做出战后钢琴逐渐淡出家庭这一假设。请参见: *Statistical Reference Index*, Music USA: 1982 Review of the Music Industry and Amateur Music Participation/ American Music Conference, Report A22751 (Bethesda, MD: Congressional Information Service, 1983), p. 4。还要注意的是,全国钢琴生产协会(National Piano Manufacturers

Association)认为,在 20 世纪 30 年代,很大程度上是无线电广播促成了电视销售 300% 的增长。协会声称,"(如果没有无线广播的话)数百万计的听众本来根本无法欣赏音乐,但他们现在对音乐文化产生了兴趣,并尽力亲身参与音乐欣赏"。引自 Davis,"Response to Innovation," p. 138。

9. George Nelson and Henry Wright, *Tomorrow's House: A Complete Guide for the Home-Builder* (New York: Simon and Schuster, 1946), p. 80.

10. *Better Homes and Gardens*, August 1950, p. 45.

11. Roland Marchand, *Advertising the American Dream* (Berkeley: University of California Press, 1985), pp. 248-254.

12. Elaine Tyler May, *Homeward Bound: American Families in the Cold War Era* (New York: Basic Books, 1988), p. 78.

13. William H. Whyte, Jr., *The Organization Man* (1956; Reprint, Garden City, NY: Doubleday, 1957).

14. Tyler May, *Homeward Bound*, p. 88.

15. 请参见 Barbara Ehrenreich, *The Hearts of Men: American Dreams and the Flight from Commitment* (Garden City, NY: Doubleday, 1983)。

16. 正如毛林·哈内(Maureen Honey)在她关于战时女性杂志上的故事的研究所示,战争情报局 (The Office of War Information)(为了吸引更多美国公民投入支持战争的各项工作,就在珍珠港遭到轰炸的 7 个月后,政府在 1942 年 6 月 13 日设立了战争情报局。战争情报局的摄影师通过展示飞机工厂、军队人员,以及妇女工作队人员的照片,来记录美国人的生活与文化。通过宣传,战争情报局希望能够激起美国人民的爱国心。——译者)向杂志的编辑们做出指示,鼓励已婚的中产阶级妇女参加工作。但她的研究表明,杂志暗示战时工作对于妇女来说只是临时的,士兵从战场上回来后她们就不必工作了。她的研究还显示,男人们回来的时候,很多妇女并不愿意离开工作岗位。参见 *Creating Rosie the Riveter: Class, Gender and Propaganda During WW II* (Amherst: University of Massachusetts Press, 1984)。

17. Marynia Farnham and Ferdinand Lundberg, *The Modern Woman: The Lost Sex* (New York: Harper and Bros., 1947).

18. Jean and Eugene Benge, *Win Your Man and Keep Him* (New York: Windsor Press, 1948), p. 10, 引自 Tyler May, *Homeward Bound*, pp. 80-81。

19. 自 19 世纪以来,尽管女性对于性别的思想和态度已经有了很大的转变,但 20 世纪 50 年代的理想妇女与维多利亚时期的妇女仍然面对相同的问题——妇女被置于不可能同时扮演几个互不兼容的角色的位置。当时的人们认为,高效的家庭主妇从某种程度上说应该在夜晚转变成她丈夫的性伙伴。即便为人母也被看作与其他事物不相关的独立行为。

20. 在 20 世纪 50 年代早期,平均结婚年龄在 20 到 21 岁之间;大多数家庭都在婚后第二年的开始就有了第一个孩子,而且每个家庭都有三到四个孩子。关于出生率,请参见 Rochelle Gatlin, *American Women Since 1945* (Jackson, MS: University Press of Mississippi, 1987), pp. 51, 55, 61。

21. 有关劳动力的统计数据,参见 Gatlin, *American Women Since 1945*, pp. 24-48。

22. 1955 年的一项调查表明,很多女性参加工作都是为了赚钱,21% 的女性参加工作是为了实现"一种成就感"或者是为了与他人交流,让自己不闲下来;即使那些为了钱而工作的女性也谈及了友谊和独立感的作用。1958 年的一项调查表明,几乎 2/3 的已婚女性都把她们的工作看作让自我感觉到"重要"或者"有用"的主要来源,只有 1/3 的已婚女性提到了做家务。请参见 Gatlin, *American Women Since 1945*, p. 33。

23. Marchand, *Advertising the American Dream*, pp. 335-359.

24. *American Home*, October 1950, p. 25. 其他关于这种以产品为中心的例子,参见 *House Beautiful*, November 1949, p. 1; *Ladies' Home Journal*, October 1948, p. 115; *House Beautiful*, February 1949, p. 1。

25. 相关例子,参见 *Ebony*, March 1950, p. 7; *Ebony*, August 1953, p. 3; *Ebony*, December 1955, p. 103。*Ebony* 上的广告也展示了白人家庭和荧幕上的白人演员。

26. 参见 Bogart, *Age of Television*, p. 101。为谨慎起见,我在此提出自己的意见。为了展现一幅全球的、综合的电视受众场景,伯格特经常弱化他所研究的案例中的各种矛盾。这种描绘全球综合图景的努力,与伯格特的个人观点是可以相提并论的,即电视受众是一个同质的群体,电视节目更是消除了各种差别。他写道:"对于社会差异的平衡是品位和兴趣标准的一个部分,在建立品位和兴趣标准的过程中,大众传媒表达了自己的意见,并对标准的形成做出了贡献。无处不在的电视天线就是人们寻求——并且获得——同一信息的象征。"(第 5 页)按照这种大众思想统一的逻辑,伯格特的结论常常把他研究的案例中的受众的异质反应过分简单化。

27. Edward C. McDonagh, et al., "Television and the Family," *Sociology and Social Research* 40 (4) (March-April 1956), p. 117.

28. John W. Riley, et al., "Some Observations on the Social Effects of Television," *Public Opinion Quarterly* 13 (2) (Summer 1949), p. 232. 这一研究是罗格斯大学(Rutgers University)和哥伦比亚广播公司共同资助完成的。

29. Raymond Stewart, cited in Bogart, *Age of Television*, p. 100.

30. Harry Henderson, "The Mass-Produced Suburbs: I. How People Live in America's Newest Towns," *Harper's*, November 1953, p. 28.

31. 关于这一点以及青少年犯罪的公众关注的其他方面,请参见 James Gilbert, *A Cycle of Outrage: America's Reaction to the Juvenile Delinquent in the 1950's* (New York: Oxford University Press, 1986).

32. McDonagh, et al., "Television and the Family," p. 116.

33. Stewart, cited in Bogart, *Age of Television*, p. 100.

34. *Better Homes and Gardens*, October 1955, p. 209.

## 第 32 章

1. "Man of the Year: The Inheritor," Time January 6, 1967, 18.

2. Bob Spitz, The Beatles, The Biography. New York: Little, Brown 2005: 473.

3. Tim Brooks and Earl Marsh, The Complete Directory to Prime-Time Network and Cable Shows, 1946—Present, 7th Edition. New York: Ballantine Books, 1999: 679.

4. Aaron Spelling and Jefferson Graham, Aaron Spelling: A Prime-Time Life. New York: St. Martin's Press, 1999: 66-7.

5. Brooks and Marsh 265.
6. Castelman and Podrazik, Watching TV, 202.
7. Quoted in "Mothers Brothers," Time, June 30, 1967.
8. Chester J. Pach Jr., "And That's the Way It Was: The Vietnam War on the Network Nightly News," in Michele Hilmes (ed.), Connections: A Broadcast History Reader. Belmont, Calif: Wadsworth, 2003: 189.
9. Michael J. Arlen, Living Room War. New York: Penguin, 1982: 6, 83.
10. Daneil C. Hallin, "Vietnam on Television," in Horace Newcombe (ed.), Encyclopedia of Television Volume 3. Chicago: Fitzroy Dearborn, 1997: 1767.
11. Quoted in Don Oberdorfer, Tet! New York: Da Capo, 1984: 158.
12. Pach 187-8.
13. Walter Cronkite, "We are Mired in Stalemate," in Reporting Vietnam Part One: American Journalism 1959—69. New York: Library of America, 1998: 582.
14. Quoted in Halbertstam, 514.
15. "Awe, Hope, and Skepticism on Planet Earth," Time July 25, 1969: 16.
16. "Man Walks on Another World: Historic Words and Photographs by Neil A. Armstrong, Edwin E. Aldrin, and Michael Collins," National Geographic 136.6 (December 1969): 738.
17. Andrew Chaiklin, A Man on the Moon: The Voyages of the Apollo Astronauts. New York: Viking, 1994: 2.
18. Barnouw 424.
19. Bruce J. Evansen, "Moon Landing," in Michael D. Murray (ed.), Encyclopedia of Television News. Phoenix: Oryx Press, 1999: 153.
20. Barnouw 424.
21. "The Moonshot: Watching It All at Home, the Astronauts' Families Coaxed Them On," Life, August 1, 1969: 153.
22. "Threshold of a New Age," U.S. News and World Report, July 28, 1969: 21.
23. William E. Farrell, "The World's Cheers for American Technology Are Mixed with Pleas for Peace," New York Times July 21, 1969: 10.
24. Walter Rugaber, "Nixon Makes Most Historic Telephone Call Ever," New York Times July 21, 1969: 2.
25. Barnouw 427.
26. Evensen 154; "The Moon: A Giant Leap for Mankind," Time July 25, 1969: 12b.
27. Evensen 15.
28. "The Moon: A Giant Leap for Mankind," p. 13.
29. Quoted in "The Watchers," Newsweek July 28, 1969: 28.
30. Barnouw 427-8.
31. "Awe, Hope and Skepticism on Planet Earth," p. 16.
32. What's Next in Space: 9 More Flights to the Moon," U.S. News and World Report August 4, 1969: 28.

33. Quoted in "Men Walk on the Moon," *New York Times* July 21, 1969: 1.

## 第 34 章

1. 引自 Beaumont Newhall, *The History of Photography from 1839 to the Present Day*, 4th ed. (New York: Museum of Modern Art, 1964), 18。
2. Newhall, *The History of Photography*, 17-22.
3. Charles Eames, *A Computer Perspective: Background to the Computer Age* (Cambridge, Mass.: Harvard University Press, 1990), 18.
4. David Bordwell and Kristin Thompson, *Film Art: An Introduction*, 5th ed. (New York: McGraw-Hill), 15.
5. Eames, *A Computer Perspective*, 22-27, 46-51, 90-91.
6. 同上注,第 120 页。

## 第 35 章

1. 根据贝瑞·雷纳(Barry Leiner)(1998 年 6 月 29 日发给作者的邮件)的说法,国家代码系统实际上最初是域名服务器(DNS)的设计者们的想法,但是将它作为设计域名的标准方法的推动力似乎来自美国之外。
2. 超文本链接标示语言以已经存在的国际标准组织确定的"标准通用标记语言"(Standard Generalized Markup Language,SGML)为基础。标准通用标记语言是国际标准组织的 8879 标准(1986);超文本链接标示语言在 RFC1866 中有详细说明(1995)。

## 第 36 章

1. 编者注:本文中的 URLs 可能已经过时。URLs 及其指向的内容的稳定性和持久性已经成为万维网用户关注的一个重大争议和问题。

## 第 37 章

1. R. Barbrook and A. Cameron, "The California Ideology," Science as Culture 6. 1 (1996): 44-72.
2. danah boyd (sic.), "Social Network Sites as Networked Publics: Affordances, Dynamics and Implications," in Z. Papacharissi (ed.), A Networked Self: Identity, Community and Culture on Social Network Sites. New York: Routledge, 2010.
3. Tim Wu, The Master Switch: The Rise and Fall of Information Empires. New York: Knopf, 2010: 5.
4. Nicholas Carr, *The Shallows: What the Internet is Doing to Our Brains*. New York: W. W. Norton, 2010.
5. Jaron Lanier, You Are Not a Gadget: A Manifesto. New York: Knopf, 2010.
6. A. Keen, The Cult of the Amateur: How Today's Internet is Killing Our Culture. New York: Broadway Business, 2007.

# 推荐阅读

## 第一部分

Chiera, Edward. *They Wrote on Clay*. Chicago: University of Chicago Press, 1975.

Childe, Gordon. *Man Makes Himself*. New York: Mentor, 1951.

Giedion, Siegfried. *Space, Time and Architecture*. Cambridge, MA: Harvard University Press, 1967.

Kramer, Samuel Noah. *History Begins at Sumer*. New York: Doubleday, 1959.

Landmark Media. *Signs of the Times*. Video. Nd.

Marshack, Alexander. *The Roots of Civilization*. New York: McGraw-Hill, 1982.

Rudgley, Richard. *The Lost Civilization of the Stone Age*. New York: Simon & Schuster, 1999.

Schmandt-Besserat, Denise. *Before Writing*. Houston, TX: University of Texas Press, 1992.

Schramm, Wilbur. *The Story of Communication*. New York: Harper and Row, 1988.

Ucko, Peter, and Andree Rosenfeld. *Paleolithic Cave Art*. New York: McGraw-Hill, 1967.

## 第二部分

Clanchy, Michael. *From Memory to Written Record: England 1066-1307*. Cambridge, MA: Harvard University Press, 1979.

Davis, Natalie Zemon. *The Return of Martin Guerre*. Cambridge, MA: Harvard University Press, 1983.

Drucker, Johanna. *The Alphabetic Labyrinth*. London: Thames and Hudson, 1995.

Eco, Umberto. *The Name of the Rose*. New York: Warner Books, 1983.

Films for the Humanities and Sciences. *A World Inscribed: The Illuminated Manuscript*. Films Media Group, Nd.

Goody, Jack. *The Logic of Writing and the Organization of Society*. New York: Cambridge University Press, 1988.

Havelock, Eric. *The Literate Revolution in Greece and Its Cultural Consequences*. Princeton, NJ: Princeton University Press, 1987.

Logan, Robert. *The Sixth Language*. Toronto: Stoddart, 2000.

Robinson, Andrew. *The Story of Writing*. London: Thames and Hudson, 1995.

Sampson, Geoffrey. *Schools of Linguistics*. Stanford, CA: Stanford University Press, 1980.

## 第三部分

Arnaud, Jean-Jacques. *Name of the Rose*. Cristalda Films. 1986.

Darnton, Robert. *The Great Cat Massacre and Other Episodes in French Cultural History*. New York: Basic Books, 1984.

———. *Revolution in Print—The Press in France, 1775-1800*. Berkeley: University of California Press and the New York Public Library, 1989.

Eisenstein, Elizabeth. *The Printing Revolution in Early Modern Europe*. New York: Cambridge University Press, 1983.

Febvre, Lucien, and Henri-Jean Martin. *The Coming of the Book: The Impact of Printing, 1450-1800*. London: New York

Books, 1979.
Films for the Humanities and Sciences. *Print History*. Films Media Group. Nd.
Ivins, William. *Prints and Visual Communication*. London: Routledge & Kegan Paul, 1953.
Joyce, William, et al., eds. *Printing and Society in Early America*. Worcester, MA: American Antiquarian Society, 1983.
McLuhan, Marshall. *The Gutenberg Galaxy*. New York: Signet, 1969.
McMurtrie, Douglas. *The Book*. London: Oxford University Press, 1967.
Mumford, Lewis. *Art and Technics*. New York: Columbia University Press, 1952.
Wood, Amanda. *Knowledge before Printing and after: The Indian Tradition in Changing Kerala*. Oxford: Oxford University Press, 1985.

## 第四部分

Altick, Richard Daniel. *The English Common Reader: A Social History of the Mass Reading Public, 1800-1900*. Chicago: University of Chicago Press, 1957.
Carey, James. *Communication as Culture*. Boston: Unwin Hyman, 1989.
Grosvenor, Edwin S., and Morgan Wesson. *Alexander Graham Bell*. New York: Abrams, 1997.
Knightley, Phillip. *The First Casualty*. New York: Harcourt Brace Jovanovich, 1975.
PBS Home Video. *The Great Transatlantic Cable*. PBS Educational Video. 2005.
Pool, Ithiel de Sola. *The Social Impact of the Telephone*. Cambridge, MA: MIT Press, 1977.
Schivelbusch, Wolfgang. *Disenchanted Night*. Los Angeles: University of California Press, 1988.
Schudson, Michael. *Discovering the News: A Social History of American Newspapers*. New York: Basic Books, 1978.
Standage, Tom. *The Victorian Internet*. New York: Walker and Co., 1998.
Stephens, Mitchell. *A History of News: From the Drum to the Satellite*. New York: Viking, 1988.
Thompson, Robert L. *Wiring a Continent: The History of the Telegraphic Industry in the United States*. Princeton, NJ: Princeton University Press, 1947.
Williams, Raymond. *The Long Revolution*. New York: Columbia University Press, 1961.

## 第五部分

Boorstin, Daniel. *The Image*. New York: Atheneum, 1978.
Chandler, Alfred A. *The Visible Hand*. Cambridge, MA: Harvard University Press, 1977.
Cohen, Paula Marantz. *Silent Film and the Triumph of the American Myth*. New York: Oxford University Press, 2001.
Fowles, Jib. Starstruck: *Celebrity Performers and the American Public*. Washington, D.C.: The Smithsonian Institution, 1992.
Goldberg, Vicki. *The Power of Photography*. New York: Abbeville, 1991.
History Channel. *The Edison Effect*. A&E Entertainment. 1994.
Kern, Stephen. *The Culture of Time and Space: 1880-1918*. Cambridge, MA: Harvard University Press, 1983.
Marchand, Roland. *Advertising the American Dream: Making Way for Modernity, 1920-1940*. Berkeley: University of California Press, 1985.
Peterson, Theodore. *Magazines in the Twentieth Century*. Urbana: University of Illinois Press, 1964.
Schudson, Michael. *Advertising: The Uneasy Persuasion*. Los Angeles: University of California Press, 1984.
Sklar, Robert. *Movie-Made America: A Cultural History of American Movies*. New York: Vintage Books, 1994.
Williams, Rosalynd. *Dream Worlds*. Berkeley: University of California Press, 1982.

## 第六部分

Allen, Woody. *Radio Days*. Orion Pictures. 1987.
Barnouw, Eric. *A History of Broadcasting in the United States*. 3 vols. New York: Oxford University Press, 1966-70.
Briggs, Asa. *The History of Broadcasting in the United Kingdom*. London: Oxford University Press, 1966.

Covert, Catherine, and John Stephens, eds. *Mass Media between the Wars*. Syracuse: Syracuse University Press, 1984.

Crisell, Andrew. *Understanding Radio*. New York: Methuen, 1986.

Culbert, David. *News for Everyman*. Westport, CT: Greenwood Press, 1976.

Douglas, Susan. *Listening In: Radio and the American Imagination*. New York: Random House, 1999.

Hilmes, Michele. *Radio Voices: American Broadcasting, 1922-1952*. Minneapolis: University of Minnesota Press, 1997.

Hilmes, Michele, and Jason Loviglio, eds. *The Radio Reader: Essays in the Cultural History of Radio*. New York: Routledge, 2002.

Lewis, Tom. *Empire of the Air: The Men Who Made Radio*. New York: Harper Collins, 1991.

Nachman, Gerald. *Raised on Radio*. Berkeley: University of California Press, 2000.

Sterling, Christopher, and John M. Kittross. *Stay Tuned: A Concise History of American Broadcasting*. 3rd ed. Mahwah, NJ: LEA, 2001.

Stone, Oliver. *Talk Radio*. Universal Pictures. 1988.

## 第七部分

Barnouw, Erik. *Tube of Plenty: The Evolution of American Television*. New York: Oxford University Press, 1990 (1970).

Boddy, William. *Fifties Television*. Urbana: University of Illinois Press, 1990.

Bodroghkozy, Aniko. *Groove Tube*. Durham, NC: Duke University Press, 2001.

Briggs, Asa. *The History of Broadcasting in the United Kingdom*. London: Oxford University Press, 1966.

Clooney, George. *Good Night, and Good Luck*. Warner Independent Pictures. 2005.

Fiske, John. *Television Culture*. London: Methuen, 1987.

Lumet, Sydney. *Network*. Warner. 2006.

McLuhan, Marshall. *Understanding Media*. Cambridge, MA: MIT Press, 1994 (1963).

Newcombe, Horace, ed. *Television: The Critical View*. New York: Oxford University Press, 2006.

Postman, Neil. *Amusing Ourselves to Death*. New York: Dell, 1986.

Redford, Robert. *Quiz Show*. Baltimore Pictures. 1994.

Rutherford, Paul. *When Television Was Young: Primetime Canada, 1952-67*. Toronto: University of Toronto Press, 1990.

Smith, Anthony. *Television: An International History*. New York: Oxford University Press, 1998.

Tichi, Cecelia. *Electronic Hearth: Creating an American Television Culture*. New York: Oxford University Press, 1992.

Williams, Raymond. *Television and Society*. London: Fontana, 1979.

## 第八部分

Beniger, James. *The Control Revolution*. Cambridge, MA: Harvard University Press, 1986.

Bolter, Jay David, and Richard Grusin. *Remediation*. Cambridge, MA: MIT Press, 1999.

Gleick, James. *The Information: A History, a Theory, a Flood*. New York: Pantheon, 2011.

Hollins, Timothy. *Beyond Broadcasting: Into the Cable Age*. London: BFI, 1984.

Mitchell, William. *City of Bits*. Cambridge, MA: MIT Press, 1996.

O'Donnell, James J. *Avatars of the Word*. Cambridge, MA: Harvard University Press, 1998.

Poole, Ithiel de Sola. *Technologies of Freedom*. Cambridge, MA: Harvard University Press, 1983.

Poster, Mark. *The Second Media Age*. Cambridge: Polity Press, 1995.

Postman, Neil. *Technopoly: The Surrender of Culture to Technology*. New York: Vintage, 1993.

Stern, Jonathan. *MP3: The Meaning of a Format*. Durham: Duke University Press, 2012.

Weizenbaum, Joseph. *Computer Power and Human Reason*. New York: W. H. Freeman, 1976.

Zuboff, Shoshana. *In the Age of the Smart Machine*. New York: Basic Books, 1988.

# 鸣　　谢

Chapter 1　This chapter appears as "The Evolution of Symbols in Prehistory" in How Writing Came About by Denise Schmandt-Besserat, Copyright © 1992, 1996. Reprinted by permission of the author and University of Texas Press.

Chapter 2　From Harold Innis, 1950, 1986. *Empire and Communication*. University of Toronto Press. Reprinted by permission of University of Toronto Press.

Chapter 3　From Marcia Ascher and Robert Ascher, 1997. *Mathematics of the Incas: Code of the Quipu*.

Chapter 4　From *The Story of Writing: Alphabets, Hieroglyphs and Pictograms* by Andrew Robinson. © 1995 Thames and Hudson Ltd, London. Reproduced by courtesy of Thames & Hudson.

Chapter 5　"The Greek Legacy" by Eric Havelock is from *The Literacy Revolution in Greece and Its Cultural Consequences* by Eric Havelock. Copyright © 1982 by Princeton University Press. Reprinted by permission of Princeton University Press.

Chapter 6　Logan, Robert K. "The Evolutionary Change in Languages: From Speech to the Internet" in *The Sixth Language*. Caldwell: The Blackburn Press, 2000. pp. 106-115.

Chapter 7　© Walter Ong, *Orality and Literacy: 30th Anniversary Edition*, 2012, Routledge. Reprinted by permission.

Chapter 8　Excerpt(s) from *The Axemaker's Gift* by James Burke and Robert Ornstein, copy-right © 1995, 1997 by James Burke and Robert Ornstein. Used by permission of G. P. Putnam's Sons, an imprint of Penguin Publishing Group, a division of Penguin Random House LLC. All rights reserved.

Chapter 9　"Paper and Block Printing: From China to Europe" from *The Invention of Printing in China*, by T. F. Carter. Copyright © 1925 Columbia University Press. Reprinted with permission of the publisher.

Chapter 10　"The Invention of Printing" from *Art and Technics*, by Lewis Mumford. Copyright © 1947 Columbia University Press. Reprinted with permission of the publisher.

Chapter 11　From Harvey J. Graff, 1991. *Legacies of Literacy*. Copyright by Indiana University Press; reprinted by permission.

Chapter 12　From *A History of News 3e* by Mitchell Stephens (2006) (pp. 100-107). Reprinted with permission of publisher.

Chapter 13　From James W. Carey, 1989. *Communication as Culture*. Copyright by James W. Carey; reproduced by permission of Routledge, Inc., part of the Taylor & Francis Group.

Chapter 14　Schudson, M. (1978). *Discovering the news: A social history of American newspapers*. New York: Basic Books.

Chapter 15　From Claude S. Fischer, 1992. *America Calling: A Social History of the Telephone to 1940*. Copyright by the Regents of the University of California; reprinted by permission of the University of California Press.

Chapter 16　From Rosalynd Williams, 1986. *Dream Worlds: Mass Consumption in Late Nineteenth-Century France*. Copyright by the Regents of the University of California; reprinted by permission of the University of California Press.

Chapter 17　*The Culture of Time and Space, 1880-1918*, with a new preface by Stephen Kern, Cambridge, Mass: Harvard University Press, Copyright 1983, 2003 by Stephen Kern; reprinted by permission of the publisher.

Chapter 18　From Ulrich Keller in Kathleen Collins, ed., 1990. *Shadow and Substance*. Reprinted by permission of the author.

Chapter 19　Gitelman, Lisa, and Geoffrey B. Pingree, eds., *New Media, 1740-1915*, pp. 159-164, © 2003 Massachusetts Institute of Technology, reprinted by permission of the MIT Press.

Chapter 20　"Plastic Aurality: Technologies into Media" in *The Audible Past*, Jonathan Sterne, pp. 179-214. Copyright 2002, Duke University Press. All rights reserved. Republished by permission of the copyright holder. www.dukepress.edu.

Chapter 21　From Daniel Czitrom, 1982. *Media and the American Mind: From Morse to McLuhan*. Copyright University of North Carolina Press; reprinted with permission of the publisher.

Chapter 22　From Scott Eyman, 1997. *Speed of Sound*. Copyright Scott Eyman; reprinted with permission of Simon & Schuster Adult Publishing Group.

Chapter 23　Peters, John Durham. *Speaking Into the Air: A History of the Idea of Communication*. University of Chicago Press, 1999. Print.

Chapter 24　From Susan J. Douglas, 1999. *Listening In*. Copyright by Susan Douglas; University of Minnesota Press, 2004. Reprinted with permission.

Chapter 25　From Christopher Sterling and John M. Kittross, 1990. *Stay Tuned: A Concise History of American Broadcasting*, second edition. Copyright by the authors; reprinted by permission.

Chapter 26　Courtesy of Paul Heyer.

Chapter 27　From Michele Hilmes, 1999. *Radio Voices: American Broadcasting 1922-1952*. Copyright by the University of Minnesota Press; used by permission.

Chapter 28　*Radio in the Television Age*, Fornatale, P., and Mills, J. E., 1980, Overlook Press.

Chapter 29　Smith, Anthony, & Paterson, Richard. (1998). *Television: An International History*. New York: Oxford University Press. Excerpt from "The Beginnings of American Television" by William Boddy.

| | |
|---|---|
| Chapter 30 | From Edmund Carpenter, 1960. *Explorations in Communication*. Copyright by the Beacon Press; reprinted with permission. |
| Chapter 31 | From Lynn Spigel, 1992. *Make Room for TV*. Copyright by University of Chicago Press; reprinted by permission. |
| Chapter 32 | From *The Columbia History of American Television*. Gary Edgarton. Copyright 2007. Columbia University Press. Reprinted with permission of Columbia Uni-versity Press. |
| Chapter 33 | Richard Butsch, *The Citizen Audience*, 2000 © Richard Butsch 2000, published by Cambridge University Press, reproduced with permission. |
| Chapter 34 | Manovich, Lev, *The Language of New Media*, pp. 21-26, © 2001 Massachusetts Institute of Technology, by permission of The MIT Press. |
| Chapter 35 | Abbate, Janet, *Inventing the Internet*, pp. 208-216, © 1999 Massachusetts Institute of Technology, by permission of The MIT Press. |
| Chapter 36 | Bolter, Jay David, and Richard Grusin, *Remediation: Understanding New Media*, pp. 197-208, © 1998 Massachusetts Institute of Technology, by permission of The MIT Press. |
| Chapter 37 | © Alice Marwick, "A Cultural History of Web 2.0" from *Status Update*, 2013, Yale University Press. Reprinted with permission by Yale University Press. |
| Chapter 38 | © Tom Standage, 2013, *Writing on the Wall: Social Media—The First 2000 Years*, Bloomsbury Publishing Inc. |